广西民政重大课题研究（2017）

朱学庆　主编

中国社会出版社
国家一级出版社·全国百佳图书出版单位

图书在版编目（CIP）数据

广西民政重大课题研究 . 2017 / 朱学庆主编 . —北京：中国社会出版社，2018. 11

ISBN 978 - 7 - 5087 - 6070 - 4

Ⅰ. ①广… Ⅱ. ①朱… Ⅲ. ①民政工作—广西—文集 Ⅳ. ①D632 - 53

中国版本图书馆 CIP 数据核字（2018）第 270370 号

书　　名： 广西民政重大课题研究（2017）
主　　编： 朱学庆

出 版 人： 浦善新
终 审 人： 尤永弘
责任编辑： 秦　健

出版发行： 中国社会出版社　**邮政编码：** 100032
通联方式： 北京市西城区二龙路甲 33 号
电　　话： 编辑室：（010）58124864
邮购部：（010）58124845
销售部：（010）58124848
传　真：（010）58124856
网　　址： www. shcbs. com. cn
shcbs. mca. gov. cn
经　　销： 各地新华书店

中国社会出版社天猫旗舰店

印刷装订： 北京九州迅驰传媒文化有限公司
开　　本： 170mm × 240mm　1/16
印　　张： 21
字　　数： 360 千字
版　　次： 2018 年 10 月第 1 版
印　　次： 2018 年 10 月第 1 次印刷
定　　价： 46. 00 元

中国社会出版社微信公众号

前　言

进入新时代，民政作为民生的重要抓手、重头戏，时时处处都体现着党和国家对困难群众的关心关爱，地位和作用进一步强化。与此同时，民政发展面临的形势也越加复杂，既有经济结构、利益格局的深刻调整，又有社会结构、城乡结构、人口结构的深刻变化，更有社会治理和公共服务格局的深刻变动。要准确把握经济社会发展的新趋势，必须着力推进民政政策理论研究的发展，把握方向，站稳立场，练好内功，开创民政政策研究的新局面。

广西壮族自治区民政厅一直高度重视政策理论研究工作，依托“全国民政政策理论研究基地”这个平台，连续多年承接民政部委托课题，在历次全国民政论坛评比中，取得了较好的成绩，获奖等次和篇数在全国位居前列，产生了一批在全国民政系统有影响力的研究成果。而且，部分成果已经转化为政策文件，有效地带动了全区民政工作的发展。

在推进民政政策理论研究中，我们始终强调思路要“正”，通过夯实研究工作的思想基础，坚持理论服务实践的原则。在具体研究中，我们把积极宣传阐释民政领域基本理论、重大决策部署和最新理论成果放在首位，把如何执行好、落实好民政政策当作重要内容，把政策创制与基层工作结合作为重要路径，把研究作为促进政策落实的利器；在推进民政政策理论研究中，我们始终坚持内容要“准”，强化对民政重点问题的持续关注和深度调查，把脉民政难点困境，深入领会研究中“靶向思维”对确保民政政策精准的重要意义，下真功夫在民政基础研究上钻研透彻，甘坐冷板凳，踏踏实实地以饱满的精神和积极的态度作长期的研究；在推进民政政策理论研究中，我们始终要求措施要“实”，研究成果既讲究理论创新，又要结合实际，有可操作性，上接天线，下接地气。我们深入推进成果转化，着力强化智库发展，充分发挥其资政启民的作用，着力增强基层民政干部的参与，充分发挥其联系群众的优势，力行“研之有物”“研之有效”，把理论探索和政策分析的成果在专家学者和民政工作者的工作中落到实处，在便民惠民中谋求政策实效。

为此，今年我们既继承传统开展论文汇编工作，同时又推进编辑工作创新，结合当前民政领域的重点难点问题，从2017年的课题研究中，选择一批主题鲜明、角度新颖、论证严密、方法得当、结论实在，具有较高理论价值和现实意义的重大课题研究成果，汇编成册，命名为《广西民政重大课题研究（2017）》，以飨读者。这些成果涉及养老、民间组织管理、优抚安置、减灾救灾、社会救助、社区建设、社会福利、社会事务、社会工作、民政法治和基层民政建设等领域，既对民政业务工作的重点热点如养老、社会救助等做了深入透彻的分析，讲形势、讲问题、提建议，同时也对民政领域综合问题进行探析，对民政法治化和队伍建设等情况进行讨论。这些成果正是上述研究指向的具体体现，总结了民政工作者和专家学者的新思想。期待广西壮族自治区民政政策理论研究工作能够有更多的实践和成果，从而不断推进全区民政事业发展，向改革开放四十周年和自治区成立六十周年献礼！

由于编辑时间和篇幅的限制，还有一些优秀成果尚未纳入本集，加之水平有限，不足之处在所难免，恳请大家批评指正。

2018年9月5日

目　录

民政助力兜底保障　打赢脱贫攻坚硬战*

广西壮族自治区民政厅党组

党的十八大以来，以习近平同志为核心的党中央把脱贫攻坚作为关乎党和国家政治方向、根本制度和发展道路的大事。民政部门作为党和政府保障民生的重要部门，在脱贫攻坚中发挥着助力和兜底作用，要敢于担当，自我加压，主动作为，谱写民政在脱贫攻坚中的历史新篇章。

一、民政部门在脱贫攻坚中大有可为

兜底保障是打赢脱贫攻坚战的最后手段。近年来，在自治区党委、自治区政府的领导下，全区各级民政部门认真贯彻落实习近平总书记关于脱贫攻坚系列重要讲话精神，积极围绕中央和自治区关于打赢脱贫攻坚战的重大战略决策部署，做到领导重视到位、政策指导到位、目标任务到位、工作措施到位、责任落实到位、绩效考评到位，切实推动落实民政兜底保障工作。

（一）农村低保制度与扶贫开发政策衔接有力

2016 年，自治区人民政府办公厅先后印发了《脱贫攻坚贫困人口最低生活保障实施方案》（桂政办发〔2016〕9 号）和《关于加快推进农村低保制度与扶贫开发政策有效衔接的实施意见》（桂政办发〔2016〕78 号），明确对于符合农村低保条件的建档立卡贫困家庭，按政策规定程序纳入农村低保保障范围；对于符合扶贫条件的农村低保家庭，按政策规定程序纳入建档立卡范围，并根据致贫原因予以精准帮扶。特别对通过扶贫支持政

* 此文刊载在《广西日报》2018 年 5 月 22 日第 7 版。

策实现脱贫的农村低保家庭，明确在6—12个月的过渡保障期内可以继续享受低保与扶贫相关政策，极大鼓励了低保对象积极通过就业提高收入逐步实现脱贫。

（二）困难群众基本生活兜底保障水平不断提升

全区民政部门充分利用扶贫部门精准识别贫困人口的成果，把符合条件的建档立卡贫困对象及时纳入低保范围，加强两项制度在保障标准和补助水平以及信息数据衔接方面的有效衔接，让更多符合条件的建档立卡贫困对象纳入农村低保范围，得到有效救助。自2016年7月以来，我区已先后3次提高农村低保平均补助水平，截至2017年底，全区纳入农村低保范围的建档立卡贫困人口有141万人，占全区农村低保对象253.9万人总数的55.5%。2017年累计筹措下达城乡困难群众基本生活补助资金71.81亿元。惠及人群有农村低保对象253.9万人，城市低保对象19万人，特困人员25.8万人，困难残疾人22万人和重度残疾人38万人，其中共支出9.17亿元医疗救助资金，救助困难群众看病治病313.52万人次。目前，全区农村低保平均保障标准达到3333元/人·年，全区111个县（区）农村低保标准全部超过国家扶贫标准线2952元/人·年。农村低保平均补助水平由2016年初的每人每月125元提高到每人每月190元。

（三）农村特殊人群关爱机制逐步健全

民政部门积极履行部门职责，积极牵头开展“合力监护、相伴成长”农村留守儿童关爱保护专项行动，截至2017年底，共帮助24239名无人监护或监护情况差的农村留守儿童有效落实监护责任，帮助1499名农村留守儿童返校复学。建立健全农村留守老人关爱服务机制，累计建成4100多个农村幸福院，解决农村留守老人日间生活照料、文娱活动、情感交流所需的场所，助力脱贫攻坚战深入推进。

（四）社会力量参与脱贫攻坚战的格局初步形成

印发《自治区民政厅关于进一步动员和鼓励全区社会组织积极参与精准扶贫工作的通知》，号召动员各类社会组织迅速行动起来积极参与扶贫攻坚，进一步形成政府、市场、社会协同推进的扶贫工作格局，助推贫困地区和贫困群众脱贫致富。据不完全统计，仅2017年全区各类社会组织共开展或参与脱贫项目480余个，投入资金近1亿元，受扶对象5万余人次。

二、民政部门兜底脱贫面临繁重任务

当前，脱贫攻坚到了克难攻坚、攻城拔寨的关键时期，同样，民政“助力”“兜底”也遇到了许多困难和问题。

（一）民政兜底保障水平与困难群众的需求还有差距

由于全区经济社会还处于欠发达后发展阶段，民政兜底保障资金相对比较有限，兜底保障整体水平还不够高，与困难群众的期望还有一定的差距。比如2017年底，全区农村低保标准为每人每年3333元，远低于2017年全区农村居民人均可支配收入的8169元，仅能保障困难群众的基本生活，特别是对于因罹患大重病、遭遇突发事故等陷入困境的“支出型”“急难型”贫困群体，目前救助的实效性还不够强。

（二）民政兜底保障协调机制还不够健全

民政兜底保障困难群体，既需要发挥民政部门牵头主导作用，也需要相关部门的积极配合和支持。但当前全区民政工作综合协调机制尚不完善，协调部门支持、动员社会力量参与、整合拓宽民政工作资源的措施还不多，民政助力脱贫力不从心、捉襟见肘的局面还没有根本改变。

（三）基层民政能力建设与兜底脱贫工作还不够相适应

民政工作事务繁杂、分布宽广、对象繁多，并且服务对象大多是困难群体，有的还需经常上门服务。据统计，目前全区平均每个乡镇只有不到3名民政工作人员，平均每个乡镇民政常年的服务对象5000人左右，管理的民生资金650万元左右，基层民政人少事多、疲于奔命的问题十分突出，一定程度上影响了民政兜底保障在“最后一公里”得到有效落实。

三、民政部门要切实履行好“助力”“兜底”的使命担当

民政部门要认真贯彻落实党的十九大关于打赢脱贫攻坚战的新部署、新要求和习近平总书记关于扶贫开发重要指示精神，准确把握新时代脱贫攻坚战略定位，增强使命担当，切实把“助力”“兜底”脱贫攻坚的任务落到实处。

（一）深入推进农村低保制度与脱贫攻坚有效衔接

进一步健全农村低保保障标准动态调整机制，根据国家扶贫标准不断提高农村低保标准，让更多符合低保条件的贫困人口能够纳入农村低保保障范围。2018 年实现全区农村低保平均标准达到年人均 3600 元以上，所有区县的农村低保标准全部超过国家扶贫标准。进一步完善城乡低保制度，进一步科学设置低保对象认定标准，在充分考虑家庭收入和家庭财产等要素的基础上，适当考虑困难家庭的刚性支出，将子女教育、重特大疾病或慢性病等刚性支出列入低保对象识别的要素范围。

（二）加大临时救助工作力度

进一步健全完善临时救助制度，建立健全部门协同、信息共享、慈善衔接机制，加大“先行救助”“分级审批”“转介服务”等规定的落实力度。简化临时救助申请审批程序，逐步推进临时救助由生活救助型向综合救助型转变，健全急难对象主动发现和快速救助机制，对脱贫后遭遇突发事件、意外伤害、重大疾病或其他特殊原因导致基本生活陷入困境的建档立卡贫困家庭或个人及时给予应急性、过渡性的救助，实现“应救尽救、兜底救助”。

（三）加强基层民政能力建设

针对基层民政工作力量严重不足的问题，将指导各地通过公开招考、调剂编制、政府购买服务等方式，确保每个乡镇（街道办）有 3 名以上民政工作人员，人口较多乡镇（街道办）要有 5 名以上民政工作人员，解决

有人办事的问题。同时，探索在村一级设立民政管理专干岗位，给予定额报酬，确保社会救助工作在基层事有人管，经费有保障，为脱贫攻坚工作发挥更坚实的保障作用。

（四）激活社会力量参与脱贫攻坚动力

引导和动员社会组织通过引进扶贫项目、提供技术服务、组织医疗和灾害援助、开辟就业渠道、开展社会工作及志愿服务、开展定点帮扶和爱心捐助等方式，重点参与贫困地区产业扶贫、教育扶贫、健康扶贫、易地扶贫搬迁及其他扶贫行动，倡导志愿扶贫。会同财政部门建立健全政府向社会组织购买扶贫服务制度，细化落实社会组织参与扶贫济困活动的税收减免、信贷支持、行政事业性费用减免等政策，努力为社会组织提供优惠政策服务。大力表彰在脱贫攻坚中作出突出贡献的社会组织，营造支持社会组织参与脱贫攻坚的浓厚氛围。

社会力量参与社区防灾减灾的途径和机制研究*

韦力行　朱　永　周文栋

摘要：促进社会力量参与社区防灾减灾是当前党中央针对新时期防灾减灾救灾工作提出的战略性要求。本文借鉴了国际发达国家和地区的成功经验，以及国内部分地区的实践成果，并以广西壮族自治区为例，从城市与农村两个维度出发，对当前广西城市社区、农村社区的防灾减灾现状与问题进行分析，对社会力量参与社区防灾减灾的途径和机制提出对策建议。

关键词：社会力量；社区防灾减灾；途径与机制

前　言

中共中央、国务院在2017年印发了《关于推进防灾减灾救灾体制机制改革的意见》（以下简称《意见》），明确了新时期防灾减灾救灾工作的新定位、新理念和新要求，对防灾减灾救灾体制机制改革作出了全面部署，是目前指导我国防灾减灾救灾体制机制改革的一份纲领性文件。《意见》旗帜鲜明地提出，要完善社会力量和市场参与机制。《意见》强调要健全社会力量参与机制和充分发挥市场机制作用；要搭建社会力量参与的协调服务平台和信息导向平台，完善政府与社会力量协同救灾联动机制；鼓励支持社会力量全方位参与，构建多方参与的社会化防灾减灾救灾格局；强化保险等市场机制在风险防范、损失补偿、恢复重建等方面的积极

* 本文获得民政部2017年政策理论研究成果二等奖。

作用，鼓励各地结合灾害风险特点，探索巨灾风险有效保障模式。

为贯彻党中央关于防灾减灾救灾工作的重要战略部署，2017 年全国民政工作会议要求，将社区防灾减灾作为民政工作的七大任务之一，并提出了民政改革创新的四个主攻方向："建立健全领导体制和工作机制、强化部门协作配合机制、支持社会力量参与、运用市场机制，用改革的思路和创新的方法解决问题，构建政府、部门、社会、市场共同推进民政事业发展的格局。"支持社会力量参与社区防灾减灾，走主攻方向完成主要任务，这不仅契合全国民政工作会议精神，也能进一步深化民政改革创新，开创民政事业新局面。

当前，社区防灾减灾在世界各国都上升到了国家减灾战略层面。而在社区防灾减灾中政府、市场和社会组织进行合作的治理模式，则是近年来在西方合作治理理论和部门合作等概念的影响下发展起来的。应该说，这种合作模式的理念与我国国家治理体系现代化的大方向还是具有一定的契合度的。但相比较西方国家的政治体制、经济体制及社会文化体系，中国显而易见地存在其差异性。结合中国的实际情况，探索如何建立我国政府、市场和社会组织在社区防灾减灾中的联动机制和良性互动关系，强化社会力量在社区防灾减灾中的作用，具有时代的现实意义。

一、社会力量参与社区防灾减灾

（一）何谓社会力量

1. 社会力量的内涵

从我国目前的情况来看，能够参与社区防灾减灾的社会力量主要包括以下几个方面：非营利组织、营利组织、基层自治组织、社会公众。

（1）非营利组织。非营利组织具有非营利性（非理论分配性）、民间性、志愿性、自治性、组织性等特征，其中非营利性为非营利组织的首要特性，并且是区别于企业组织的根本特征，是非营利组织能够与政府组织共同提供公共产品和服务的根本原因（崔向华，2013）。随着"小政府、大社会"治理模式的建立，政府干预失灵、日益增大的社会需求等情况的出现，迫使人们反思政府的角色定位，寻求多元主体共同治理这一新机制，因此非营利组织成为共同的选择之一。从发展趋势来看，尽管我国公共服务体系与制度建设不断推进，但社会公共事务必将变得日益繁杂，这就需要政府将大量的公共事务交给社会力量来进行管理，从控制导向为主转变为服务导向为主的管理。社会工作机构、社会工作者作为非营利组织的一部分，在政府的主导推动下，能够形成政府负责、社工参与、优势互补、协同配合的减灾救灾格局，借鉴走在社会工作发展道路前列的国家与地区的先进经验，同时加快配套制度政策建设，构建防灾减灾中社会工作机构全过程参与的社会联动机制。

（2）营利组织。营利组织即企业，是现代社会的重要组成部分，汇聚着大量的人力、财力、物力。企业主要是通过在社区防灾减灾中提供人员、物资、资金、设备来履行社会责任，获得社会效益，塑造企业的良好形象，因此企业也是减轻灾害风险、参与灾害治理的社会力量之一。

（3）基层自治组织。例如社区居民委员会、村民委员会，它们既承担着某种行政职务，在社区防灾减灾中主动向政府报告隐患与险情，宣传教育社区居民防灾减灾知识，也作为社会公众的一员，与防灾减灾受灾的群众处于同一战线，是第一目击者与现场救助员。

（4）社会公众。社会公众是灾害的直接受害者，保护公众的生命和财产安全是社区防灾减灾最重要的目的。公众的危机意识、预防能力、应对水平、灾后恢复能力是决定社区灾害风险管理的重要因素。“人多力量大”，社会公众的参与可以增强应对灾害的力量，降低防灾减灾的成本。

2. “社会力量”中的“先遣部队”

可以说“社会力量”的概念内涵是非常丰富的，但同时也容易导致我们在讨论实际工作的时候过于空泛和缺乏目的性，无法就具体问题更为深入地探讨，得出有针对性和可行性的结论及意见。基于这种考虑，本文结合目前政府治理、社会治理一些新的动向，侧重于将围绕“社会力量”的讨论集中在一些组织性较强的组织和单位，能够实现有效参与的行动和过程，并在部分领域已经取得了一定的效果。

促进社会力量进一步地参与到社会治理中，是党的十八大提出的明确要求，同时也阶段性地指出了社会力量的“先遣部队”的组成。党的十八大强调，要加强和创新社会管理，改进政府提供公共服务方式，要求在公共服务领域更多利用社会力量，加大政府购买服务力度，并在随后下发的

《国务院办公厅关于政府向社会力量购买服务的指导意见》（以下简称为《指导意见》）中规定了政府购买服务的承接主体，对社会力量的业务边界进行了界定。《指导意见》中的社会力量主要指在民政部门登记或经国务院批准免予登记的社会组织，以及依法在工商管理或行业主管部门登记成立的企业、机构等。这些组织和部门也是本文要讨论的重点。

（二）何谓社区防灾减灾

1. 社区在防灾减灾中的作用

作为社会的基本单元，社区是一切灾害的承载体和基本救援单位。灾害发生前，承担着风险监测评估、灾害预防、宣传演练、基础设施建设等职责；灾害发生后担负着快速响应，第一时间进行灾害救援的职责，防止次生灾害发生，减少人员伤亡，并在防灾减灾的过程中还发挥着基层动员与信息传达的作用，在灾害管理中有着不可替代的位置（翟国芳，2010）。

2. 社区防灾减灾是一种理念和方法论

社区防灾减灾就是现代社会的人们在应对灾害风险的过程中形成的一种防灾减灾的理念和方法论，并通过很多发达国家和地区的实践，已形成了一整套较为成熟的知识、技术、制度、政策和组织体系。2001 年国际减灾日的行动口号是“发展以社区为核心的减灾战略”，“以社区为核心的减灾战略其主导思想是依靠社区组织，在政府和非政府的协助下，动员所有居民参与社区防灾减灾建设”。2009 年《中国的减灾行动》白皮书中也明确地提出要加强社区减灾能力建设，开展社区减灾工作，提高社区防灾减灾能力（沙勇忠、刘海娟，2010）。

3. 社区防灾减灾是一种风险管理模式

在社区防灾减灾理念的基础上，社区灾害风险管理（Community-Based Disaster Risk Management，CBDRM）的灾害管理模式得以开发。这种以人为本的、自下而上的灾害管理模式鼓励人们自觉参与防灾减灾的全过程，即在对各种自然灾害风险进行识别、分析和评价的基础上，有效地控制和处置灾害风险（尹占娥，2009），以最低的成本，实现最大的安全保障。

CBDRM 改变了传统灾害管理的弊端，降低了灾害管理的成本，是一种有效的灾害管理模式，具有以下特点：一是坚持自上而下与自下而上结合的减灾机制；二是鼓励社区居民广泛参与；三是关注困难群体；四是建立减灾备灾机制；五是将灾害风险管理与社区发展相结合（陈冬梅，2010）。

（三）国外社会力量参与社区防灾减灾的实践与经验

较为著名的是美国的“减灾型社区”建设。1997年美国联邦应急管理局（FEMA）开始创建“减灾型社区（Disaster-Resistant Community）”，2011年在全美范围内开展实施应急管理的全社区模式（Whole Community Approach to Emergency Management），期望动员整个社会的力量，减少政府的行政负担（唐桂娟，2015）。

美国的减灾型社区具有以下几个明显的特征：

首先是注重对社区资源的利用，包括社区的人力资源（如社区内正式或非正式的领导者，对于社区具有全面的了解以及动员能力）和物质资源，致力于加强民众的社区归属感、提高社区及整个社会的恢复能力。例如作为美国第二大索马里裔居民聚集地的俄亥俄州，将索马里裔居民社区领导者吸收入州的中部区域规划委员会，方便获取索马里裔居民的信息（通信方式、传统、行为、习俗等），以便于在发生突发事件时更好地采取应对措施。这也使得防灾减灾的工作重心不断前移，更为注重灾前预防，比较旧的紧急援助法案，相应的资金均拨付在社区发生灾害之前。

其次是培育政府与社会力量的合作伙伴关系。减灾示范社区的建设中，政府资助近2000万美元的“种子”基金，对社区在建设跨部门合作的伙伴关系、开展社区风险和脆弱性评估、确定减灾的优先权和广泛的公众参与方面提出了要求，联邦政府和州政府逐渐退出，基层政府的参与率持续上升，社会力量如营利组织（企业）、非营利组织、各类行业协会、宗教组织等所占比重也越来越多，很多社区建立了多元主体协同机制，发展了长效的合作伙伴关系。值得一提的是，在佛罗里达州还专门成立了应急协调准备联盟和应急准备支持联盟这两个应急管理伙伴关系网络组织，在州政府的指导下，在应急管理的各个阶段协调社区、宗教组织、非营利组织、营利组织的沟通与合作，提供及时和短期的援助，保持社会秩序的稳定。

最后是注重发挥营利组织的作用。美国在减灾型社区的建设中，强调私营部门应以市场行为的方式参与到社区防灾过程中，利用企业的资源优势，分担政府部门在社区减灾中的风险和行政成本。一大批商业部门，如IBM、沃尔玛、梅西百货、UPS、美联航等，动员自己众多的客户群体，利用其广泛的运输和营销网络发挥了积极的作用。

二、国内社会力量参与社区防灾减灾的实践与经验

（一）城市社区

城市是人口和社会、经济、政治文化活动高度聚集的区域，发生在城市中的灾害对人类社会正常的生产生活影响会更大。快速城市化在带来人口与经济迅速增长的同时，也带来了灾害风险的高度聚集，因此我国各地区在城市化过程中都非常重视城市社区防灾减灾问题。

1. 浙江省舟山市

舟山市位于浙江省东北部，东临东海、西靠杭州湾、北面上海市，是长江流域和长江三角洲对外开放的海上门户和通道，这样的地理位置与自然环境使得当地的台风、暴雨、干旱等自然灾害多发。据统计，“十二五”以来，舟山市受灾人口达 230 万人次，紧急转移安置受灾群众 60 万人次，倒塌房屋 529 间，直接经济损失 79.35 亿元。面对自然灾害的严峻挑战，舟山市各级政府立足海岛特色，不断提高社区防灾减灾能力，逐步构建新型综合防灾减灾体系。

首先是加强“两项工程”建设，保障受灾群众基本生活。一方面，加强“避灾工程”建设，提高应急避灾能力。例如，在城市建筑工地周边、经济开发区、大型企业内部设立大型避灾安置中心，主要避灾对象为外来务工人员，可容纳人数达 500 人以上，并在所有避灾安置场所按规定设置标识牌和路径指示牌，设置率达到 100%；针对 500 人以上的大型避灾安置中心，配备发电设备与应急供水，供应生活保障类物资，例如衣服、方便面等，确保避灾群众基本生活所需。另一方面，加强“备灾工程”建设，提高应急保障能力。例如，四级救灾物资储备网络已经形成，实现市、县区级、镇街级、社区（村）四级全覆盖，舟山市现有救灾物资储备仓库 24 家，其中社区一级就有 7 家，储有衣被、应急包、食品、帐篷、折

叠床、发电机等生活保障类物资和橡皮艇、电动伸缩梯、电动锯、柴油抽水泵等应急救援物资。

其次，舟山市长效推广“综合减灾示范社区”的试点工作，开展“亚洲社区综合减灾试点”项目，该项目旨在通过加强社区减灾领域的区域合作来提升亚洲发展中国家应对灾害的能力。涂口社区作为浙江省唯一开展项目二期工作的社区，先行先试，突出作为，通过支持鼓励社会组织参与防灾减灾、社区居民参与社区风险评估（绘制具有社区特色的灾害风险地图）、社区家庭应急物资配备以及搭建社区灾害信息服务平台等四项举措，不断提高海岛城市社区防灾减灾救灾能力。

舟山市实现了“政府＋互联网＋社会组织”三效合一，政府发挥主导作用，建立民政牵头、部门协作、齐抓共管的防灾减灾工作联动机制；政府统筹引导社会组织积极参与防灾减灾工作。在“互联网＋”这个平台上，群众可以更清晰地了解全市避灾安置场所和救灾物资储备库的基本信息，例如避灾安置场所的位置、容纳人数，救灾物资储备库的库存等，可以更快捷地发送求助信息，争取黄金救援时间，也可以更方便地了解灾害情况，第一时间作出反馈；救援中心可以更高效、简洁地分配任务，既方便了救灾人员与救援中心及时了解救援情况，也方便了救援队伍高效率地完成救援任务；政府与社会组织可以通过该平台对整个防灾减灾进程的数据进行采集，减少传统预防与救援过程中出现的数据丢失情况，为后期对灾害情况、救援情况分析、灾后重建提供了强大的数据支撑基础（傅舟孟，2016）。

2. 上海市

上海市作为我国超大城市，经济、科技、交通、贸易都处于我国乃至世界的前列，在城市社区防灾减灾方面也取得了丰硕成果。

首先是在社区防灾减灾中充分发挥了保险的作用。上海是全国最早开发并推进社区综合保险的城市。社区综合保险是由保险公司依托政府有关部门、街道办事处搭建的社区综合保险平台，同时具有财产险、责任险、意外险的性质。社区综合保险由区或街（镇）作为投保人，与保险公司签订保险合同并支付保费，如发生合同约定的保险事故，则由保险公司向街道、乡镇理赔，街道、乡镇再根据实际情况，向相关对象提供保障救助。早在2005年，上海保监局就先后与上海市民政局、市金融办沟通、协调，提出共同推进开展社区综合保险业务，并指导保险公司开始项目试点。2009年，社区综合保险被纳入上海当年十大实事工程之一。截至2014年3月，上海共有4家产险公司参与社区综合保险业务。全市17个区县、208个街道（乡镇）实现了社区综合保险的全覆盖。根据上海保监局的统计，2005—2013年，社区综合保险已经累计保障1.33亿人次，保险金额达6775亿元。在2013年“菲特”台风、2014年“浣熊”台风、2016年冰冻灾害期间，奉贤区2542户家庭获得理赔金178万元，理赔时间仅用15个工作日。在普陀区，宜川路街道办事处充分认识到“街道社区综合保险”这项工作的重要性，每年的保额投入都在10万元以上。目前，在上海，街道社区综合保险的基础体系由“社区居民住宅及公共设施火灾责任综合保险”“社区公众责任保险”“街道固定财产保险”及“团体人身意外伤害综合保险”四大险种组成。此外，各保险公司还根据社区街道的实际情况，增设了见义勇为奖励、无主动物袭击、孤老低保人员重疾、燃气意外伤害、家电人身意外保险等附加险种。这些险种的扩展更有针对性，能在最大限度上满足街道社区多样化的保险需求。保险公司作为一种社会力量，与政府形成合力，打造的社区综合保险既兼顾了社会效益与经济利益，又能使保险公司提升“公民社会”意识，树立良好形象，政府也能简政放权，实现转型（上海市民政局，2016）。

其次是在防灾减灾教育方面夯实了硬件基础。在周浦镇的防灾减灾实践教育基地内，拥有灾害风险点地图、心肺复苏互动体验平台、减灾知识问答机、地铁逃生游戏体验机等先进科技设施，每年吸引了10000人次以上的社区居民前来体验学习，这种体验式学习打破了以往传统的说教宣传模式，以与实物、多媒体互动的形式宣传社区防灾减灾知识，能够更激发兴趣、深入人心。浦东新区民政局和气象局共同建设了一座集气象科普和防灾减灾为一体的上海浦东新区气象科普馆——防灾减灾体验馆，该馆通过实物展示、互动游戏、5D影院等形式宣传普及与气象、防灾减灾相关的专业知识，并经常开展生动有趣的主题科普活动，如看云识天气、公益应急救护体验培训等。科技让防灾减灾变得“触手可及”，不再是遥不可及的抽象知识，这也与上海市民政局提出的“科技备灾”工作思路不谋而合。

最后就是多元主体的积极参与。上海市的社区防灾减灾除了在设施建设上有特色与突破外，还积极探索多元主体参与的社区防灾减灾模式。2010 年 5 月 10—31 日，在全市范围内开展了“社区防灾啄木鸟行动”有奖征集活动。此次活动共有 1000 多名热心居民踊跃参与，征集到社区隐患 1200 余条，其中涉及自然灾害的达 270 多条。评审小组对征集到的隐患信息进行筛选，并到当地进行实地排查，还动员力量消除隐患，给社区居民以反馈，最终确定了 160 余名社区居民提交的 200 条风险隐患获奖。这一行动不仅能够调动社区居民参与本城市社区防灾减灾的建设，而且能够作为特色鲜明、成效颇显的活动，形成居民作为社会力量介入的一个长效机制。除了居民作为城市社区防灾减灾的多元主体的其中一员外，复旦大学城市公共安全研究中心专项课题组也发挥了极大的作用，该课题组对社区干部、居民和上海市 4 个专业性社会组织进行理论培训、现场讨论、观摩学习、试点实施等，让他们参与社区风险的排查和治理，并对他们收集的数据在后台进行整理。此外，复旦大学城市公共安全研究中心还参与了《城镇社区防灾减灾指南》的编制，这是一个地方性防灾减灾建设标准，它明确界定了城镇社区防灾减灾工作包含的基本内容（刘朋，2016）。

3. 广东省深圳市

2015 年 12 月 20 日，深圳市光明新区发生特别重大滑坡事故，事故发生后，深圳市民政局及时动员组织有关社会力量有序参与社区防灾减灾工作。据不完全统计，全市共 60 多家社会组织，约 4000 名工作人员、3600 多名志愿者、300 多名专业社工在灾区开展相关救助服务，占救援总人数的 1/3；企业和民间救援队出动工程机械设备约 700 台，占全部投入设备的近 1/3，为应急救助及善后处置等工作的顺利开展提供了有力保障。滑坡事故发生当天，社会工作作为社会力量中的一员，一是全方位、全过程介入服务。根据灾区救助和重建需求，制订了《深圳市光明新区滑坡灾害社工服务工作方案》，将本次灾害社工服务分为五个阶段进行，时间跨度为三个月。第一阶段，侧重跟进失联人员与伤亡者家属的心理疏导和情绪安抚，以及协助受灾群众的安置工作；第二阶段，调研受灾群众的实际需求，建立重点服务对象档案；第三阶段，侧重协调赔偿处理，并通过组织社区文化活动营造关爱氛围；第四阶段和第五阶段，跟进特殊服务对象的个案服务，及制订“远亲近邻”灾后重建工作计划，开展社区重建工作，以尽快、有效地恢复受灾地区的社区功能。二是搭建协调服务平台。成立了灾害社工服务中心，开展灾害社工和志愿者招募、培训、备案、调配、考核等工作，制定灾害社会工作服务标准和灾害现场社工工作、医务社工工作、社区热线工作、遗体辨认工作、失联家属个案管理工作等工作流程，遵照“精准化”及“需求匹配”的原则，统筹现场救助服务，科学调配社会工作服务资源，实现了救助资源、服务与灾区需求之间的供需匹配。三是开展针对性服务。按照“分点服务、专业疏导、精准救助、需求匹配”工作原则，通过调查摸底、建立信息档案和需求评估，运用个案、小组、社区专业手法和“一家一组、一组一策”方法，在安置点、医院、殡仪馆等场所，开展针对老年、青少年等特定受灾人群及家属的各类服务，构建了“政府统筹指导、专业社工服务、志愿者参与、社会支持”的灾害救助服务新模式。据统计，此次事故善后处置工作中，社工累计参与介入服务达3638 人次，服务受灾群众及家属21141 人次，跟进282 户受灾家庭，开启了158 个个案服务（梁茜，2016）。

4. 新疆维吾尔自治区乌鲁木齐市

北三巷社区位于乌鲁木齐市天山区幸福路街道，成立于2001 年7 月，辖区内有驻地单位5 家（自治区第二测绘院、自治区测绘质检站、新疆军区第五干休所、乌鲁木齐市第四十九中学、天山区园林队）。居民院落19 个，57 栋楼，有维吾尔、汉、哈萨克、回、蒙古、锡伯等11 个民族。总户数1772 户，总人口4538 人（男2373 人、女2165 人，汉族3995 人、少数民族543 人），流动户82 户，372 人。商业网店137 户，小场所6 个，中型餐饮1 家，中型超市1 家。该社区于2015 年获得全国综合减灾示范标准社区。

北三巷社区在防灾减灾方面采取了许多行动，也取得了不小成效。北三巷社区成立了防灾救灾指挥部，下设指挥部办公室、抢险救灾组、医疗救护组（由乌鲁木齐市第二十三医院承担）、应急疏散组（驻区单位及楼栋长组成）、治安保卫组（社区巡逻队组成）、宣传报道组、物资保障供应组（家乐超市、医圣源药店组成），在指挥部统一指挥、各组协同配合下，对社区内的突发灾害进行果断迅速处置。

北三巷社区建立了3 支小分队：应急小分队，主要以党团员为骨干力量，社区工作人员、派出所等单位抽调人员，共计20 人，负责针对各类突发公共事件、紧急灾害事件的先期应急处置；后备小分队，由社区内自主择业退役军人、物业小区保安、预备役等人员组成，共计10人，作为防灾减灾应急处置中的后续力量部队；志愿小分队，即为一支100余人的应急志愿者队伍，当灾害发生时，志愿者队伍可以第一时间投入救援当中，引导居民从高危处疏散撤离、提供后勤保障工作。

社区防灾减灾工作领导小组组长带领大家深入基层、现场，开展实地调研，摸清了社区内以及周边地区的灾害点、危险源的分布情况、危险系数等信息，拟订了“三个预案”——《社区自然灾害应急处置预案》《北三巷社区预防公共安全应急处突预案》及《社区居民灾后转移安置预案》，将其投入社区中进行使用。

党员、居民代表、老人协会、青少年等在社区统一组织下，进行社区防灾减灾的基础知识宣传，例如在宣传橱窗张贴海报、社区内悬挂防灾减灾标语、组织居民观看防灾减灾教育片、到各家各户发放宣传资料等，还在社区的道路上设立一目了然的应急避难场所的指示牌和信息牌，引导社区居民快速找到社区设立的应急避难场所。在社区的每个楼层和每个单元门口张贴社区应急办公室负责人的姓名和联系方式，使居民了解当灾害发生时向谁求助。这些对居民进行的社区防灾减灾基础教育，使其了解相关知识，增强了防灾减灾意识。

为了能翔实记录创建安全社区的全过程，规范社区防灾减灾工作的进行，并且自觉接受群众监督，保存数据以利于往后工作的开展，该社区建立了安全责任制、安全检查制、安全会议制、安全培训制等多项安全管理制度。还建立了档案管理制度，对防灾减灾的相关档案资料进行归类、编号管理。设计了有关安全检查记录、防灾减灾信息记录的文本样式，统一规格，集中管理，以规范社区的档案管理。

除了面对社区内一般人群的防灾减灾能力建设，北三巷社区针对社区内部分孤寡老人、残疾人、留守儿童等困难群体，建立了灾害互救信息库，全面、系统地记录了困难群体的基本信息、家庭住址、联系方式等情况，以在灾害突发的第一时间展开救援工作，减少人员伤亡与财产损失。

北三巷社区力争做到灾害前科学预判、主动预防，在每个单位确定了一名防灾减灾协管员，主要负责灾害的预报工作，与辖区内的气象、地震、水文等相关部门积极协调，及时了解强降雨、雷暴天气等天气变化情况，不断促进依靠科技手段防灾减灾的有效落实（艾丽娜，2016）。

（二）农村社区

1. 云南省玉龙纳西族自治县拉市乡的“参与式社区灾害管理项目”

拉市乡位于玉龙纳西族自治县城西面，海拔高度在2400—3860米，森林覆盖率达55%，2006年末，总人口15640人，其中纳西族占总人口的94.2%，农业人口占总人口的95.3%，其中劳动力共有8396人。

1996年，拉市乡曾在丽江大地震中遭受严重影响，流域开发过程中也引起了洪灾和泥石流，2008年初再次遭受雪灾。

绿色流域，成立于2002年8月，是一家民间环保NGO组织，目标是发展成为生态环境保护领域领先的，集实践、研究和倡导于一体的民间组织，并发挥它促进中国流域善治的最大潜力。

2008年12月，绿色流域在当地基层政府的支持下，在拉市乡的彝族和纳西族村寨陆续开展了一系列“参与式社区灾害管理”项目。该项目的目标为：在拉市乡山区南尧村的8个彝族社及山坝接合部的西湖纳西族村两个社区开展参与社区灾害管理规划工作坊，帮助村民认识到他们所面临的灾害和灾害的影响，讨论应对灾害的措施，协助社区形成灾害管理规划；在未来3年协助社区逐步实施灾害管理规划，使社区能够有效地对灾害进行管理，一旦遇灾也能最大限度地减少灾害带来的损失，建成流域管理和农村综合减灾的样板社区，并在拉市海流域其他社区推广试点经验。该项目主要围绕两个层面：一是以社区参与为主的“社区灾害管理”规划、防灾减灾知识培训及演习。在这个层面，由绿色流域项目人员以国际“社区灾害管理”为范式，同时参考借鉴美国、日本、泰国等国家的实践经验汇编成培训教材，先后于2008年12月、2009年6月、2011年3月，在该农村社区中开展双语讲解的村民现场培训。培训过程中，项目人员向社区居民介绍了灾害的概念与发生特点；与村民共同完成了“社区灾害管理”中的“社区资源图绘制、社区灾害风险评价、社区脆弱性和能力分析、制定社区防灾减灾可行性策略”等环节；协助社区组建了“灾害管理小组”，并对小组成员进行“社区灾害管理”知识的全面培训；协助社区的工作人员在社区中开展了全员参与的防灾演习。二是根据“社区灾害管理”规划中确定的社区防灾减灾需求开展硬件建设，在这个层面，根据

“社区灾害管理”规划中村民代表提出的防灾减灾硬件建设需求，予以建筑原材料等方面的资金扶持。形成了“NGO组织—公益组织—国际基金会—社区居民”四位一体的整合模式，即NGO组织（绿色流域）争取到香港乐施会、南都公益基金会等的资金支持，再购买建筑原料，以村社为单位，国际基金会提供资金，社区居民投工投劳，对各村社中优先需要管理的灾害，如风灾、干旱、雪灾、滑坡等进行了治理。截至2011年10月，为期3年的“参与式社区灾害管理”项目临近尾声，项目所在地两个少数民族村寨共计10个村社的近千名村民接受了“社区灾害管理”相关知识和技能培训，社区的基础设施建设也得到很大程度的改观（叶宏，2012）。

2. 四川省都江堰市的社会工作参与社区防灾减灾的实践

都江堰市位于成都平原西北部，被誉为“天府之源”，辖区256个社区，其中100多个为沿山农村社区。自从“5·12”汶川大地震后，许多次生地质灾害如滑坡、泥石流等频发，对沿山农村社区居民的生命和财产安全造成了严重危害。

为提升农村社区防灾减灾的能力，都江堰市春晖社会工作服务中心（以下简称春晖社工）以政府购买服务的方式，在都江堰市各沿山农村社区开展一系列社会工作服务——“以社区为基础的防灾减灾”。春晖社工是2012年在都江堰市民政局登记注册的社会工作专业服务机构，以“发展潜能、助人自助，促进个人发展；整合社区资源、发展社区能力”为服务理念，致力于对困难群体的帮扶，通过社会工作专业服务的实践来推动社会工作服务本土化的发展进程，同时推动创新社会工作服务模式的发展，促进社会组织的评估、社区和个人的发展。机构的主要业务范围为灾害社会工作、社会服务项目评估、社会组织监测与评估、老年社会工作、社区社会工作、青少年社会工作以及其他困难群体帮扶类的社会工作。

2013年，春晖社工入驻都江堰市大观镇红梅社区，开展创建全国综合减灾示范项目。依照《创建全国综合减灾示范社区标准》，春晖社工立足大观镇红梅社区的优势，依托外部资源，发动社区居委会干部、社区居民、志愿者、困难群体参与社区防灾减灾工作，最后成功创建了全国综合减灾示范项目。2014年，建立在上一年防灾减灾工作良好开展的基础上，春晖社工嵌入“灾害风险管理”理念，厘清了利益相关者、社区内参与主体人员、社区内外可利用资源等一系列要素，基本构建了“以社区为基础的灾害风险管理体系”，并与《创建全国综合减灾示范社区标准》结合，形成“以社区为基础的防灾减灾社会工作服务体系”的初步架构。2015年，春晖社工在“以社区为基础的防灾减灾社会工作服务体系”初步架构的指引下，在都江堰市龙池镇紫坪社区、虹口社区，中兴镇九龙社区，开展以社区为基础的防灾减灾社会工作服务体系试点工作。经过一年探索，春晖社工建立了以社区为基础、以领导小组为核心、以社工机构为执行机构来开展服务的工作方式。3年来，具体实施主要有搞好社区灾害应急领导小组建设、培育社区减灾救援志愿者团队、建立居民防灾减灾工作坊、开展主题防灾减灾活动和“一对一”应急救援对接活动、致灾因子处置、应急联动机制建设等。在社会工作服务过程中，春晖社工十分注重社会工作者的角色界定，在大多数情况下是间接服务的角色而不是直接服务的角色，以此来充分调动社区居民的参与性，期待建立社区自主的防灾减灾能力（包世弘，2016）。

（三）经验与启示

1. 城市社区

（1）政府是社区防灾减灾工作的先行保障。浙江舟山市的“避灾工程”与“备灾工程”建设、“综合减灾示范社区”的长效推广，是建立在政府对当地的优化布局、提前规划，各级民政部门会同三防、住建、消防等相关部门定期进行质量鉴定并且下发认定文件的基础之上；新疆乌鲁木齐市能够成立规模较大、系统健全的防灾救灾指挥部，在每个单位配备一名具有专业知识与技术的防灾减灾协管员，与当地政府大力开展全国综合减灾示范社区创建活动、制订《新疆维吾尔自治区综合防灾减灾规划（2011—2015年）》有关。上海市建立的具有高科技含量的防灾减灾实践教育基地与气象科普馆——防灾减灾体验馆，也是建立在当地政府高度重视与雄厚的经济实力的基础上。

在宏观层面，当地政府、领导都能起到宏观调控作用，制订防灾减灾社区创建工作实施方案与规划，建立健全针对防灾减灾项目的社区组织领导机构，明确各主体的功能定位，区分各主体的职责分工与权限领域。在中观层面，当地政府采用财政补贴、减免税费等举措，调动企业、非营利组织的积极性，为社区防灾减灾建设注入新生的社会力量，做好社区防灾减灾资金保障与物资、设备管理工作，对物资设备进行有效调度，成立专项资金、编制年度资金预算，用于支持社区防灾减灾建设，建立应急资金调拨通道、绿色通道，等等。在微观层面，当地政府还动员党员、社区居委会等工作人员挨家挨户或是在社区公共场所进行防灾减灾宣传。这些政府行动，做到工作目标、建设内容、责任部门、工作职责“四明确”，人员、经费、行动“三落实”，都为社区防灾减灾提供了先行保障，也取得了一定的成效。

（2）健全的设施建设是社区防灾减灾工作的基础条件。浙江舟山市设立的大型避灾安置中心可容纳 500 人以上，四级救灾储备网络全覆盖，“互联网 +”平台的搭建；新疆乌鲁木齐市建立了安全责任制、安全检查制、安全会议制、安全培训制等多项安全管理制度与档案管理制度、灾害互救信息库；上海市的街道社区综合保险基础体系等合理有效的设施配置，具有灾前防护功能、灾时救援功能、灾后重建功能，为当地社区防灾减灾工作的顺利开展提供了有力的保障。

社区防灾减灾的设施配置包括硬件设施与软件设施。硬件设施可分为建设设施与物资配备，建设设施有防灾避难中心、消防站点、医疗站点、指示设施、物资储备空间等。此外，一些防灾减灾实践教育基地、体验馆作为防灾基础设施建设的重点项目，可以起到宣传的作用。防灾避灾中心在社区减灾防灾建设中具有不可替代的重要性，不仅要配备，还应对防灾避难中心进行规划布局、挂牌确认、改造新建，坚持“一专多能，综合利用”的原则，对空间、面积进行优化设置。社区内顺畅的道路网系统是保证发生灾害时安全疏散的必要条件，应提高社区内道路交通能力。物资配备包括应急包、衣被、食品、帐篷、折叠床等生活保障类物资和发电机、橡皮艇、电动伸缩梯、电动锯、柴油抽水泵等应急救援物资。这些物资不单单使在遭受灾害侵袭时可以减少损失，在日常生活中也应该定期进行检查、管理、核对、修缮，确保没有损坏、遗失，以防降低防灾减灾工作实施的效能。软件设施方面，例如“互联网 +”平台，一系列城市社区防灾减灾相关法律政策、城市社区应急预案制度、应急处置与救援制度、灾后恢复与重建制度、防灾减灾规划制度、灾害风险调查评估制度、城市社区居民的防灾减灾知识与灾害风险意识，城市社区防灾减灾宣传教育活动如“社区减灾平安行”“消防知识进社区”、应急预案演练等，无论是从降低社区脆弱性，还是从提高社区灾后恢复质量来看，城市社区内的软件设施建设都至关重要。

如果简单地认为，只要设施建好了、物资到位就够了，这是不全面的。一方面，如同计算机的硬件设施与软件设施，两者均不可偏废；另一方面，设施建设不是科技含量越高越好，设备投入也不是花费的资金越高越好，还应该综合考虑经济上的成本和现实中的可行性的问题，还应该结合当地城市社区的基本情况。城市社区内防灾减灾的设施建设，应该坚持技术上先进、便捷、可操作性强、安全实用，从生态角度上具有环保意识与可持续发展观念。

（3）社会力量是社区防灾减灾工作的主要力量。浙江舟山市支持鼓励社会组织参与防灾减灾、社区居民参与社区风险评估（绘制具有社区特色的灾害风险地图），形成“政府 + 互联网 + 社会组织”模式，政府发挥引导作用，建立民政牵头、多方协作、齐抓共管的防灾减灾工作联动机制。新疆乌鲁木齐市建立的 3 支小分队除了应急小分队是由政府力量组成，另外两支小分队由物业、社区内志愿者构成，许多青少年志愿者还积极参与社区防灾减灾的基础知识宣传。上海市社区与保险公司共同推进社区综合保险，在开展的“社区防灾啄木鸟行动”有奖征集活动中，居民踊跃上报社区风险隐患，上海市 4 个专业性社会组织在接受培训后参与了社区风险的排查和治理。

社会组织、企业、居民、志愿者队伍等作为参与社区防灾减灾的一员，依托自身优势，例如社会组织具有社区防灾减灾的专业知识与技术，企业提供雄厚的资金支持与物资援助，居民发挥对当地社区情况较为熟悉了解的优势，志愿者队伍秉持奉献、友爱、互助、进步的志愿服务精神，与社区、社会工作者形成“三社联动”合作机制，筹集多方资源全力对付灾害。随着改革的逐渐深入，有限责任政府、服务型政府的观念逐步深入人心，政府将大量社会可以自理的事务归还到社会中，把主要精力放在监督、引导、管理上，这样才能达到简政放权、共同治理的目的。现今，在公共领域，政府与社会力量合作共治已经成为新趋势与制度选择，因此，城市社区的防灾减灾也必须适应政府职能转变的要求，社区政府给予社会力量便利条件、发展空间、优惠政策等，鼓励社会力量参与到民政事业发展中，进行机制上的创新，使社会力量成为社区防灾减灾工作的主力。

2. 农村社区

（1）尊重当地居民的主体性是重要思路。绿色流域在云南丽江市玉龙县拉市乡开展的一系列“参与式社区灾害管理”项目，采用双语讲解进行培训，结合当地少数民族的文化特色、风俗习惯，利用打跳、篝火晚会等活动吸引当地居民参与到项目中，将项目进行本土化调试，尊重当地的地方性知识。春晖社工在都江堰市各沿山农村社区开展一系列社会工作服务——“以社区为基础的防灾减灾”，始终坚持“发展潜能，助人自助”的服务理念，十分注重社会工作者的角色界定，最大限度地将社会工作者视为使能者、引导者、支持者，引导居民开展“一对一”应急救援对接活动，邀请居民听取数据报告等，从而建立社区自主的防灾减灾能力。

从灾害周期与灾害对象来看，社区是受灾主体，更是防灾、减灾、备灾、应灾和灾后重建恢复的主体，是参与社区防灾减灾工作的社会力量中的重要一员，也只有当地社区居民最清楚本村的综合能力、实际需求与防灾减灾需求，只有突出其主体性，给予发言权，才能避免当地社区居民“被失语”，形成“参与式”的社区防灾减灾。这里的“参与”，既包括参加到社区防灾减灾进程中，也意味着对发展规划、制度建设具有决策权、知情权，能够共享社区防灾减灾带来的利益与成果。

（2）依托多方资源投入是有效推动。绿色流域构建了“NGO组织—公益组织—国际基金会—社区居民”四位一体的整合模式，即NGO组织（绿色流域）争取到香港乐施会、南都公益基金会等的资金支持，再购买建筑原料，以村社为单位，国际基金会提供资金，社区居民提供劳动力，对各村社中优先需要管理的灾害，如风灾、干旱、雪灾、滑坡等进行了治理。春晖社工依托外部资源，发动社区居委会干部、社区居民、志愿者、困难群体参与社区防灾减灾工作，成功创建了全国综合减灾示范项目、“以社区为基础的灾害风险管理体系”，并与《创建全国综合减灾示范社区标准》结合，形成“以社区为基础的防灾减灾社会工作服务体系”的初步架构；培育社区灾害应急领导小组与社区减灾救援志愿者团队，参与人员涉及村委会干部、志愿者、社区居民、社会组织、防灾减灾信息员代表以及一些骨干人员；致灾因子的处置方面，在志愿者培育完成后，志愿者、社会工作机构的专家、居民、灾害信息员共同参与致灾因子的勘探工作，形成灾害风险数据库，上报领导小组；为了保证灾害发生时能够顺利开展救援工作，社区还对接医院、机械工程队、消防队、应急物资储备点等，形成联动。

与城市社区相比，农村社区的经济发展相对落后，老龄化现象更为严峻，留守家庭、空巢家庭的存在使得农村社区的防灾减灾面临更多的困难，因此多方资源的投入是农村社区防灾减灾的主要路径。政府主要起到引导、监督、管理的作用，企业在资金援助、防灾减灾物资配备、灾区劳动力安置方面可以作出相应贡献，社会工作机构等相关社会组织能够通过购买政府防灾减灾项目的形式与政府合作，以技术支持、风险评估、资源链接、心理援助为切入点促使农村社区防灾减灾工作的顺利进行，当地居民可以直接参与防灾减灾工作，献计、出力，外来的志愿者组织可以形成防灾减灾的长效机制，与社会工作形成合力，使农村社区防灾减灾工作走向精细化发展。

（3）社会工作——新生力量的介入。春晖社工从 2013 年开始，在大观镇红梅社区创建了全国综合减灾示范项目，2014 年形成“以社区为基础的防灾减灾社会工作服务体系”的初步架构，2015 年，将服务面扩大到龙池镇紫坪社区、虹口社区，中兴镇九龙社区，3 年来开展的社会工作服务证明，社会工作者的专业价值体现在灾害管理的全过程，是社区防灾减灾工作中必不可少的“软驱”力量，将社会工作纳入国家防灾减灾体系已成为发展趋势。

此外，我们也应该看到社会工作在城市社区防灾减灾过程中所作的突出贡献，如上文中提到的深圳市光明新区发生特别重大滑坡事故中，社会工作者在 3 个月内进行 5 个阶段的社会工作服务，针对不同人群开展个别化服务，运用个案、小组、社区等不同工作方法，累计参与介入服务达 3638 人次，服务受灾群众及家属 21141 人次，跟进 282 户受灾家庭，开启了 158 个个案服务。面对突如其来的灾害时，社会工作者在情境压力和情感负荷下为不同的服务对象提供不同层面的专业服务，涵盖心理治疗、危机干预、需求评估、资源链接、社会网络重建、政策倡导等，从而为处于弱势地位的服务对象搭建具有支持性质的外部环境，重建个体与外界的关系，帮助服务对象走出心理困境，恢复原有的社会功能。在服务策略上，尤其强调整合性、系统性的能力建设过程，将个人放到环境中，视个人与家庭、社区等周围环境为一体，提高社会融合水平。

实践证明，社会工作在参与社区防灾减灾的过程中，以社区为本，改变了自上而下的防灾减灾方式，通过一系列社会工作增能服务，使社区自身具备评估问题、解决问题、自我发展能力，这对社区防灾减灾工作的可持续发展具有重大意义。

三、社会力量参与社区防灾减灾的途径与机制——以广西壮族自治区为例

近年来，广西不断摸索、探寻创建社区防灾减灾模式，力求提升防灾减灾能力，减少灾害损失，在很大程度上以防灾减灾促进社区发展，逐步实现“减灾梦”。

（一）实践与经验

1. 城市社区

2016 年，课题组到 N 市的两个社区进行调研，发现都成立了专门的社区综合防灾减灾领导小组，下分为信息协调组、安全保卫防灾救援人力组、宣传教育组、后勤保障组等，由社区党委书记、居委会委员、企业代表、物业主任组成，并且明确分工，责任到人；进行了全面系统的灾害评估与制度建设，并列出一系列清单、预案与制度：《灾害危险隐患清单》《社区防灾减灾应急预案》、社区减灾工作制度等灾情报告制度，等等；在基础设施建设方面，基本上都配备了防灾减灾设备与应急物资，建立了避难场所，设置了相应的指引标识；在社区内通过发放宣传资料、悬挂宣传横幅、在 LED 电子广告显示屏上播放宣传片等，大力推动各种防灾减灾媒体的传播。

除了以上措施，广西还努力探索社会工作服务参与防灾减灾工作。2016 年 3 月 29 日，广西壮族自治区民政厅在南宁市江南区新锦社区举办了“广西 2014 年国际社工日主题宣传周暨推进灾害社会工作服务活动”启动仪式，现场还进行了火灾防范及应急救助示范、灾害现场伤亡人员抢救示范。在 2016 年第 9 号台风“威马逊”救灾工作中，广西心香公益社区服务中心等社会组织在广西民政厅的协调指导下，深入重灾区将社会工作专业知识与技能应用到救灾活动中，促进救灾工作的顺利进行。

2. 农村社区

随着广西的经济和社会的不断发展，农村社区的防灾减灾工作也有了一定的进步，课题组通过对两个农村社区的调研发现，一些基础设施如电视、广播、电话、邮局、公路等都已具备，甚至在村民委员会也可以连上互联网。两个社区都建有避难场所，在村委会办公地点设有专门应急物资储备室。

在创新方面，广西探索具有民族特色的防灾减灾工作。靖西市地震局考虑到当地少数民族的特点，将《唐山大地震》电影译成壮语在市民广场播放，使防灾减灾宣传更贴近群众，居民也更容易接受；南宁市上林县、来宾市象州县在防灾减灾主题文艺晚会上，借助歌舞、朗诵、小品、快板、三句半等形式，用群众喜闻乐见的表演方式、倍感亲切的语言在县城、乡镇小广场进行表演，其中还穿插防灾减灾知识有奖问答，拓宽了防灾减灾宣传新渠道（广西民政厅救灾处，2016）。

不论是传统模式上的社区防灾减灾，还是社会工作作为新生的社会力量加入社区防灾减灾中，广西都取得了很大进展，但我们也要看到，在过程中暴露了一些问题。防灾减灾需要工作人员拥有较强的专业知识能力，相关工作人员的专业知识储备不足；宣传教育和演练流于形式，导致形式高于实效；社区防灾减灾管理缺乏持续性；等等。

（二）途径与机制的探索

社区防灾减灾工作的实施效果对于2020年实现全面小康这一目标起着重要作用，社会工作、企业、社会公众的参与不可或缺。目前虽然我们已经取得了一些成效，但是这方面的发展还不是很成熟，发挥社会力量作用普遍不足，需要继续探索路径与机制，才能全面提升广西各社区应对灾害风险的能力。要使社会力量有效地参与社区防灾减灾，建立社会联动参与机制是一个有效方式。

1. 加快建立社会参与与联动机制

社会联动参与机制是建立在政府、营利组织即企业、社会工作、社区居民的内部整合基础上。首先，确定各个要素的定位，即政府在社区防灾减灾工作中承担主体责任，充分培育与发挥社会工作作为主要力量的作用，注重发挥居民优势，重视和鼓励企业参与；其次，政府牵头统筹，与社会工作、企业、社区居民等社会力量形成伙伴关系，在社区防灾减灾过程中实现信息和行动联动，即建立政府和社会力量之间的信息共享机制、行动协调机制；最后，形成政府居中指挥协调，社会工作、企业、社区居民等社会力量为支线，“一点动，全线动”的全社会联动参与的防灾减灾机制。

（1）构建信息共享机制。尽快构建政府与社会力量之间的信息共享机制，以确保信息畅通。可利用“互联网＋”平台、大数据等先进科学技术，整合政府系统关于预案制订、灾情监测、模拟演练等方面信息，社会力量关于物资资金、志愿人员、宣传战略与计划等方面信息，制定灾害信息转告、通报、下达制度，确保社区灾害获取及时形成防灾减灾各环节、全过程的系统信息网络。

（2）构建行动协调机制。尽快构建政府与社会力量之间的行动协调机制，务求行动一致。可考虑在市级防灾减灾指挥部中设立行动协调组，结合各个街道或社区的实际情况，明确社会力量负责范围与领域，在信息共享基础上协同行动，确保日常防灾减灾中政府与社会力量协力进行防灾减灾宣传演练，在救灾时立即展开协调行动，避免资源调配的浪费和行动的混乱。

2. 明确政府在社区防灾减灾工作中的主体责任

不论是在城市社区还是农村社区，社会管理和公共服务是各级政府的工作内容，综观我国防灾减灾人才队伍格局，基本上是当地居委会、村委会联合民政局、气象局、应急办等政府设置、群团组织作为引导，形成“党委统一领导，部门分工负责，上下分级管理”的组织体系设置，在防灾减灾工作中，政府依然拥有着绝对实力，发挥不可替代的作用。

（1）政府应加强顶层设计。社区防灾减灾作为一项系统的工程建设，包含人员、资金、物资、科技、基础建设等诸多内容，在防灾减灾部门之间、项目之间、区域之间均需要整体调度、宏观规划、全局把握。政府应该承担社区防灾减灾的主体责任，建立一套完整的工作机制和体系，结合社区自身情况，制订出体现本社区特色、切实可行的防灾减灾规划。

（2）政府创设良好的法制、政策与人文空间。目前，针对社区层面还没有出台相应的防灾减灾法规，因而社区很难在防灾减灾方面做到有法可依。未来应在社区防灾减灾实践的基础上，积极推进社区防灾减灾的法规建设，在国家政策及法律法规层面不断完善社区防灾减灾的相关条款。建立综合性监管机制、风险管控制度，引入第三方进行专业评估，加强群众监督，规范各主体的参与行为。在此基础上，政府还应着力培育健康的人文空间，促成上下一心、众志成城、共抗灾难的良好氛围。

3. 充分运用社会工作的支持作用

广西民政系统从 2012 年开始试行向社会组织购买社会公共服务，截至 2015 年，在广西壮族自治区一级民间组织管理局注册的社工机构已达 75 家，活跃在广西各个市县。社会工作机构内的相关专家根据掌握的信息，对灾害的发展趋势、与其他灾害的相关性和衍生性作出预测，研讨并提出意见和建议，实时对灾害进行监测和校正。社会工作可以通过社区教育加大群众性救护培训力度，通过社区参与加强社区居民的防灾减灾文化，通过小组互动分享社区居民防灾减灾经验，在社区防灾工作中提升居民的能力建设。灾害社会工作可以在减灾工作中，充分依托专业优势，帮助受灾群众解决心理情绪问题、再造社会支持网络、提升生存发展能力、重建社区生活秩序，是灾后恢复重建中不可或缺的专业力量。

（1）拓宽社会工作参与应急演练与宣传教育工作渠道。应急演练和宣传教育是社区防灾减灾的主要手段。应拓宽社会工作参与应急演练与宣传工作的渠道，社会工作不仅仅是通过活动举办、物资支持参与到应急演练与宣传教育中，还可以参与到应急预案编修、探索建立宣传教育评估及反馈机制中，及时全面地了解社区居民对于应急演练、宣传教育的需求和意见，切实提高应急演练的可操作性，加强应急演练的实效与可持续性。

（2）社会工作参与农村社区防灾减灾的底层设计。有关防灾减灾能力建设的举措，主要是针对县级以上政府而提出来的，村级组织因受技术和资金等客观因素制约无法实施。一方面，这些举措往往是宏观层面的，对农村地区的指导性不强，难以为农村社区提供有效的指导；另一方面，社会工作有着专业的理论知识与科学技术，参与以村党支部和村民委员会为核心构成的村级防灾减灾设计中，让农村社区能够更了解自身的防灾减灾任务，在防灾减灾能力建设方面做了哪些工作，还存在哪些问题，哪些工作还需要进一步推进或进行整改。强调合作性、系统性、地方性的设计评价体系建构，从而切实提高广西村级组织与农村群众的防灾减灾能力。

4. 有重点地提升社区居民的防灾减灾能力建设

（1）充分发挥社区居民的本地优势。广西的经济发展水平还不够高，现在的任务重心放在经济建设上。社区居民更关心的是经济转型与社区综合发展，对于短期不能带来明显收益的社区防灾减灾项目兴趣不大。然而，社区居民作为本地社会力量，具有熟悉灾区地理环境、通晓本地方言、距离受灾地区近、救灾物资自给便利等优势，因此，应注重发挥本地社会力量优势。应根据社区资源环境承载能力和防灾减灾需求，引导支持本地社区居民就近就便参与防灾救灾工作，充分发挥他们的便利条件和优势，这也能增强社区居民的主体性、归属感和主人翁意识。此外，广西作为少数民族地区之一，形成了特有的灾害知识和减灾文化，在天气预测、灾害预警等应用方面有着丰富的“地方性知识”，应该加以充分运用。

（2）培育社区居民的可持续发展观念。广西农村地区的生态环境较为脆弱，滑坡、泥石流等是生态环境遭受破坏产生的自然灾害，反过来也使生态环境更为恶劣，影响农业生产。社会工作在参与农村社区防灾减灾过程中，不仅要建立综合经济、社会、生态环境的社区防灾减灾长效机制，还应该在农村社区大力宣传环境可持续发展的观念，避免因当地社区居民被短期效益诱导，人为地破坏生态环境以获取经济利益，最终成为农村社区防灾减灾工作的障碍，导致进展缓慢。

5. 扶持企业响应社区防灾减灾工作

企业作为社会力量的一员，在灾害管理中，企业参与灾害的预防与治理是企业自身防灾减灾的需要，同时也是企业承担社会责任的表现。

（1）政府应建立与拓宽企业参与社区防灾减灾的渠道。政府应该建立与拓宽企业参与社区防灾减灾的渠道，与企业建立合作关系，将企业纳入灾害管理体系中，增强企业的灾害意识，提高自救能力，也能从中塑造良好的社会形象，这种正向力量，有利于在全社会营造全民防灾减灾的良好氛围。

（2）企业应该承担提供社区防灾减灾资源的职能。企业应该承担提供社区防灾减灾资源的职能，这里的资源包括经济资源与物质资源，企业属于营利组织，往往有着较为雄厚的经济实力，能够为防灾减灾提供资金援助。企业在日常运营中使用和储备了大量的人员及物资，部分企业甚至拥有一定的特殊和专用资源，能够成为政府资源的补充。政府可以通过税收优惠、项目招标优先考虑的政策吸引企业响应政府的号召，启用相关资源参与社区防灾减灾中，有利于降低全社会纯粹储备的救灾物资资源的社会成本。

参考文献

[1] 崔向华．非营利组织管理导引与案例［M］．北京：中国人民大学出版社，2014.

[2] 沙勇忠，刘海娟．美国减灾型社区建设及对我国应急管理的启示［J］．兰州大学学报（社会科学版），2010（3）．

[3] 翟国芳．日本洪水风险管理研究新进展及对我国的启示［J］．地理科学进展，2010，29（1）．

[4] 尹占娥．城市自然灾害风险评估与实证研究［D］．上海：华东师范大学，2009.

[5] 陈冬梅．以社区为本的灾害风险管理研究［D］．兰州：兰州大学，2010.

[6] 唐桂娟．美国应急管理全社区模式：策略、路径与经验［J］．学术交流，2015，253（4）．

[7] 唐桂娟．治理理论视域下中美社区减灾模式比较及启示［J］．华南理工大学学报（社会科学版），2017（1）．

[8] 傅舟孟．“政府—社区—社会组织”融合构建海岛地区新型防灾减灾体系［J］．中国减灾，2016（11）．

[9] 上海市民政局．上海社区综合保险：为社区撑起一项安全“保护伞”［J］．中国民政，2016（10）．

[10] 刘朋．上海：社区减灾花开黄浦江两岸［J］．中国减灾，2016（4）．

[11] 刘朋．上海：专家团队与社会力量合作推动社区灾害风险管理［J］．中国减灾，2016（5）．

[12] 梁茜，钟礼银，许桂东．引导社会力量参与 构建多元化工作机制——以深圳光明“12·20”特别重大滑坡事故善后处置为例［J］．中国减灾，2016（9）．

[13] 艾丽娜．乌鲁木齐市城市社区防灾减灾应急管理问题研究——以天山区幸福路街道北三巷社区为例［D］．乌鲁木齐：新疆大学，2016.

[14] 叶宏，王健，张建．“社区灾害管理”的本土化策略——以西部民族地区为例［J］．西南民族大学学报（人文社会科学版），2012（6）．

[15] 包世弘，尹茂波，王德华．社区防灾减灾社会工作服务的都江堰实践［N］．中国社会报，2016－7－15.

广西智慧养老社区建设研究报告

张光廷　曾凡明　韦兆钧*

摘要：智慧养老是利用现代信息技术手段，有效整合各种社会养老资源，以更好地满足老年人不同养老需求的新型养老模式。它既能吸纳机构养老、社区养老和居家养老等模式的优势，又能弥补其不足，它更注重服务供给主体之间的整合和多元化。智慧养老社区建设应遵循“以服务对象为本、以社区为本”的理念和“可持续发展原则、系统设计原则、与社会经济发展水平相适应原则及易操作原则”，以满足老年群体的多样化、个性化需求为宗旨，借助计算机等互联网信息处理技术、移动终端和呼叫设备等通信技术和传感器等物联网技术植入信息咨询、服务请求、服务评估等功能，实现智能化平台的全程控制和系统升级。统筹优化整合医疗、养老、人文等社会化的服务资源，安全、高效、快捷植入病患和长者等需要被照顾人群的生活，实现供需信息无缝对接。

关键词：互联网；养老；社区

一、研究背景及意义

中国老龄化问题日益严峻，截至2014年底，我国60岁以上老年人口

* 作者单位：张光廷，广西壮族自治区民政厅副厅长；曾凡明，广西壮族自治区民政厅社会福利和慈善事业促进处处长、广西中医药大学教授；韦兆钧，广西中医药大学教授。

已经达到2.12亿，占总人口的15.5%。据预测，21世纪中叶老年人口数量将达到峰值，超过4亿，届时每3人中就会有一个老年人。我国空巢和独居老年人近1亿人，60岁以上失能半失能老年人约3500万人，要把帮扶困难老年人作为发展老龄事业的重中之重。“银发潮”将对我国的经济、社会、政治、文化发展产生深远的影响。近年来，随着我国“421”的家庭结构越来越普遍，年轻人赡养老人的压力不断增加，家庭养老功能日渐弱化。因此，如何关心老人、切实解决老人的实际困难，已成为老人、儿女迫切的需求，也成为一个广为关注的重大社会问题。

中国社会提倡“百善孝为先”。在我国人口老龄化问题日趋严峻的今天，更需要将传统美德发扬光大。建立一个家庭养老和社会养老相结合的养老体系，推行以家庭养老为基础、社区服务为依托、机构养老为补充的养老模式，实现投资主体多元化、服务对象公众化、运作机制市场化、服务队伍专业化的格局，是中国社会发展的现实需求。

基于社区养老服务的准公共产品性质，目前我国以政府购买的形式实现供给，这就意味着政府在社区养老服务供给中占有主导地位，其偏好和判断也会在一定程度上左右社区养老服务的供给方式和服务内容。因此，在全面建设智慧城市的视野下，研究智慧养老社区的建设问题具有重要的理论和现实价值。

对智慧养老社区建设进行研究，具有十分重要的理论意义：

第一，对智慧养老社区的构建机理进行系统化研究，有助于智慧养老社区的系统化建设，在理论上可以加深对社区养老这一服务模式内在规律的把握，丰富和完善社会保障学科理论，有利于整个社会保障学科的发展，并为社区养老服务的发展提供理论指导。

第二，将社会学、统计学等多学科运用到智慧养老社区研究之中，运用学科之间的交叉互补共同解决问题、研究问题，有利于从多视角、多学科角度考察研究内容，丰富和完善社会保障问题的研究方法，进一步促进社会保障学科的丰富和完善。

对智慧养老社区建设进行研究，具有十分重要的实践意义：

第一，智慧养老社区理论模式的构建，可以为政府决策部门提供依据。智慧养老社区建设不仅是个理论问题，也是一个非常实际的问题，随着中国老龄化的加剧和社区养老服务供需不匹配等问题的凸显，对智慧养老社区的研究将成为政府面临的重要课题，对这一问题的研究，可以为政府决策部门提供参考，因而具有非常有益的实践意义。

第二，智慧养老社区建设有助于丰富和完善养老服务模式，改变传统养老服务模式的沟通与互动方式，有效整合政府、社会、家庭及社区等养老服务资源。智慧社区养老服务模式的实质就是养老服务的供给问题，这与我国养老服务事业的发展也是紧密联系在一起的。因此，如何实现有效供给、使养老服务资源得到最大化利用是智慧养老社区服务模式发展的重中之重，由此看出智慧养老社区建设研究有着非常重要的实践意义。

二、国内外研究述评

（一）社区养老理论研究现状

国内外专家学者对社区养老的理论研究主要从以下几个方面展开。

1. 针对社区养老服务供给内容方面的研究

由于不同群体和不同年龄阶段的老年人需求存在一定的差异性，因此多数学者主张应当按照老年人的需求差异来决定养老服务的内容。穆光宗认为老年人的需求分为三类，分别是生存性需求、发展性需求及价值性需求。这三类需求是按照层级的不同进行分类的，生存性需求最低，价值性需求最高。周伟文提出社区养老服务的供给共有六项基本内容，分别是困难辅助、健康保障、医疗护理、精神慰藉、社会参与和老年继续再教育。张明等认为老年人养老服务需求的内容、规模、水平及质量等各方面随着社会的发展也在不断地提升。因此，社区养老服务的供给内容包括居室清洁、医疗辅助、饮食服务等一些基本照料需求和社会交往、精神慰藉、获得尊重等一些自我实现需求。

2. 学界普遍认为供给主体的多元化是实现社区养老服务有效供给的前提

从政府方面来看，马思瑶、雷玉明等学者认为由于社区养老服务具有准公共产品的性质，因此政府在社区养老服务供给中应当是公共决策者的角色，制定规范与评估机制，成为社区养老服务的政策供给主体。周玉萍、杜润楠认为政府可以通过社会招标、补贴、凭单、特许经营等方式来购买社区养老服务，从而在社区养老服务各供给主体之间形成健康有序的竞争机制，以达到养老服务资源最大化利用的目的。

3. 从社区方面进行研究

陈友华、吴凯认为社区养老服务的管理与供给的主要依托对象还是社区，这不仅是因为社区是连接家庭养老、机构养老和社区养老的桥梁，还因为社区是社会福利社会化的主要承载主体之一，以社区为中心的社区养老服务体系的建立与健全是养老服务事业发展的重要组成部分。王竹琳指出，综合各方面，社区应当在社区养老服务供给中发挥社区组织的基层自治功能，为社区老年人提供多方位、高质量的养老服务。

4. 从社会组织方面进行研究

孙燕、张建生等学者提出要满足多样化的养老服务需求仅靠政府提供的单一公共服务是不够的，要引进各种社会力量，通过市场和竞争机制，从而满足高质量、规模不断增大的养老服务需求。

综上所述，围绕老年人需求这一基本主题，关于社区养老服务概括起来就是由谁来提供服务、提供什么样的服务、怎样提供服务的问题。因此，学界关于社区养老服务的供给模式达成的基本共识就是社会化供给。在服务供给过程中，政府、社会组织、社区等供给主体的有效结合是今后探讨问题的重点。在具体研究方法上，学界普遍采用以具有显著老龄化特征的城市或社区为例的典型案例分析方法，从相当多数量的案例研究中我们总结出在现今的老龄化程度比较严重的城市或地区，社区养老服务的多元化供给模式已成为一种趋势，下一步研究要做的是如何有效链接多个供给主体，整合养老服务资源，使养老资源得到最大化利用。

（二）智慧养老服务的研究现状

在西方一些发达国家，智慧养老是一个已经被老年群体普遍接受、发展比较成熟的养老方式。在我国，智慧养老的提出还是近几年的事情，尚且没有规范统一、相对成熟的运营模式和产业形态，正处于探索实践和学习借鉴的初级阶段。在这一阶段，研究重点主要集中在智慧养老服务模式探索、为老服务软件开发应用及智能化技术应用于为老服务领域的制约因素等几个方面。

1. 关于智慧养老服务模式方面的研究

杨正飞认为现今在中国大部分城市已经基本上实现了互联网、电信网和广播电视网的“三网融合”，智慧养老服务可以通过家庭里的手机、电话或者固定电话中的任何一种终端来获得。陈宏伟、闫辉等认为虚拟的养老服务是实体养老服务的发展和延伸，虚拟的社区养老服务仍要以现实的社区为载体，实体的养老服务仍是主体，虚拟的养老服务是虚拟养老服务和实体养老服务的结合。金芳、张玉琼认为创建数字化养老平台已经成为一种趋势，现有的平台虽多但大多都是各自为政，为了最大限度地利用养老资源，应当对平台进行整合，避免碎片化运营。陆怡婷、吕学静、江华等指出智慧养老服务应该是以政府为管理主体，民营企业为运营主体及利用互联网、通信网等信息化工具，构建信息化网络为老服务平台，借由智能终端，最终为老年人提供养老服务的运作模式。

2. 智慧养老服务模式的影响因素方面的研究

学者们普遍认为其中政府、社会组织、老年人、社区、信息技术应用等多方面的运作是否协调、优势是否互补、是否发挥了自身最大的效用，对智能化技术应用于为老服务领域的影响是最大的。吕学静认为现今运行的智慧养老服务模式基本上实现了政府、运作主体、老年人等智能化模式多元参与主体的协调配合，但是从模式的可持续发展的角度看还有很大的不足，这在一定程度上制约了智能化技术养老服务模式的推广和应用。何晓晓从建设数字化社区的角度看政府、公共部门、企业、社区各个主体的工作应当到位，厘清责任、提升服务水平。归隽认为智能化技术应用到养老服务领域的服务模式虽然在一定程度上对资源进行了整合，也促使了各个服务主体间的互动，但它仅仅是对已存在的资源进行的整合，智慧养老服务模式要想获得更大的提升和长远发展还要对政策支持、服务队伍建设、规范监管评估等几个方面进行加强和完善。还有的学者认为老年人的智能化终端的使用习惯、使用时间、消费习惯及科学理念等方面也会是影响因素。

3. 应用于智慧养老服务领域的智能化信息技术的研究

在一些信息化技术较发达国家，应用于养老服务领域的智能化信息技术的研究已经成为一个新兴的跨领域的名为“Gerontechnology”的学科，其研究的目的是为了提高老年人的生活品质，带来更便捷的生活、医疗辅助，特别是美国、德国、日本等国家，有许多高校和科研机构在政府和社会的支持下积极开展以辅助老年人生活、提高老年人生活品质为宗旨的各项技术的研发工作，其研发的为老技术主要分为家庭监护技术、远程医疗技术和生理信号处理技术，且相当一部分技术已经被应用于养老领域中，还取得了很好的效果。相比信息化技术较发达的国家，目前国内大多数针对养老服务领域的技术研究较为被动消极，没有形成规范的学科理论，且主要是停留在医疗照顾的远程监护层面。

（三）述评

从现有研究来看，对于智慧养老服务的研究尚且拘泥于理论层面，定量研究较少，存在一定不足，但也有很多有价值的研究值得借鉴。

1. 学术界当前对智慧养老服务的研究有许多可以借鉴的方面

首先是在对社区养老服务面临的问题进行分析时，专家和学者从顶层设计、供需衔接、监管评估等方面深入分析，基本涵盖了社区养老服务面临问题的全部，对广西智慧养老社区的建设研究具有相当大的借鉴价值；在智慧养老服务模式的研究方面，一些学者提出的构建模式和构建思路，非常具有实用价值，并且已经在一些地区进行了试点，值得深入分析和研究；国外对于智能化信息技术研究的经验也值得我们借鉴和学习。

2. 学术界当前对智慧养老服务的研究还有很多不足

从研究的理论来看，主要的立脚点在于利用国外的社区理论解读中国出现的现实问题。而且多数是从社区养老服务的概念、意义、现有的不足及宏观的对策建议等方面进行理论论述和理论充实，实证研究不足且重复观点较多。在实证性研究中，主要集中在老年人的需求、老年人需求的影响因素和社区养老服务现状的宏观抽样调查，注重现状的描述，宏观看来，多数呈现的是一种调研报告，缺乏解释性研究。为数不多的一些个案研究也只是对智慧养老服务的系统总结，从理论上对典型个案进行系统深入的分析十分欠缺，进行深入探讨智慧养老服务应用模式的研究也并不多见，而这正是本课题尝试研究解决的问题。

三、基本概念和理论基础

（一）社区养老

由于研究的出发点和落脚点不同，关于社区养老学者们有不同的见解，但是他们普遍认为社区养老是家庭养老和机构养老的有力补充和结合，是应对老龄化问题的有效模式。席恒认为社区养老是以社区为依托，以家庭为基础，结合机构养老，由社区承担养老服务责任。中国社会科学院老龄科学研究中心特邀研究员伊密认为社区养老可以是家庭养老的直接补充，发动社会多方面的力量对家庭养老提供帮助，一来可以使老年人享受到更专业化、高质量的养老服务；二来可以帮助家庭成员分担养老责任，把注意力从家庭转移到社会建设、国家建设上来。本课题认为社区养老是一种依托社区，以社区居家老年人为服务对象，介于家庭养老和机构养老之间的社会化养老服务模式。其特点是链接多元供给主体，整合各种社会资源，老年人在家或是社区就能享受到高效、高质量的养老服务，既分担了家庭的养老责任，也从老年人抵触机构养老的心理出发，弥补家庭养老和机构养老的缺点。

（二）社区养老服务

社区养老服务是在社区为依托的背景下，多元供给主体提供的养老服务。相对于私人产品和纯公共产品，社区养老是处于中间地带的准公共产品。准公共产品一般是指其使用和消费都限定在一定的地域中，使用不具有排他性，消费具有排斥性（即只有付了款的人才有资格享受服务）的产品。社区养老服务就是一种典型的准公共产品，社区养老服务的使用和消费都局限于一定区域范围内，一个老年人使用某项社区养老服务不影响其他老年人的使用，但是社区养老服务的使用是有偿的。

经过多年的摸索和不断发展，中国已初步形成了社区机构定点服务、社区居家养老服务、社区上门养老服务为主要形式，生活日常照料、医疗护理保健、文化娱乐教育、维权咨询保护等多种服务项目为主要内容的社区养老服务格局。

（三）智慧养老

21 世纪，我国已经进入了老龄化和智能化社会，智能化技术应用到养老服务领域，颠覆了以往养老方式的传统，是养老服务方式的创新。2012 年 10 月，首届全国智能化养老战略研讨会在北京召开，会上首次提出了智能化养老的理念，并对这一理念的应用范围、服务对象及服务内容等基本含义作出了具体阐述，初步形成了智慧养老的概念。智慧养老最早由英国生命信托基金会提出，其核心是利用相关信息化技术打破固有的时间和空间束缚，结合通信、互联网和物联网技术，为老年人提供高质量、高享受的养老服务，当时被称为全智能老年系统。智慧养老是现代科技和养老服务有机结合的新型养老模式，是一个由安全防护系统、网络通信系统和生活服务系统组成的养老服务集成系统，其应用范围可以覆盖居家养老、社区养老和养老机构，从而为全体老年人提供共性化（全部老年群体）和个性化（针对老年人的特殊需求）的安全、便捷、健康的养老服务。近年来，“智慧养老”概念开始流行并更加明晰，它是指基于先进的物联网技术，通过建立远程监控系统与信息服务平台，结合老年人的医疗、教育、文体活动、紧急救助等需求，向老年人提供实时、高效、智能化、高质量的养老服务。总的来说，智慧养老就是运用智能化技术提供养老服务的过程，能最大限度地满足老年人的不同需求，代表了养老服务事业发展的新方向，体现了时代发展的新要求。

智慧养老是在科技信息化不断发展创新应用的新时代背景下，从老年人的角度出发，针对老年人的不同养老需求，解决养老问题的新型模式。本课题认为，它与以往的机构养老、社区养老和居家养老等传统养老模式相比具有显著的特征。

首先，它是对以往机构养老、社区养老和居家养老等传统模式资源的整合、延伸、补充和发展。它结合了前几种传统模式的优势，又弥补了其不足。其次，它更注重服务供给主体之间的整合，服务供给主体也更加多元化，兼具了福利性和商业性的双重性质，其服务对象、服务内容和服务主体都有了横向扩展。所以，智慧养老兼具了社区养老模式的社会化特征、居家养老模式的心理型特征和机构养老模式的专业特征，成为最有发展前景的新型养老模式之一。最后，智慧养老是对社区养老服务的重新定位，老年人不再只是被动地承受养老服务，而是积极地参与到养老服务供给过程中，成为这一新型模式有效实施和推广的参与者和推动者。

（四）理论基础

1. 社区照顾理论

社区照顾理论是20世纪60年代在英国被提出来的。最开始在战争爆发的年代，许多无家可归的老弱病残流落街头，政府采取的是住院式集中照顾的方式。随着时间的推移，院内的人数越来越多，使得政府的财政不堪重负，同时也出现了院内被照顾者由于长期远离人群，精神需要很难得到满足的现象。针对这些问题，一些国家爆发了“反院舍化运动”，反对这种封闭式的院舍化管理方式。反对者认为熟悉的生活环境对于老人能够安享晚年发挥着非常重要的作用。在熟悉的生活环境中，老人才能够建立起与人正常的交往，满足他们精神上的需要，与他们进行交流交往，这种方式被称为“社区照顾”。随着该模式的不断发展，在适合环境中养老的理论又开始建立起来。英国是最重视社区老年服务的国家，同时也是最早的推行者。到了20世纪80年代，社区老年照护的养老模式逐渐完善，成为家庭和机构养老模式之外的另一种补充养老模式。社区照顾的具体内涵是老年人无须远离原先的社区住所，由就近的社区为辖区内需要照顾的老人提供及时贴心的服务。充分调动社区内所能支配的社会力量，使得老年人在社区中不仅仅能够得到生活上的帮助，同时熟悉的生活环境也为精神需求的满足提供了保障。

2. 社会嵌入理论

社会嵌入理论的代表人物是格兰诺维特。他认为社会化的程度是很微妙的，既不能过多也不能过少。无论在社会中扮演什么样的角色，都不能脱离所依赖生存的社会环境。人想要实现特定的社会目标必须要在社会关系中才能实现，而不是脱离社会关系。嵌入式理论认为社会个体之间不是孤立存在的，而是一个不断融合、支持和互动的动态过程。传统的理念持有这样的观点，老年群体不存在社会化的问题，老年人主要是以享受为主。随着现代社会的不断发展，人们发现老年阶段仍然要面对社会化的问题，与之前不同的是角色发生了相应的变化。伴随着年龄的不断增长，老年人除了面对社会角色的变化外，还可能面临子女逐渐与自己疏离、身体机能不断衰退的烦恼。实际上在老年人面对种种困扰的同时，社会化的作用不应该是减少的，反而变得更加重要。他们可通过参与各种社会化的活动来寻找自己的人生价值，不断进行自我鼓励和调整。而社区养老则是为老年人提供了这样的平台，他们可通过社区这个熟悉的平台建立起自己新的社会关系。通过社区内的各种活动来增加老年人之间的互动，能够帮助老年人减少角色转换中的不适应感和身体状况变差的失落感。

3. 福利多元主义理论

西方国家经历了20世纪30年代的经济大萧条后，普遍采用凯恩斯主义来调整经济危机过后的遗留问题。受它的影响，西方国家逐渐形成了政府力量为主导的社会福利体系。政府的强力干预使得经济得到了恢复，社会福利体系的健全也保障了社会的稳定。然而随着时间的推移，西方经济也开始逐渐衰弱，同时出现了人口老龄化等众多新的社会问题，使得政府主导的社会福利体系受到严重的打击。政府部门面临财政上的巨大压力，在社会福利领域急需转换自身的角色，主导性的地位使得它们不堪重负，于是催生出了福利多元主义理论。福利多元主义理论一方面强调福利供给主体的多元化趋势，认为政府不再是唯一且占主导地位的供给者，应该由政府、市场、社会共同承担起社会福利的供给；另一方面特别强调非营利组织的参与，通过减少民间组织参与福利供给的限制，来保证社会组织参与的可能性。福利多元主义认为社会组织的参与能有效地改善政府供给与个人需求难以对接的局面，提高福利供给的效率。

四、国内外经验的启示

国外尤其是一些发达国家和地区由于科技水平高、信息技术水平发达、老龄化问题严重等原因，积极研究智能化养老服务的技术使用和推广，有很多有益的经验值得我们借鉴。有关智慧养老，国内相当一部分城市和地区也积极地尝试并取得了一定的效果。

（一）国外经验与启示

随着信息技术的发展，在计算机信息科学、医学、机械工程学等学科领域的联合推动下智慧居家技术日益成熟。德国“智能居家”是指运用电子控制系统、自动化设施等实现家居安全和便利的现代化住宅，自动化、多功能性、适用性、交互性是其主要特征。近年来，英、美、德等国发起了数项以老年人为目标人群的智能居家技术应用项目，旨在减少老年人对外界的依赖程度，并提高老年人的安全保障程度。

从 1999 年开始，美国开始探索远程医疗及移动互联医疗的应用。移动互联医疗利用移动通信技术，提供远程挂号、获取医疗资讯、远程预约和监控等各种医治解决方案，改变了过去患者只能前往医院求医问药的传统看病方式。移动互联赋予医疗行业无限的拓展空间，也有利于引导人们从被动看病到主动防病的生活习惯的养成。

日本正是基于严峻的老龄化趋势，政府鼓励大学、公共研究机构和企业积极开展养老技术和产品研发，领导世界范围内的“绿色科技创新”和“生命科技创新”。众所周知，日本的智能科学技术在世界上处于领先地位，善于钻研精密、科技含量很高的智能产品。如智能鞋、老年人智能玩具和智能机器人等。

总结归纳国外一些城市和地区智能养老的技术研发和做法，大致有以下几点值得借鉴：

第一，加强政府的引导。政府从政策倾斜、税费优惠、名誉奖励等对一些技术密集型产业进行引导和支持，从而使相当多的资金和人才投入到老年科技的开发与推广中，出现了一大批为养老服务提供智能养老设备的供应商。

第二，在老年产品与服务新技术的研发中，以老年人的切身需求为基本出发点，确保产品与服务在实际中得到有效应用。

第三，结合中国国情，创新相应模式。以美国为例，对比美国划分清晰的移动医疗盈利模式，在中国由于具体国情和医疗体制的原因，并不能得到应用。有的移动医疗平台是面向医生收费，医生直接付费去争取更多的患者，在中国，除了少数私立医院，医生是隶属于医院的，不能自己牟私利。因此，要结合中国国情，吸取优点，不能奉行拿来主义。

（二）国内尝试与借鉴

有关智慧养老，国内相当一部分城市和地区进行了积极的尝试，但也存在很大不足。目前国内的智慧养老主要是采取建立网站和接入热线电话的形式。从服务对象上来看，只有为数不多的地区对老年人进行了分类，例如苏州市沧浪区虚拟养老院，把老年人按照经济状况的差异和是否对社会作出过贡献的标准分为3类，每一类分别有不同的补贴标准，相比其他地区的智能养老模式，这是一种进步，使服务对象更有针对性，但是还远远不够，老年人按照自身情况的不同可以分为失能老人、独居老人、高龄老人及帮困老人等，每类老年群体的需求也是有差异的。此外，几乎所有的养老服务内容都是面向所有老年人的，没有专门为特殊老年群体所设的模块。因此，按照老年人的特殊情况对老年人进行分类，针对特定老年人群提供专门化的养老服务等方面还有待细化。从服务方式上来看，以热线电话和建立网站为主，热线电话的服务形式具有传递信息较快、较便捷的特点，但是其使用的前提是老年人具有一定的听说表达能力，具有一定的局限性，网站由于具有可视化界面，有比较直观的特点，但是由于其很少嵌入在线咨询功能，而且信息重复比较多，也具有一定的局限性。

虽然我国现今运行的智慧养老服务模式还存在很大不足，但是经过多年的摸索实践，现有的智慧养老模式由于其运行主体、服务对象和服务内容等方面的不同而呈现出了不同的特点，这些尝试为我们社区养老服务智能化平台的构建或多或少会提供一定的借鉴。

总结归纳国内一些城市和地区智能化养老的各种运行方式和做法，大致有以下几点值得借鉴：

第一，智慧养老服务模式的开展离不开政府的积极引导。我们可以看出，在这些智慧养老服务模式开展时间较早、推广较快的地区，政府积极发挥政府职能，推动智能化养老服务的发展。

第二，有些智慧养老模式对服务对象进行了分类，这种做法针对性更强，更有利于提高智慧养老服务质量。

第三，大部分智慧养老服务模式的运行主体都是非政府组织，实施市场化运作可以有效提高组织效率。

第四，有的智慧养老模式引进了国际质量管理体系的认证标准，这种做法对智慧养老模式的可持续发展有积极的影响。

从以上模式总结我们可以发现大部分智慧养老模式运用手段根据的主要是通信网络，仅有少部分地区依托互联网技术，其他技术含量更高的物联网、自动控制系统等的应用更是少见。目前，多样化智能化应用技术已经相对成熟并且有很成功的案例经验。因此，多样化的智能化技术应用方面还有很大的拓展空间。

五、广西智慧社区养老需求的调查研究——以南宁市南湖社区和新阳社区为例

（一）调查背景

随着我国老龄化的日趋严重，养老问题已成为亟待解决的一个突出问题。从我国目前的养老模式来看，主要是以居家养老为主，机构养老为辅。然而，居家养老的现实条件让老年人无法得到更专业化、细致化的服务，这就迫切需要社区搭建养老服务平台，以期满足老人的需求。如何才能有效满足老人的需求，有针对性地提供养老服务，这成为我们必须思考和回答的问题。随着“互联网+”时代的来临，新一代信息技术发展，众多高科技智能产品的出现，可以让老年人或者老年人家属在家中通过现代信息技术与线下相关机构或组织建立的实时互通互联的关系，借助智慧社区打造的养老服务平台申请、使用有关社区资源，获得更专业的服务。为了更好地推进智慧社区的养老服务平台建设，了解老年人的养老服务需求，特别对南宁市两个社区开展了一次养老服务需求问卷调查。

（二）社区老年人的基本情况

1. 调查的基本方法和过程

本次调查选取南宁市南湖社区和新阳社区作为样本，自行设计一份调查问卷，调查问卷设计以封闭型问题为主。本次调查以年龄在50岁以上的老年人口为对象，调查时间为2017年6月。调查的主要方式为发放问卷和

访谈。采取随机抽样的方法抽取100位老人进行调查访谈，收回有效问卷87份，有效率达到87%。调查内容以老年人养老服务需求为主，问卷内容包括五个方面，即个人及家庭基本信息、基本生活服务需求、医疗服务需求、健康服务需求和精神社交服务需求。

2. 调查对象的基本情况

（1）老年人的性别与年龄结构。在被调查的87位老人中，其中男性有39人，占44.83%，女性有48人，占55.17%。调查对象的年龄多数介于50—90岁，具体来看，年龄在50—59岁的老人有7人，占8%，60—69岁的老人有40人，占45.9%，70—79岁的老人有27人，占31%，80岁及以上的老人有13人，占15%。

（2）老年人的受教育程度。在被调查的87位老人中，文化程度小学以下的占17.24%，小学占37.93%，初中占11.49%，高中/中专占10.34%，大专及以上占22.99%。

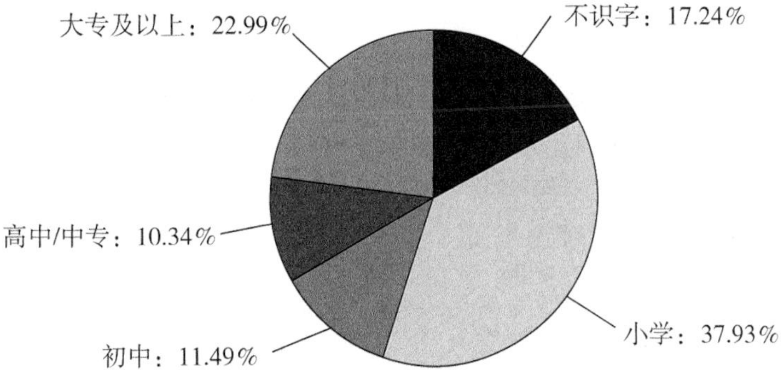

图1　老年人受教育程度分布情况

如图1所示，老年人的文化程度普遍不高，小学文化程度占的比例最高，大专以上的文化程度占有一定数量，但是文盲的也占有一定的比例。

（3）老年人的经济状况。老年人的月总收入情况为：1600元以下占1%，1600—1999元占18.39%，2000—2499元占43.68%，2500—2999元占18.39%，3000—4999元占6.9%，5000元以上占11.49%。老年人的经济来源主要是离退休金以及基本养老保险金。

从图2可以看出，高收入的人群占的比重不大，中端收入是普遍化的现象，比较集中于月收入在2000—2499元这个档次上。

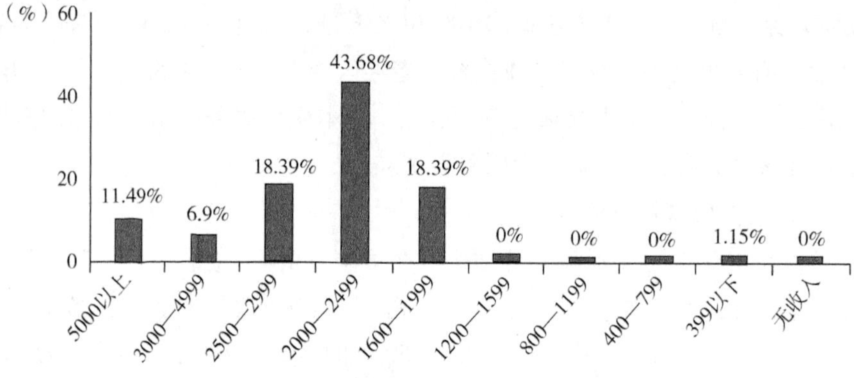

图2 老年人月收入分布情况（单位：元）

（4）老年人的居住情况。在被调查的87位老人中，在家居住的较多。其中，老年人与配偶、子女居住占的比重较大，设置本题目的选项是多项选择题，不排除有些老人既与配偶居住的同时，也与子女、女婿或儿媳及孙子孙女一起居住。

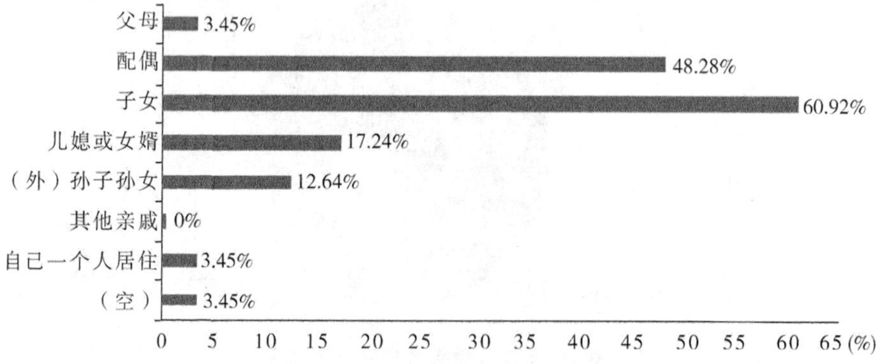

图3 与老年人同吃同住的家庭成员分布情况

从图3可以看出，我国的老年人青睐居家养老，对配偶以及孩子的依赖程度较高。

（三）老年人的养老服务需求调查结果分析

1. 老年人的基本生活服务需求

在调查的87位老人中，对自身的健康评价大部分在一般程度以上，说明老年人的自理能力较好。尽管他们有较好的生活自理能力，通过访谈了解到，老人对生活基本服务的需求是最迫切的。

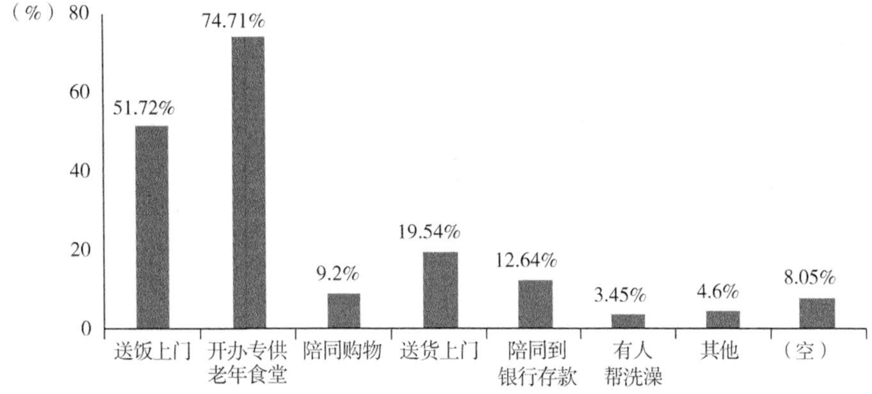

图 4　老年人对生活照料需求的分布情况

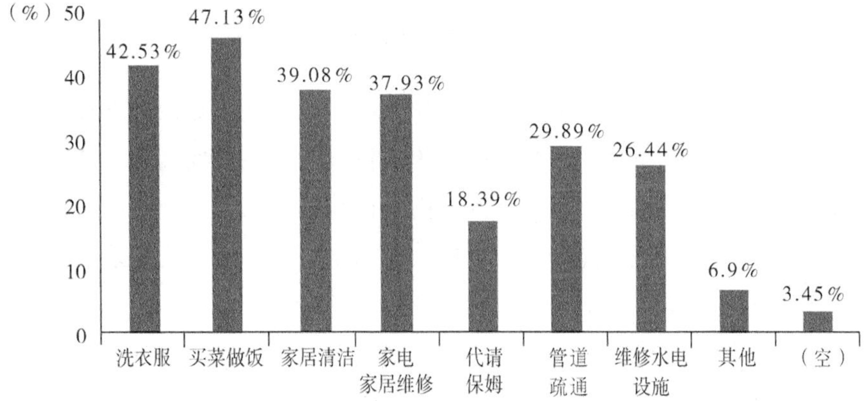

图 5　老年人对家政服务需求的分布情况

从图 4 和图 5 可以看出，老人对于基本生活服务需求还是比较高的。在生活照料服务上，开办专供老年人吃饭的食堂和送饭上门的需求选择较多。在家政服务上，各项服务的需求分布较为平均，买菜做饭和洗衣服是老年人需求程度较高的。这说明在老年人的生活自理能力较好的情况下，对饮食的供应要求是最强烈的。

2. *老年人的医疗服务需求*

人到老年，随着生理机能的衰退，疾病的发生率随之增加，对医疗的服务需求会变得特别的迫切。

从图 6 可明显地看到，老年人对医疗服务的需要主要集中在社区卫生

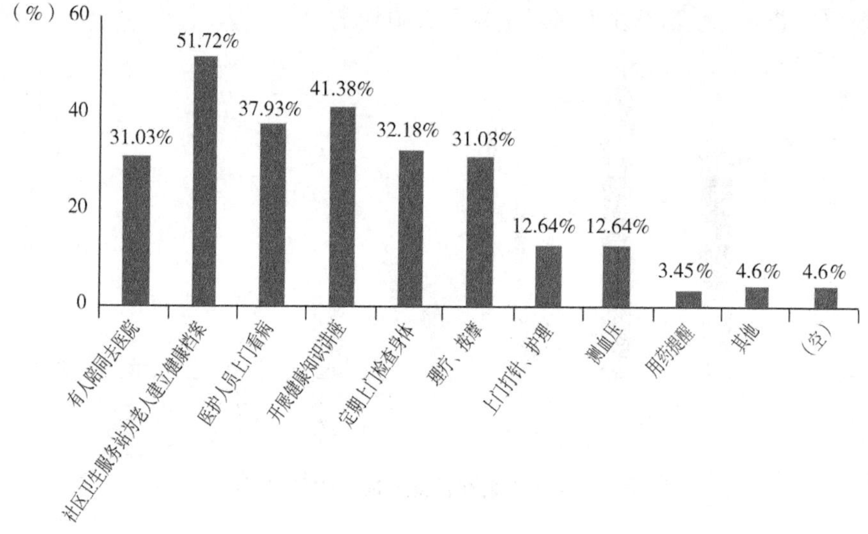

图6　老年人对医疗服务需求分布情况

服务站为老人建立健康档案，提供医疗服务，开展健康知识讲座和医护人员上门看病、上门体检，陪同去医院等项目上。可见，老人对于健康档案建立，健康知识的渴求，原地就医的需求比较期盼。另外，在我们的访谈和问卷中，我们发现有部分老人对提供智能化的身体疾病监测系统的医疗服务产生兴趣，这说明部分老人能够接受可穿戴产品。

3. 老年人的健康服务需求

拥有健康的身体，是老年人的迫切希望。老年人特别关注自身的健康问题，对健康服务的需求较强烈。问卷调查反映，老年人对营养保健和运动保健关注程度较高。

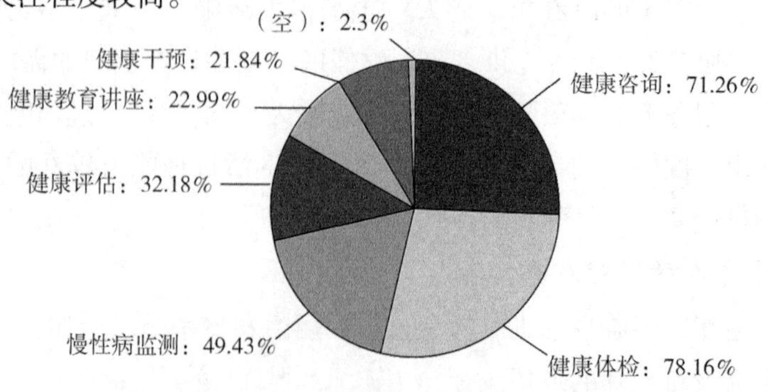

图7　老年人健康服务需求分布情况

从图7可明显地看到，老年人的需求主要集中在健康体检、健康咨询、慢性病监测等项目上。可见，老人们对健康服务项目要求并不是很高，只是做做体检、提供健康咨询等。

为了更进一步了解老人对哪些健康资讯感兴趣，本课题组选取了七个方面，即慢性病自我健康管理教育，常见疾病预防教育，心脏病、脑梗等突发疾病自救措施，日常身体锻炼方法指导，心理调节，膳食营养指导，中医养生保健。

表1　老年人期待获得的健康资讯

健康资讯	男性（%）	女性（%）	总体（%）
慢性病自我健康管理教育	56.64	50.00	52.87
常见疾病预防教育	53.85	52.08	52.87
心脏病、脑梗等突发疾病自救措施	51.28	37.50	43.68
日常身体锻炼方法指导	71.79	72.9	72.41
心理调节	48.72	39.58	43.68
膳食营养指导	61.54	50.00	50.17
中医养生保健	30.77	31.25	31.03
其他	2.56	4.17	3.45

从表1的数据显示可以看出，从性别来看，男性和女性对健康资讯的获取上没有明显的差别。从他们对健康资讯需求的程度排位来看，排在前三位的是日常身体锻炼方法指导，慢性病自我健康管理教育、常见疾病预防教育，膳食营养指导。这说明老年人还是比较重视日常身体锻炼，关注膳食营养的。

4. 老年人的精神社交服务需求

（1）老年人的情感需求状况。老年人自从离开工作岗位后，他们的生活圈子也逐步从社会转向家庭，他们对情感的需求也会日益增加。

从图8可以看出，亲属是他们获得情感支持的最重要路径，朋友同事其次。

（2）老年人的精神慰藉服务需求状况。从访谈中可以发现，有一半以上的老人感觉到比较寂寞，他们渴望获得精神慰藉的服务。

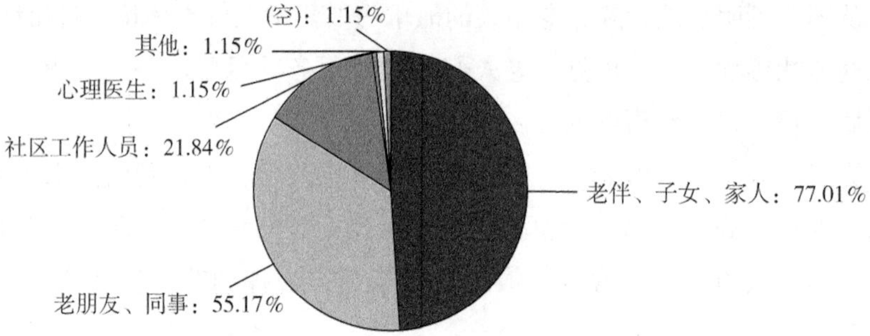

图8　老年人在情感上的沟通对象的分布情况

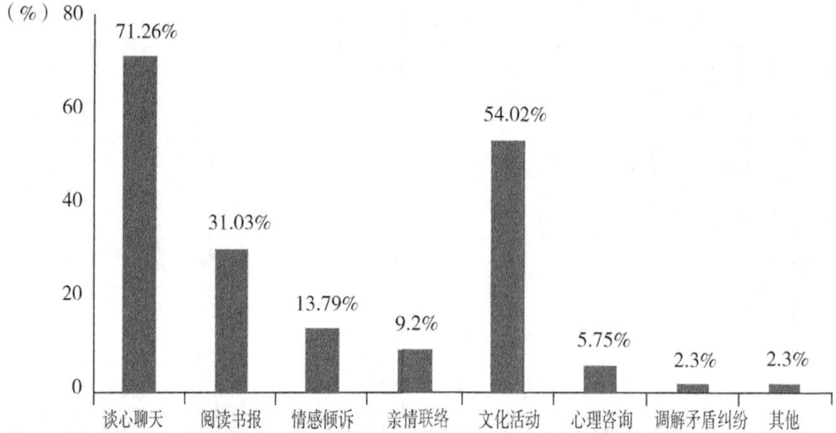

图9　老年人精神慰藉服务需求分布情况

从图9可以看出，谈心聊天、文化活动、阅读书报是老年人主要的需求项目。课题组专门从性别、不同文化程度以及不同年龄阶段对老年人的精神慰藉服务需求进行比较分析，没有明显的显著性的差异。这也充分说明，无论是哪个层次的老年人在内心都害怕孤独和寂寞，他们迫切希望有人陪他们说话，或是通过参加文娱活动来排解内心的寂寞。

（3）老年人社交需求状况。笔者从老年人对哪些文体活动感兴趣入手，了解老年人的社交需求状况。

从图10可以看到，老人对打麻将、看书读报以及跳舞或保健操比较感兴趣。而有小部分表示对开展的文体活动没有任何的兴趣，这说明老年人参与社区活动积极程度不是很高。

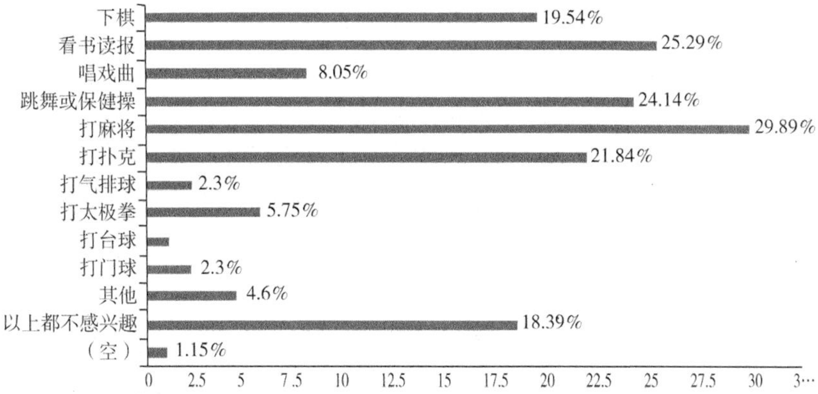

图10 老年人感兴趣的文体活动分布情况

（四）讨论

从社区养老服务需求的调查结果可以看出，社区的老年人对养老服务的需求程度依次是基本生活服务、医疗服务、健康服务、精神社交服务。

第一，在基本生活服务中，由于目前家庭养老是主要的养老方式，家庭成员在老年人的日常生活中有相当大的作用。子女受到工作、学习等各种压力的影响，不能随时都在老年人身边进行照顾，老年人需要进行自我照料。由于老年人的身体健康状况以及自身精力有限等因素，在子女不在家的情况下，对于日间照料的服务需求较高。在家政的事务上，也希望获得及时的服务，比如送饭、洗衣、打扫卫生、买菜购物、如厕、外出活动等，其中买菜做饭、洗衣服、家居清洁是最迫切需要的。搭建的智慧平台，应有效实现和家政、养老服务机构、社区、医院等机构的资源互联互通。

第二，在医疗服务中，由于大部分老年人受到慢性疾病的侵扰，身体的健康状况一般，导致他们对医疗服务需求不断增加。老年人期望社区建立健康档案，提供医疗服务，比如上门看病、体检身体、理疗按摩等。随着现代科技的发展，有部分老年人期望借助于智能化的产品对自身疾病的监控，以及在家庭安装智能化呼救系统等，这为推进智慧社区的养老奠定群众基础。

第三，在健康服务中，老年人随着年龄的不断增长，自身生理机能也随之逐渐下降，身体是否健康、健康程度如何是他们比较关心的问题。老年人对自身的健康关注主要集中在三个方面，即营养保健、运动保健、疾病预防与控制。随着电视和智能手机的普及，老年人获得健康资讯主要是通过电视网络。他们有对健康知识的了解、健康咨询的关注迫切性，但是面对各种健康资讯，如何鉴别真伪这对于众多老年人来说是非常困难的。在搭建智慧平台上，需要加强对信息的筛选。

第四，在精神社交服务中，老年人的情感支持主要来自家庭，由于子女工作和生活的现实条件，无法做到对老人精神上细致入微的关怀，造成部分老人有较强的寂寞感，促使他们对精神慰藉服务有较高需求度，谈心聊天成为老人的首选。由于老人内心的孤寂，促使他们向外寻找社交活动消遣时间，参加社区组织的文体活动获得生活的充实感。老人虽然离开了工作岗位，但他们有很强烈的自我表现欲望，他们虽老但渴望发挥余热，他们虽老但不愿被别人唾弃，积极努力学习，展示自己才能。老人特别期待社区开展健康心理讲座，渴望参加社区居民代表大会，加入老年协会。在构建智慧平台时，需要搭建好老人的情感支持系统和社会支持系统。同时，还需要充分考虑到老人的自我表现欲求，把数据平台资源拓展到辖区内的学校、社会公益性的组织等。

六、广西特色智慧养老社区建设的对策思考

智慧养老在缓解养老压力、提高老年人生活品质方面发挥了积极的作用。智慧养老社区建设的核心问题是如何构建养老服务智能化平台。但现实的问题是，目前国内已构建的几个智慧社区养老服务智能化平台都存在不少的问题，如各个服务主体由于协同度不够导致资源不能得到最大化利用，服务对象的个性化不强导致供需不对接。为解决这一棘手问题，本课题试图在前文分析的基础上，借鉴国内外的一些有益尝试，从广西的实际情况出发，遵循社区养老服务智能化平台的构建理念、构建原则，尝试构建一个解决智慧养老现实问题的社区养老服务智能化平台，并对其运行机制和运营模式作出初步规划，以期通过今后的深入研究，解决现实问题，并促进广西智慧养老服务的开展和可持续发展。

（一）广西智慧社区养老服务智能化平台建设的初步构想

1. 总体思路

智慧养老服务平台是在深刻理解国家政策和社区服务特点的基础上，

针对民政部门及相关社区服务机构创建居家养老服务体系、创建广西特色养老服务模式的需求而开发的一套信息化应用系统。

2. 构建理念

在设计理念上，遵循“以服务对象为本、以社区为本”的构建理念和“可持续发展原则、系统设计原则、与社会经济发展水平相适应原则及易操作原则”的构建原则，以满足老年人群体的多样化、个性化需求为宗旨，借助计算机等的互联网信息处理技术、移动终端和呼叫设备等通信技术和传感器等物联网技术植入信息咨询、服务请求、服务评估等功能，实现智能化平台的全程控制和系统升级。从而既能受理被动服务，也能提供主动服务，既能提供实体服务，也能提供虚拟服务。统筹优化整合医疗、养老、人文等社会化的服务资源，安全、高效、快捷地植入病患和长者等需要被照顾人群的生活；实现供需信息无缝对接，减少机构人力资源损耗，降低突发风险；帮助家人借助移动互联网穿越时空局限，及时了解亲人身体及生活情况，随时随地表达爱心孝心，亲情互动无边界。

3. 基本架构

基于互联网技术架构及商业模式，通过运营管理系统、APP、智能设备、云服务、增值产品形成完整的体系。

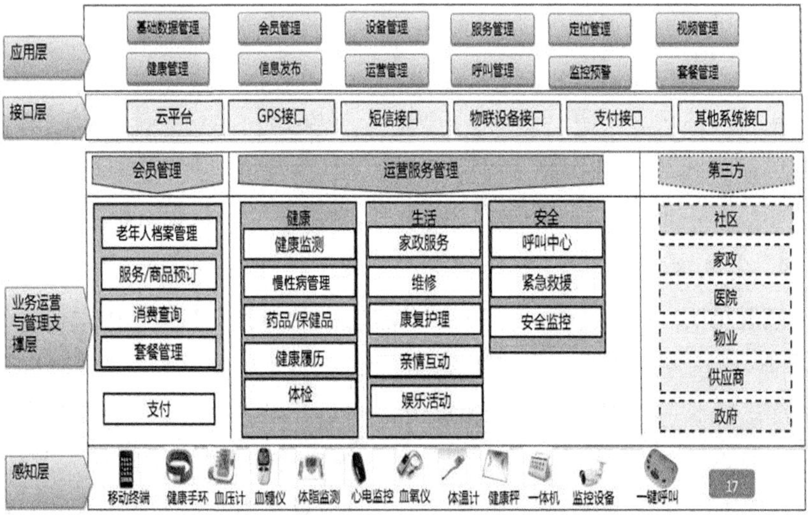

图 11　广西智慧社区养老服务智能化平台

社区养老服务智能化平台在构建上要考虑以下四个功能：

一是老年人信息数据库。社区养老服务智能化平台从另一个方面来讲也可以是老年人信息集成数据库。在这个数据库中，老年人的个人信息（年龄、婚姻状况、居住状况、经济状况等）、智能化养老服务使用情况（次数、频率、需求内容等）都进行了统计，为将来智能化养老服务的研究和建设提供第一手资料和决策依据。

二是服务商的自我管理。社区养老服务智能化平台可以用于服务商的自我管理，在平台为服务商提供的终端上，服务商可以看到系统显示的服务质量评估反馈情况、服务工单完成情况、服务补贴情况等各类信息的详细统计，服务商可以根据这些统计情况查漏补缺，进一步优化服务供给，实现自我管理。

三是服务商的外部管理。社区养老服务智能化平台也可以来自政府管理部门对服务供给商的外部管理，服务供给商每个阶段的派单记录、服务供给内容、回馈记录等均处于可查询状态和政府管理部门的监管范围，以此为依据，政府管理部门有权对一些服务质量较差的供给商提出警告和批评，重者可以取缔其供给资格。

四是增强老年人与外界社会及子女的联系。社区养老服务智能化平台为老年人和外界交流提供了信息交流技术支持，缓解老年人被社会遗忘的恐惧心理，为老年人回归社会、增加与外界的交流提供可能。在我国，子女照顾老人是代代相传的传统人伦道德，构建社区养老服务智能化平台要继续支持这种传统美德，解决老年人生活上的照料问题、精神上的孤独感问题，加强老年人与外界（子女、亲友邻居、医护人员等）的沟通和交流，即使子女与老人不居住在一起，也不妨碍子女亲友照顾父母。

4. 实现路径

最近几年，我国城市的互联网技术蓬勃发展，目前我国大中城市已经具备了将互联网信息技术应用到养老服务业的技术基础。通过“互联网＋”带来的信息技术，将物联网、大数据分析、移动互联网以及云计算等技术利用到传统的居家养老、社区养老和机构养老等养老模式，从而形成一个高效、迅捷、稳定的养老服务体系。正是因为这种智慧化的养老服务体系能够化解目前养老服务供给中存在的各种问题，同时也能满足老年人不同层次的养老需要，因此，智慧化养老服务体系便在这样的背景下应运而生。为了适应养老服务业的这种发展趋势，智慧养老体系的构建，本课题重点关注：

基于物联网的智慧型健康管理平台，拥有自主知识产权的智能物联芯片模组、操作系统以及自主研发的智能物联终端。

基于大数据的管理，通过智能物联感知设备收集各类体征和环境数据，为准确判断提供有力支撑。

基于O2O运营模式，通过线上收集的信息，为线下服务行为提供依据；打造亲情物联生态圈，实现LBSO2O服务。

智能物联终端产品设备系统安装、操作简便，告别烦冗电源线和各种插口，使用零难度，适用于各类医疗健康、养老疗养机构。

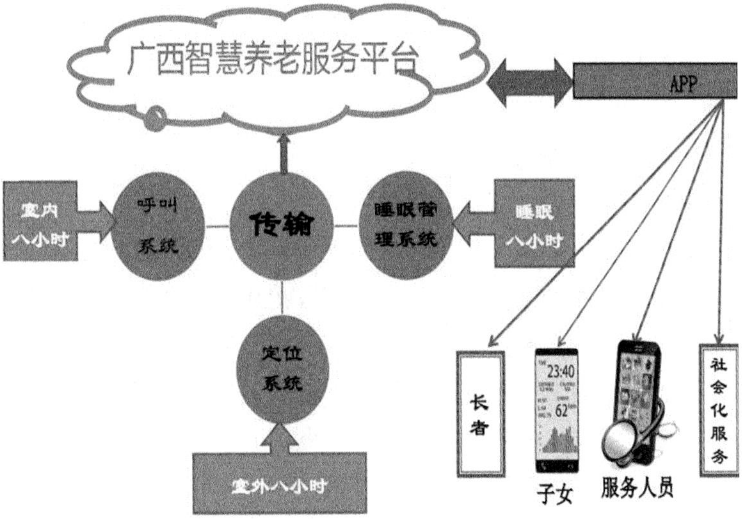

图12　广西智慧养老服务平台的运行机制

5. 运行机制

从这个运行机制来看，服务对象、回应服务、评估服务和改进服务是连续的、一个环节也不能缺少的有序机制，它强调的并非是一个标准化的运行模式，运行过程中的项目内容、具体细节可根据实际情况自行设计和实施。但是政府处于高屋建瓴的宏观掌控角度，既具有社会组织无法企及的号召力和公信力，也存在过分干预导致市场缺乏活力、效率低下等弊端；而社区、社区组织也需要政府的引导、监督来规范养老服务的供给。因此，借鉴福利多元主义理论，发挥政府、社区、社会组织等多元供给主体的积极作用，做到政府和市场两个力量在智能化平台上协调健康发展。

因此，社区养老服务智能化平台的运营模式要遵循以下两个方面：一是政府颁布各种利好政策（如政策倾斜、税费补贴、名誉奖励等）鼓励引导智能化平台在全市范围内的推广应用，调动社区和社会组织的力量，将智能化平台的建设纳入智慧城市的建设中。二是社区和社会组织在政府利好政策的引导支持下，积极研发新型智能化养老服务产品和应用技术，探索社区养老服务智能化平台的市场化、社会化运营方式。

6. 可持续发展分析

信息化系统是构建居家养老服务体系的重要支撑载体。通过汲取各种先进的信息技术（物联网、互联网、智能呼叫、云技术、移动互联网技术、GPS 定位技术等），创建“系统 + 服务 + 老人 + 终端”的智慧养老服务模式。通过搭建系统平台，老人运用一系列智能设备（如老人机、腕表、无线传输的健康检测设备）实现与子女、服务中心、医护人员的信息交互。老人不必住在养老院中被动接受服务，在家就可以挑选、享受专业化的养老服务，涉及生活帮助、康复护理、紧急救助、日间照料、人文关怀、精神慰藉、娱乐活动、法律援助等医养结合的服务项目。与以往的养老模式不同，社区养老服务智能化平台不仅提供而且扩展了传统的养老服务领域和内容，还借由智能化中介，实现了服务方式的转变，使更多的服务主体参与智能化养老服务。因此，从一定程度上讲，社区养老服务智能化平台具有可持续发展的内在动力，本课题组对社区养老服务智能化平台的可持续发展作如下分析。

一是服务对象扩展。社区养老服务在发展之初，往往首先考虑最需要照护的老年群体（如独居老人、失能老人、高龄老人、空巢老人和生活处于贫困状态的老人等）的照护需求。但是随着科技水平的发展和智能化养老服务的推广，其服务对象也处于一个不断扩展的过程，由发展之初的特殊老年人群体扩展到全体老年人，社区养老服务智能化平台的终极目标就是让全体老年人共享信息化高速发展带来的便利，共享经济发展和社会进步的这一新时代的成果。

二是服务主体多元。在现有的养老模式中，民政系统是养老服务的主要服务主体，在民政系统的领导和相关养老政策的鼓励支持下，社区助老服务社、老年人日间服务中心、社区老年人助餐服务点等成为提供社区养老服务的服务实体。越来越多的社会组织和民间养老服务机构加入养老服务实体中，构建社区养老服务智能化平台以后，越来越多的服务主体加入智能化养老服务模式中，随着服务主体的多元化，能提供更加全面、社会化的养老服务。

三是服务内容丰富。与以往的智能化养老服务模式相比，社区养老服务智能化平台提供的养老服务所覆盖的领域更加广泛，服务内容更加灵活多样。它不仅扩展了传统养老服务模式的医疗照护和日常照护服务，还增加了紧急救助体系、信息咨询、信息查询和预约服务等生活服务，进一步丰富了养老服务内容。

四是服务方式创新。相较于传统的养老服务模式，智能化养老服务的特性之一就是突破时间和地域空间的局限，并且利用智能终端，线上线下服务相结合，使老年人可以享受到全天候、自主选择的服务。而社区养老服务智能化平台的应用创新不仅体现在对服务时间的限制，还体现在对需求的反馈速度方面。借助智能化技术，老年人的服务请求信息可以经由平台中介快速知会服务提供方，使得服务提供方快速、高效地作出反馈，并提供相应的服务，对于老年人紧急突发状况来说，这显得尤为重要。此外，服务方式的扩展还体现在突破地域空间的限制方面。随着社会的进步，老年人的需求也越来越趋向于个性化、多样化，更加注重生活品质。养老服务模式也发生了转变，由最初的“我接受你的服务”到“我选择你的服务”再到“我要求你提供服务”三个阶段。

（二）广西智慧养老社区建设的政策性建议

社区养老服务智能化平台的构建是一项系统工程，要保证系统的良性运行，除需要平台内部各要素的有机整合和正常运转之外，平台外部的环境也对平台的良性运行起着尤为关键的作用。在社区养老服务智能化平台的建设中，政府、社会组织、社区应当基于各自的功能定位对养老服务进行责任分担，从而能实现社区养老服务智能化平台系统的均衡和稳定。广西要大力推进智慧养老社区建设，政府的作用是关键。

1. 政府要完善相关政策法律

一个成熟稳定的后台环境是社区养老服务智能化平台健康运行的前提。后台环境的组成部分有很多，其中最主要的是相关政策法律的制定。相关政策法律的完善与否决定着智能化平台的可持续发展。一方面，由于社区养老服务的准公共产品性质，注定智慧社区养老服务是一个具有福利性质的、不以营利为目的的养老服务模式。因此，政府要颁布一些倾斜的利好法律政策鼓励、引导社会组织的参与，还要适时提供资金支持。资金支持可以分为两个方面：一方面，是对准入平台的社会组织参与减免税政策和从业人员的收入补贴；另一方面，是对使用智能化平台供给服务的失能老人、空巢老人、低收入老人等实行服务补贴的形式，鼓励老年人群体参与进来。此外，社区养老服务智能化平台由于多元主体的参与，不可避免地会产生一些寻租腐败、管理漏洞、进入平台的服务供给商资质参差不齐等问题，因此，政府有责任根据智能化平台运行中的实际情况及时更新相关法律法规，进一步明确社区养老服务智能化平台的服务质量评估机制、供给内容招标机制、服务供给机构准入机制、监管惩处机制等内容，依靠法律法规规范智能化平台的运行，促进平台的健康有序发展。

2. 政府要制订完善的宣传计划

智慧养老服务的实施在我国已有相当长的时间，但是相当多的老年人对此还是持观望态度，认为这是一种他们操作不了的新生事物。对此，本课题组认为，要做到智能化平台能为广大服务对象所接受，政府应该从根本做起，制订完善的宣传计划，加强对社区养老服务智能化平台的宣传推广。首先街道方面必须承担试点工作，使之成为养老服务智能化的示范和推广基地，进而通过邻里、社区进行辐射性宣传，以点带面，从而让老年人了解并接受社区养老服务智能化平台。

3. 政府要制定有效的服务机构准入机制

养老产品及服务的高品质，与其本身的安全性和可持续性以及必要的透明度和可比性，都要有一定的标准和规范。标准和规范是平台运行必须具有的条件，对于准入服务供给商更是如此。因此为减少不必要的资源浪费，促进养老服务产品和服务的标准化和规范化，有效控制服务机构的准入机制是非常有必要的。首先，政府应当通过公开透明的招投标形式筛选出高水平的为老服务机构，保证准入为老服务机构的资质、服务质量和服务水平。其次，政府相关管理部门应当实行严格的考核和监督，对平台中的为老服务机构的运营进行监督，维持良性的竞争环境；对服务机构的服务质量和品质进行评估和监督，以保证服务水平的提升。最后，政府要积极与相关社会组织（或有资质的IT公司）合作，开发具有地方特色的社区养老服务智能化平台，经过试点后加以推广。

4. 智慧社区要协助政府宣传推广智能化平台的应用

社区作为老年人生活的区域，应当作为政府的辅助力量协助政府做好宣传社区智能化平台的工作。这项工作可以由社区工作人员或者社工来完成，社工作为社区里的一员，了解社区和社区老年人的实际情况，与社区老年人接触较多，具有亲民的性质。因此，由社工来协助宣传，会收到较理想的效果。社区的宣传方式可以是多样的，比如，让从社区养老服务智能化平台终端上获得过服务的老人来现身说法，社工在工作中对社区老人进行宣传和派发传单，让老年人知道并了解社区养老服务智能化平台，同时也会增加社区居民对政府的信任度。

5. 智慧社区要积极参与社区调查，了解社区老年人的真实需要

现有的社区机构都会对老年人的个体情况进行备案记录，社区工作人员本身就具有社会调查功能，同时还有街道办事处、社区居民委员会等，社区养老机构具有自治供给和志愿供给的特征，它承担着上传下达的作用，通过串门聊天、热线电话或居民信箱等方式能够收集社区老年人的需求信息，及时反馈他们的诉求，了解老年人的真实需要，从而联系或委托社会组织提供相应服务。

（三）广西智慧社区养老建设标准初探

1. 广西智慧社区养老的指标体系和建设规模

表2　广西智慧社区养老的组织体系

社区养老服务办

||

基础设施（文、体、娱、医疗、健身设施）	主动式服务系统（家政、日用品等）	智慧社区养老服务云平台	被动式报务系统（远程医养系统）	终端物联网系统（工作人员、老人、亲人等）

表3　广西智慧社区养老的规模

项目规模	基础设施（设备）	家政中心	云平台	远程医养系统（专业人员）	终端设备（政府提供）	投资合计
小型（1000位老人以下）	100平方米（15万元）	15人	云平台1.0（45万元）	8人	人均0.03万元	75万元以上
中型（1000—5000位老人）	100—200平方米（25万元）	25人	云平台2.0（55万元）	10人	人均0.03万元	100万元以上
大型（5000位老人以上）	200平方米（35万元）	35人	云平台3.0（65万元）	15人	人均0.03万元	120万元以上

2. 广西智慧社区养老建设“三步走”实施战略

基于以上认识，广西智慧社区养老建设按“三步走”战略组织实施。

一是研发。根据前文的调查研究，广西老年人的主要需求是医养和孝文化。因此，广西特色的智慧社区养老服务云平台设计应着力于解决老年人居家养老，让老年人大病大治，小病小治，问病不出门，节约老年人出行成本，降低看病费用，平衡医疗资源，做到预防未病，提高老年人健康水平。同时还要秉着“老吾老以及人之老”的中国传统美德，通过人工智能技术和移动互联网技术，融合中医为主、医养结合、专家服务的集成。实现以下功能：

第一，通过广西特色的智慧社区养老服务云平台，居家老年人可以免费享受到专家医生远程的实时健康问诊服务，对身体状况进行健康排查，实现慢性病得到长期观测和控制，大病病兆得以及时确认和治疗，因病致贫、因病返贫得到精准扶贫。

第二，通过广西特色的智慧社区养老服务云平台，将老年人和外出务工的儿女的手机与专家医生通过互联网平台连接，可以得到专家医生对自己父母健康问诊信息的实时推送，便捷实现外出务工儿女对留守父母的亲情关怀、尽孝之心。

总之，广西特色的智慧社区养老服务云平台是广西智能养老领域的核心产品，产品涵盖了个人居家养老、社区智能化养老、机构智能化养老三个养老领域，建立以社区为依托，居家老龄人群为服务对象，近亲社会关系为关爱圈子，企事业服务机构为网点，信息化网络平台为支撑的完善的智能化居家养老服务体系。广西特色的智慧社区养老服务云平台的研发是广西智慧养老社区建设的起点和突破点。

二是试点。由区政府或者民政部门或者外包合约的方式，尝试用 1 年时间在 2—3 个不同的社区进行试点，通过在试验过程中的信息汇总、个案分析、找出试验推行的实践中发现的问题和欠缺，然后对智慧社区养老服务云平台作进一步的评估和优化，从而推动社区养老服务智能化平台的有效运行和不断完善。

三是推广。在智慧城市建设的背景下，有条件的社区要成立社区养老服务工作办公室，按照试点的修正案，在民政部门的直接领导下，组织实施广西智慧社区养老建设方案，用 5 年左右的时间基本完成广西智慧社区养老建设。

七、结语与展望

总的来说，面对人口老龄化的压力及家庭照顾功能的衰退，通过政府购买服务商提供的为老服务，政府、市场及社会三方协调合作，充分发挥第三部门的力量，利用“互联网 +”信息化技术，链接社会、市场资源和单独家庭，为老年人提供没有围墙的虚拟养老院和智慧养老服务，打破固有的时间和空间束缚，延伸传统养老服务的服务范围，调动市场和社会资源积极参与社会养老服务体系的构建，弥补养老服务资源的不足。这将有助于推动养老服务覆盖社会服务的“最后一公里”并开启中国养老服务的信息化时代。

我国的智慧养老正在迅速发展，其未来的趋势呈现出规模化、智能化、定制化以及全面化的特点，但现阶段仍然存在很多问题亟待解决。为了能够真正实现“老有所养，老有所医，老有所教，老有所学，老有所为，老有所乐”的中国所有家庭的期盼，广西政府相关部门要顺应智慧城市建设的步伐，制定积极的政策鼓励和引导社会组织参与智慧养老社区建设，加强顶层设计，充分利用现代科学技术，建设具有广西特色的智慧养老云平台，形成集约、高效、合理的养老体系，为我国养老问题作出积极的贡献。

广西民政基层人才队伍激励机制创新研究

冯　志　黄江萍　唐艳斌　罗鸿源

摘要：党的十八大提出，加快社会建设必须以保障和改善民生为重点；要谋民生之利，多解民生之忧，解决好人民最关心、最直接、最现实的利益问题。民政部门是政府社会建设和公共服务的重要职能部门，特别是基层民政工作事关民生民利，与人民群众的利益息息相关，是整个民政工作的基础和重心，在保障基本民生、参与相关社会治理、服务国防和军队建设、提供专项社会事务管理服务等方面发挥着骨干作用，而民政基层人才是其顺利开展和实施的基本保障。因此，开展基层人才队伍的激励机制创新研究，完善激励机制，对于调动与发挥民政基层人才的积极性和主动性，甚至整个民政系统工作的效率均具有重要意义。

本研究应用文献研究法、案例法、问卷调查法、访谈法等，对广西民政基层人才队伍的激励现状进行了大量调查，并对其产生的原因展开分析；吸收借鉴国内外先进经验征询专家学者及相关组织负责人的建议，提出激励机制的创新思路和政策建议。

关键词：基层民政服务；人才队伍；激励机制；创新

前　言

一、研究背景

（一）现实背景

我国经历了30多年的迅速发展，已经成长为世界第二大经济体。但是由于幅员辽阔，民族众多，经济和社会发展水平极不平衡，我国基本公共服务供给仍然存在规模不足、质量不高、发展不平衡等问题，突出表现在：体制机制创新滞后，社会力量参与不足；城乡区域间资源配置不均衡，基础设施不足和利用率不高并存，硬件软件不协调，服务水平差异较大，人才短缺严重。在党的十八届五中全会上，习近平同志提出“创新、协调、绿色、开放、共享”五大发展理念，把共享作为发展的出发点和落脚点，指明发展价值取向，把握科学发展规律，顺应时代发展潮流，是充分体现社会主义本质和共产党宗旨、科学谋划人民福祉和国家长治久安的重要发展理念。“十三五”时期是我国全面建成小康社会的决胜阶段，围绕五大发展理念，建立与经济社会发展水平相适应的基本公共服务体系，保障人人享有基本公共服务是政府的重要职责。以共享发展理念引领我国发展，维护社会公平正义，保障发展为了人民、发展依靠人民、发展成果由人民共享，政府必须为满足人民的日常需求而不断提高自己的办事水平和办事效率。

民政部门是政府社会建设和公共服务的重要职能部门，特别是基层民政工作以保障群众基本民生、创新社会治理、促进国防建设、强化社会服务为重要使命，直接关系到广大基层群众的切身利益，是整个民政工作的基础和重心，影响到群众对公共服务的满意度和基层社会的良性运行，而基层人才是民政工作开展和顺利实施的关键因素。当前，民政基层人才队伍力量薄弱、工作负荷过重、工作经费短缺、工作心态消极等问题突出，直接影响了基层民政工作的效率和质量，制约了最低生活保障、特困人员供养、医疗救助、临时救助、受灾人员救助、养老救助、老年人福利补贴、困境儿童分类保障、留守儿童关爱保护服务、未成年人社会保护、基本殡葬服务、优先抚恤、退役军人安置、重点优抚对象集中供养等领域政策的落实和事业的发展。因此，开展民政基层人才队伍的激励机制创新研究，对于进一步完善人才队伍激励机制，保证民政基层人才的积极性和主动性，对于全面提升基层民政服务水平，甚至整个民政系统工作的效率，均具有重要意义。

广西作为我国的西南边陲、多民族聚居的省份，基层民政工作的计划、开展和实施都有其特色和特有的困难，民政基层人才队伍的建设也有其特有的要求。党的十八大以来，广西民政厅党组和各级民政部门高度重视人才工作，认为民政人才是民政队伍发展壮大的基石。在这种理念的指导下，广西民政部门认真贯彻民政人才工作，各类民政人才队伍建设成效明显，基层人才队伍不断壮大，整体素质和能力有较大提高，在民政事业发展中的作用显著加强。但是，在新时期新常态的背景下，广西民政基层人才队伍依然存在着许多新老问题需要研究和解决。例如，民政基层人才力量薄弱、工作负荷过重、工作经费短缺、专业技能培训不足、服务水平不高、人才结构失衡、人才流失严重等老问题亟待解决。同时，新时期民政事业发展也面临新的挑战：一是贫困人口多，特殊困难群体基数大，民政兜底保障的任务依然艰巨繁重；二是人口老龄化程度进一步加深，“未富先老”特征突出，社会养老服务体系构建压力巨大；三是新型城镇化深入发展、户籍制度改革加快推进，农业人口融入城市以及农村留守儿童、妇女、老人关爱服务体系亟须完善；四是经济增速放缓，民政保障和改善民生的财力受到影响，迫切需要创新发展方式，引导社会力量积极参与民政事业，夯实兜底保障的财力基础。这些新老问题的交叉出现，考验着民政部门的智慧，需要激发大量的民政基层人才的积极性和主动性，齐心协力共同应对。

（二）政策背景

党的十八大对民生工作提出的总体要求，指出加快社会建设，必须以保障和改善民生为重点；要谋民生之利，多解民生之忧，解决好人民最关心、最直接、最现实的利益问题。《中华人民共和国国民经济和社会发展第十三个五年规划纲要》指出，共享是中国特色社会主义的本质要求，必须坚持发展为了人民、发展依靠人民、发展成果由人民共享，要坚持普惠性、保基本、均等化、可持续方向，从解决人民最关心最直接最现实的利益问题入手，增加公共服务供给，增强政府职责，提高公共服务共建能力和共享水平。《“十三五”推进基本公共服务均等化规划》指出，国家建立完善基本社会服务制度，为城乡居民提供相应的物质和服务等兜底帮扶，重点保障特定人群和困难群体的基本生存权与平等参与社会发展的权利，为残疾人平等参与社会发展创造便利化条件和友好型环境，提供适合残疾人特殊需求的基本公共服务，让残疾人安居乐业、衣食无忧，生活得更加殷实、更加幸福、更有尊严。

《关于加强乡镇政府服务能力建设的意见》提出，要加快乡镇政府职能转变步伐，着力强化公共服务职能，乡镇政府要落实社会救助、社会福利制度和优抚安置政策，为保障对象提供基本养老服务、残疾人基本公共服务，维护农民工、困境儿童等特殊人群和困难群体权益等基本社会服务，提供符合当地实际和人民群众需求的农民基本经济权益保护、矛盾纠纷化解、扶贫济困、未成年人保护等其他公共服务。坚持政府改革，紧抓基层转型是解决发展问题的突破口。通过强化乡镇政府服务功能，优化乡镇基本公共服务资源配置，创新乡镇公共服务供给方式等，进一步推进乡镇治理体系和治理能力现代化。县级政府要制定乡镇政府公共服务事项目录清单，特别是要把扶贫开发、扶贫济困等任务列入清单，明确服务对象和要求。到2020年，乡镇政府服务能力全面提升，服务内容更加丰富，服务方式更加便捷，服务体系更加完善，基本形成智能科学、运转有序、保障有力、服务高效、人民满意的乡镇政府服务管理体制机制。

《广西壮族自治区国民经济和社会发展第十三个五年规划纲要》指出，“十三五”时期是广西贯彻落实“四个全面”战略布局、全面建成小康社会的决胜期，是全面履行“三大定位”新使命，基本建成国际通道、战略支点、重要门户的关键期，同时也是民政事业由传统向现代转型发展的重要战略机遇期。新常态下，必须深刻认识和准确把握内外环境的新趋势、新特征，充分利用各种发展资源和机遇条件，推动民政事业持续健康快速发展，全面开创小康社会的民政事业新格局。《广西壮族自治区民政事业发展第十三个五年规划》中提出，培养造就政治坚定、业务精通、作风优良、公正廉洁的民政行政管理人才队伍，具有现代管理理念、高度社会责任感、较强经营能力的民政企事业单位管理人才队伍，学术品德好、专业素质高、服务能力强、团队结构优的民政专业技术人才队伍，门类齐全、技能合格的技能人才队伍，数量充足、结构合理、素质优良的社会工作专业人才队伍。对民政人才队伍建设提出要求：加强民政队伍专业化、职业化建设，加强基层民政队伍建设和业务指导，加大对基层投入的倾斜力度，把人、财、物更多地引向基层。广西民政厅《2017年全区民政工作要点》也指出，落实中央关于加强乡镇政府服务能力建设、加强和完善城乡社区治理的政策文件；落实社会救助、社会福利制度和优抚安置政策，为保障对象提供基本养老服务、残疾人基本公共服务，维护农民工、困境儿童等特殊人群和困难群体权益等基本社会服务；这些政策最后都需要基层民政人员去落实，就需要我们把更多的资源倾向于基层，激励民政基层人才队伍更好地投入工作。

总之，加强基层民政工作是全面贯彻党的十八届六中全会精神和习近平总书记系列重要讲话精神的内在要求，是确保党中央国务院、区委区政府重要决策部署和民政政策落到实处的具体举措，是践行“民政为民、民政爱民”工作理念的实际步骤，也是贯彻落实民政部关于加强基层民政工作精神的现实需要。广西壮族自治区民政工作任务繁重，民政基层人才短缺，基层工作力量薄弱，要切实加强基层民政工作，必须重视基层、关心基层、支持基层，帮助基层解决实际困难，以具体的行动、务实的举措激发基层民政人员工作潜力，因此，需要对基层民政队伍激励情况进行深入的了解和剖析，掌握最基础最翔实的资料和数据，作为决策参考。

二、研究意义

（一）转变政府职能，增加公共社会服务供给

当前经济发展进入新常态，经济下行压力正在向收入分配领域传导。既要降低经济运行成本、保持经济中高速增长，又要提高居民收入、不断增进人民福祉，实现居民收入增长和经济增长同步、劳动报酬提高和劳动生产率提高同步任重而道远。同时，部分劳动者人力资本积累不足、增收困难，部分市场主体等待观望，部分地区行业收入增长潜在动能不强。针对这些问题，要围绕保障民生、发展民主、服务民众等工作转变政府职能，实现民政管理法制化、民政事业社会化、民政服务网络化、民政工作手段化，不断提高民政行政管理水平和社会服务能力，增加基本公共服务供给，提升服务惠民水平，强化社会救助托底功能，构建专项救助衔接配套的社会救助体系；缩小收入差距，努力消除贫困。进一步完善民政事业发展工作机制，形成与市场经济体制相适应的民政事业发展新格局，使民政工作的总体布局更加科学，体制机制更加健全，支

撑条件更加完备，发展后劲更加坚实，服务功能更加完善，各项民政事业协调发展。

（二）加强基层民政服务，解决薄弱、负担过重的问题

民政部门作为政府主管社会行政事务的职能部门，肩负着政府四项职能中“社会管理”和“公共服务”两项重要职能，承担着社会救助、社会福利、双拥优抚安置、社会行政事务管理、基层政权建设等五大任务。乡镇是我国最基层的政权组织，是我们党执政的基础层级。随着经济发展加快、社会转型加速和政府职能转变，民政服务对象从特定群体向城乡居民全覆盖，民政职能从专项社会行政事务管理向社会建设各领域拓展，民政功能从兜底保障向依法保障城乡居民社会权益提升，基层民政工作的领域越来越宽，内容越来越丰富，任务越来越繁重，社会对基层民政工作的关注度和期望值也越来越高。然而，目前基层民政工作力量相对薄弱，在人员、经费和工作机制上还存在不少困难，致使民政政策落实及服务群众方面不够有力。因此，要从维护人民群众根本利益、巩固党的执政基础、维护社会和谐稳定的高度，充分认识做好基层民政工作的重要性和紧迫性，进一步增强责任感、使命感，全力推进基层民政工作健康快速发展。

（三）激发民政人才活力，提高工作效率

2014 年中共中央办公厅印发《关于加强乡镇干部队伍建设的若干意见》，强调乡镇干部是党在农村基层的执政骨干、联系群众的桥梁和纽带。各地区各部门要认真贯彻落实中央重视基层、关心基层、支持基层的要求，努力建设一支数量充足、结构合理、素质优良、作风扎实、精干高效、适应农村工作需要的乡镇干部队伍。2016 年《国务院关于激发重点群体活力，带动城乡居民增收的实施意见》也提出，乡镇政府是我国行政管理最末梢的一个层级，是最贴近老百姓的一级政府，要适当提高乡镇干部待遇，统筹研究完善工资待遇政策向乡镇倾斜的具体办法，重点向长期在乡镇工作的干部倾斜；改善乡镇干部工作、生活条件，逐步改善乡镇机关基本生活设施，关注乡镇干部心理和身体健康，落实带薪年休假制度，对生活有困难的家庭给予适当补助。因此，为切实履行民政部门在

新形势下的工作职责，充分发挥民政在社会建设中的骨干作用，推动广西民政事业持续快速健康发展，更好地发挥民政工作在全面建成小康社会中的兜底作用，助推“两个建成”目标实现，创新民政人才队伍的激励机制，强化激励保障、激发队伍活力，成为提升基层民政服务水平和质量的关键。

2017 年 3 月，民政部党组书记、部长黄树贤指出，加强基层民政工作是全面贯彻党的十八届六中全会精神和习近平总书记系列重要讲话精神的要求，是确保党中央国务院有关决策部署落到实处的要求，是践行“民政为民、民政爱民”工作理念的要求，也是转变机关作风的要求。民政工作的服务对象在基层，工作重心在基层，政策落实在基层，更需要看重基层、压实基层、加强基层。要充分认识新形势下加强基层民政工作的重要意义，进一步重视基层、关心基层、支持基层，切实帮助基层解决实际困难，推动党中央国务院重要决策部署和民政政策措施落到实处。为确保加强基层工作取得预期效果，民政部党组组织 32 个工作组 169 名干部深入 31 个省份及新疆生产建设兵团的县乡蹲点开展工作，指导和推动各级民政部门建立健全加强基层民政工作的长效机制。为推动党中央国务院有关民政工作重大决策部署落到实处，广西民政厅印发《开展“听民意、惠民生、暖民心”主题实践活动实施方案》，从 2017 年 6 月起在全区开展“听民意、惠民生、暖民心”主题实践活动。成立 8 个专项工作组对口 8 个设区市，采取“联系市、抓住县、蹲点乡”的方法，深入基层一线蹲点了解加强基层民政工作的创新举措和典型经验，发现和解决基层民政工作的实践困难，全面提升民政服务工作水平。

因此，课题组结合“十三五”民政事业发展需要，深入调研了解广西民政基层人才队伍的现状，利用数据资料全面总结分析人才队伍建设中存在的问题和制约瓶颈，正确研判形势，主动对接新常态，创新民政人才队伍激励机制建设的基本思路，明确主要目标和重点任务，构建科学的激励体系，为激发民政队伍潜力、促进民政事业健康发展提出合理的政策建议。

三、研究思路与方法

遵循“发现问题—分析问题—解决问题”的基本研究思路，应用文献研究法、案例法、问卷调查法、访谈法等，对民政基层人才队伍激励现状进行实地调查，采用定性和定量相结合的分析方法，以“发现问题”为切入点，对其产生的原因展开分析；应用政策分析学、管理学、心理学、社会学和组织行为学等学科理论，吸收借鉴国内外先进经验，并多方征询专家学者及相关组织负责人的建议，提出激励机制的创新思路和政策建议。

一是大量收集整理国家与自治区有关部门对机关事业单位人才队伍改革的政策文件，明确改革目标与发展趋势，确定基层民政队伍激励机制创新的主要方向与基本思路，提高解决方式的创新性和前瞻性。

二是基于激励理论与人才队伍建设的相关文献分析，设计对广西 14 个地市中样本地区的问卷，并辅助适当的访谈等方式，收集人才队伍激励现状的数据，利用 Excel、SPSS 等软件进行统计分析，明确激励机制现状与问题所在，为后续研究提供理论基础。

三是从基层民政队伍的客观实际出发，分析激励机制设计的影响和制约因素，在前述创新思路的指导下，提出具体的可操作的建议和意见，为今后相关政策制度的制定与修改提供参考。

第一章　激励机制创新的理论基础

一、激励理论

《辞海》认为激励是“激发和鼓励”的统称。英语中的激励是“motivate”，为通过某一种特殊的手段和途径来激发相关人的热情和积极性。激励也是组织管理学中十分重要的一个概念。组织管理学认为，激励就是通过预定的手段和方法把人的欲望和热情最大限度地激发出来，从而提高他们的积极性和效率，以确保他们能够以最快的速度和最有效的工作方式来完成任务，进而可以有效地节约成本，获得最大的效益。所以，激励实际上就是激发人的欲望和满足人的需求的一个心理过程。只有让人感觉到自己的需求可以得到不断的满足，激励才能发挥作用。

激励实际上是由外及内的一个刺激过程，个人原本存在着各种各样的内在需求和动机，这些动机可以在外部刺激因素的诱导下显现出来。组织通过设计适当的外部奖酬形式和工作环境，以一定的行为规范和惩罚性措施，借助信息沟通来激发、引导、保持和规划组织成员的行为，通过这些外部刺激，改变和强化成员个人的行为，以有效地实现组织及其成员个人目标的系统性活动。因此，激励最重要的目的就是最大限度地激发个人的热情和积极性，让他们以更加饱满的热情和积极性来提高自身的效率，进而确保圆满地完成自身的任务。

激励被认为是“最伟大的管理原理”，早期的激励理论研究是对于“需要”的研究，包括马斯洛的需求层次理论、赫茨伯格的双因素理论和麦克利兰的成就需要理论等。而激励理论的过程学派认为，通过满足人的需要实现组织的目标有一个过程，即需要通过制定一定的目标影响人们的需要，从而激发人的行动，包括弗鲁姆的期望理论、洛克和休斯的目标设置理论、波特和劳勒的综合激励模式、亚当斯的公平理论、斯金纳的强化理论等。

比较典型的激励理论，如美国行为科学家赫茨伯格的双因素理论，将与员工工作满意度相关的因素划分为两大类：保健因素和激励因素。保健因素主要是与工作环境或者工作关系相关的因素，包括行政政策和管理、与上下级关系、与同事关系、工作环境条件、薪酬福利等。保健因素往往是一些使员工产生消极不满情绪的根源，这些因素得不到满足，员工就会产生消极怠工等负面情绪，从而影响工作积极性。但是这些因素得到满足，也不一定能起到激励员工积极工作的作用，只是消除了员工的不满意。而激励因素则是与工作本身或者工作内容方面相关的，包括成就感、工作中得到的尊重和认可、发展前途、工作挑战性、个人职业发展等。而这些激励因素得到满足时，会使员工产生积极的、满意的感觉。

二、激励机制及其设计

机制是管理学和系统学当中一个十分重要的概念。系统往往包含很多个十分复杂的子系统，整体的系统要想保持健康有效的运转需要各个系统之间以一种十分有效的方式相互影响、相互连接，这样就能提高整个系统运行的效率和水平。通过机制的良好运行，可以确保整个系统按照一定的规律运行，确保整个系统不出现问题和意外。机制，是指系统内各子系统、各要素之间相互作用、相互联系、相互制约的形式和运动原理以及内在的、本质的工作方式。它包含以下几层含义：一是机制按照一定的规律自动发生作用并导致一定的结果。二是机制不是最终结果，也不是起始原因，它是把期望转化为行动、原因转化为结果的中介。三是机制制约并决定着某一事物功能的发挥。四是在一定的系统中，机制是客观存在的，它所反映的是事物内在的、本质的作用方式和规律，是系统各组成部分之间相互作用的动态关系。五是机制的优劣是以其作用于系统而导致的系统机能的强弱来评价的。这样，我们就可以把激励机制定义为：在组织系统中，激励主体与激励客体之间通过激励因素相互作用的方式。

激励机制是指在组织系统中，通过一套理性化的制度、方法与管理体系，将员工对组织及工作的承诺最大化的过程。激励主体系统运用多种激励手段并使激励机制规范化和相对固定化，与激励客体形成相互作用、相互制约的结构、方式、关系，将远大理想转化为具体事实。

激励机制设计是指组织为实现其目标，根据其成员的个人需要，制定适当的行为规范和分配制度，以实现人力资源的最优配置，达到组织利益和个人利益的一致。激励机制设计的实质是要求管理者抱着人性的观念，通过理性化的制度来规范员工的行为，调动员工的工作积极性，谋求管理的人性化和制度化之间的平衡，以达到有序管理和有效管理。激励机制的设计包括诱导因素集合、行为导向制度、行为幅度制度、行为时空制度和行为规划制度，其中诱导因素起到发动行为的作用，后四者起导向、规范和制约行为的作用。良好的激励机制对员工的某种符合组织期望的行为具有反复强化、不断增强的作用，在这样的激励机制作用下，组织不断发展壮大、不断成长。

根据激励的过程模型，激励过程是个体在内在条件——需要和外在条件——诱因的共同作用下，产生强烈的动机，进一步决定行为的过程。因此，在激励机制设计上，包括以下几个方面的内容：

第一，激励机制设计的直接目的是为了调动员工的积极性，出发点是满足员工个人需要。员工在工作中获得的需要满足包括两个方面，一是来自工作之外的因素，二是来源于工作自身的因素，因此设计各种各样的外

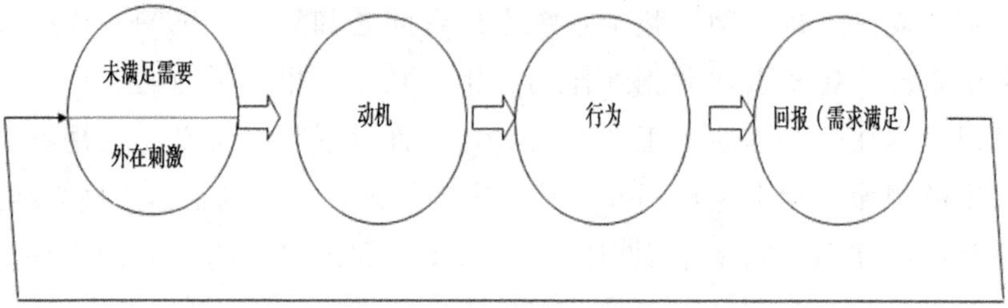

图1－1　激励的过程模型

在性奖酬形式，同时也使工作自身的设计具有激励特性，满足员工内在性需要。

第二，激励机制设计的核心是增加外在刺激，诱导员工为达到特定的组织目标而采取相应的行动，由此就会得到相应的奖酬，满足其自身需要。创造适宜的工作环境，制定合理的行为规范将员工的性格、能力、素质等个性因素与组织目标体系连接起来，通过信息沟通，明确个人以一定的行为方式（即路径）来达到一定的目标，将个人需要与组织需要连接起来。

激励机制运行的最佳效果是在较低成本的条件下达到激励相容，即同时实现了员工个人目标和组织目标，使员工个人利益和组织利益达到一致。

在政府中构建完善有效的激励机制制度和措施，能够激发公务员的工作热情，提高工作积极性，提高行政效率。有效的激励机制是提高基层公务员工作效率，增强他们使命感和责任意识的重要保障。同时，通过有效的激励可以在基层工作人员队伍中营造一个良好的竞争氛围，从整体上提高整个基层的工作能力和工作水平。但是，我国学界对激励机制的研究，主要集中在企业管理领域，如郭建（2003）、肖星和陈婵（2013）、刘广生和马悦（2013）采取定量研究的方法和技术研究了企业经营者的激励和上市公司股权激励；随着机关事业单位人事制度改革的不断推进，其工作人员的激励不足，激励机制不健全，近年来也引发了众多学者的关注（如，刘枫，2013；高静，2015），然而这些研究通常缺乏实地调研数据的支撑，采用定性描述的研究方式，得出的结论也多是常识性的判断。

民政人才队伍激励机制的创新已经被提上主管部门的议事日程。2016

年10月国务院发布《关于激发重点群体活力带动城乡居民增收的实施意见》，要求瞄准技能人才、技术工人、科研人员、基层干部队伍等七大群体，深化收入分配制度改革，坚持物质激励和精神激励多种激励方式并用，综合运用增加薪资报酬、强化权利保护、优化评优奖励、提升职业技能、增进社会认同等多种激励手段，调动不同群体的积极性、主动性和创造性。国内外不论是理论研究还是政府职能部门制定的相关政策制度，均未能对民政基层人才队伍进行深入详细的实地调研，获取足够的一手支撑材料；也没有提出针对性的创新性解决思路的激励机制设计。当前顺应经济社会发展新常态的要求，认真贯彻落实中央和区政府的决策部署，充分发挥社会建设和保障改善民生中民政基层人才队伍的骨干作用，都要激发民政人才活力，提升民政服务能力，需要对民政人才激励机制的创新开展研究。

第二章　民政基层人才队伍状况分析

一、数据来源与样本情况

（一）数据来源

基层民政助理是直接服务于基层群众的一线民政工作人员，是民政基层人才队伍的主体。课题组从广西全区14个地市中，采取配额方式抽取300个乡镇街道样本，对基层民政助理进行问卷发放方式调研，并适当对个别乡镇民政管理人员进行个别访谈的方法。

问卷设计分为两部分。

1. 乡镇基本情况

要求每个抽中的样本乡镇（街道）填写一份，包括以下信息：

（1）乡镇基本情况：面积、人口、经济发展水平。

（2）基层民政队伍情况：人数、结构状况、流动状况等。

2. 基层民政助理问卷

要求样本乡镇（街道）的每一名民政助理都进行填写，包括以下内容：

（1）个人基本信息。主要包括：工作地点；个人特征：性别、年龄、教育程度、工作年限、来源、编制、身份等。

（2）工作情况。主要包括：工作内容、工作条件、适配性、激励期望等。

（3）培训发展。主要包括：知识来源、培训方式、培训内容。

（4）薪酬福利。主要包括：工资收入、福利待遇。

（5）工作稳定性和其他。主要包括：工作动因、保留动因、流动原因。

（6）其他。主要包括：工作压力、工作问题、队伍建设问题等。

（二）样本情况

1. 乡镇（街道）问卷回收情况

本次调查共抽取乡镇（街道）300 个，收回 296 个，有效问卷 292 份，有效回收率为 97.33%。

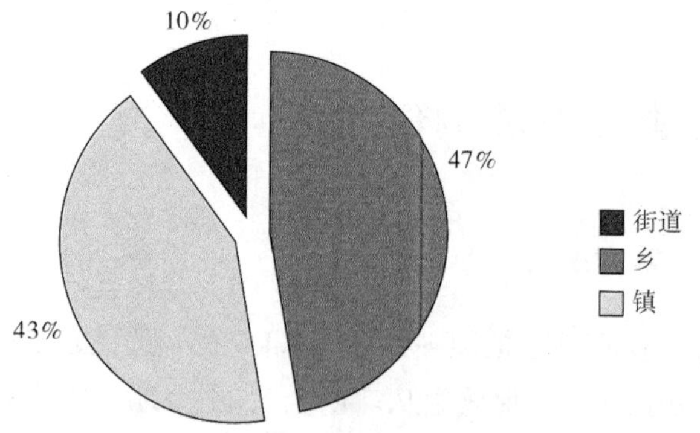

图 2-1　乡镇（街道）问卷分布情况

乡镇（街道）问卷样本中，乡为 138 个，占 47.26%；镇为 124 个，占 42.47%；街道为 30 个，占 10.27%。样本覆盖：全国重点镇 35 个，老区 68 个，边区 43 个，少数民族自治县 7 个，民族乡 13 个。

2. 基层民政助理问卷

根据乡镇问卷填写情况，292 个乡镇共有民政助理编制 937 人，共应填写问卷 937 份，实际回收填写问卷 638 份，其中有效问卷 634 份，有效回收率为 67.66%。

表2－1 问卷填写情况

应填写	实际填写	有效问卷
937	638	634

二、广西民政基层人才队伍建设的整体状况

（一）人员配置情况

依据乡镇（街道）问卷汇总的情况，从事基层民政工作人员数为937人，平均每个基层单位为3.2人；编制总数为418个，平均每个基层单位为1.43个。有编制的工作人员仅占总数的44.61%。对比民政助理个人问卷，编制情况为行政编58%，事业编20%，编外合同14%，其他8%。仍然存在大量借调事业编制人员和聘用编外合同人员情况，反映出基层民政助理编制不足的情况仍然比较严重，队伍的专业化不够。

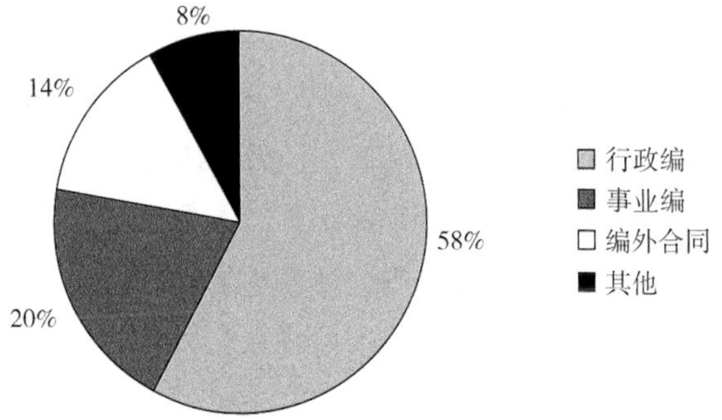

图2－2 基层民政助理编制情况

（二）性别结构

依据乡镇（街道）问卷汇总的情况，292个乡镇所统计到的民政助理队伍中包含男性441人，占总数的47%；女性人数为496人，占总数的53%，女性比男性比重高6个百分点。根据基层民政助理问卷，男女比例基本平衡，剔除性别缺失问卷35份，在有效问卷中男性为295人，女性为

304 人，女性比例也略高于男性。虽然在调研数据的总体层面，性别失衡情况并不是很明显，但是在调研访谈过程中，部分乡镇却反映女性比男性民政助理人数要多。

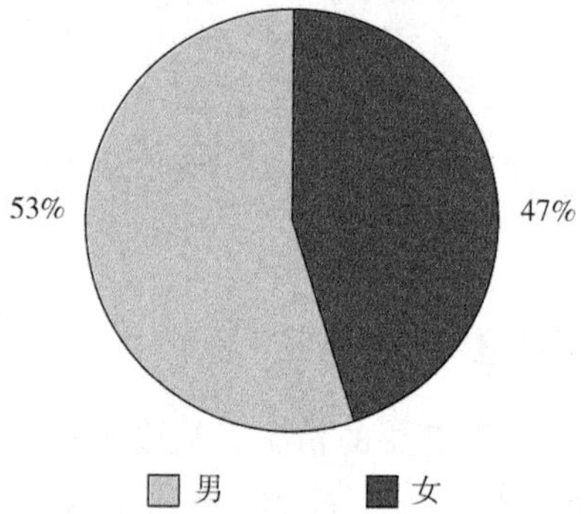

图 2－3　民政助理性别结构

进一步分年龄段分析，发现 30 岁及以下年龄段中女性有 119 人，明显高于男性的 53 人，占比高达 69. 19%；31—50 岁年龄段男女基本保持平衡，表明中年的男女民政助理构成比例比较协调；在 51 岁及以上与 30 岁及以下年龄段情况相反，男性人数为 89 人，女性人数为 38 人，男性比女性多 58% 左右。从性别的工作年限分布上也可以看出，工作 10 年以上的男性人数为 172 人，女性人数为 129 人，男性比女性多 43 人；在工作 1—10 年的时间段中，男性人数为 96 人，女性人数为 146 人，可以看出在新参加工作的民政助理中，女性人数远远多于男性，男性新进人数减少，意味着女性民政助理人数占总人数的比重将会在未来越来越大。因此，表面上的性别平衡背后，隐藏着男性年龄老化，51 岁以上的高龄民政助理大多为男性，年龄偏大会导致工作力不从心，难以很好地完成工作任务；新进人员中明显存在女性比重较高的失衡风险，值得招聘部门引起警惕和重视，应采取合理的办法吸引更多青年男性加入基层民政工作。

（三）年龄结构

根据乡镇（街道）问卷汇总的情况，年龄在 30 岁及以下的人数为 269 人，占 28. 71%；31—40 岁的有 198 人，占 21. 13%；41—50 岁的有 245 人，占 26. 15%；51 岁及以上的共有 225 人，占 24. 01%。由此我们可以看

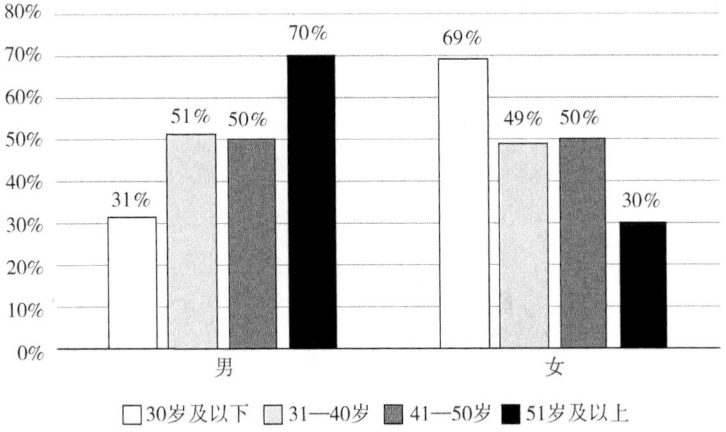

图2-4　各年龄段性别分布情况

出，各年龄段人数差距并不大，但41—50岁的民政助理人数明显多于31—40岁的人数，说明人才梯队建设问题还是需要关注。

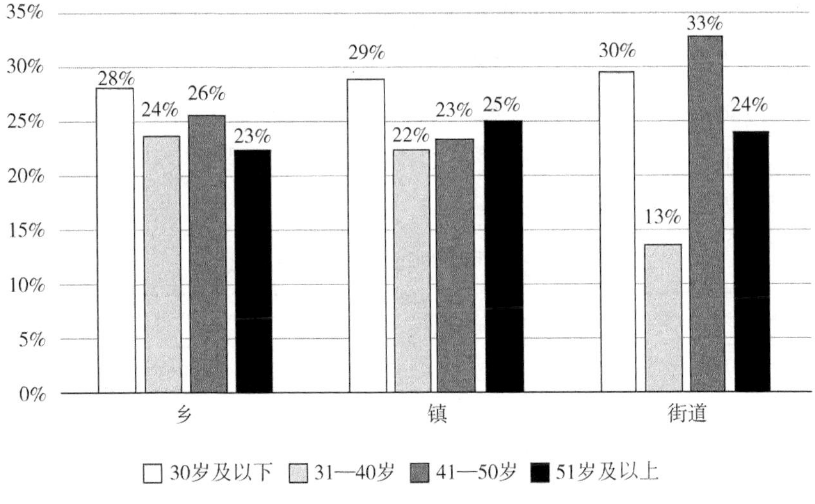

图2-5　分区域年龄段分布情况

（四）学历结构

依据乡镇（街道）问卷汇总的情况，中专及以下142人，占17%；大专毕业410人，占44%；本科毕业351人，占36%；研究生毕业14人，占1%；其他20人，占2%。总体上看，大专和本科学历的人数占大多数，超过了总人数的80%，硕士及以上高学历人才较少。根据基层民政助理调研问卷，从学历水平来看，大专学历的人所占比例最高，占总人数的44%。其次是本科人数，占36%。中专及以下人数占17%，其他的占2%。

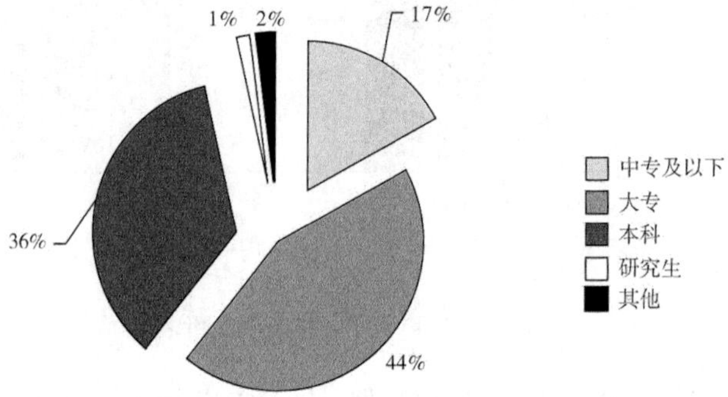

图2-6 学历情况

分性别来看，除去学历空白问卷113份，性别空缺问卷135份，可以看出民政助理队伍学历水平大多为大专和本科，且大专人数最多，学历水平为大专的男性比女性多20人；女性本科的人数最多，比男性本科人数多59人。在高学历水平方面女性占比高于男性，但是在本科以下学历水平上，男性人数明显多于女性。

表2-2 民政助理性别与学历情况

学历情况	男	男性占比	女	女性占比	总计
中专及以下	39	65.00%	21	35.00%	60
大专	142	53.79%	122	46.21%	264
本科	97	38.34%	156	61.66%	253
其他	47	47.00%	53	53.00%	100
（空白）	10	83.33%	2	16.67%	12
总计	335	48.62%	354	51.38%	689

关于从事本岗位时间与学历的关系中，去掉空白问卷116份，可以看出，大专学历层次的民政助理在任时间相对较长，11年以上人数最多；学

历层次为中专及以下的民政助理在岗时间大多稳定在4—10年；学历层次为中专的民政助理，在岗时间为一年及以下的人数最少。整体来看，近年新招聘的民政助理学历水平有所提高，大多为大专以上学历。女性新进民政助理人数较多，因此女性高学历水平（本科及以上）人数超过男性。

表2-3　民政助理从业时间与学历情况

从业时间	中专及以下	大专	本科	其他	总计
1年及以下	6	61	70	56	193
1—3年	17	56	89	80	242
4—10年	19	63	34	103	219
11年以上	21	55	8	83	167
总计	63	235	201	322	821

（五）专业结构

从专业结构的分布情况来看，主修管理学的民政助理人数最多，达到了337人，占总人数的36%；其次为经济学、法学和理工类，分别占比为15%、14%和13%；专业为医学的人数最少，仅有12人，占总数的1%。这表明大部分民政助理的专业属于管理、经济和法学等文科门类，和民政助理社会服务类型的工作性质基本匹配。

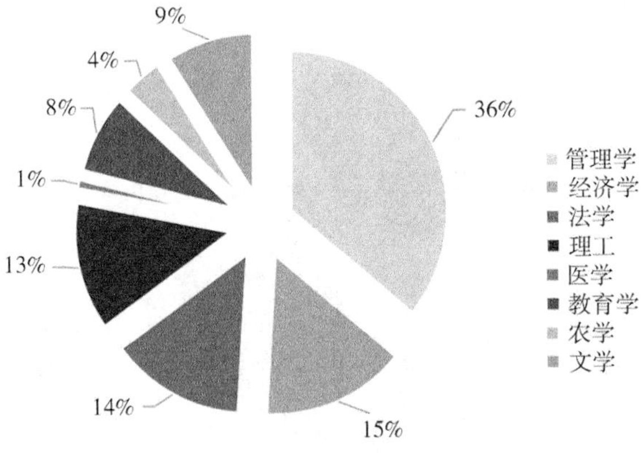

图2-7　民政助理职务情况

（六）身份结构

根据基层民政助理问卷，53.76%的民政助理是专职人员，27.12%为兼职，13.89%是借调，2.45%是劳务派遣人员，0.33%是退休返聘，还有2.45%为其他。借调人员85人中有27人为四项目人员。整体来看，专职民政助理占比仅仅只有一半，人才队伍的专业化还有很大提升空间。

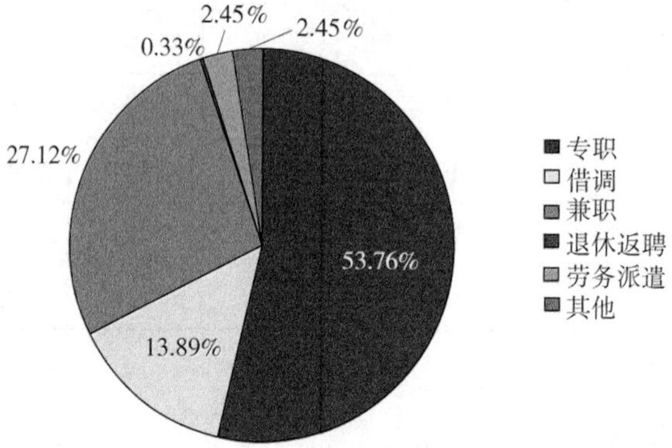

图2-8　民政助理身份情况

（七）职务结构

从职务结构上看，科员比重最大，共有384位，占到了总人数的41%，副主任科员有112人，占总人数的12%。主任科员、事业单位专技人员和工勤人员数量较少，分别占总数的3%、9%和7%。

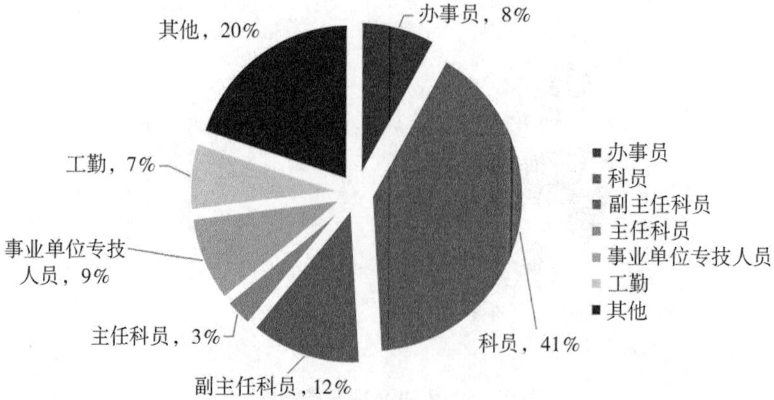

图2-9　民政助理职务状况

民政助理从业时间与职务情况，除去27份身份情况未填写和116份从事本岗时间未填写的问卷，如表2－4所示，从工作时间及学历结构上分析，民政助理人员的身份为科员的人数最多，有221人；身份为科员的民政助理的学历层次多为本科。副主任科员和主任科员的学历偏低，以大专为主，甚至存在中专以下学历的副主任科员。民政助理的晋升可能存在论资排辈现象，以致学识水平和能力水平的晋升没有得到很好的运用。

表2－4　民政助理从业时间与职务情况

	中专及以下	大专	本科	其他	总计
办事员	16	12	4	3	35
科员	57	69	51	44	221
副主任科员	7	13	20	29	69
主任科员	1	3	4	7	15
事业单位专技人员	25	12	12	1	50
工勤	5	16	8	4	33
其他	123	85	75	88	371
总计	234	210	174	176	794

第三章　民政基层人才队伍激励现状与问题

一、工作基本状况

（一）工作内容

根据基层民政助理问卷，基层民政助理最常做的工作为社会救助、优待抚恤和抗灾救灾，选择率分别占到94%、75%和70%；此外，社会福利选择率61%，基层政权与社区建设43%，区划地名42%，民间组织等级与管理27%，其他（民政信访、与扶贫对接、风险管控、包村、维稳等）32%。关于最难做的工作，有68%的人选择社会救助，32%选择其他（特别是民政信访、风险管控），30%选择抗灾救灾，27%选择优待抚恤，还有18%选择社会福利，15%选择基层政权与社区建设。由此可见，社会救助是基层民政工作中最常做也最难做的工作，而民政信访、风险管控等其他工作则虽然数量不多，但是处理难度却较大。

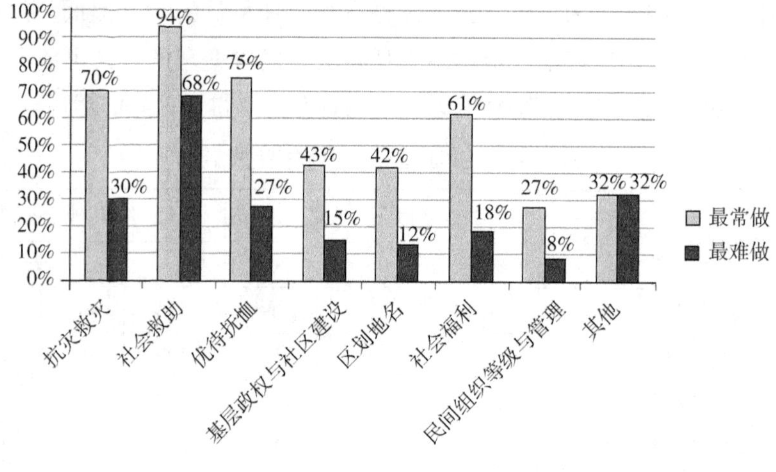

图3-1　基层民政助理的工作内容

（二）工作条件

关于工作经费，327名民政助理认为民政专项经费不充足，占总数的52%；认为有专项工作经费但不充足的也有125人，占到总人数的20%；有专项经费，但申请程序烦琐、领导不审批、转作他用的人数有115人，占总人数的18%；只有10%的人认为专项经费充足。由此可见，基层民政工作在经费保障方面还存在不足。

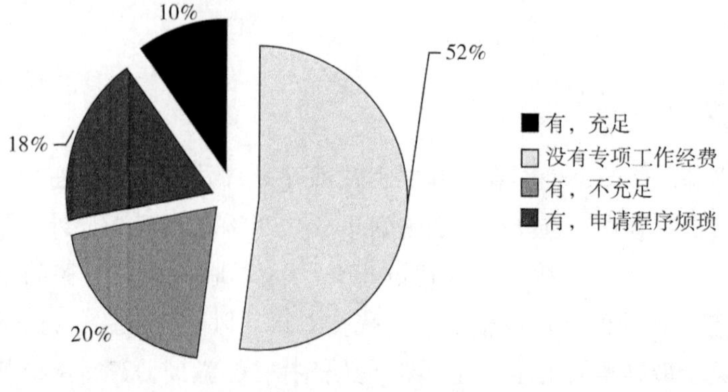

图3-2　工作经费

关于工作场所和设施，可以看出多数民政助理有专门的工作场所和设施，具体的工作条件各层级配置情况可能不同，接近一半（49%）的民政助理选择“有专门工作场所和设施，能满足工作需要”；也有47%的选择“有一定工作场所和设施，但比较紧张”；虽然选择“没有专门工作场所和设施”的仅占总数的4%，但是硬件较差的地区集中在街道区域。不同地区的街道办公环境中，办公场所空间大小区别、人员数量的多少不同等其他因素，对办公场所和设施的设置和规划存在一定的区别，街道办公场所出现专门化设施齐全和设施短缺两极分化的现象，需要民政部门注意，对办公设施给予充分保障，对办公场所进行合理规划，保证民政工作人员办公的舒适和效率。

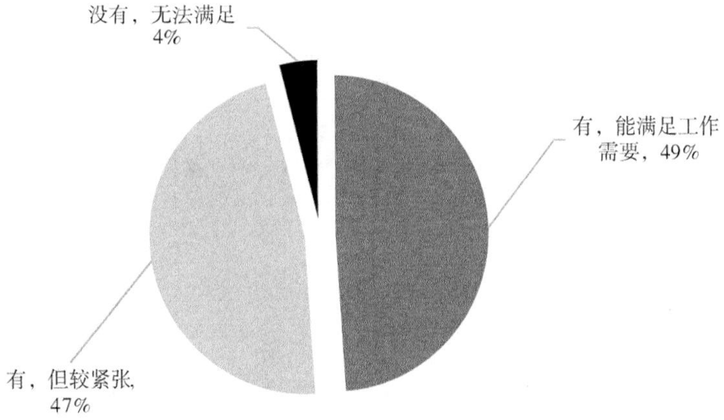

图3－3　工作环境情况

（三）工作氛围

通过个人调查统计的结果，多数民政助理对工作环境的感受选择非常符合和比较符合的占比较高，说明对工作软环境满意度较高。对工作氛围良好选择非常符合的占23%，比较符合的占53%；和同事间沟通顺畅方面选择非常符合的占36%，比较符合的占53%；在管理制度方面能够做到规范明确选择非常符合的占23%，选择比较符合的占55%，这几个方面的评价均相对较高，在获得上级支持和领导重视方面的评价存在不确定的因素占比较大，但对于事务的处理程序和办事效率方面满意度较低。由此可见，基层民政助理对于当前所处的工作环境的认可度总体评价还是可观的，同事间的关系相处较好，对工作设施和环境满意度较高，但是更多的是希望能得到上级领导对基层工作的关心和政策倾斜，对于繁重的基层民政工作给予时间上的宽松，简化办事程序，提高效率，保证民政服务的质量。

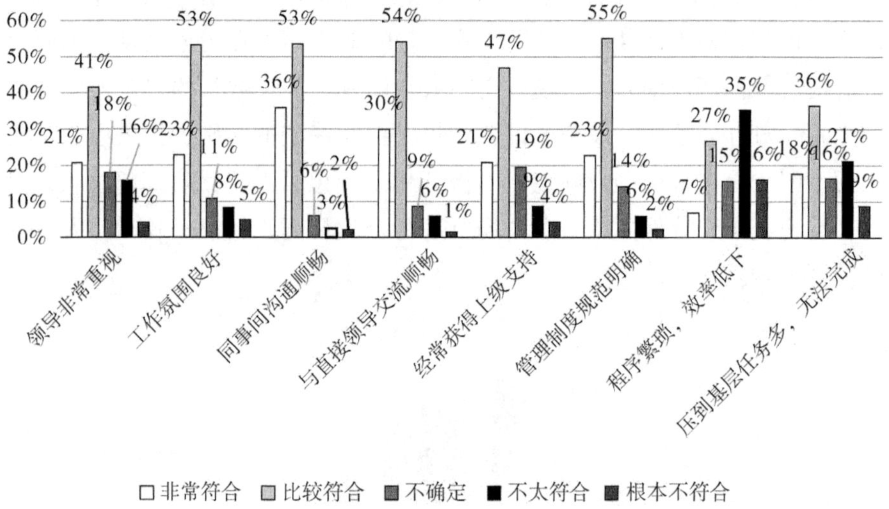

图 3－4　工作软环境

（四）工作压力

基层民政助理的主要工作压力来源：选择工作量大，服务面广，事务太多的有 92%；选择工作内容单一枯燥的有 13%；选择工作连续性强，业务不间断受理，强度大的有 60%；选择工作精细化程度高，程序复杂的有 42%；选择上级突击任务多，时效性强的有 40%；选择群众关注度高，责任大的有 61%；选择群众诉求多，要求高，经常难以达到的有 64%；选择工作设施和条件达不到要求的有 26%；选择其他的有 3%。

根据分析可以看出，基层民政人员的工作压力最大来源是工作量大，服务面广，事务太多，占比例最高。其次认为压力来源较大的是群众诉求多，要求高，经常难以达到。由此应该解决的问题是适当为基层民政人员减少工作任务，提高效率，将工作进行简单化、规范化，多与群众进行沟通，提高群众对基层民政工作的认可度，减轻工作人员与群众接触的压力，保证民政工作服务的质量。总体来看，基层民政工作的基本硬件条件还待改善，当前制约的主要因素，一方面来源于工作本身存在工作量大、

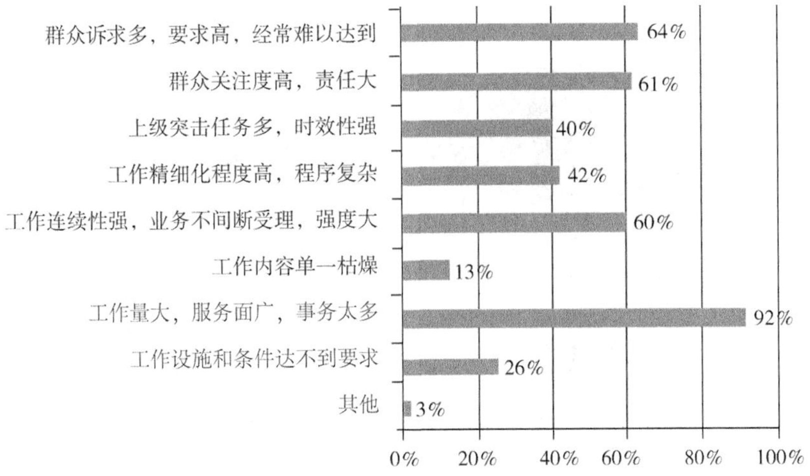

图 3-5　基层民政助理的主要工作压力来源

服务面广、事务多、连续性强等特点；另一方面群众诉求多、关注度高等赋予的外在压力问题，因此，增加人员配置、优化服务质量在今后民政工作中需要引起格外关注。

二、工作外在报酬

（一）收入状况

工资收入的总体分布情况上，每月工资收入 1000 元以下的人员较少，所占比例最低；1000—1999 元的占 18%；2000—2999 元的占 28%；3000—3999 元的比例最高，占 34%；4000—4999 元的占 14%；5000 元以上的占 5%。可以看出，基层民政助理处于 2000—3999 元中等收入段的人数合计占 62%（见图 3-6）。对比广西统计局公布的数据，2016 年广西城镇非私营单位就业人员平均工资为 57878 元（折合每月 4823 元）。其中，全区在岗职工年平均工资 60239 元（折合每月 5187 元）；再对比薪酬网的调查，广西壮族自治区 2017 年整体工资（税前月薪），50 分位值在 4000 元，75 分位值在 5625 元；这样来看即使考虑扣除五险一金等因素，基层民政助理岗位的薪酬待遇还是有待提高。

从不同学历的收入水平上看，中专及以下人员的收入主要集中在

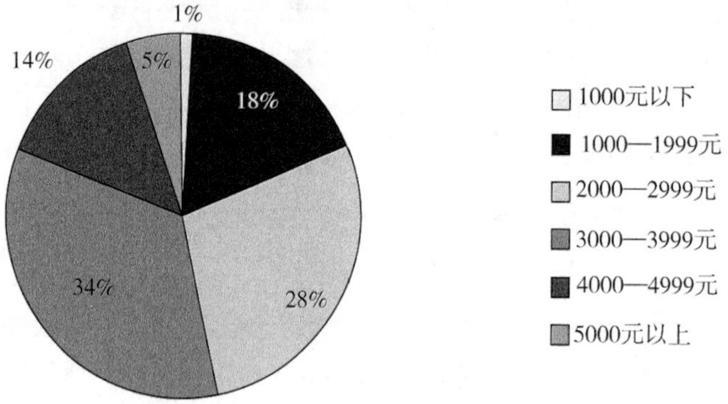

图3－6　工资收入整体分布状况

3000—4999 元收入段；大专学历的人员除了在最低的 1000 元以下和最高的 5000 元以上两个收入段占比较少外，在 1000—4999 元四个收入段上的分布较为平均；本科学历人员收入则主要集中在 2000—3999 元收入段，占比高达 79%；硕士学历人员在 5000 元以上收入段中占比最高，但是在 4000 元档中占比低于大专及以下人员占比。大专及以下的人群收入较低，具有高学历硕士收入较高，可见学历水平与工资收入具有一定正相关关系。但是中专学历收入集中于中间水平，可能与工作年限相关。

此外，工作年限和工资收入也具有一定的正相关关系。从各个工作年限段来看，收入在 1000 元及以下人数占比较低。多数收入集中在 2000—3999 元收入区间，处于中等收入水平的较集中。工作 10 年以上者收入在 4000—4999 元和 5000 元以上占比有 35%，比例最多，按工作年限来看，工作年限越长，收入在中高段集中度越高。

工资收入与工作强度和性质匹配度如图 3－9，选择很匹配的有 3%，选择比较匹配的有 15%，选择一般，说不清楚的有 34%，选择不太匹配的比例最高，有 37%，选择完全不匹配的有 11%。因此，对于目前基层民政人员来说，所承担的工作和所获得的工资收入不成正比，工作任务较多，工资收入不高，匹配度较低，这需要引起重视。

不同年龄段对于工作收入匹配度的交叉反映出，年龄在 51 岁及以上的，认为很匹配的最多的有 8%，同时认为一般、说不清楚的份额也最多，认为比较匹配的占比也较高，这说明年龄较大的人员对工作匹配度的相对认同更高一些；年龄 30 岁及以下的，认为比较匹配的比例最高的占 20%，

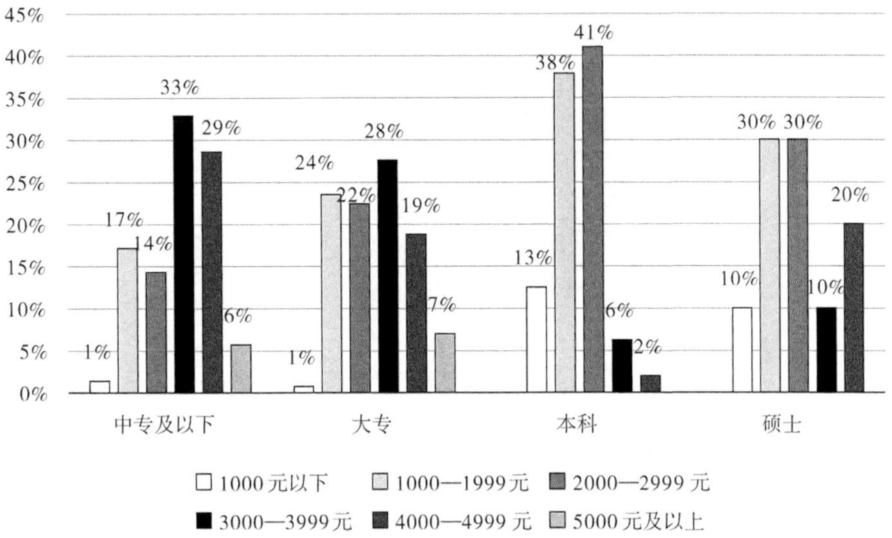

图3-7　学历与工资收入交叉图

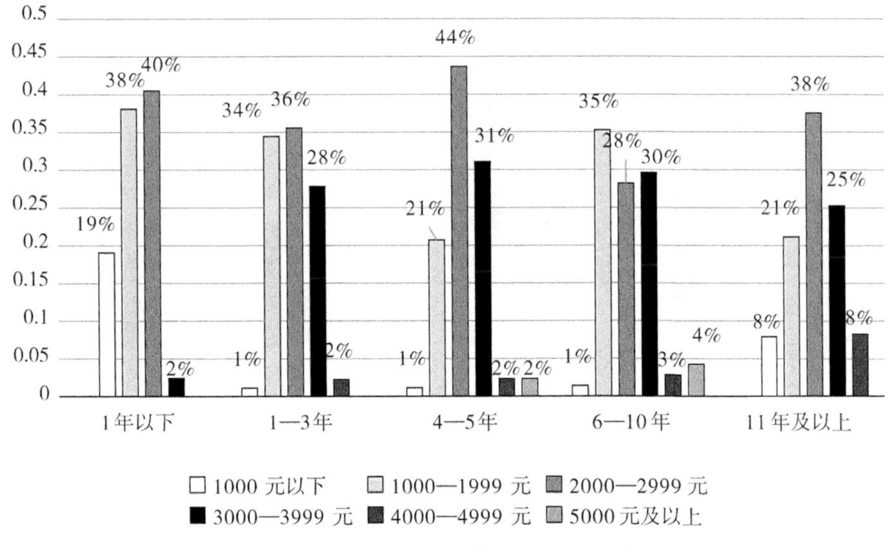

图3-8　工作年限与工资收入交叉图

可能是新参加工作，初期对工作有认同感。年龄31—40岁的认为不太匹配的有44%，认为完全不匹配的有20%，之所以年龄段中对匹配度评价最低的群体，其后随着年龄增长，认为不匹配的比例逐渐下降，对工作适应度

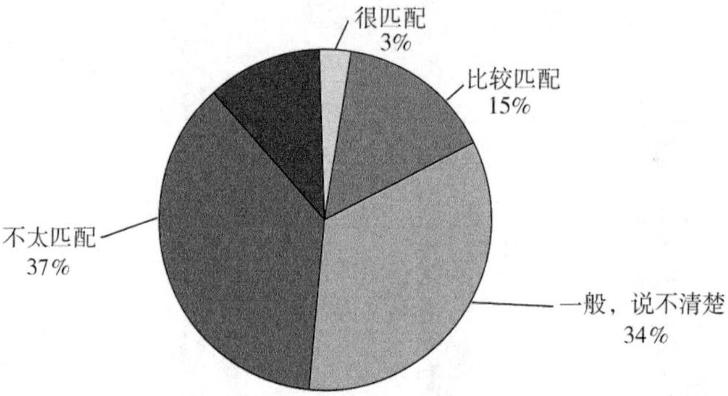

图3-9 收入与工作强度匹配度

又在提升，可能因为30多岁正是结婚生育的年龄段，家庭压力大，收入又没有上去，基层工作压力导致评价降低，因此，对这一群体要充分关注，引起重视，避免这一承上启下群体人员的流失。

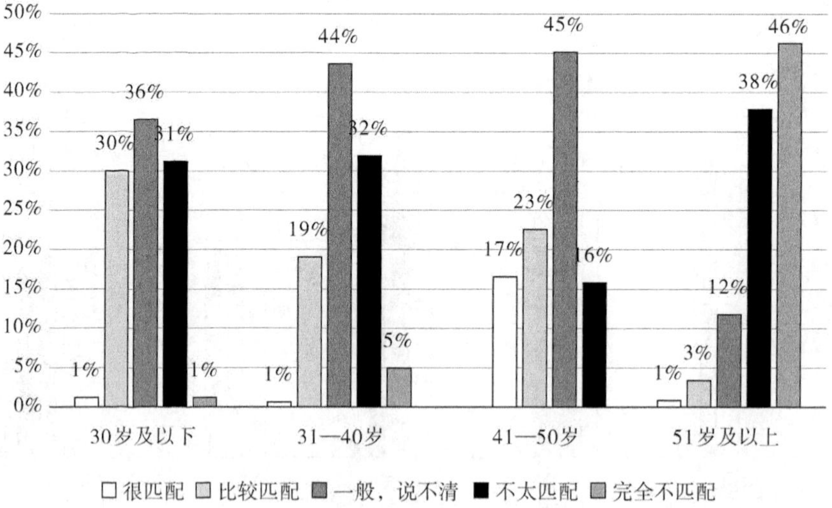

图3-10 年龄与工作收入匹配度交叉图

由此可以推断出在基层民政助理的工作体验来说，民政工作的工作压力较大，所得工资报酬收入相对较低，与所承担的工作强度和性质来说显著不匹配。由此，基层民政部门应该注意对基层民政工作进行调整，适当减少工作量，减轻工作任务，增加工资收入，提高工作和收入的匹配度。

（二）福利待遇

基层民政助理享受的政策和福利，在已有的项目中，选择职务职级并行的有26%，乡镇工作补贴、边远地区补贴的有61%，年休假、病假、产假和探亲假的占36%，住房补贴的有16%，交通补贴的有47%，集体福利设施的有20%，文体设施的有9%，有保障的休息时间的有14%，要求其他方面的占2%。剔除在街道工作人员65人，在乡镇工作的人员有569人，而享受到乡镇工作补贴、边远地区补贴的有392人，占比达到68.89%。可以看出，乡镇工作补贴、边远地区补贴在乡镇和偏远地区的覆盖率已经比较高。其次由于民政工作进村入户频繁，现有车改不足覆盖，部分地区制定了专门政策进行适当补贴。基层民政助理的工作环境多数在偏远地区，距离城区和家庭所在地较远，各地政府对此种现实情况已经给予了一定的关注和福利措施，应该继续保持并跟进。

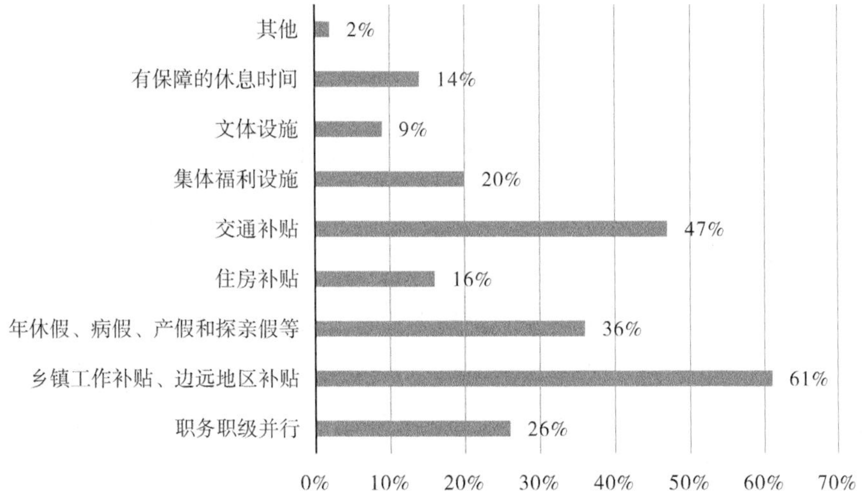

图3－11　基层公务人员享受的政策或福利

基层公务人员所希望改善的政策和福利方面，在已有的项目中，所希望改善的内容里面，选择职务职级并行的有21%，乡镇工作补贴、边远地区补贴的有28%，年休假、病假、产假和探亲假的有18%，住房补贴的有27%，交通补贴的有30%，集体福利设施的有20%，文体设施的有18%，有保障的休息时间的有35%，要求其他方面的有2%。从数据来看，基层人员最希望改善的是有保障的休息时间，其次要求改善的是交通补贴，对其他方面的期待也很高。由此可以看出，基层民政工作任务较多，工作压力较大，民政人员较难保证有足够的休息时间，再者多数乡镇在边远地区，对增加交通补贴的期望较高。其他的方面，现实来看，人员编制较少，希望能增加编制，稳定人才队伍方面得到改善。

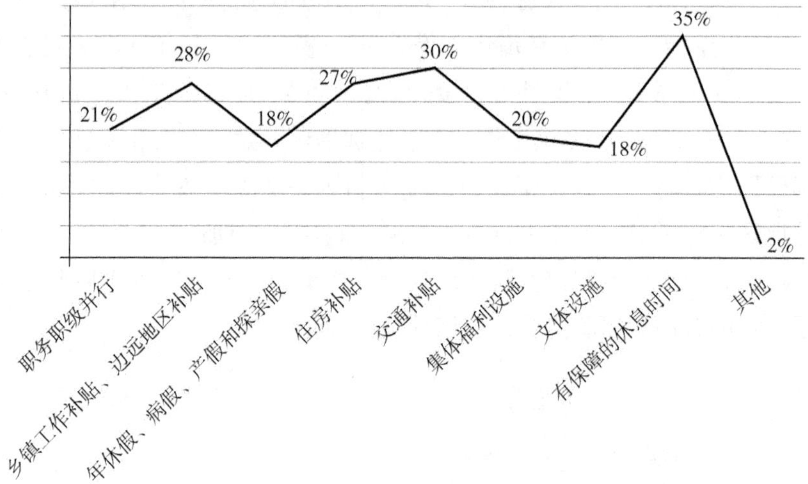

图3－12　基层公务人员所希望改善的政策和福利

（三）培训发展

关于民政工作业务知识方式的主要来源，绝大多数民政助理获取民政工作业务知识的主要来源是采取在实践中积累的方式，选择该项的人数占总数的86%，向老助理员学习，上级组织的培训，从文件、书本上学习这三项所选人数相差不大，分别占据总数的67%、69%与66%。选择从网络中学习的人数占总数的28%，另外还有4%的民政助理选择其他，例如自学。

希望得到何种方式的培训提升自己的工作能力，选择专业理论知识培训的人数占总人数的77%；选择不同部门间调动的人数与选择操作技能训练的人数相同，两项都占总数的65%；选择系统内工作岗位轮换的人数占总数的24%；选择网络培训与外派学习参观的人数分别占总数的24%与20%；选项开展学历进修并未受到民政助理的关注，选择人数只有4%；

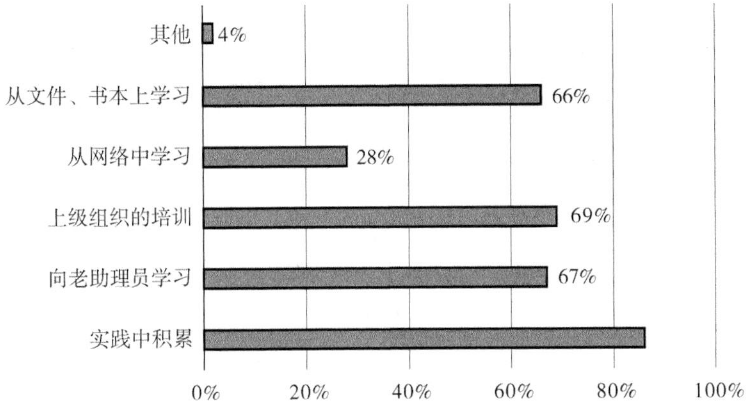

图 3－13　获取民政工作业务知识方式的主要来源

其他选项则无人选择。

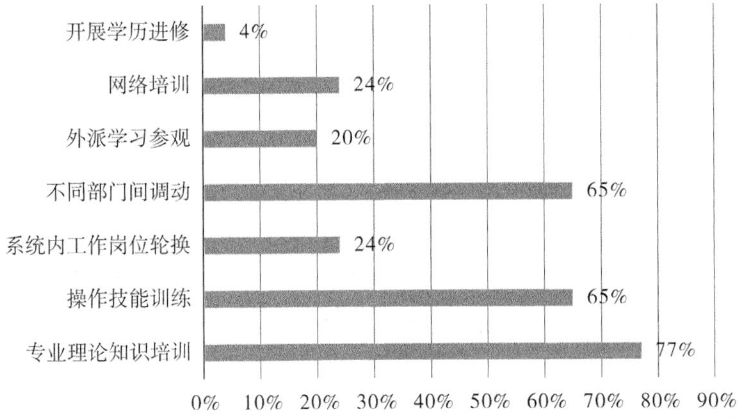

图 3－14　希望的培训方式

关于培训工作的重点内容，90% 的民政助理都选择最新的民政政策和制度作为培训工作的重点内容，其次有 84% 的民政助理认为救助等工作专业知识也应当成为培训的工作之重。除此之外，党和政府的最新政策与精神和日常工作技巧与方法也被大多数人列为培训工作的重点内容，其分别占据总数的 63% 和 55% 。选择法律知识的人数占总数的 44%；选择人际交往与沟通等能力的人数达 43%；选择计算机和网络知识的人数占 41% 。有 13% 的民政助理选择其他，其他内容包括心理、态度、知识、技能。

根据对培训发展的统计分析，不难发现上级组织与本单位培训部门对

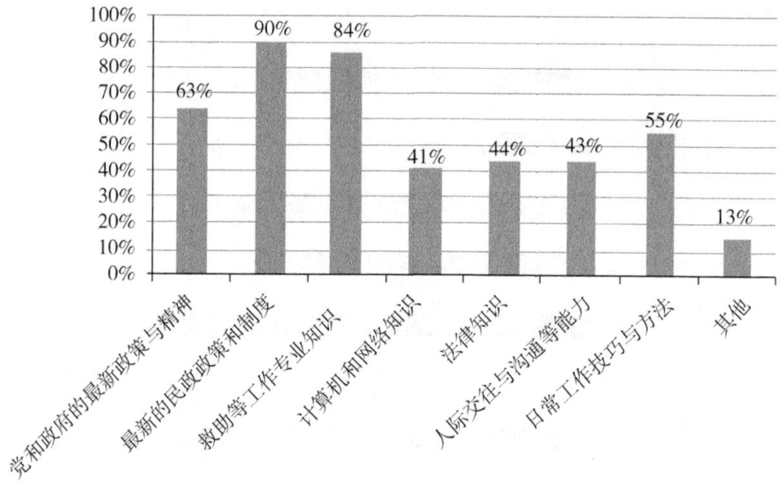

图3－15　希望培训的内容

民政助理的培训不够全面，且缺乏针对性与专业性。虽然民政助理所获得的知识部分来源于上级组织的培训，但更多的是个人在实践中积累所得，并且绝大多数民政助理都希望获得专业理论知识的培训来提升自己的工作能力，足以证明上级组织所开展的培训缺乏针对性与专业性。另外，九成的民政助理都把最新的民政政策和制度作为培训的重点内容，更加能够补充说明，基层民政助理迫切希望上级组织和单位培训部门能够把与民政工作人员相关的民政专业知识内容列为培训中的重点。

三、工作内在报酬

（一）工作吸引力

最初选择做民政助理的原因，有84%的人是由于服从组织的安排；17%的人是因为政府的工作相对稳定。选择工作离家近的人数占总数的10%；选择报考民政助理职位被招录与选择兴趣爱好/个人理想的人数都占总数的6%。选择看好民政行业发展前景的人数为5%；选择与所学专业对口的人数与其他选项的人数都占总数的3%；只有2%的人把薪酬待遇还可以视为最初选择做民政助理的原因。说明民政助理工作本身的吸引力有限，多数人员是被动选择。

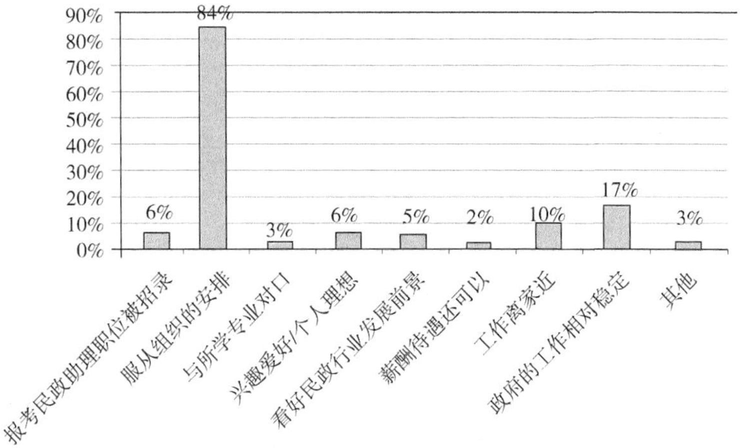

图3－16　最初选择做民政助理的原因

基层民政助理工作中最看重的内容，选择基本工作条件与设施有保障的有24%，选择管理制度和工作流程稳定而规范的有37%，选择工作氛围良好的有26%，选择人际关系和谐的有21%，选择个人能力得到充分发挥的有13%，选择工作赢得群众认可的有52%，选择工作受到同事或上级关注和重视的有30%，选择工作有良好的发展前景的有13%，认为薪酬待遇提高的有18%，选择有更多培训与提升机会的有15%，其他的有1%。因此，基层民政助理工作中最看重的是工作赢得群众认可，其次是管理制度和工作流程稳定而规范。这说明了基层民政助理人员希望在工作中为群众解决困难后能得到认可，能满足心理方面的感受，提高工作热情和动力。另外希望在严格规范的管理制度和工作流程下工作，能给工作带来更大的便利性。

基层民政人员对民政工作未来发展的看法，选择前景光明，发展空间很大的有27%，选择有一定的发展空间的有29%，选择前景不光明，视情况而定的有19%，选择前景渺茫，有机会就改行的占9%，没有想过的有16%，根据分析可以看出，基层民政人员对民政未来工作的期待值相对较高，认为基层民政工作的发展较好，愿意为民政工作付出辛苦和努力，这同时对稳定人员有很大帮助。

年龄因素对民政工作未来发展看法的影响，30岁及以下认为有一定的

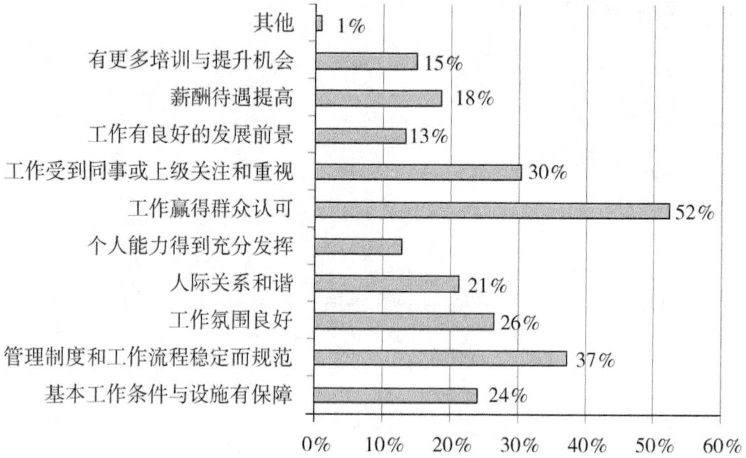

图3－17　基层民政助理工作中最看重的内容

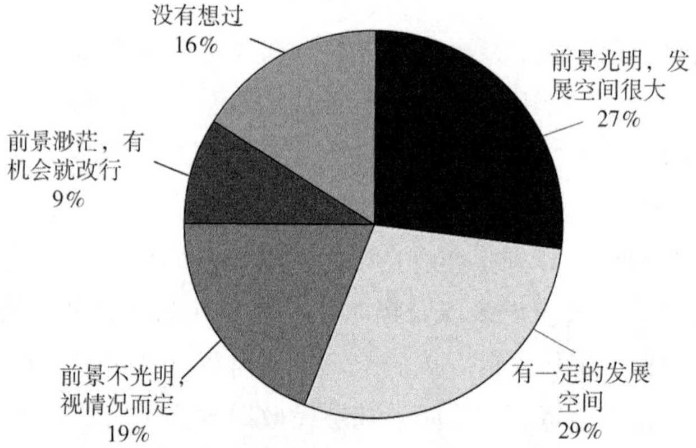

图3－18　对民政工作未来发展的看法

发展空间的有72%，31—40岁认为有一定的发展空间的有50%，41—50岁的选择前景光明，发展空间很大的有40%，51岁及以上的选择前景光明，发展空间很大的有43%。选择前景渺茫，有机会就改行的比例最低。选择前景不明确，视情况而定的出现了折线情况，在年轻人中选择人数居多，在中年群体中，出现下降，原因可能是家庭、工作环境的因素等心理方面出现变化。由此可见，年轻人更多认为基层民政工作的职业发展前景较好，年龄较大者对基层民政工作的发展认可度也较高。

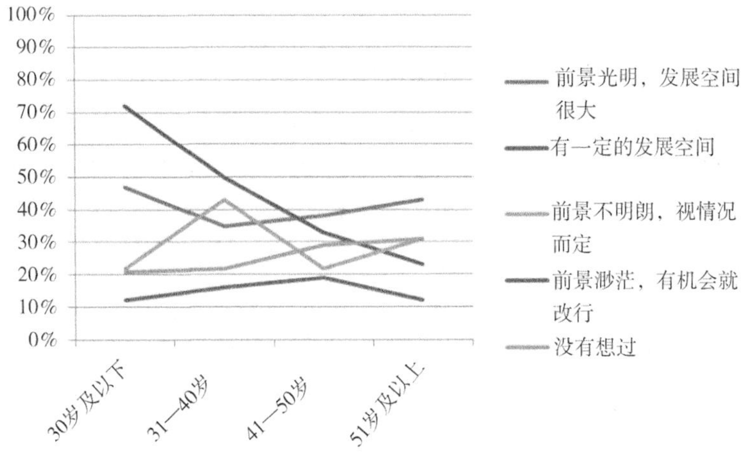

图 3-19　年龄对民政工作未来发展看法的影响

（二）工作稳定性

关于工作适配度，有 211 名民政助理认为当前的工作不是他们的理想工作，但是在工作岗位中能够胜任，占总数的 33%；同时有 99 名民政助理想要更换工作，占 16%；有 158 名民政助理认为很适合，并且有信心、有能力做好，占总数的 25%；有 166 名民政助理选择是喜欢的工作，但我的能力有所欠缺，占总数的 26%。表明当前民政工作内容并不完全满足民政助理的自我期望和技能等。

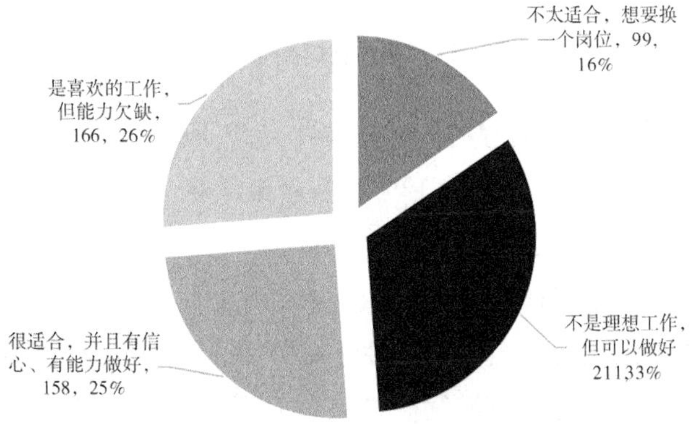

图 3-20　对民政工作适配度的看法

民政助理留在当前岗位的原因统计，由图 3－21 可知，选择工作相对稳定的占比最高，达到总数的 32%；可以学习很多有用的知识和经验所占比例为 30%；没有可调动的工作岗位所占比例为 32%；出于多年工作感情的基础所占比例为 19%，良好的人际关系所占比例为总数的 16%；选择其他的人数为 12%。选择个人的职业发展机会的人数为 8%；选择习惯了基层工作，怕出来后不知做什么的人数同样占总数的 8%。有 6% 的人数选择较合理的薪酬福利作为留在当前岗位的原因，还有 3% 的人数选择宽松的管理机制作为留在当前岗位的原因。因此，民政助理招聘时要注意利用公务员工作稳定性、有学习新知识的空间等去吸引人，在留人时要注意感情、人际关系留人。

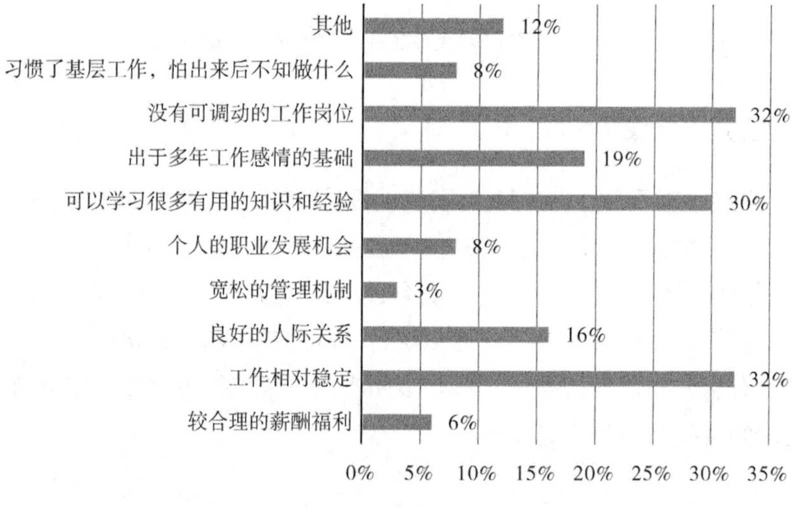

图 3－21　留在当前岗位的原因

打算继续从事民政助理时间，选择 1 年以下的人数为 6%；选择继续从事民政助理 1—3 年的人数为 12%；选择继续从事民政助理 3—5 年的人数为 8%；选择继续从事民政助理 5 年以上，一直做下去的人数为 10%；选择说不准的人数为 41%；选择有机会就调去其他更好的岗位的人数为 23%。整体来看，岗位人员的稳定性还有待加强，要避免人员的流失风险。

对各个年龄阶段与打算继续从事民政助理时间进行交叉分析，可以明显看出 30 岁及以下年龄阶段的民政助理选择继续从事 1 年以下与 5 年以上，一直做下去的人数相同且两者皆为所占总数比例最小；所占比例最大

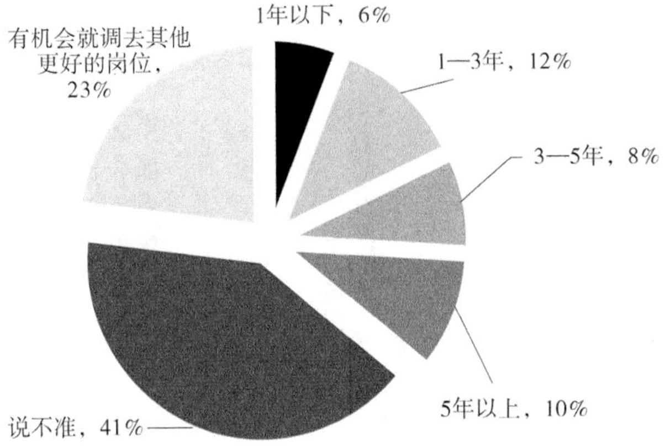

图 3－22　打算继续从事民政助理时间

的是说不准；除了说不准选项，其他所占比例最大的是有机会就调去其他更好的岗位。对于 31—40 岁年龄阶段的民政助理而言，选择继续从事 1 年以下的人数所占比例最小；其次所占比例较小的是继续从事 3—5 年与 5 年以上，一直做下去，所占比例最大的是说不准。41—50 岁年龄阶段的民政助理选择继续从事 1 年以下的人数所占比例最小；选择比例最大的是说不准；除此之外，有机会就调去其他更好的岗位与 5 年以上，一直做下去所占比例也较多。51 岁及以上的民政助理选择说不准的比例最大；除此之外所占比例较大的选项依次排列为有机会就调去其他更好的岗位，继续从事 1 年以下，5 年以上，一直做下去；选择比例最小的是继续从事 3—5 年。

工作年限在 1 年以下的民政助理选择说不准的人数占比最大；除此之外，所占比例较大的是继续从事 1—3 年；选择继续从事 5 年以上，一直做下去的人数占比最小。工作年限在 1—3 年的民政助理选择说不准的人数最多；其次所占比例较大的选项是有机会就调去其他更好的岗位与继续从事 1—3 年；选择 1 年以下所占比例最小。工作年限在 3—5 年的民政助理选择说不准的人数占比最大；其次占比最大的是有机会就调去其他更好的岗位；选择继续从事 1 年以下的人数占比最小。工作年限在 6—10 年的民政助理选择说不准的人数占比最大；其次选择较多的为有机会就调去其他更好的岗位；所占比例最小的是继续从事 1 年以下。工作年限在 10 年以上的民政助理选择说不准的人数占比最大；其次为有机会就调去其他更好的岗位；占比最小的是继续从事 1 年以下。

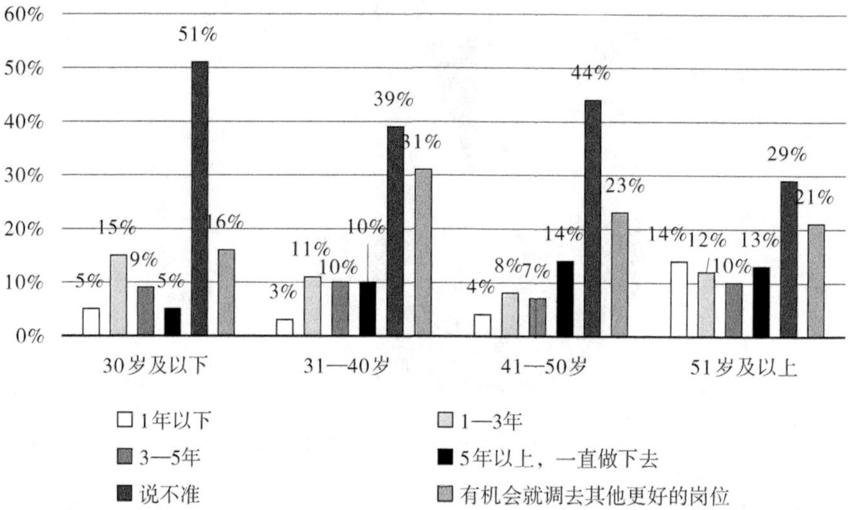

图3－23　各个年龄阶段与打算继续从事民政助理时间

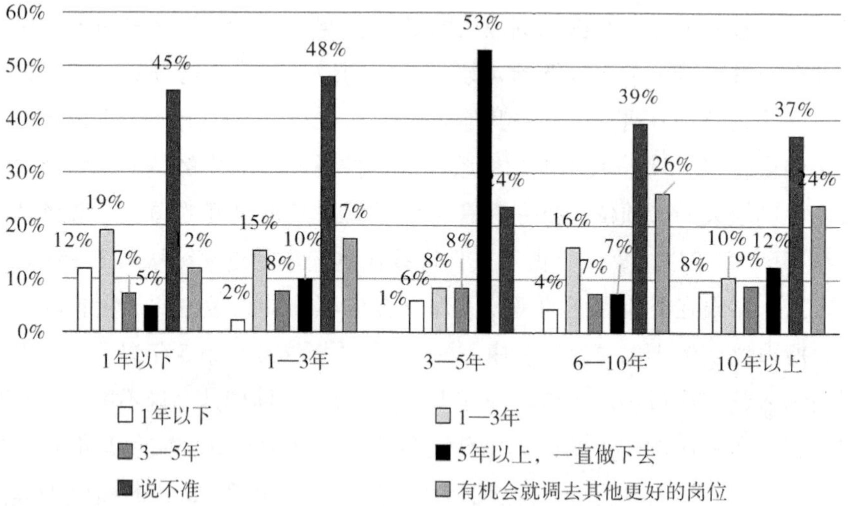

图3－24　工作年限与打算继续从事民政助理时间

根据性别与打算继续从事民政助理时间的交叉图，对于男性而言，选择说不准的人数所占比例最大；其次所占比例较大的是有机会就调去其他更好的岗位和继续从事1—3年；选择继续从事3—5年的人数所占比例最小；选择5年以上，一直做下去的人数所占比例略大于继续从事1年以下的人数。对于女性来讲，选择比例最大的仍然是说不准，其次所占比例较大的是有机会就调去其他更好的岗位；选择继续从事1—3年的人数与5年以上，一直做下去的人数相差不大，打算继续从事1—3年的人数略多于5年以上，一直做下去；选择比例最少的是继续从事1年以下。

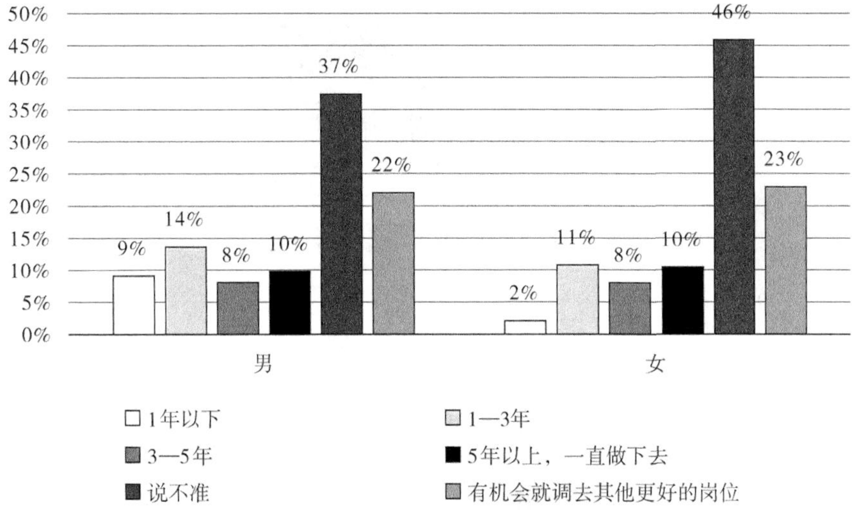

图3-25　性别与打算继续从事民政助理时间

关于是否考虑过转行，选择从没想过转行的人数占总数的25%；选择想过，但经考虑后决定留下的人数占总数的31%；选择打算转行，但尚未找到合适岗位的人数占总数的40%；选择已经着手转行的人数占总数的4%。

性别与是否考虑过转行的交叉分析显示，男性中选择打算转行，但尚未找到合适岗位的人数所占比例最大；其次所占比例较大的是从没想过转行与想过但经过考虑后留下，其中从没想过转行比想过但经考虑后留下所占比例略小；所占比例最小的是已经着手转行的人数。对于女性来讲，所占比例最小的仍然是已经着手转行；所占比例较大的是想过，但经考虑后决定留下，其次所占比例最大的仍然是打算转行，但尚未找到合适岗位与从没想过转行。

编制与是否考虑转行的交叉分析可以看出，行政编的民政助理选择打算转行，但尚未找到合适岗位的人数所占比例最大；其次所占比例较大的是想过，但经考虑后决定留下；选择从没想过转行的人数低于选择想过，

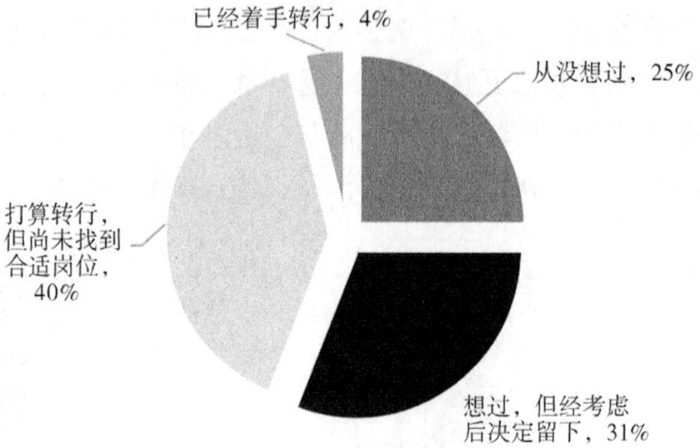

图 3－26　是否考虑过转行

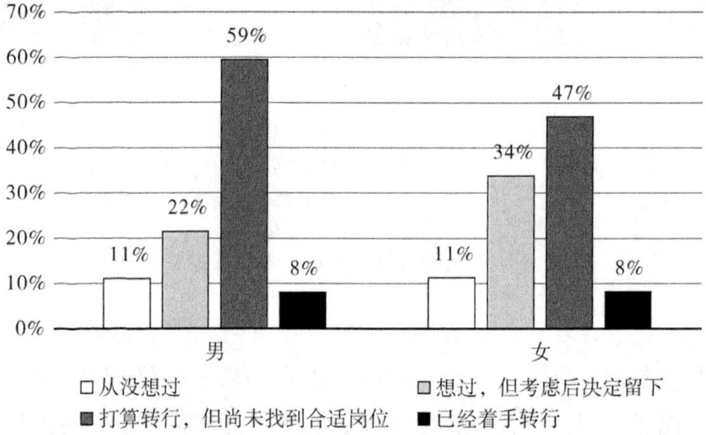

图 3－27　性别与是否考虑过转行

但经考虑后留下的人数所占比例；选择已经着手转行的人数所占比例最小。对于事业编的民政助理而言，选择已经着手转行的比例最小；其他三项所占比例相差并不十分明显，按照比例多少依次排序为打算转行，但尚未找到合适岗位，想过，但经考虑后决定留下，从没想过。编外合同工中选择想过，但经考虑后决定留下的人数与打算转行，但尚未找到合适岗位的人数所占比例最大；其次所占比例较多的是从没想过转行；所占比例最小的仍然是已经着手转行。其他选项包括“四项目”人员、社工、社区工作人员和服务人员等，在上述的人员中 4% 的人选择已经着手转行，并且其他三项所占比例相差不大，按照所占比例的大小排序分别为打算转行，但尚未找到合适岗位的，想过，但经考虑后决定留下与从没想过转行。

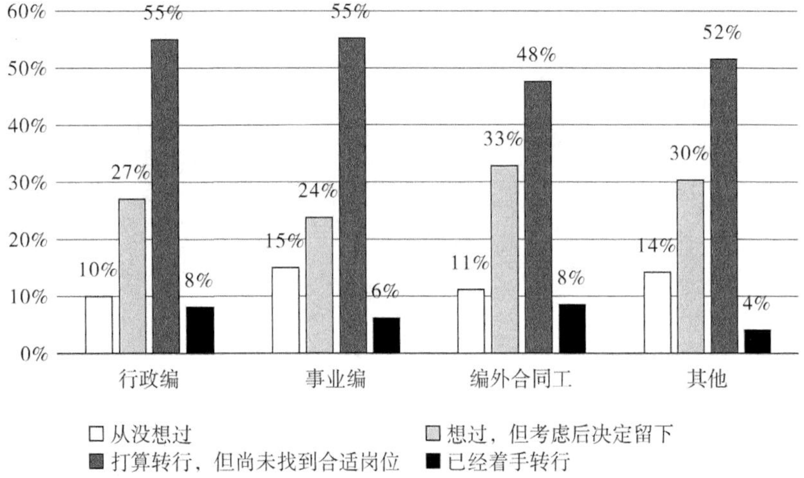

图3－28　编制与是否考虑转行

关于基层民政助理流动的原因，84%的民政助理认为工作任务烦琐复杂；选择激励制度不到位，多劳不多得和基层生活艰苦的人数相差不多，所占比例分别为总数的48%与46%；选择工资太低与工作环境和条件差的人数同样相差不大，占总数的40%和39%；选择分工不均，如年纪大的推诿，年轻的工作多的人数所占比例为30%；选择管理制度不完善的人数所占比例为19%；选择两地分居，不好照顾家人和子女的与能力得不到发挥的人数都占总数的11%；选择子女教育条件太差与其他的人数所占百分比都为3%。

由此可见，大多数民政助理最初选择该岗位都是出于服从组织的安排，而并非是自我选择，可以看出该岗位对新员工比较缺乏吸引力。大多数人之所以愿意留在当前岗位，都是出于工作相对稳定的原因而选择继续从事，足以说明工作的稳定性对大多数人而言还是比较重要的，但是当涉及打算继续从事岗位多久时间之后，说不准与有机会就调去其他更好的岗位是绝大多数人的选择，充分说明多数民政助理并不希望自己一直从事该项工作，希望换岗。有70%以上的民政助理都想过要转行，可能由于现实因素并未实现，而愿意一直从事下去的人数只占总人数的4%。从事民政助理工作的人员对该项工作缺少热爱度与忠诚度。工作任务烦琐复杂是造成基层民政助理流动最主要的原因，除此之外，工作环境和条件差、激励

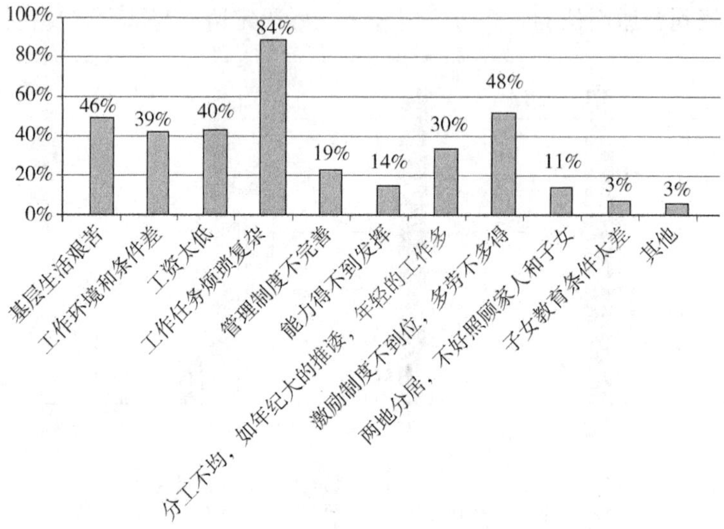

图 3－29　基层民政助理流动的原因

制度不到位、基层生活艰苦、工资太低、分工不均等因素也是造成民政助理流动的主要原因。

（三）工作成就感知

群众对民政工作的满意度，选择满意度非常高的有 9%，选择比较高的有 26%，选择一般，有时不理解的有 57%，选择不太高的有 3%，选择很低，有时有反感情绪的有 4%，其他的有 1%。总体上可以看出，群众对民政工作的满意度一般，对民政工作不理解的频率较高。可见，基层民政工作人员与群众接触工作过程中，存在一定困难，这需要从政策、理念上等在群众中进行民政工作宣传，也需要一定的沟通技巧与专业性的工作技巧来解决群众困难，以此最大限度上获得群众理解和支持，提高群众满意度。

工作年限与群众对民政工作的满意度的交叉影响，工作 1 年以下认为不太高的比例最大，占 12%。工作 1—3 年认为比较高的占 7%。工作 3—5 年认为不太高的占 24%。工作 6—10 年认为很低，有时有反感情绪的占 19%。工作 10 年及以上的认为比较高的占 61%。可见，在基层民政部门工作，工作年限较长的在 10 年以上的人数最多，认为比较高的也最多，可以推断出基层民政部门人员工作时间越长，感受到的群众对民政工作满

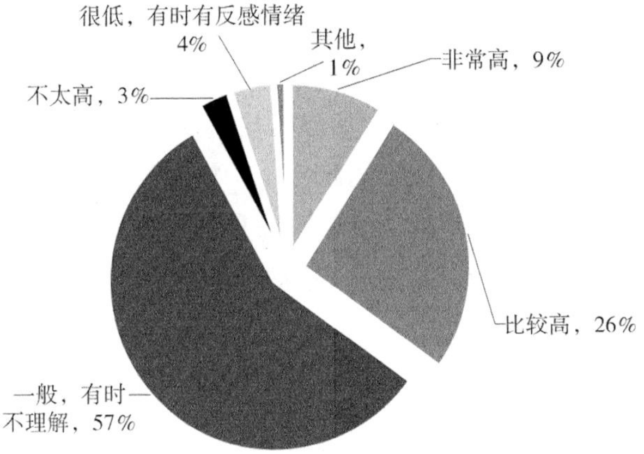

图 3-30　群众对民政工作的满意度

意度的体验越深。工作时间较短群体，感受到群众对基层民政工作满意与否的体验感较低，原因可能是处于职业初期，对职业的适应性还处于低水平，随着工作时间增加，对工作业务的逐渐熟悉，对群众和工作方面的了解越深入。

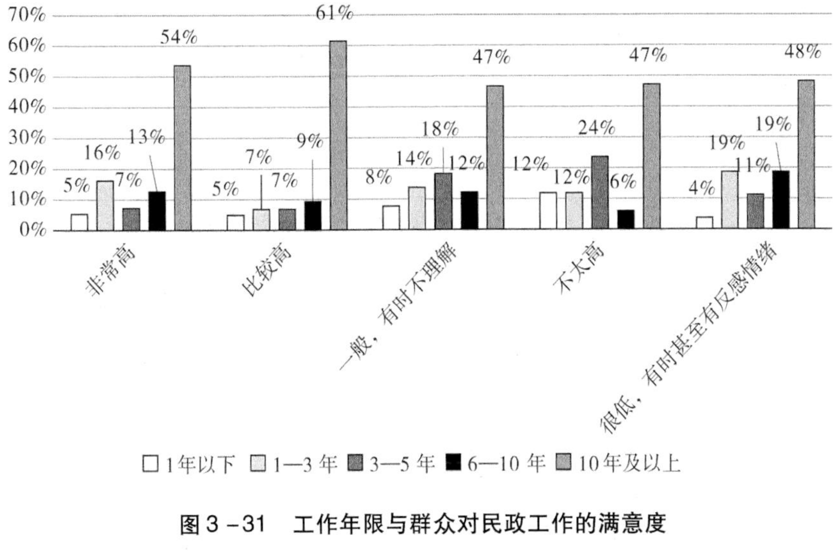

图 3-31　工作年限与群众对民政工作的满意度

基层民政助理工作中最希望改善的内容，由图 3-32 可知，选择基本工作条件与设施有保障的有 16%，选择管理制度和工作流程稳定而规范的有 26%，选择工作氛围良好的有 9%，选择人际关系和谐的有 7%，选择个人能力得到充分发挥的有 6%，选择工作赢得群众认可的有 15%，选择工作受到同事或上级关注和重视的有26%，选择工作有良好的发展前景的有17%，认为薪酬待遇提高的有50%，选择有更多培训与提升机会的有38%，其他的有2%。可以看出，基层民政助理工作中最希望改善的内容是薪酬待遇提高，这说明基层民政助理的工作事项繁多，但是工资收入较低，最期望能够增加薪酬收入。再者选择有更多培训机会的比例也较高，基层民政助理希望能有专门部门进行培训，多给予能够提高自身的学习机会，民政部门应该制订培训方案，可以对不同的乡镇人员进行轮岗培训学习，内部和外部培训相结合。

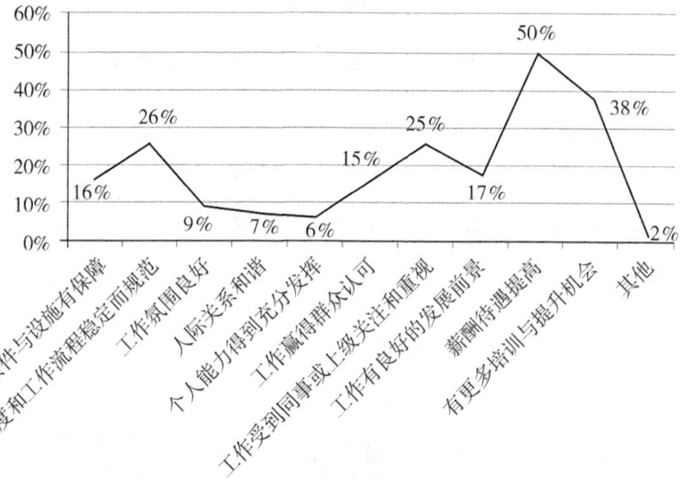

图3－32 基层民政助理在工作中最希望改善的内容

基层民政助理工作中最迫切需要解决的问题，选择健全民政工作政策和法规的有45%，选择规范基层管理制度和流程的有39%，选择完善基本工作条件和设施的有38%，选择加强人员配备、解决人手不足的有80%，选择提升工作人员能力的有36%，选择加强群众宣传教育的有33%，选择提高薪酬福利待遇的有60%，选择拓展职业发展空间的有20%，选择改善生活、教育等配套条件的有12%，选择其他的3%。据此数据显示可以得出，当前对于基层民政助理来说，最迫切需要解决的问题是人员短缺，工作难以开展。再者薪酬水平较低，人员收入不高，容易导致人员流失严重，影响民政工作的质量。这需要引起民政部门的重视，增加人员配备和编制名额，有利于改善目前工作任务重、人手不足、工作压力大的局面，提高人才队伍的稳定性和热情，为保证民政工作的正常开展留住人才，激励人才。

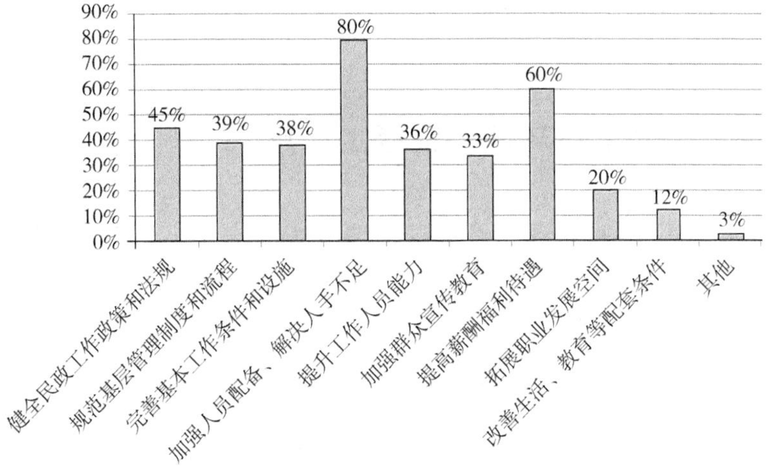

图3－33　基层民政工作最迫切需要解决的问题

此外，问卷还设置了开放式问题，希望上级领导在哪些方面给予基层民政工作更多关注，共有459份填写。经过分类汇总，统计得出如下数据：基层民政人员反映编制不足的人数最多有132人，占比28%；第二，经费不足72人，占比16%；第三是薪酬待遇问题，反映人次60人，占比13%；第四是培训不足问题，反映人次52人，占比11%；工作补贴、考核制度、人员结构，三项指标的频率相对较小；最后为其他，反映的人次为96人，占比21%，主要包括希望得到领导的关心、关注基层民政人员的心理问题、政策制定切合实际、基层民政中缺少纠错机制、人员流失率高等问题。

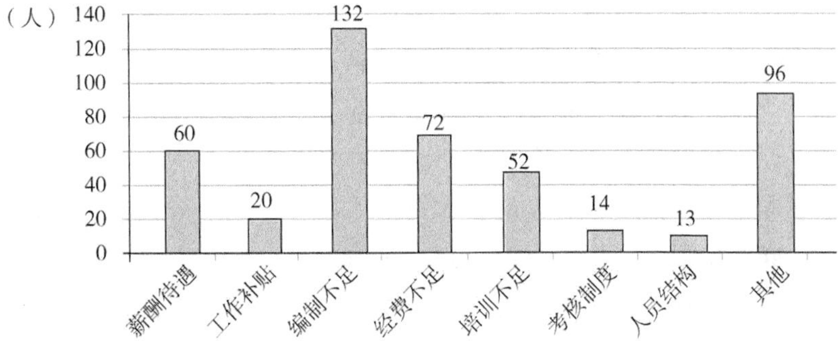

图3－34　基层民政人员反映的问题的频次

第四章　民政基层人才队伍激励机制创新策略

一、优化工作环境，减轻工作压力

民政基层人才队伍直接面向广大人民群众，在工作的过程中往往面临着复杂的环境。在进行激励的过程中，要深刻认识基层民政工作在以保障和改善民生为重点的社会建设中的基础性作用，及时研究解决基层民政工作中面临的各类外部环境问题，充分利用各类有利政策，大力改善工作的软硬环境。

（一）厘清工作职能，探索机构重组和社会购买

明确基层民政工作主要职能，理顺划清岗位业务职责。依据法定职能全面梳理基层民政直接面向社会公众提供的具体办事服务事项，编制民政服务事项目录。做好工作分析，推动业务流程再设计。进行科学的工作分析和工作再设计，区分常规性、季节性、突击性和临时性工作，针对其例行连续性、间断周期性、临时突击性等不同特点，推动业务流程优化，简化服务事项申请、受理、审查、决定、送达等流程，清理不必要的证明和手续，缩短办理时限，降低群众办事成本。当前在贯彻落实国务院下发的《关于加强乡镇政府服务能力建设的意见》时，按照权力下放、权责一致的原则，对直接面向人民群众、量大面广、由乡镇服务管理更方便有效的各类事项依法下放乡镇政府，推动政府职能向基层转移，重点扩大乡镇政府在防灾减灾、扶贫济困等方面的社会服务管理权限。基层民政负责乡镇社会救助、优待抚恤、救灾救济、灾情检查和上报、婚姻与收养登记等宣传和咨询、民政信访等工作，牵涉头绪多，本身工作量非常饱满，而基层民政职能还在不断拓展，多数人员在本来工作任务就重的情况下还经常兼任妇联、残联等工作，承担着驻点包村、计划生育、综合治理、招商引资以及突击性工作任务，因此应当努力防止在事项下放过程中，有关部门将工作任务转嫁，增加基层负担，避免增加非核心临时性工作任务叠加和打扰，保证切实履行民政公共服务岗位职责。

探索职能和机构重组，加强部门间的协同整合。借鉴国内其他地区对基层社会服务职能进行整合的先进做法，探索将民政、社会保障、扶贫、计划生育、科教文卫体等职责和机构整合，以立足为民政对象服务为目的，以社会保障为重点，理顺机构管理体制，积极开展各项社会事务工作。坚持问题导向，直面薄弱环节，明确工作范围、工作职能和工作权限，理顺工作关系，补齐工作短板，改变职权交叉、责任不明、推诿扯皮的现象。同时，在市县区一级也必须同步对相应的民政、社保等多个主管部门的职能和管理权限适当整合，打破原来的条块分割运行模式，构建跨平台、跨业务领域的部门间信息资源分享和整合机制，凡是能通过网络共享复用的材料，不得要求基层重复提交；凡是能通过网络核验的信息，不得要求基层其他单位重复提供；凡是能实现网上办理的事项，不得要求必须到基层现场办理；简化为基层服务事项的申请、受理、审查、决定、送达等流程，缩短办理时限，降低基层办事成本。建立纵向与横向业务的沟通与协作机制：加强民政系统的上下联动，加强与社会保障、扶贫等其他制度的配套衔接，健全和完善各级民政部门之间的配合、相关部门的协作、城乡自治组织和各类民间组织的协同，形成政府主导、部门协调、上下联动、社会参与的有效运行机制，提高公共服务的整体效益，方便工作推动，同时也对民政基层人才形成很好的激励。

加大社会购买力度，探索建立基层公共服务多元供给体系。民政工作本身具有业务多元性、管理分层性、工作社会性和群众性等特点，非常有必要进行多元主体共同治理的尝试。贯彻国务院《社会救助暂行办法》的文件要求，可通过研究制定向社会力量购买社会救助具体服务事项的办法，积极探索创新社会救助经办服务方式，加大政府购买服务力度，通过设置公益岗位、聘用专业社工、灵活用工等途径，充实基层工作力量；积极落实《“十三五”推进基本公共服务均等化规划》《广西壮族自治区民政事业发展第十三个五年规划》，深入推进基层社会治理创新，推进政府购买服务等方式，严格救灾救济、城乡低保、五保供养、优抚经费等管理和发放程序，资金纳入社会化发放，积极设置基层民政公益性岗位。近年来，中央各项关注民生的政策越来越多，民政的工作量越来越大，因此，鼓励各地制定社会购买的实施细则，将非核心业务或非连续性业务由“花钱养人”向“花钱办事”转变。

（二）保障经费投入，完善工作软硬件设施

落实工作经费，加强地方配套。民政业务的工作经费关系到业务工作的正常开展，是基层民政工作者履行职责的必需前提，足够的资金投入是完善以民生为重点的社会建设、加快推进民政事业发展的必要保障，民政业务工作经费是落实和执行政策的体现，也是规范使用民政资金、保障民政资金专款专用的基础。随着“两学一做”学习教育的深入开展和国务院简政放权、放管结合、优化服务改革的深入推进，党和政府工作重心、行政职能和服务资源向基层下沉，事权下放时民政工作的经费拨付也应当同步下沉。各级政府应通过建立民政专项资金及民政事业费自然增长机制，适当加大公共财政对民政事业发展的投入比例，积极拉动社会力量参与支持等措施，不断将更多的财力、资金，投入以生活保障、公共服务、社会管理为重点的民政事业建设发展中。基层民政人员可以制作年度民政办公预算，报上级民政部门审核批准，由上级民政部门拨出专款保证基层民政工作的办公经费，专款专用。近年来，各县市民政部门惠及千家万户的民政资金投放总量逐年增长，但从其供给渠道看，主要依靠中央和省级下拨的专项资金，地方投入和社会投入严重不足，从使用结构看，用于困难群众生活救助多，用于社会事业发展少，用于内部管理少，用于公共服务部分更是紧缺，使用结构失衡。民政部门承受着严格落实政策、地方配套不足、社会投入过少、工作经费紧缺的四重压力，严重影响了民生政策的执行和落实力度。因此在县级财政年度部门预算中，也要制定每一名民政服务对象不低于一定工作经费的标准，按照预算编制原则和规定，将基层民政工作经费列入本级财政预算，并要求随着经济的增长而逐步增加，为做好家庭收入核算、信息核对、审核审批、档案管理、购买服务、业务培训等工作，保障基层民政工作正常开展提供保障。

统筹调剂落实办公场所，改善基层民政软硬件设施。要努力实现基层民政部门的“四有”目标，即“有工作人员、有经费保障、有办公场所、有办公设施”，使得民政工作有人办事、有钱办事、有场所办事、高效办事。按照民政工作规范化、信息化、制度化和减灾救灾专业化要求，改善办公条件，落实办公场所，配备必要的电脑、打印机等基本的办公硬件设施、交通工具和灾害应急救助装备，构建办公自动化、信息化系统平台，

使基层民政人员从传统的手工操作中解脱出来，提高工作效率和工作质量，配备专门的档案室（柜）等，加强民政档案资料管理，有关优待抚恤对象、城乡低保对象、医疗救助对象、五保供养对象、救灾救济对象、老年工作对象等各类民政工作对象的档案软件资料图片要做到齐全完备、一户一档、装订成卷。为确保正常运转、工作有序开展，特别需要关注避免重前期建设、轻后期维护，重硬件保障、轻软件配套，重资金投入、轻能力提升，服务机构、组织、队伍、机制和能力建设相对滞后等问题；着眼于推进民政管理和服务的标准化，立足各地普遍实践和通行做法，积极探索运用信息化手段创新公共服务提供方式，推行公共服务“一门式”办理、“一站式”服务，形成了“软硬兼施”、质量和数量并重的服务格局，切实提升基层民政管理服务水平。

（三）运用大数据、云计算等技术，创新服务模式

依托政府门户网站，提高公共服务信息化水平。明确以公共服务信息化带动社区服务信息化建设的基本思路，推进“互联网+政务服务”和国家大数据资源统筹发展的基础工程，完善网络基础设施，构建权威、便捷的一体化互联网政务服务平台，推进政府部门各业务系统与政务服务平台的互联互通，建立政府主动公开信息、政务办理痕迹信息和公共管理状态信息的实时共享机制。加快将网上政务服务向基层延伸，通过门户网站等形式集中公开发布政策动态，加快社区信息系统集约化建设，推动部署在不同层级、不同部门、分散孤立、用途单一的各类社区信息系统向社区公共服务综合信息平台迁移或集成，结束社区信息化领域自发探索、分散建设、重复投入的发展局面，在保证数据交换共享安全性的前提下，促进社区公共服务综合信息平台与现有部门业务应用系统实现互联互通，最大限度地精简基层业务应用系统、服务终端和管理台账，推进基层民政与扶贫、住建、公安等部门的数据信息交换和共享，整合构建统一的数据共享交换平台体系，推进政务信息共享，实现跨部门业务协同和业务联动，扩大社区政务事项的跨区域通办范围，做到“单点登录、全网通办”，减少重复填表、重复工作，提高申请审批等工作的精准性。按照《国务院关于加快推进“互联网+政务服务”工作的指导意见》的总体部署，将社区公共服务综合信息平台建设、智慧社区建设作为社区信息化发展的基本策

略，推动互联网技术与社区服务融合发展，打造集办公、管理、数据于一体的“社区综合管理服务信息平台”，为群众提供诸如保险办理、社会救助、计生服务、司法调解等一站式综合快速服务，实现业务处理网络化、决策分析智能化、服务规范标准化、事项办理便捷化、查询监管透明化，促进形成公平普惠、便捷高效的社区公共服务体系。

加强政务服务网络无障碍建设，提高群众办事的便捷化和服务的人性化。一方面，加快整合面向公众服务的业务系统，统一设立电子政务办理界面，推进实体政务大厅与网上服务平台融合发展，积极开发网上咨询办理、服务热线呼叫、现场自助查询等系统功能，统筹基层民政公共服务网络和信息资源，实现基层服务网点与网上服务平台、线上线下无缝衔接，实行“前台一口受理、后台分工协同”的运行模式。另一方面，针对基层群众学历不高，推行网上受理、网上办理、网上反馈难度较大的现状，加大传统渠道对群众的政策宣传教育力度，深入浅出解读政策，让政策动态可达群众，及时回应群众关切的民生问题；鼓励创新性的便民服务，灵活运用宽带互联网、移动互联网、广播电视网、物联网等手段，通过安装电子信息显示屏、便民缴费终端，开发微信或 App 等构建多维立体社区服务方式，为居民群众提供网络、电话和窗口服务关联组合的一体化社区公共服务，扩大政务服务事项网上受理、办理的数量和种类，建立健全标准化的乡镇民政业务流程、工作职责、岗位职责等各项工作制度，推进办事材料目录化、标准化、电子化，逐步推进民政服务事项“线下向线上引流，线下线上互动”，通过与人口、法人单位等国家基础信息资源库的信息共享，建立以公民身份号码、组织机构代码等基础信息为索引的社区公共服务信息管理机制，实现居民身份证办事“一证通”，切实降低群众办事成本。落实《关于推进社区公共服务综合信息平台建设的指导意见》提出的到 2020 年全国大部分街道均应用社区公共服务综合信息平台，政府基本公共服务事项主要依托社区公共服务综合信息平台统一办理，切实改善社区信息技术装备条件，提高社区管理运行效率，提升居民群众使用率和满意度的发展目标。

充分利用并推广数字智能终端、移动终端等新型载体，推动基层民政服务向智慧化、网络化方向发展。分级分类推进新型智慧社区建设，推广数字智能终端、移动终端等新型载体，鼓励建立“社区 QQ 群”“网上议事厅”“社区微博”、微信等网络数据平台，开启社区 O2O 服务群众新模式，特别要支持将民政申请、民政公告、社区建设、社会工作等版块添加到微信公众服务平台，通过扫描二维码、搜索微信公众号等方式，将民政系统涉及的医疗救助、防灾减灾、社区管理、婚姻登记等主要业务实现信息网络化，快速高效解决居民急事难事、社区大事小事，激发越来越多的群众共同参与社会治理。同时，以开放的心态推动智慧社区 O2O 模式的建设，通过规则、数据信息资源开放，满足社区居民共性的需求，探索用商业化的思维整合各种日常应用，提供智慧养老、智慧家居等本地化的应用服务，吸引各种商家进驻社区 App、微信等，形成上联智慧城市、对接政府提供的各项公共服务，下联社区居民，包括家庭智慧生活等的桥梁，以此为基础进一步进行大数据分析，引申出更好、更专业的服务，从而形成多方共同受益的良性循环。

（四）优化人才队伍结构，构建多层次基层人才队伍体系

优化编制资源配置，增加民政助理编制。民政工作已由传统的 10 余项职责增加到 30 多项，但是国家未出台相应的增加民政机构设置和人员编制政策，使工作多、人手少的反差越来越大，特别是乡镇基层民政部门处于严重超负荷状态。民政工作领域拓宽、任务加大与民政人员少、编制增长滞后的矛盾亟待解决。在中央“财政供养人员只减不增”的背景下，要加大对各级各部门编制核查力度，及时清理收回不合理的空编，减少编制资源的闲置，在控制总量的前提下积极盘活存量，推动机构编制资源向基层倾斜，增强一线力量。广西一般的县市只有 10 个左右的民政编制人员，并且几乎都集中在县市区工作，没有延伸到乡镇。因此，需要结合地方经济社会发展水平、常住人口规模、民政工作任务等因素，推进工作岗位设置制度化，建立与承担任务相适应的稳定的基层民政队伍，解决好有人干事的问题，在核定的乡镇编制总额内，各乡镇至少配备 3—5 名专职民政干部，让民政干部有阵地、有职有权，以增强民政干部的工作积极性，保证工作的有效开展。可借鉴江苏省经验，在常住人口在 5 万人以下的乡镇（街道），配备行政或事业编制的民政管理服务人员 4 名（即民政助理兼民政办主任 1 名，社会福利中心主任兼敬老院院长 1 名，会计 1 名，管理服务人员 1 名）；常住人口在 5 万人以上的乡镇（街道），配备行政或事业编

制的民政管理服务人员5名（即民政助理兼民政办主任1名，社会福利中心主任兼敬老院院长1名，会计1名，管理服务人员2名）。此外，在村（居）设立兼职民政协理员，由村（居）委会成员或大学生村官兼任，给予一定的工作补贴，充分发挥其在基层具体办理民政事务的作用。

改善人员结构，及时招录补充新人。调研发现，基层民政工作人员不足、年龄老化、学历太低、新进人员中男性偏少等问题明显。因此，一方面要协调相关主管部门，建立健全长效机制，基层民政岗位人员空缺时，要坚持按编制员额及时补充人员，同时规范用人机制，拓宽来源渠道，采取选调、公开招录甚至聘用的方式，选拔政治素质高、工作能力强的年轻同志，尽快充实基层专业民政人才队伍力量；另一方面，减少上级部门随意在基层借用人员，确保乡镇专业人才得到及时补充，并稳定在基层工作。在民政助理的招聘与选拔中，选取更符合社会发展的学历水平较高的年轻化队伍，一般应具备大学专科以上学历，优先考虑对口专业毕业或取得助理社会工作师以上资格人员。根据地方工作需要适当考虑性别因素，对30岁年龄段的女性也要更多关注，提升其工作稳定性。贯彻《广西壮族自治区民政事业发展第十三个五年规划》，积极争取地方党委政府和编制、财政等部门的支持，出台优惠政策，改进基层考录方式，对招人难、留人难的艰苦边远乡镇，也可以面向社会单独组织招聘，适当降低进入门槛，以吸引大学毕业生投身基层民政事业，提高基层民政队伍的年轻化水平和科学文化素质。

构建行政编、事业编、临时聘用、社会购买等多层次用人形式。配合政府职能转变，加大社会购买力度，适合采取市场化方式提供、社会力量能够承担的民政服务事项，比如，政府新增或临时性、阶段性的服务事项，适合社会力量承担的，采取政府购买服务的方式进行。鼓励聘用专业社工，建立健全“公开招聘、竞聘上岗、按岗聘用、合同管理”的用人机制，当乡镇（街道）民政公益服务岗位人员空缺时，由县民政局会同人力资源社会保障部门统一组织公开招聘，择优聘用。对现有行政和事业岗位上的编外人员区分处理：临时性使用采取人事代理、临时雇用等形式；对招人难、留人难的艰苦边远乡镇，对于没有编制的长期性民政助理应当在政策允许范围内，建议核定编制后，尽快解决编制问题，使其正式化、内部化，提高工作的稳定性。

二、落实向基层倾斜的政策，提升工作外在报酬

基层民政承担为群众排忧解难的大大小小的繁复而具体的工作，工作量非常饱满，基本都属于超负荷状况，特别是广西现在需要帮扶救济的大部分贫困人口集中在偏远农村和山区，因此需要积极落实在机构编制、人员配置、经费保障、设施改善、业务指导等方面向基层倾斜的各项政策措施，完善基层人员工资待遇、福利保障、培训发展等方面的激励措施，提升岗位的吸引力。

（一）完善工资体系，改善薪酬福利待遇

贯彻落实现有工资政策，探索建立宽带薪酬制度。基层民政人员经常是干得多，挣得少，这使得许多民政助理不能长久地坚持在其工作岗位。要增加民政助理的薪酬待遇，提高基本工资在工资性收入中的比重是基础，可以在以下三个方面继续尝试：一是贯彻落实县以下机关公务员职务与职级并行制度，充分发挥职级对基层公务员的激励作用；二是根据地区经济社会发展、物价消费水平等差异，适当参考企业相当人员工资水平，形成基本工资正常调整机制；三是可以适当借鉴国外对事务官的管理经验，建立宽带薪酬制度。宽带薪酬体系通过薪酬调查，依据劳动力市场价值水平和物价指数水平来确定薪酬水平，具有动态性和开放性，能够解决薪酬的外部竞争性问题和平衡员工的薪酬外部公平感；同时，宽带薪酬体系以绩效考评为基础，将绩效与薪酬有效连接和挂钩，同一带宽内的薪酬浮动范围较大，最高与最低薪酬之间的差距有时甚至可达到300%，同级别同带宽内的员工薪酬可能相差好几个档次，能够充分体现按劳分配原则，有效解决薪酬的内部公平问题。宽带薪酬通过压缩薪酬等级数目，加大薪酬差距，弱化了职位因素对薪酬的影响，即使处于较低职位的公务员，只要工作绩效出色，同样可以获得与上级一样的薪酬，充分发挥薪酬的激励作用，激发公务员的工作积极性和工作热情。公务员薪酬提升的通道多样化，有利于公务员的职位变化和人员的横向交流，有利于政府的机构改革和建立有序的公务员晋升制度。

完善作为激励手段的津贴补贴制度和收入补充的福利制度。规范改革

性补贴，实施地区附加津贴制度，将规范后的工作性津贴和生活性补贴纳入地区附加津贴，实现同城同待遇；对于部分经济发展水平较低的地区和偏远山区，要严格落实乡镇工作补贴和艰苦边远地区津贴政策；建立基层工作年限岗位补贴，按实际在乡镇工作年限每年递增。针对广西部分地区的地形山高路远沟深，基层民政的许多工作需要直接入村入户调查，公务车改革后，没有公务用车，只能用自己的交通工具开展工作，应当积极落实《关于完善配套政策持续巩固公车改革成果的通知》，细化保留车辆的使用办法，配备车辆向基层倾斜，支持县乡提高公务交通补贴统筹比例，不设上限，重点保障好出行任务重的岗位和人员；同时鼓励地方在车改核定的交通补贴总额内，按实际承担工作岗位来核定补贴标准；允许县乡保障范围之外的、公共交通不便地区的公务出行，在制定管理办法、严格审批程序和限定费用标准、信息公开透明的条件下，对基层民政人员公务出行采取按距离远近包干交通费的办法。建立阳光化福利保障制度，形成以货币福利为主、实物福利为补充的福利体系，符合条件的民政基层人才可以按规定纳入当地住房保障范围，为符合条件的人员就近提供公租房保障，改善食堂、浴室等集体福利设施，建设必要文体活动场所，并适当考虑子女教育问题，充分调动民政基层人才工作积极性。此外，还应当建立津补和福利标准的定期调整机制。

健全差别化奖金激励机制。国务院《关于激发重点群体活力带动城乡居民增收的实施意见》提出，健全不同地区、不同岗位差别化激励办法，建立健全公务员绩效考核体系，考核结果与工资收入挂钩。完善公务员奖金制度，强化省级政府统筹调控责任。赋予地方一定的考核奖励分配权，重点向基层一线人员和业绩突出人员倾斜。依据《公务员奖励规定》，制定民政基层人才奖励细则，将奖励所需经费列入地方部门预算，予以保障，对于符合忠于职守、积极工作、成绩显著，遵守纪律、廉洁奉公、作风正派、办事公道、模范作用突出，以及在抢险、救灾等特定环境中奋不顾身，作出贡献等要求的民政基层人才，要及时根据其优异表现，按照规定标准给予一次性奖金，并根据经济社会发展水平，及时调整奖励标准，进行保持民政助理的队伍稳定。

（二）加强知识与技能培训，助推个人职业成长

健全人才培养体系，推进培训制度化。调研结果显示，当前民政助理

所获得的知识更多的是个人在实践中积累所得，并且绝大多数民政助理都希望获得专业理论知识的培训来提升自己的工作能力，培训的重点内容应当是最新的民政政策和制度，以及民政专业知识内容。培训制度也是一种十分有效的激励机制，因此，建议将民政基层人才教育培训工作纳入市县干部教育培训总体规划，建立定期培训和不定期培训制度。

做好培训需求调研，提高培训的针对性。民政工作群众性、社会性、多元性、开放性和基础性，决定了民政工作者必须具备专业性、实践性等特点，上级组织与民政系统培训部门经常组织基层民政人员的轮训。对于刚刚入职的民政助理，不定期地开展新老助理员交流会，学习老助理员的工作经验和高效高速的解决方法，最大限度避免问题的发生，更快地上手工作。对于已经任职的民政助理，要及时开展民政专业的知识、技能培训，提升处理群众关心问题、应付突发情况的能力。对于民政助理中年龄偏大，任职时间较长的处理民政问题有积极经验的民政助理要紧跟政策动态，及时更新现代信息系统运用能力，推广数字化、智慧化、网络化等技术手段，提高工作效率。

加大专业性培训力度，丰富培训内容。基层民政人员普遍存在大量兼职和借调人员，部分兼任人员缺乏民政工作的相关经验，也没有取得民政工作专业技术，即使经过一时的突击培训也很难掌握民政工作的专业技术。因此，县乡财政要制订基层民政人员专项培训计划，安排相应资金。加大专业技术资格教育培训力度，全面推行持证上岗制度。制定措施，支持鼓励在社会福利、社会救助、社会慈善、残障康复、优抚安置、卫生服务、青少年服务、司法矫治等领域，从事专门性社会服务工作的基层民政人员，考取社工资格证，提升专业技术水平。确保理论培训和事件培训相结合的方针，避免专业技能弱化，不仅让基层民政人员提高理论和政策水平，同时也要注重实践锻炼，提高他们实际处理基层问题的能力和自身的综合素质，以便更好地开展各项工作。

加强系统内外部的学习交流。协调区直、市县等上级民政部门，加强对基层的指导和培训，定期委派专业技术好的骨干力量下到基层指导业务，帮助发现问题，及时提出解决办法，为基层提供工作一线现场沟通学习和培训的机会；建立市县民政人才资源在乡镇范围内人才共享机制，进行动态管理、调剂优化使用，引导在市县工作拥有民政专业技术的人才到基层，有序推进乡镇之间、乡镇与县级机关之间的人员沟通交流常规化。建立和高校长期联合培训机制，每年定期举办基层民政人员培训学习班，委派基层民政人员到高校学习培训，提高理论水平、业务技能、道德修养，更好地适应民政工作的需要；鼓励在职进修，提高学历，并参照应届毕业生情况给予适当待遇。

（三）建立双通道职业发展路径，提高晋升空间

建立基层民政人才的双重管理模式，提高专职化水平。要落实《广西壮族自治区民政事业发展第十三个五年规划》，加强民政队伍专业化、职业化建设，探索基层民政人才实行县级民政部门与乡镇政府双重管理的模式，人员任用权属于所在乡镇管理，业务受上级民政部门指导监督，基层民政人员的选用可以从乡镇现有人员中选配，但是最终人员的任用与变动要征求上级民政部门的意见，减少乡镇不考虑民政工作的性质，随意变动或调整任免民政助理的行为，保证民政工作的连续性。

建立行政编与事业编不同的晋升方式，突破晋升瓶颈。民政工作政策性和业务性强，内容繁复，专业性强，对民政助理的政治、业务素质要求高，鼓励其考取专业证书、进修学历，引导职业化、专业化发展的同时，必须制定相应配套政策，探索建立行政管理与专业技术双通道职业发展路径。对于行政编人员，积极落实县以下机关公务员职务与职级并行制度，克服职务对基层民政人员的晋升制约。对于事业编人员，允许按专业技术岗聘任，根据专业技能、职称享受专技待遇，并建立正常职称晋升通道；在职称评审方面，对在艰苦边远地区和基层一线工作的专业技术人才，不作职称外语和计算机应用能力要求，淡化或不作论文要求；对长期在一线工作的专业技术人才，适当放宽学历和任职年限要求。

构建双向交流发展通道，打通内部晋升竞岗途径。实行面向基层“双向交流”选人用人新机制，既从基层提拔德才兼备的民政助理到县区重要岗位任职，又从市县机关中选拔年轻有为的民政干部到基层任职，建立双向交流通道，形成优秀人才到基层去、上级机关公务员从基层来的良性循环。特别要树立重视基层的选人用人导向，建立来自基层的干部选拔培养链，针对基层民政人员长期工作之后，仍旧是科员，难以晋升，要减少论资排辈的不良现象，根据工作的好坏、民众的满意度、工作知识技能运用

的熟练程度提高其晋升空间，择优选拔到市县工作；不但能提高其工资待遇，改善生活水平，消除工作时的后顾之忧，更为重要的是，通过职务晋升，实现在精神层面的激励，为更好地服务人民和社会提供了更大的空间，从而使得吸引更多优秀人才到基层工作，让基层成为优秀人才的“蓄水池”。

三、完善绩效奖惩制度，激发工作内在报酬

建立科学合理的绩效管理与奖惩机制，也是民政基层人才激励制度当中十分重要的内容。依法完善民政基层人才的绩效管理与考核体系，解决现在普遍存在对考核工作不够重视、考核流于形式、考核缺乏客观公正性等弊端，提高考核的质量和效果，并针对性地进行奖惩激励，最大限度地释放考核的激励功能。

（一）健全绩效管理制度，增加工作反馈性

完善基层民政绩效管理制度。绩效管理是各级管理者和员工为了达到组织目标共同参与的绩效计划制订、绩效辅导沟通、绩效考核评价、绩效结果应用、绩效目标提升的持续循环过程，绩效管理的目的是持续提升个人、部门和组织的绩效。基层民政人员绩效管理的目标在于提高其工作绩效，进而提升基层政府组织的绩效和管理水平。科学的绩效管理制度可以通过目标引导、反馈改进、沟通交流和利益调整四个环节实现激励的综合外化功能。但是，当前我国公务员绩效管理实践长期存在认识定位偏差、体系化不足、运行过程不健全、实践过程不完整、绩效沟通途径不畅、绩效评估体系不健全、利益调整功能弱化等问题，制约了绩效管理激励功能的现实发挥，绩效管理所强调的动态过程激励变为静态结果激励，多维绩效激励被简化为单维测量。因此，要加快推进绩效管理的制度环境建设，提高基层民政人员在绩效管理中的参与度，特别需要建立绩效沟通常态化制度，针对基层民政人员心理压力大、情绪容易波动等现象，通过加大单位领导关心和心理疏导，经常性开展谈心谈话、民主座谈、交流思想动态等方式，及时做好心理疏导和绩效辅导；建立经常性的制度；健全容错机制，鼓励研究改进工作，保护基层民政人员的工作积极性和创造力；加强

工作反馈，完善社会满意度评价及第三方考评办法，鼓励引导群众参与评价，并分享办事经验，帮助基层民政人员及时发现问题，便于绩效改进。

建立科学的绩效考核体系。首先，确立数量性、确定性的绩效考核体系，设立专职的绩效评估机构，以绩效评估结果为支点不断强化绩效管理的利益调整功能。通过现代技术对德、能、勤、绩、廉的量化指标进行分析测量，改变重印象、缺乏定量分析的做法，并可弥补定性考核有失全面、客观的不足。其次，丰富考核形式，改变过去单一的考核方式。实行全方位、多层次的考核。如增加民主投票、群众考核等形式。再次，严格考核程序。认真履行填表、撰写述职报告、民主评议、考核结果反馈等环节，切实杜绝走过场。最后，把考核结果同职务晋升、奖惩有机联系起来，并加强对考核的监督。如建立考核举报和考核结果反馈制度等，对考核工作及时跟踪反馈，坚持把考评结果作为干部选拔任用、评优评先、培养教育、管理监督、激励约束的重要参考。

（二）完善多级奖惩制度，提高工作满意度

加强监督约束力度，提升惩戒的效果。完善政务公开配套措施，推动监督机制和监督程序规范化、法律化，通过政务公开使公共权力委托代理运行中的信息公开，扩大群众的知情权，增强权力运行的透明度，方便监督；确保民主监督渠道的畅通，避免人为的干预，尽最大可能保证群众参与的广泛性，拓宽监督渠道，并赋予监督的权威和效力；发挥新闻舆论监督的作用，真正实现全社会监督公共权力，有效遏制公务员各种消极不良行为。完善配套惩处机制，通过严格的监督与考核对基层民政人员的工作和个人品质进行全面的了解和评估，杜绝不积极作为的现象；对思想懈怠、群众满意度低的，要及时约谈、责令整改、通报批评、严肃问责，使其认清楚自己身上的问题，促使他们在以后的工作中进一步约束自己的行为。

建立纵横交叉的多级奖励制度，丰富奖励形式。在自治区、市县行政层面，要及时对综合素质高、工作能力强、表现优异的基层民政人员进行物质奖励和精神奖励。由于基层民政人员的工资水平偏低，对他们进行一定的物质奖励和奖金奖励可以改善他们的生活条件，为他们更好地开展工作消除后顾之忧。同时，由于基层民政人员的职务和级别都很低，对他们

进行精神奖励可以让他们认清楚自己工作的意义，增强责任感，以更加昂扬的斗志来开展自己的工作。对于优秀的员工要及时奖励，确保公平客观，充分激发基层民政人员的工作活力。在民政系统内部，可以每年定期开展技能评比竞赛活动，对优秀基层工作人员进行评比表彰、内部展示，在权限范围内授予嘉奖、三等功、二等功等奖励，并颁发荣誉证书和奖金。在系统内外大力鼓励在基层岗位长期工作的民政助理人员，对连续工作20年、30年的人员大力宣传和表彰，树立标杆，提高民政工作在当地的影响力，赢取社会认可与尊重，提高民政助理的职业认同感，鼓励在岗在位，安心用心，扎实工作，奋发有为，增强热爱基层、坚守基层、奉献基层的事业心和责任感。

民政法治化研究

——以广西民政重大行政决策程序机制完善为视角

课题组*

摘要：2004年国务院颁布的《全面推进依法行政实施纲要》指出，行政决策程序和机制不够完善，要科学、合理界定各级政府、政府各部门的行政决策权，完善政府内部决策规则。2014年10月通过的《中共中央关于全面推进依法治国若干重大问题的决定》明确，要健全重大行政决策程序机制。2017年6月9日，国务院法制办起草的《重大行政决策程序暂行条例》公开征求意见，该行政法规即将出台。民政事业作为我国民生之基、安康之本，严格执行重大行政决策程序，遵循各项制度使重大基本民生决策合法合规尤为重要。因此，应及时全面地梳理国家、地方立法和其他规范性文件的文本，结合地方与部门实际，健全和规范民政重大行政决策程序机制，推动民政法治进程。本文以广西民政重大行政决策程序机制完善为视角，从重大行政决策机制的内容入手，对广西民政厅、广西14个地级市民政局及其所辖的县级民政局进行调研，分析广西民政重大行政决策程序机制的现状及问题，提出完善民政重大行政决策程序机制的建议。

关键词：民政；法治；重大行政决策；程序

前言

在行政决策纳入法治化轨道后，我国各级政府开始注重行政决策的规制。2004年国务院颁布《全面推进依法行政实施纲要》（以下简称《纲

* 课题组成员：陈佳克、邵倩波、冯宜萍、覃炳文、覃蓝叶。

要》），2008 年颁布《关于加强市县政府依法行政的决定》，对行政决策机制、程序和主要制度进行了原则性规制。与此同时，各级地方人民政府对行政决策进行了较为全面的规制。在我国，重大行政决策程序制度建设已越来越得到地方各级行政部门的重视，相关的立法与规范性文件还在陆续出台，与之配套的具体执行措施也在不断探索与完善之中。通过目前的这些规章、规范性文件，可以窥见它们对重大行政决策的界定及规制范围缺乏统一标准且模糊不清；对决策程序的设计水平参差不齐，基本上照搬国务院相关规定；决策责任的设计上不足等问题。因此，我国对重大行政决策程序还缺少必要的法律、行政法规的规制。

本课题研究系以事关全区民政事业发展全局、涉及重大公共利益、与人民群众切身利益密切相关的重大决策事项之程序机制为研究视角，并采用实证研究的方法，结合理论分析与可靠的实证结果，全方面了解民政重大行政决策程序实施过程中存在的具体问题，并分析具体成因，以期为重大行政决策程序法治化提供理论指导。

一、民政重大行政决策程序研究概论

（一）研究背景

1. 民政法治概况

“法治民政”一词，是 2007 年民政部党组书记、部长李学举在全国民政法制会议上的讲话中所明确提出的一个重要概念。法治民政的内容之一便是构建依法、科学、民主的民政行政决策机制，形成公众参与、专家论证和民政部门决定相结合的民主决策机制。在此内容之下还有一系列具体措施，如决策事项的公布、形式广泛的意见听取、合法性论证、建立决策跟踪反馈机制、完善行政决策的监督和责任追究机制等。中共中央《关于全面推进依法治国重大问题的决定》《法治政府建设实施纲要（2015—2020 年）》等一系列国家层面的文件要求规范重大行政决策机制，这就包括了一般行政决策立法中涉及重大行政决策事项内容的以及重大行政决策事项的行政专门立法。而立法层面，现全国各省份已基本出台了重大行政决策法律文件，广西也有《广西壮族自治区重大行政决策程序规定》（以下简称《自治区决策规定》），2015 年民政厅也出台了《广西壮族自治区民政厅重大行政决策程序规定》（以下简称《民政厅决策规定》）对部门重大行政决策进行规制。但对于重大行政决策程序机制的相关理论研究依旧薄弱，无论是在行政制度与体制著作的编撰上，或是民政工作实践上，对于涉及社会、文化、民生等诸多民政工作范围的内容，推进法治化进程，在重大行政决策内容下还不能详尽。

2. 立法进展及趋势

2010 年国务院颁布的《关于加强法治政府建设的意见》，将《纲要》中的“依法决策”进一步明确为“推进行政决策法治化”。这既反映了依法决策体制发展的客观趋势，也揭示了法治演进过程中依法决策的必然走向。目前，指导广西民政工作的法律 17 部、行政法规 19 部、部门规章 20 部、省政府规章 1 部、政策文件 129 部，基本形成了以法律法规为主干，以规章为补充的民政法律法规体系。然而，随着时代的发展和改革的深入推进，民政工作领域在不断拓展，民政职能不断扩充，地位和作用越来越显得重要，而现有民政法律体系不适应民政实践需求的矛盾突出。有的法律法规已滞后于民政工作的形势任务发展；有的法律法规反映规律不够、结合实际不紧、针对性适用性操作性不强；有的民政工作领域还存在立法空白和无法可依的问题；等等。

然而，在重大行政决策程序机制方面是行政机关及其担责主体在对行政权所涉及的社会公共生活治理和公共利益调整制定和选择行为方案的过程，尚未能完全体现法治化。尤其是在法律法规的规制方面，重大行政决策程序机制的法治化指的是所依据的法律法规应当是制定良好的并获得普遍服从的。如此形成的法律体系才是重大行政决策法治化的基石和原点，而中国特色社会主义法律体系正为重大行政决策由“依法”走向“法治化”的转变奠定基础并积极迈进。

3. 现状及存在的问题

2015 年法治民政的新格局已基本建成，然而现在的民政工作中依然集中了诸多社会矛盾。队伍能否依法行政，决定了新形势下民政工作事业能否保持正确的走向。而法治民政的本质就是把民政行政权力自觉地限制在法律的范围内，防止权力滥用。坚持和发展法治民政需要全国民政系统坚持不懈的努力。

行政决策作为行政机关对关涉公共利益的事项所作出的决定，可能因为管理权限的广泛性、政府规模的扩张、政府系统复杂化，决策事项所关涉的公共利益大小和受众的广泛程度而有巨细之差别。而重大行政决策作为一种特殊的行为，极容易对公民、社会产生影响。因而，从中国行政决策现实阶段看，事关全局、关涉范围广、密切关联群众利益的重大行政决策之民主性、公共性及理性不足往往便是决策不到位之问题症结。

因此，重大行政决策因其强烈的程序要求和行政行为影响面广泛，对公民的权益造成影响，以及对于今后民政工作法治化具有重大意义，而目前的决策程序尚不完善，缺乏更高位阶的法律，故此成为目前民政法制工作主要研究的对象。立足广西，虽然有《自治区决策规定》《民政厅决策规定》的制约，但从可操作性等问题上依然没能很好地规制决策行为的作出，不利于法治工作的发展。因此，完善重大行政决策程序机制十分重要，这将更有利于推动民政法治工作。对重大行政决策程序采取更为严格的法定程序约束，是目前我国行政决策背景下的一个发展方向。这也就是民政法治化成为本课题研究主题，重大行政决策程序为研究视角的主要原因。

（二）研究意义

1. 完善重大行政决策程序机制是建设法治政府的客观需要

与完善社会主义市场经济体制、建设社会主义政治文明以及依法治国的客观要求相比，依法行政还存在不少差距，行政决策程序和机制不够完善则是其中一点。《纲要》中要求把行政决策纳入规范化、制度化、法律化的轨道。在我国，各级行政机关行使着很大的权力，掌握着许多的资源，决策稍有不慎，就会造成不可挽回的损失，特别是在当前各级政府面临的经济社会发展任务十分繁重的情况下，只有把行政决策纳入规范化、制度化、法律化的轨道，坚持科学民主决策，集中全国人民的智慧，团结一切可以团结的力量，调动一切积极因素，确保行政决策的正确性，才能建成法治政府。

2. 完善重大行政决策程序机制是推进法治民政的基本保障

建设法治民政是建设法治国家、法治社会、法治政府的重要组成部分，2015 年法治民政的新格局已基本建成，继续推进建设法治民政是推进管理创新、提高行政效能的迫切需要。为继续推进法治民政，应当重视重大行政决策的问题。民政活动中存在大量的行政决策，这关系到公民文化、社会、生存权利，不得只依靠事中、事后规制责任机制而回避行政决策这一基本的、事前的责任机制，否则必将导致民政法治化目的的落空。

在民政法治化不断推进的时代背景下，广西已有相关重大行政决策程序规定，为民政机关据此选择组织架构、活动机制、规制程序提供了很好的思路。

3. 完善重大行政决策程序机制是维护公共利益的重要保证

长期以来，我国民政工作对于民生、社会行政事务管理等工作停留在“凭经验、按政策”的办事模式上，随着法制建设的发展，不断设立了规范性流程。但总体上看，民政工作诸多涉及社会公共利益，决策程序的规范化是维护公共利益的重要保证。然而，我国行政决策的研究正在不断探索和推进，行政决策制度资源不足，决策理性、民主和法治理念缺乏的问题尚存，暴露出来一些重大决策质量不高、规范性缺乏等问题亟待解决。行政决策虽不具有法律规范的外观，也没有形成特定相对人的权利义务，但却是大量具有执行属性行政活动的依据。而重大行政决策因所涉及的公共利益大、利益相关公众程度广、相关社会问题程度的重要性等方面的差异，成为行政决策法治化首要考虑的重要内容，应当慎之又慎。

（三）研究思路与方法

本课题研究将在汲取学术界已有研究成果的基础上，经过实证调研分析，形成更深入的研究，以弥补现有制度的不足。通过对广西民政厅系统的重大行政决策机制落实情况进行实地调研，并广泛了解全国各地民政系统的制度设计，在此基础上进行比较分析，并探究对现有制度的改进。

1. 研究思路

（1）以我国行政决策法治化现状为研究的切入点。首先，行政决策法治化处于特定的国家社会背景、政治结构和社会观念氛围之中。对这种背景的分析可以有助于我们分析研讨我国行政决策法治原理、规则；其次，对我国行政决策的法律制度建设现状的分析，有助于我们从宏观上观察到制度实践的效果不仅远低于社会和专家的预期，而且了解行政决策的科学性、民主性和法治行政的程度仍不尽如人意，与政治文件、法律规范的宣示性规定存在极大落差。有利于为重大行政决策程序机制分析提供时代背景。

（2）以重大行政决策实施中所反映的问题为导向。将研究内容立足于广西民政工作实际，以重大行政决策程序机制的实施为视角进行，通过采用各种研究方法，了解当前重大行政决策程序机制的实施现状，以实施中所反映出来的问题为导向，分析制约广西民政事业发展的重大理论和现实问题。这将对今后民政法治化进程的推动产生重要作用。

（3）以问题形成原因的多元化分析为途径。问题的成因分析是本课题研究中的关键。发现实施中存在的多重问题，挖掘民政行政主体在决策中的各种弊端、缺陷背后的制度理念、结构、模式等方面因素，对于构建和完善完整的民政重大行政决策程序机制具有重要意义。这对于探寻解决路径、确定具体方案，最终使得行政决策的制定过程和结果更有效率、更公平，并提升其科学性和正当性。

（4）以多省市立法的对比与分析结论为启示。通过对国家法律、行政法规、部门规章、多省市行政决策立法的主体制度、程序制度、监督制度、责任制度、民主模式、决策模式等问题进行了比较分析，从横向和纵向上挖掘普遍价值以及对今后立法改进工作的借鉴意义。

（5）以完善制度、解决问题为研究目标。本课题以广西民政重大行政决策程序机制的完善为视角，以民政法治化为主题进行研究。将民政法治的一般性与特殊性相结合，建构民政重大行政决策的具体制度，从决策法治、程序法治、监督法治、决策责任法治四个方面，形成统一整体的战略，并以提供制度完善方案解决问题为最终目标。

2. 研究方法

从研究的新方法上，将重大行政决策程序机制与广西民政实践相结合，分析现有制度的时效性、针对性和可操作性等，对政府的科学决策产生重要作用。如本次调查问卷主要面向广西民政系统内的工作人员，发放范围覆盖到全区 14 个地级市，100 多个县，共计发放问卷 320 份，回收有效问卷 302 份。研究组并对以上问卷进行了数据统计分析。本次调研范围限于广西民政系统，以民政重大行政决策程序机制为研究对象，对其运行状况进行了探索。

（1）文献检索。文献是用一定的方法记录了一定知识内容，是科学研究中收集研究资料的重要方法。通过从各种文献资料中收集所需要的研究资料的方法，拓展了对本课题所研究对象的进一步认识。如书籍、报纸、档案、学术论文等内容。

（2）问卷调查。运用科学研究的基本方法，设计一系列问题和备选答案及说明组成一种收集资料的工具。通过向广西民政系统各单位工作人员发放调查问卷来收集资料，运用数据统计来整理和分析资料，包括问卷设计和问卷调查的实施两大组成部分的内容。

（3）访谈调查。问卷调查作为访谈调查的一种特殊形式，作为本课题研究的主要研究方法，而访谈调查则在整个研究过程中起到补充的作用。是通过口头交谈等方式向被访问者了解情况、获取资料的一种方法。本课题研究组以问卷调查为主，访谈调查为辅，对广西民政系统各单位工作人员进行调查，并获取一线数据及资料，为理论研究成果起到实践支撑作用。

（4）比较研究。通过对多省市行政决策立法的主体制度、程序制度、监督制度、责任制度、民主模式、决策模式等问题进行比较分析，挖掘普遍价值以及对今后立法改进工作的借鉴意义。

二、重大行政决策程序机制内容分析

1990 年以来，中国就启动了法治政府的建设工程。2003 年 2 月，新一届政府的第一次全体会议讨论通过了《国务院工作规则》，确立了三项基本准则：实行科学民主决策，坚持依法行政，加强行政监督。《纲要》作为指导各级政府依法行政的纲领性文件，是行政决策的法治化宣言。关于强化重大行政决策程序机制，国家从“健全行政决策机制”“完善行政决策程序”“建立健全决策跟踪反馈和责任追究制度”三个方面，规定了依法决策、科学决策、民主决策，实行决策公开，“谁决策、谁负责”的要求。

（一）概念界定——重大行政决策法治化的逻辑

我国在快速转型的过程中，凸显的各种矛盾和问题严重考验着政府的应对能力。如何在诸多问题之中，甄别出紧急的、重大的问题？如何进行决策？这不仅关系到决策程序的问题，更是关乎政府与人民的关系。长期以来，中国的行政权力具有强大和普遍的控制力。这是现实中存在的问题，同样不可否认的是，党政官员给予丰富的从政敬仰在识别问题和判断问题上居于天然的优越地位，就可能造成不少忽视社会各方面意见与建议的现象，从而形成了关门议程和首长议程等问题。因此，通过学理分析或从中央文件、法律法规等规则中寻找究竟何为重大行政决策，厘定其内容，并进行梳理、分析将有助于我们确定研究对象。

1. 重大行政决策是一种行政行为

在行政行为理论语境下，行政决策是一种行政行为。进一步看，行政决策符合行政行为的主体要件、权力要件、内容要件和形式要件。关于各个要件的分析，属于行政法学理论研究层次，这里不作赘述。在认为行政决策是一种行政行为的基本判断后，行政决策是一种行政决定。而重大行政行为是能够影响行政秩序、法治秩序安定性，对公民权利产生效力并能够引起行政救济的重要行政行为。

2. 重大行政决策须依程序进行

行政机关运用行政权作出重大行政行为。为确保行政权的依法行使，并保障公民的自由和权利，有效规范行政决策的自由裁量权，则必须通过法定程序对这种权利的运行进行规范和制约。国务院法制办公室副主任袁曙宏在2014年11月国务院新闻办召开的新闻发布会上透露，目前正在制定重大行政决策程序条例，重大决策的程序也要法治化。国务院法制办在2017年6月9日发布的《重大行政决策程序暂行条例（征求意见稿）》中第六条通过对依法决策原则的规定，确定了作出重大行政决策的五个必经程序。

3. 重大行政决策是维护和保障公共利益的行为

一般而言，在行政决策中必须平衡公共利益与私人利益的关系，而重大行政决策可能是涉及整个组织或者社会利益的行为，因此必须在权衡保护行政相对人私人权益的前提下，保障和维护社会公共利益。

以上是关于重大行政决策基本概念和内涵的三个关键点。而在我国立法或政策文件中，关于概念的内容并不具体，多见于国家政策甚至是地方立法上。而国务院法制办在2017年6月9日发布的《重大行政决策程序暂行条例（征求意见稿）》中也未明确何为关于重大行政决策，只通过第三条“事项适用范围”进行了规定。除此之外，许多地方已就行政决策通过了实施意见，甚至是通过立法予以明确：

（1）2005年4月，河北省颁布《河北省人民政府关于建立健全科学民主决策制度的实施意见》关于适用范围的规定。

（2）2008年10月，《湖南省行政程序规定》作为首部行政程序地方立法，呈现了极少数“地方立法先于国家立法”的情况。

（3）2013年11月广西颁布的《自治区决策规定》第二条中明确了决策事项的范围，是对关系经济社会发展全局、社会涉及面广、与群众切身利益密切相关的重大事项。

从以上几个地方的行政决策、重大行政决策的实施意见或立法来看，规定所称的重大行政决策一般指的是：本地区经济社会发展全局、社会涉及面广、与人民群众利益密切相关的重大事项，不同地方也有更为详尽的规定。如前述《自治区决策规定》第二条，可以说给出了重大行政决策的概念及决策事项范围。

由于现实存在着难以平衡各种地域差异的情况，我国地域辽阔，各地经济、文化发展上差异较大。现在大多数地方政府已出台重大行政决策程序相关规定。因此，对重大行政决策及决策程序相关概念暂不宜统一界定，各地方政府及相关行政部门可在中央文件精神下视不同地区发展情况制定规定。且就目前国务院法制办发布的征求意见稿而言亦是如此，重大行政决策程序规定的出台势在必行。

（二）决策程序——重大行政决策程序机制之核心

决策的动议是由各方面提出的决策事项建议，依照规定进行研究论证后，报请决策机关决定是否启动决策程序，决策程序就是为达成决策而必须进行的正当程序，是决策的核心。明确重大行政决策法定程序，提高决策质量，保证决策效率，能确保决策制度科学、程序正当、过程公开、责任明确。本节关于决策法定程序的对比梳理，将有助于广西民政重大行政决策程序的正当化、科学化。

《中共中央关于全面推进依法治国重大问题的决定》要求，健全依法决策机制。把公众参与、专家论证、风险评估、合法性审查、集体讨论决定确定为重大行政决策法定程序，确保决策制度科学、程序正当、过程公开、责任明确。

国务院法制办发布的《重大行政决策程序暂行条例（征求意见稿）》中第六条规定了依法决策原则“作出重大行政决策应当遵循依法决策原则，坚持严格遵守法定权限，依法履行公众参与、专家论证、风险评估、合法性审查、集体讨论决定等程序，保证决策符合宪法和法律法规规定”。将决策程序规定了五个方面：公众参与、专家论证、风险评估、合法性审查、集体讨论决定。可以看到征求意见稿中所确定的决策程序与党的十八大决定所确定的程序相一致。中央层面关于行政决策的立法虽然不多，但整体上呈现对行政决策法治化逐步重视和渐进规范的总体趋势，这就对各省份的相关立法提出了指引。

从行政决策的地方立法时间看，2004 年之后增加，2008 年、2009 年立法数量增速达到峰值，2010 年、2011 年及之后立法数量持续增加。以下是广西壮族自治区、重庆市、江西省、四川省、上海市、云南省六地重大行政决策程序对比：

<table>
<tr><th></th><th>规章名称</th><th>通过时间</th><th>基本结构</th><th>决策程序</th></tr>
<tr><td rowspan="4">地方性规章</td><td>《广西壮族自治区重大行政决策程序规定》</td><td>2013 年 11 月 28 日</td><td>共 9 章/46 条</td><td>决策调研
咨询论证
公众参与
风险评估
合法性审查
集体讨论决定
公布结果</td></tr>
<tr><td>《重庆市政府重大决策程序规定》</td><td>2005 年 10 月 19 日</td><td>共 7 章/40 条</td><td>公众参与
专家论证
依法公开
风险预测
合法性论证
会议审议决定</td></tr>
<tr><td>《江西省县级以上人民政府重大行政决策程序规定》</td><td>2008 年 8 月 20 日</td><td>共 29 条</td><td>（一）调查研究
（二）专家论证
（三）征求意见
（四）部门协调
（五）合法性审查
（六）集体讨论
（七）结果公开</td></tr>
<tr><td>《四川省重大行政决策程序规定》</td><td>2015 年 4 月 24 日</td><td>共 4 章/38 条</td><td>公众参与
专家论证
风险评估
合法性审查
集体讨论决定</td></tr>
</table>

续表

	规章名称	通过时间	基本结构	决策程序
地方性规章	《上海市重大行政决策程序暂行规定》	2016年10月31日	共29条	（一）公众参与 （二）专项听取意见 （三）专家论证 （四）风险评估 （五）合法性审查 （六）集体讨论决定
	《云南省重大行政决策程序规定》	2016年4月7日	共10章/46条	公众参与 专家论证 风险评估 合法性审查 集体讨论决定

通过以上地方立法一览发现，立法一改过去“先中央后地方”的模式，在这些规定之下，各级政府指定的重大行政决策必须经过公众参与、专家论证、风险评估、合法性审查、集体讨论决定“五道关卡”。这“五道关卡”将保证重大行政决策走上科学理性的轨道。而不同的地方除了这“五道关卡”外的其他规定，如广西壮族自治区的决策调研、江西省的调查研究、上海市的专项听取意见、重庆市的依法公开、广西壮族自治区的公开结果等还有不同的规定。而这些规定都是在党的十八大确定的法定程序之外的，但可以说仍符合依法决策机制的程序要求。

（三）民政实际——重大行政决策程序的规制现状

民政重大行政决策事项应当包括民政事业中关于发展全局、社会涉及面广、与人民群众利益密切相关的决策事项。2014年12月24日，民政部印发《关于全面推进民政法治建设的意见》，其中规定：制定民政部门重大行政决策程序规定，把公众参与、专家论证、风险评估、合法性审查、集体讨论决定作为重大行政决策必经程序。凡是关系民政事业发展全局、社会涉及面广、与人民群众利益密切相关的重大行政决策事项，包括重大专项规划、重大资金安排、重大工程项目建设、重大国有资产处置、重大设施设备采购、重大法规政策制定等，作出决策前都要履行规定程序。

随后，2015年甘肃省、河南省、山东省出台的民政厅《关于全面推进民政法治建设的意见》中，均提到“制定民政部门重大行政决策程序规定，把公众参与、专家论证、风险评估、合法性审查、集体讨论决定作为重大行政决策必经程序”，与民政部规定相一致。而广西民政厅《关于全面推进民政法治建设的意见》中规定：“严格执行《自治区决策规定》（政府令第93号），制定民政部门重大行政决策程序规定，严格履行决策调研、咨询论证、公众参与、风险评估、合法性审查、集体讨论决定、公布结果等重大行政决策必经程序。”规定将重大行政决策必经程序确定为七项：相比民政部和其他省份的规定，另外明确了“决策调研和公布结果”这两项决策程序。

三、民政重大行政决策程序机制的基本问题

（一）总体情况

通过对我国重大行政决策程序机制的背景分析、现实环境分析和实证考察，可以基本把握目前广西民政重大行政决策程序法治化的现状。《民政厅决策规定》实施以来，广西民政法治化建设工作不断进步，注重科学决策、民主决策，有一定的实施效果，但是也暴露了一些法治化过程中存在的问题和困境：行政决策程序不够完善；公众参与、专家论证和政府决定相结合的行政决策机制不够健全；一些行政机关工作人员依法行政的观念还比较淡薄；依法行政的能力和水平有待进一步提高等。这些问题在一定程度上损害了人民群众的利益和政府的形象，妨碍了经济社会的全面发展，急需解决和突破。

（二）立法情况

民政部门工作范围涉及的是广大的民众，其工作职责是满足公民的基本生活需求，保障公民生存权，保障人民群众基本生活的底线。因此民政部门所作出的重大行政决策无不涉及公共利益，影响到社会公众的权益。需要民政部门在进行工作规划时，突出立法重点，完善社会福利、慈善事业、社会救助、志愿服务、行政区划等方面的法律法规，使得重大行政决策有据可循。因此，以法律为基础，以决策程序制度为支撑，能够保证民政部门在行使行政权时，实现科学化、民主化、规范化决策，减少决策失

误发生的概率，最大限度地降低决策失误造成的损失。

就广西壮族自治区内各地方人民政府制定的“重大行政决策程序规定”情况看，除2015年民政厅制定的《民政厅决策规定》外，全区已有来宾市于2015年制定了《来宾市重大行政决策程序规定》，南宁市于2016年制定了《南宁市重大行政决策程序规定》，以及玉林市出台了《玉林市人民政府重大行政决策集体决定制度》等六项重大行政决策相关制度规定，梧州市制定了《重大行政决策合法性审查规定》《梧州市行政机关重大决策风险评估暂行办法》等相关规定，贺州市出台了《重大行政决策听证制度》等四项与重大行政决策相关的制度，还有其他市也出台了相应制度。可以说广西壮族自治区内重大行政决策程序立法或以相关规定、制度为标准的制度层面上，是比较完备的。而民政部门在履行职责作出重大行政决策时，可以依据《民政厅决策规定》和各地政府施行的重大行政决策程序相关规定进行决策。然而根据实证调查，广西壮族自治区内民政系统各市县工作人员对于本单位是否制定了重大行政决策程序规定并不是很了解，尤其是县级民政部门，图1为根据问卷情况作出的柱形图：

您所在的民政部门是否制定了重大行政决策程序规定？

①是　　②否　　③不清楚

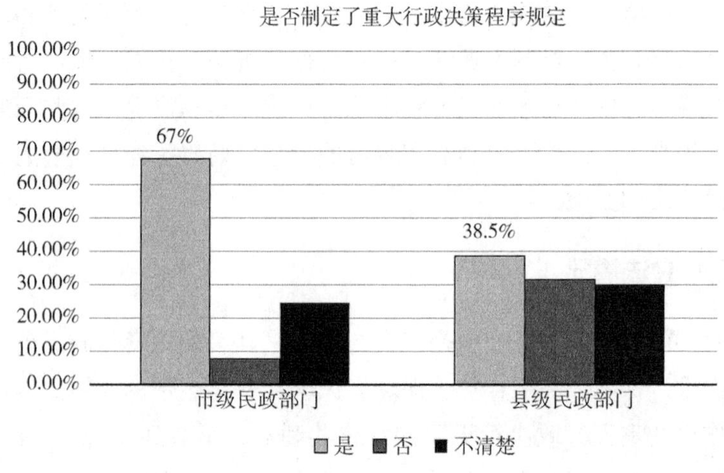

图1

市级民政部门中，有67%的工作人员明确了解本单位制定了重大行政决策程序规定，而县级民政部门中，相关人群只占了38.5%。回答“没有制定相关规定”或“不清楚”的人员分别约占剩余百分比的一半。从立法层面上讲，明确的规范指引是一个部门完成重大决策的基本保证，每个工作人员能明确本部门的规范性文件及其内容对清楚认识部门工作职权、形成部门决策意识的重要性不言而喻。

（三）决策范围

行政决策因决策事项所涉及的公共利益的大小、利益相关公众的广泛程度以及相关社会经济问题的重要程度等方面的差异，而有重大与一般之分。因此，根据重大行政决策事项的特征和标准厘定重大行政决策事项的范围，才能明确我国重大行政决策事项普遍存在的边界不清、权属不明等问题。重大行政决策事项应当是市场和社会无法解决、具有公共利益性质、属于法定行政职能范围、应该通过行政决策予以解决并且通过行政途径可以有效解决的重大公共议题。

我国已有不少地方制定了专门的行政决策规范性文件，总的来说，这些重大行政决策事项的内涵和外延表述基本上大同小异，通过比较分析，主要存在着：表述抽象，难以识别；决策事项权属不明等问题。

《自治区决策规定》中第四条，列举了 11 项政府重大行政决策事项，数量较多。就其列举内容看，主要叙明了重大行政决策事项的分布领域，对于事项内容还是较为清晰的表达，但究竟何为“重大、重要”依旧有些不明。其中 9 项出现了 7 次“重大”、4 次“重要”，而对于《民政厅决策规定》中所明确的决策范围，相较于自治区的规定，显然很大程度上缩小了决策事项范围。但其中仍存在着语焉不详，难以识别的问题。如决策事项（一），制定贯彻落实自治区党委、自治区人民政府和民政部重大决策、决定、战略部署的实施意见和重大决策措施。此项列举了两个“重大”。

这都是我国行政决策范围确定的实践中较为普遍存在的随意性和主观性问题的一个原因，同时制约了我国重大行政决策的质量和效率。虽然许多立法里出现了“政府依照法定职权”之类的限定，但在实践中，由于目前缺乏行政机关与权力机关各自重大事项明确的职权范围界定和集体条件限制，这些履行法定职权的重大行政决策事项规定许多时候成为滥用行政决策权甚至僭越人大对同一事项决定权的法律诱因。《民政厅决策规定》中规定了五类民政重大行政决策事项，通过问卷调查发现，约 53% 的受访对象能完整地选出这五类事项，其余受访对象均未能完整选出。表明了民政系统的工作人员对属于重大行政决策的事项的了解程度不足，这不仅说明民政工作人员的专业知识不够扎实，同时民政工作存在着不足，这将可能影响到今后重大行政决策的作出。

（四）决策程序

根据2014年1月1日施行的《自治区决策规定》第八条规定，重大行政决策一般应当经过以下程序：“（一）决策调研；（二）咨询论证；（三）公众参与；（四）风险评估；（五）合法性审查；（六）集体讨论决定；（七）公布结果。”决策必经程序在《民政厅决策规定》（桂民办发〔2015〕32号）中明确为七项：调查研究、拟订方案、专家论证、风险评估、征求意见、合法性审查、集体讨论决定。经对比发现，民政厅所采用决策程序中有三项：“调查研究、专家论证、征求意见”与自治区的规定不完全一致；新增了“拟订方案”的程序；删除了“公布结果”的程序。在这三点变化中，其一，调查研究可以看作是决策调研程序的拆分细化，更为细致具体地表现决策前应当经过实证调研的过程，全面、准确掌握决策所需的有关情况。实行专家论证制度是决策事项讨论前，应组织召开专家论证会，听取相关领域专家的意见和建议，专家论证并没有超出咨询论证所要求的范围。征求意见实际上是公众参与制度的具体实施方式，通过引发征求意见稿、发放调查问卷、网上公开征求意见等方式广泛听取各级民政部门和社会公众的意见，是公众参与的具体途径。可以说，与自治区的规定不完全一致的此三项程序，均为上位规定的细化表达。其二，对于新增了拟订方案的程序，经过实证调研发现，市县两级的民政工作人员对于此项程序的认识能力不足，在必经程序中，是最容易忽略的一项，尤其是县级民政部门的工作人员。图2是市县两级民政工作人员对于重大行政决策必经程序的认识：

您认为哪些程序属于重大行政决策必经程序？［多选题］

①调查研究

②拟订方案

③专家论证

④风险评估

⑤征求意见

⑥合法性审查

⑦集体讨论决定

⑧不清楚

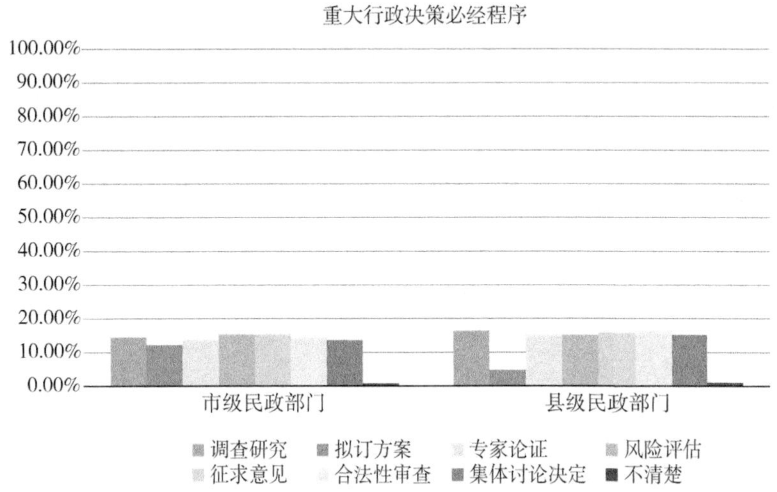

图2

1. 公众参与度不足

根据国务院《法治政府建设实施纲要（2015—2020 年）》的要求，应增强公众参与实效。事关经济社会发展全局和涉及群众切身利益的重大行政决策事项，应当广泛听取意见，与利害关系人进行充分沟通，并注重听取有关人大代表、政协委员、人民团体、基层组织、社会组织的意见。各级行政机关特别是市县两级政府要加强公众参与平台建设，对社会关注度高的决策事项，应当公开信息、解释说明，及时反馈意见采纳情况和理由。推行文化教育、医疗卫生、资源开发、环境保护、公用事业等重大民生决策事项民意调查制度。

公众参与行政决策是一种主体广泛而直接的参与方式，行政实务界反映“公众参与是决策程序中至关重要，也是最难操作的一环”，也就是可操作性不强。从本次调查反映的结果来看，本单位作出重大行政决策前，听取各级民政部门或者社会公众意见的情况不佳，能动性得不到充分发挥，民政工作者认为重大行政决策程序机制实施过程中存在最为突出的问题则是公众参与度不足。受访的市县群体中，只有 40% 的人员选择了决策前均会听取各方意见，42%的人员选择了决策前经常听取各方意见。公众参与是重大行政决策必经程序，听取各级民政部门和社会公众的意见存在多种方式，如召开座谈会、征求意见稿、发放调查问卷、网上公开征求意见等。在公众参与方式上，市级民政部门通常使用的方式是“网上征求意见”，而县级部门中最不常用的是“网上征求意见”，通常使用的方式是“邀请代表召开座谈会”。在公众参与度不足、参与方式分散化的情况下，公众参与作为重大行政决策必经程序影响着行政效率和行政决策的作出。图3是对本单位决策前听取各方意见的调查：

本单位作出重大行政决策前，是否听取各级民政部门或者社会公众意见？

①每次　②经常　③很少　④从未　⑤由领导决定

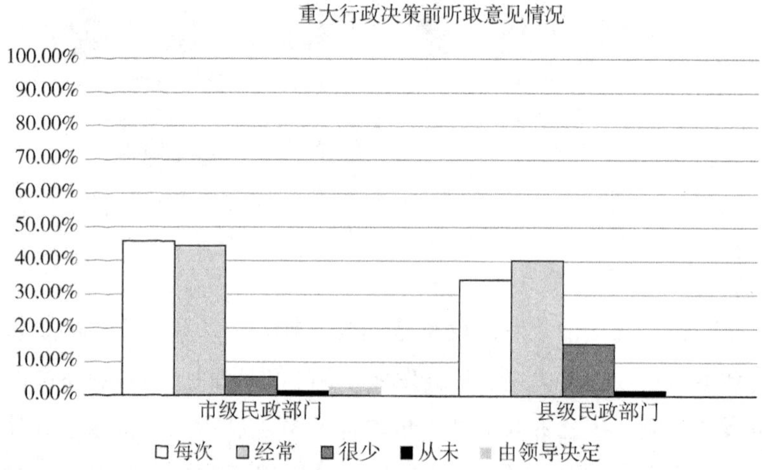

图3

2. 专家咨询效果不理想

专家参与行政决策与公众参与行政决策具有本质性区别。公众参与以利益为基础，主张自身或所属群体的利益、价值或偏好，而专家参与行政决策的基础则是“科学”与专家知识。专家参与重大行政决策过程，解决行政决策的事实问题，增强行政决策结果的确定性和精确性，进而提升行政决策的质量，避免决策失误的发生。方式上专家咨询与公众参与也有所不同。专家咨询论证可以采用咨询会、论证会或者书面咨询等方式，并形成书面意见。公开征求意见可以采取公示、调查、座谈、听证等方式。

以上两类方式的区别，是根据《自治区决策规定》作出的，这里将

"听证"作为公开征求意见的一种方式，而在《民政厅决策规定》中，第八条规定了专家论证制度，其中第二款提到"法律、法规、规章规定应当听证的重大行政决策事项，按有关程序进行听证"。这里将听证程序纳入了专家论证的方式中，明显是将专家论证与公众参与相混同。另外，根据《重大行政决策程序暂行条例（征求意见稿）》第三章公众参与部分第十四条公众参与条件和方式，听取意见可以采取向社会公开征求意见、举行听证会、召开座谈会、书面征求意见、问卷调查、民意调查、实地走访等多种方式。这里同样是将"听证"作为公众参与的一种途径规定的，民政厅的规定在这一条的设置上存在瑕疵。

据调查结果显示，作为重大行政决策必经程序，专家咨询效果并不太理想。本单位对全局性较大、专业性较强、影响面较广的重大行政决策事项，每次组织专家进行论证或者咨询专家的比例仅达32%。专家制度的核心在于专家能发挥用科学与专业知识辅助决策的功能。但是专家功能的有限性、专家自限性、转接个人观点和偏好等因素却客观地左右着行政决策。图4是关于本单位开展专家论证等相关活动的调查：

本单位对全局性较大、专业性较强、影响面较广的重大行政决策事项，是否组织专家进行论证或者咨询专家？

①每次　②经常　③很少　④从未　⑤由领导决定

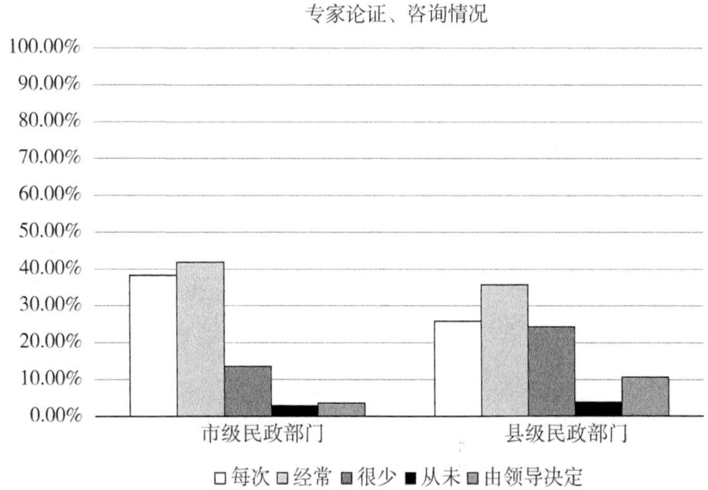

图4

3. 风险评估报告待完善

重大行政决策程序引入风险评估，旨在确保决策避免合法危机、保证决策科学、防止决策失误、推进决策民主、预防决策腐败。而这种目标的实现，要求合理明确风险评估范围、科学建立风险评估体系、确定风险评估主体、设定可行的评估程序以及采取有效的评估方法。《自治区决策规定》第五章是关于“风险评估”的规定，其中包括了风险评估机制、内容和目的。风险评估以评估报告作为终结程序，评估报告应当对决策可能引发的各种风险作出评估，并相应提出防范、减缓或者化解处置预案。因此，风险评估应当是为防范重大行政决策引发突发事件或发生后，及时解决紧急情况的一种预案。但在《民政厅决策规定》第九条风险评估制度中，评估报告似乎以维稳为目的，着重解决决策作出后可能出现的紧急情况。可以说是事后的监督，这对保证决策科学性、正确性是不当的。在最新出台的《重大行政决策程序暂行条例（征求意见稿）》的第二十五条风险评估结果运用中，“……认为风险不可控的，不得作出决策，或者应当调整决策草案，在确保风险可控后再行决策”。这一条也是对风险评估应当具备事前监督的功能的确定。

4. 合法性审查主体不明确

合法性审查应当由具有专业法律知识的政府机构或部门进行。自治区人民政府办公厅已于2016年11月1日印发了《广西壮族自治区重大行政决策合法性审查办法的通知》（桂政办发〔2016〕138号），其中第六条规定重大行政决策承办单位应当在履行决策调研、咨询论证、公众参与、风险评估、本单位法制机构（或承担法制工作的机构）合法性审查、集体讨论决定的程序后，将重大行政决策草案报送本级人民政府。这一条明确规定了合法性审查的主体是本单位法制机构（或承担法制工作的机构）。另外，国务院《重大行政决策程序暂行条例（征求意见稿）》第二十六条规定，决策事项在提交决策机关讨论前，应当由决策机关法制机构进行合法性审查。民政厅重大行政决策程序规定也明确了厅法制处为合法性审查主体。在各类规定均明确了合法性审查主体的情况下，经调查结果显示，能正确识别合法性审查主体的市县级民政工作人员只有42%，而厅级部门中17名工作人员只有6名正确选择了本单位法制机构。合法性审查主体的不明确一定程度上导致了重大行政决策程序上欠缺可操作性的问题，图5是对合法性审查主体认知的调查：

您认为应当由谁对决策草案进行合法性审查?

①本单位法制机构　②法律顾问　③承办处（科）室　④单位领导

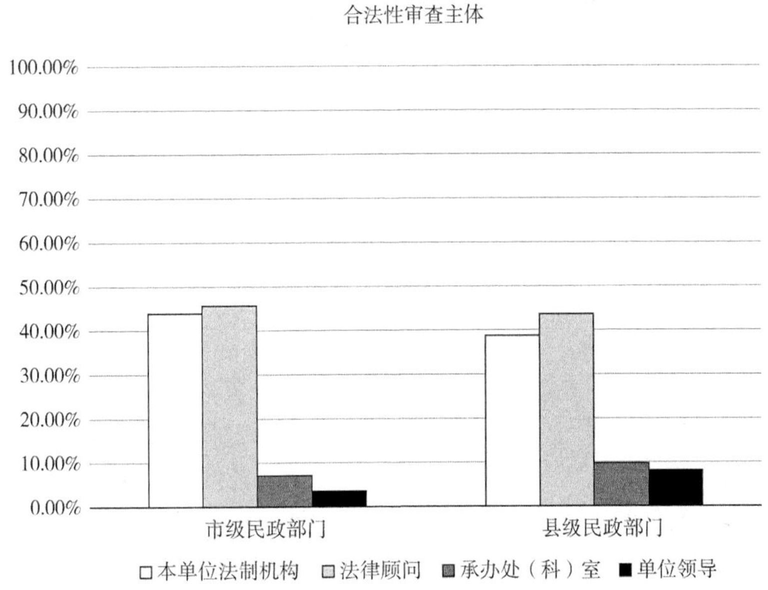

图5

5. 基层部门跟踪反馈少

重大行政决策事项跟踪反馈属于事后监督的方式之一，重点在于通过确立合理的行政决策评价制度，对行政决策效果进行衡量，对效果进行评估，对违法决策的行为进行处理，对其责任进行追究，及时弥补发现的决策漏洞和缺陷。《自治区决策规定》第四十三条规定，行政机关应当建立重大行政决策纠错机制，通过民意测验、抽样调查、跟踪反馈、决策后评估等方法，及时发现并纠正决策制定和执行中存在的问题，适时调整和完善决策。

据调查结果显示，重大行政决策事项实施后，本单位通过多种方式对决策的执行情况进行跟踪反馈的情况是：市级部门绝大多数情况会进行跟踪反馈或视情况而定进行跟踪反馈，而县级部门进行跟踪反馈明显少于市级部门，且出现了部分由上级或本单位领导决定是否进行跟踪反馈的情况。跟踪反馈不仅是事后监督的方式，同时也是公众参与的体现，决策部门应当通过拓展公众参与渠道，增强与社会公众的交流和互动。

（五）责任追究机制

重大行政决策责任是国家行政机关及其工作人员在行使重大行政决策权力的过程中，因故意或者重大过失违反行政法律义务并导致危害结果，应当承担的法律责任。相比于其他违法行为的责任追究或是法律责任问题，重大行政决策违法行为更需要特别强调法律责任的规范性、程序性和强制性特征，主要原因在于行政决策权力与责任很难界定，理论与现实、法律与实践等方面存在严重脱节。

在《自治区决策规定》和《民政厅决策规定》关于决策责任追究均规定了这样的内容“……违反重大行政决策程序，应当听证而未听证、应当风险评估而未评估、未经合法性审查或者审查不合法、未经集体讨论作出决策，导致决策错误的……”不同的是责任后果，自治区的规定为“依法追究行政决策过错责任”，而民政厅的规定为“依照相关法规制度追究相关责任人行政决策过错责任”。显而易见，民政厅对于责任追究的条文出现了一些漏洞。其一，遗漏依据。民政厅规定中所述“相关法规”为自治区重大行政决策程序规定，而忽视了自治区人民政府2007年出台的规章《广西壮族自治区行政过错责任追究办法》其中第八条规定了实施行政行为，应当追究行政过错责任人的责任的五种情形：“（一）依法应当回避不回避；（二）依法应当听证不组织听证；（三）不依法履行告知义务；（四）执行公务活动不出示有效证件；（五）其他违反法定程序的情形。”其二，责任主体不明确。即单位和个人均应当为决策失误负责。民政厅的规定里，将责任主体归结为“相关责任人”即为责任主体的不明确。党的十八届四中全会通过的《中共中央关于全面推进依法治国若干重大问题的决定》对重大决策终身追责的责任主体表述为“行政首长、负有责任的其他领导人员和相关责任人员”。重大行政决策的责任主体是行使决策权力的国家行政机关及其工作人员。终身追责与责任追究的主体不应完全一致。其三，缺乏决策弥补措施。规范决策责任的关键在于确保其追责过程的参与性、公开性和法律救济性。参与决策的机关不仅包括决策机关，还有决策承办机关、决策执行机关等。不同部门各司其职，不同责任追究方式不得替代。在民政厅的规定中，一律追究相关责任人的决策过错责任，未规定应有的弥补措施如责令改正等，对于纠正违法决策行为是不利的。

四、重大行政决策程序机制之对策建议

（一）增强公众参与的可操作性

现实中，重大行政决策程序之“公众参与”在群众参与度上仍有不足，听取考虑不同意见的实践不尽如人意。公众参与不足也是本次调研结果显示的，民政重大行政决策程序机制实施过程中存在的最突出的问题。因此，强化重大行政决策过程中的公众参与特别是听取各种意见仍属于未来公众参与制度和实践的重点议题。公众参与欠缺可操作性这一问题，是由多方面因素造成的：其一，介于行政效率和决策必经程序的要求之间，政府机关通常采取“虚化”公众参与的方式；其二，公众参与自身具有消极的态度。群众自身欠缺“意见表达”的行为；其三，参与方式、渠道受到限制。使得群众有“意见表达”的意愿，缺乏受到“听取”。不少地方已出台规范性文件，将包括公众参与在内的必经程序分别用一个章节的条文予以规定，甚至也有行政部门出台文件规范重大行政决策程序。对于公众参与仍需要提出具体规范要求：

一是重大行政决策事项，决策机关必须为公众提供参与的机会，而确立起公众具有法律上的“参与权利”。

二是对社会关注度高的决策事项，决策承办单位应当及时、准确发布有关信息，并可以通过新闻发布会、媒体访谈、专家解读等方式进行解释说明。满足公众参与对信息的需求。通过县级以上地方各级人民政府，集中发布信息、征求意见、反馈情况，充分利用政府网站、社交媒体、移动互联网等信息网络拓展公众参与渠道，增强与社会公众的交流和互动。

三是听取意见可以采取向社会公开征求意见、举行听证会、召开座谈会、书面征求意见、问卷调查、民意调查、实地走访等多种方式。因地制宜选择多元化的参与方式，如市级机关单位在网络平台建设方面具有条件的，借助网上公开征求意见，同时发展其他参与方式。县级机关单位在座谈、问卷调查、访谈等方面公开征求意见，不必局限于网络平台。

（二）完善风险评估的程序

在吸收和借鉴地方立法经验的基础上，国务院《关于加强法治政府建设的意见》将“风险评估”作为政府行政决策的必经程序，表明中国政府希望通过风险评估法定程序以实现行政决策合法、科学和民主之诉求的鲜明态度和坚定决心。

由于重大行政决策引入风险评估机制是一种法治新尝试，还没有积累足够的经验。而民政重大行政决策是关系到民政事业发展全局、涉及重大公共利益、与人民群众切身利益密切相关的重大事项，而将风险评估作为决策的必经程序也是基于多方因素的考虑：

第一，一项民政重大行政决策甚至能关系到国家民生大计、关系政治大局和社会稳定、关系国家在国际社会中的地位和形象。如针对南海争端，民政部作出设立三沙市的行政决策，关系国家政治、外交、经济和军事重大战略利益。同时，作出这一行政决策必须进行风险评估，以确保这一决策的合法性、合理性、可行性、安全性和可控性。

第二，一项民政重大行政决策往往直接或间接涉及公众利益。如，民政方面统筹管理撤县设市相关工作，有序撤县设市，是党中央国务院在经济发展进入新常态、城镇化持续推进的新形势下，针对我国城市设置存在的突出问题，立足全局、着眼长远作出的重大决策部署。撤县设市关乎公众民生发展大计，因此应当健全撤县设市的风险评估机制，健全行政区划调整专家论证制度，按照从严掌握和成熟一个、办理一个的原则，把握好撤县设市申报审批节奏，避免出现一哄而上的情况，确保撤县设市规范有序。

第三，一项民政重大行政决策应更加注重长远的利益诉求。实现行政效率通常都是行政机关所追求的，为了追求必要的行政效率可能会省略一些程序，如公众参与、专家论证、风险评估等。然而，重大行政决策相对于一般行政决策而言，作出决定的时间相对较长，短期的效率要求并不是很明显，而长远的利益诉求更加突出，因此，经过重大行政决策必经程序十分有必要。

现行地方重大行政决策规范性文件对风险评估主要涉及风险评估工作机制和评估程序等内容，对于民政部门风险评估的要求主要也是依据地方制定的决策规范和民政部门制定的相关文件。以《民政厅决策规定》为例，其中对于风险评估制度的相关内容为第九条“重大行政决策实行风险评估制度。对涉及重大公共利益和人民群众切身利益，存在社会稳定等方面风险的重大行政决策应当进行风险评估。决策事项承办处室局（单位）应当通过多种方式，充分了解掌握待决策事项整体情况，对重大决策作出之后可能出现的不稳定因素，逐项进行科学分析、预测、研判，客观公正地进行合法性、合理性、可行性、可控性评估，编制评估报告，制定维稳预案。应进行风险评估的重大行政决策事项未经风险评估的，不提请决策审议”。针对民政厅风险评估制度规定，设计以下具体规范：

一是对本单位作出的重大行政决策应当进行风险评估，评估由决策承办单位具体组织。

二是决策承办单位应建立完善专家论证、公众参与、专业机构测评相结合的风险评估工作机制。风险评估与专家论证、公众参与可同时进行。

三是评估的内容包括可能产生的风险、风险的可控性以及风险所带来的可能损害与重大行政决策的收益比例等，提出风险防范措施和处置预案。

四是风险评估结果应当作为重大行政决策的重要依据。决策机关认为风险可控的，可以作出决策；认为风险不可控的，不得作出决策，或者应当调整决策草案，在确保风险可控后再行决策。

（三）完善责任追究机制

我国重大行政决策责任规范普遍存在着法律依据不明确、法律责任主体过宽、责任追究方式单一、法律责任内容疏漏等问题。如前文所述，自治区民政厅在责任追究的相关规定上仍有值得完善之处，具体有如下规范要求：

一是明确重大行政决策违法行为应当包含：未按照决策程序进行决策的；超越法定职权决策的；明知决策错误，未及时采取措施加以纠正的；其他违反重大行政决策法律规范的决策行为。

二是应当追究责任的情形包括：为征求公众意见作出重大行政决策的；未经专家论证作出重大行政决策的；未经风险评估作出重大行政决策的；未经合法性审查或者审查不合法仍作出重大行政决策的；未经集体讨

论作出重大行政决策的。

三是明确多种主体的责任。应承担责任的决策主体包括决策机关、决策承办单位等单位、决策执行单位、参与决策的有关主体，将责任单位和人员类型化，同时也将责任类型化、追究方式多元化。

五、民政重大行政决策程序法治化的未来展望

（一）建设法治政府背景下重大行政决策程序机制的发展

党的十八大把法治政府基本建成确立为到2020年全面建成小康社会的重要目标之一，要求经过坚持不懈的努力，到2020年基本建成职能科学、权责法定、执法严明、公开公正、廉洁高效、守法诚信的法治政府。行政决策科学民主合法，是衡量法治政府的重要标准，健全重大行政决策程序，完善决策机制，是加快建成法治政府的要求。另外，在深化国家监察体制改革的背景下，要求完善行政监督制度和机制，强化对行政行为的监督，对违反重大行政决策程序规定的违法行为严格追责。行政机关也要自觉接受人大监督和政协的民主监督，还要接受人民法院依照行政诉讼法的规定对行政机关实施的监督，做好监督体系顶层设计。

（二）多地规定的实施效果分析及应对措施

2004年国务院出台的《纲要》和2008年施行的《加强市县政府依法行政的决定》都将“依法决策”规定为行政决策的根本要求。与此相应，各级地方政府开始围绕依法决策制定相应的规范性文件，并呈现持续和高涨的热情。绝大多数省（自治区、直辖市）甚至市、县政府出台了专门规定规范行政决策，如前文表中所示，“广西壮族自治区、重庆市、江西省、四川省、上海市、云南省六地重大行政决策程序对比”，各级政府指定的重大行政决策必须经过公众参与、专家论证、风险评估、合法性审查、集体讨论决定“五道关卡”。但多地程序规定大同小异，即便规定了必经程序之外的“其他程序”，但可以说总体上仍符合依法决策机制的程序要求。

不少政府部门也出台了相应的规范性文件并且取得了进步。如2015年《民政厅决策规定》实施以来，自治区民政法治化建设工作不断进步，注

重科学决策、民主决策，有一定的实施效果。目前，民政法制机构无论从工作业绩上还是从职能地位上都有了较大的发展，在实现“法治民政”的道路上发挥了越来越重要的作用。但是，从目前各级民政法制机构的发展状况看，还存在相当多的妨碍其行使职能、发挥作用的阻碍因素，成为加强民政法制工作中亟待解决的问题，法治化过程中还存在一些问题和困境。根据前述分析以及实证考察的结果，民政法制机构在建设和运行中面临一些问题：一是法制机构不健全、人员编制不足；二是法制经费短缺，工作开展困难；三是缺乏可依据的上位规定或欠缺可操作性。除此之外，在重大行政决策上，多项程序实施效果不佳。解决这些问题一是要加强对法制工作的领导，二是要完善民政工作立法，三是要更新工作人员的知识结构，不断增强整体的法治意识和科学民主决策意识。

（三）完善决策机制，延缓行政诉讼案件的激增

2015 年 5 月 1 日起开始施行的新行政诉讼法有诸多制度创新，其第一创新点是立案登记制。对符合法定起诉条件的起诉人，应当登记立案，为当事人进入行政诉讼之门提供了很大的方便。行政诉讼案件往往不仅涉及起诉人的个人权益，而且涉及社会公共利益，行政行为的合法性本身就是一种公共利益。对涉及民政事业发展全局、涉及重大公共利益、与人民群众切身利益相关的重大事项作出的决策属于重大行政决策。受到健全的决策机制和决策程序的全程监督，可以作出正确的、有利于社会及公众的决策，将避免因决策失误受到侵害的相关公众引起行政诉讼程序的开始，从而有利于解决社会矛盾，缓解行政诉讼案件的激增。

（四）吸收多元主体参与决策程序

研讨法治行政绝不可避而不谈行政决策，建设法治政府决不能忽略行政决策的问题。尤其是在重大行政决策正由传统模式向现代模式变迁的进行时态，坚持依法决策、科学决策、民主决策，实行公众参与、专家论证和政府决定相结合的模式，对依法行政的事前、事中和事后全程进行监督。在法治框架下，实现“政府—专家—公众”互动平台和相互制约的模式，一定程度上吸收人大、政协参与决策过程，可以听取人大代表和政协委员的意见，实现全面有效的监督和制约。

结 语

行政决策已纳入法治化轨道，是法治政府发展的逻辑必然。然而运用良好控制功能的决策法定程序可以使行政决策，尤其是重大行政决策获得正当性和合法性。本文以民政法治化研究为主题，从民政重大行政决策程序机制的完善视角审视相关理论和实践。研究中采用实证研究的方法，结合理论分析与可靠的实证结果，全方面了解民政重大行政决策程序实施过程中存在的公众参与不足、风险评估不完善、责任追究机制不严格等具体问题，并指出严格执行决策法定程序、吸收多元主体参与决策程序、完善决策机制等建议。分析了多地规定的实施效果及应对措施，展望了建设法治政府背景下重大行政决策程序机制的发展前景。基于前述研究内容，综观全局，统筹规划，形成完整的研究体系。

广西城乡居民最低生活保障立法研究

课题组*

摘要：当前我国社会救助制度的立法依然较为落后。其中，城市最低生活保障的法律体系建设不完善以及农村最低生活保障法律体系的缺失问题，都成为我国社会救助法律制度在实践中顺利运行的阻碍因素，也是导致其社会救助功能受限的最直接的原因，阻碍了社会公平和正义的实现。建议加快修订完善广西城乡低保制度，尽快出台《广西壮族自治区城乡居民最低生活保障办法》，通过这些法规，明确广西各级政府有关部门的工作职责，规范城乡低保工作的管理和操作规程，加强对低保资金的管理，并对各级政府加强民政能力建设的责任予以明确。各市县政府也要结合本地实际，制定与之相配套的、操作性较强的实施意见或实施细则，在全区范围内形成比较完备的法规体系，从而进一步加强对城乡低保工作的管理，进一步健全城乡低保审核审批制度，强化监督机制，严格低保金申请、审核、评议、张榜公示、审批和发放程序，定期向社会公布保障对象名单、保障金数额、保障政策等，接受社会监督，杜绝各类违法违纪现象发生。

关键词：低保；制度；立法

最低生活保障制度作为社会保障制度的重要组成部分，在保障公民生存权上起到越来越重要的作用，经过多年的发展，目前我国已经形成了以宪法规定社会保障权为统领、以《城市居民最低生活保障条例》和《社会

---

* 课题组成员：邵倩波、潘志武、黄奋劲、谭宝三、侯尚君、冯宜萍、易晓、韦姚燕、罗培力、吕冬梅。

救助暂行办法》为主体、各地区制定的城乡居民最低生活保障管理办法为附属的最低生活保障法律体系。但是，城乡低保领域的法制建设依然滞后，社会救助法或城乡居民最低生活保障法至今尚未出台。随着社会经济的不断发展，城乡最低生活保障工作不断涌现出新的问题，关于城乡低保立法的研究引起了各级官员和专家学者的关注，专家学者们从不同的角度对城乡低保立法提出了意见和建议。但大多是从全国和各省份的角度去分析，全国各地既有共性又情况迥异，在总的策略指导下，我们还需要结合广西的实际情况进行有针对性的研究，才能更好更深入地解决广西各地在城乡低保工作中遇到的各种问题，为广西城乡低保立法工作提供参考。目前，关于广西城乡低保立法层面的综合研究不多，有具体措施、有一定操作价值的研究也不多。本课题将针对广西区情提出城乡低保立法研究，以便更好地促进广西城乡低保工作的发展。

一、广西城乡居民最低生活保障法律制度的现状

（一）相关概念

1. 城乡低保制度

城乡居民最低生活保障，是指政府对家庭年人均纯收入低于户籍所在地城乡居民最低生活保障标准，且家庭财产状况符合当地人民政府规定条件的城乡居民提供的生活救助。

最低生活保障制度是保障贫困群体生存权的底线福利制度，是我国社会保障体系的基石，最能体现底线公平的价值理念。推进城乡居民最低生活保障制度整合是缩小城乡低保差距、维护城乡居民底线保障公平的根本途径，在城乡居民社会保障制度整合中具有优先性。

2. 城乡低保制度一体化

城乡最低生活保障制度一体化是指：在同一部法律、法规或规章中对城乡居民的最低生活保障作出统筹规定，国家对城乡居民的最低生活保障承担同样的国家义务，向不能满足自身或家庭基本生活需求的城乡居民提供最低生活保障。

城乡一体化的立法模式是指城乡低保体系相衔接、不存在城乡分离或

者区域壁垒，强调城乡低保体系在制度设计上的整体性和统一立法，促进城乡的协调和共同发展。城乡一体化的居民低保法律制度并不是指城乡居民低保法律制度完全统一，不是“ 城乡同一化”，而是城乡之间是有差异的。西方发达国家的农村社会救助制度也并未城市化，也对农村和农业采取了特殊的保护政策。在保证城乡低保法律制度实质上公平的同时，我们也应承认城乡在经济发展水平、劳动收支项目、传统保障方式、社会支持网络等方面的差异，即在承认“差别”的条件下保证基本保障项目的城乡一体化。

“一体化”并不是指“同一化”，而是指在城市和农村这两个差距较大的地方，在立法、标准、资金和管理等设计方面，把城、乡居民统筹规划，将在体制和制度方面多作一些考虑，尽可能减小原有“二元”带来的负面影响，从而实现低保制度城乡统一的目标。

（二）城乡低保制度的发展历程

1. 全国城乡低保制度的发展历程

我国建立最低生活保障制度的时序模式是“先城后农”。城市居民最低生活保障制度发端于地方政府的试点。1993 年 6 月，上海市率先建立城市居民最低生活保障制度；同年 12 月，厦门市成为全国第二个实行城市居民最低生活保障制度的城市。1997 年 9 月，国务院下发《关于在全国建立城市居民最低生活保障制度的通知》，要求加快建设步伐，1999 年 9 月，国务院颁布《城市居民最低生活保障条例》，标志着城市居民最低生活保障制度走上规范化的轨道。

农村最低生活保障制度的建立也始于地方政府的探索。1995 年 12 月 11 日，广西壮族自治区武鸣县颁布《武鸣县农村最低生活保障线救济暂行办法》，这是我国出台的第一个县级农村最低生活保障制度文件。1996 年，民政部下发《关于加快农村社会保障体系建设的意见》和《农村社会保障体系建设指导方案》两个指导性文件，提出凡是开展农村社会保障体系建设的地方，应该把建设农村低保制度作为重点。2007 年 7 月，国务院下发《关于在全国建立农村最低生活保障制度的通知》，决定在全国农村建立最低生活保障制度。

2007 年是我国农村低保制度发展历史上具有重要里程碑的一年。从

2007 年开始，中央政府全面介入农村低保制度建设中，加大了对农村低保的财政和政策投入。国务院于 2007 年 7 月 11 日印发了《关于在全国建立农村最低生活保障制度的通知》，指出要全面开展农村最低生活保障，明确了农村低保制度的目标和总体要求，在保障标准、保障对象、资金来源以及管理体制上也作出了原则性规定。这一政策的出台标志着我国的最低生活保障制度进入城乡一体化建设、全民“应保尽保”的新时期。此后，农村低保始终保持着平稳的发展态势。2007 年以后，我国最低生活保障制度进入了全新的发展阶段，即城乡共同发展时期，突出表现在国家对农村低保制度的重视和建设。这一时期，城市低保制度向制度化和法制化方向迈进。2010 年 8 月，民政部发布了《关于进一步加强城市最低生活保障对象认定工作的通知》，在城市低保对象的认定条件和认定方法上作出规定，有利于低保对象的识别，在一定程度上保证低保资金用到实处。2011 年 5 月，民政部社会救助司印发了《关于进一步规范城乡居民最低生活保障标准制定和调整工作的指导意见》，要各地科学确定和调整城乡低保标准，落实和改进低保工作。2012 年 12 月，民政部印发了《最低生活保障审核审批办法（试行）》这一通知，将城市低保对象的认定进一步细化，包括家庭财产调查、申请条件等。2014 年 5 月实施的《社会救助暂行办法》，对城乡低保相关内容作出规范，使之更加法制化和规范化。城市和农村低保制度的建立为我国构筑了一道安全网，为社会主义现代化建设和和谐社会的构建创造了良好的环境。随着国家统筹城乡低保工作的推进，我国低保制度进入新的发展时期。

2. 广西城乡低保制度的发展历程

广西于 2005 年 8 月出台《广西壮族自治区实施〈城市居民最低生活保障条例〉办法》，于 2009 年 9 月出台《广西壮族自治区农村居民最低生活保障办法》，为规范广西城乡最低生活保障管理工作提供了政策依据。2013 年，自治区人民政府出台《关于加强和改进城乡居民最低生活保障工作的实施意见》（桂政发〔2013〕49 号），进一步推进广西城乡低保管理工作。2014 年国务院颁布《社会救助暂行办法》后，广西积极响应国家政策，出台了《自治区人民政府关于贯彻实施〈社会救助暂行办法〉的意见》（桂政发〔2014〕54 号），不断推进广西城乡低保工作向法制化的轨道迈进。

为进一步推动城乡低保工作规范化、科学化、精细化，广西还先后出台了《关于进一步完善广西城乡居民最低生活保障机制有关问题的通知》《广西城乡居民最低生活保障档案管理办法》《广西最低生活保障经办人员和村（居）委会成员近亲属享受最低生活保障备案管理制度》《广西社会救助信访和投诉举报核查办法》《广西最低生活保障家庭经济状况定期报告核查办法》《广西最低生活保障公开公示制度》《广西居民家庭经济状况核对操作规程》《广西壮族自治区最低生活保障审核审批操作规程（试行)》等一系列政府规章和规范性文件，进一步完善了全区城乡低保规范化管理制度。

（三）广西城乡低保制度实施的现状

近年来，在自治区党委、政府的正确领导下，广西各级民政部门认真贯彻落实中央、自治区关于保障和改善民生的重大决策部署，切实加强城乡最低生活保障工作，不断加强制度建设，加大专项整治力度，着力提高保障水平，为调节社会利益分配、救助社会困难群体、促进社会公平、维护社会稳定发挥了重要作用。

1. 城乡低保对象情况

截至2016年底，全区城乡低保对象为313万人，占全区总人口比重为5.6%（全国平均比例数为4.96%），其中城市低保对象22.6万人，农村低保对象290万人，见表1。

表1　2016年广西城乡低保对象人数情况表

单位：人

项　目	城乡低保总人数合计	城市低保人数	城市低保数占低保总人数的比重（%）	农村低保人数	农村低保人数占低保总人数的比重（%）
全　区	3131994	226375	7.23	2905619	92.77
女　性	1174326	89155	7.59	1085171	92.41
残疾人	206208	20508	9.95	185700	90.05
老年人	987025	52462	5.32	934563	94.68

注：数据截至2016年12月31日。

2. 低保资金管理情况

（1）低保资金筹措情况。近年来，由于中央和自治区不断加大财政投入力度，积极筹措低保资金，不断提高最低生活保障标准，对低保对象的人均补助水平相应提高。尤其是2011年以来，广西筹措的城乡低保资金增长幅度较大，见表2。

表2　2011—2016年广西城乡低保资金筹措情况表

单位：亿元

项目／年份	城乡低保资金总额	增长率（%）	中央补助资金	中央补助资金占资金总额百分比（%）	地方自筹资金	地方自筹资金占资金总额百分比（%）
2011	37.84	17	31.13	82	6.71	18
2012	41.5	10	35.29	85	6.21	15
2013	46.03	11	40.31	88	5.27	12
2014	52.35	14	47.13	90	5.22	10
2015	54.54	4.2	49.49	91	5.05	9
2016	68.79	26	63.74	93	5.05	7

从表2可以看出，2016年筹措资金为68.79亿元，比历年大幅增长是因为财政连同特困人员救助供养、临时救助资金捆绑下达，有力地支持了全区社会救助工作的开展。如表2所示，广西筹措城乡低保资金总额随广西经济发展水平逐年提高，低保资金大部分由中央补助，地方自筹占比逐年减小，地方筹措资金压力不大。

（2）低保资金支出情况。截至2016年底，全区城乡低保资金支出为51.29亿元，其中城市低保实际支出9.77亿元，占比19%，人均支出每人每月304元；农村低保实际支出41.52亿元，人均支出每人每月139.2元。为进一步加强城乡低保资金管理，提高资金使用效益，确保城乡困难群众基本生活，近年来，广西积极探索和研究城乡低保资金管理模式，不断完善社会救助体系建设。目前，全区城乡低保资金的管理，严格按照《广西困难群众基本生活救助补助资金管理办法》的规定，不允许现金发放，对防范克扣、截留、贪污城乡低保资金起到了积极的作用。

3. 低保保障标准和保障水平情况

与全区城乡低保资金相对应的全区城乡低保对象月人均补助水平也不断提高，见表3。

表3 2011—2016年广西城乡低保保障标准及补助水平情况

单位：元/人·月

项目 年份	城乡低保保障标准		城乡低保补助水平	
	城市	农村	城市	农村
2011	235	100	170	65
2012	270	115	195	77
2013	335	166	226	90
2014	336	167	257	103
2015	404	213	280	125
2016	457	248	300	140

由于广西建立了城乡低保标准自然增长和调整机制，广西城乡低保标准和补助水平随经济发展增长及筹措低保资金总额增加而增大。

4. 低保与其他社会救助信息数据共享情况

2016年以来，广西把全区低保信息管理系统升级改造为全区社会救助信息管理系统，在一个信息平台上实现了低保救助、特困人员救助、临时救助、医疗救助、边民补助等社会救助工作的受理、审核、审批和资金发放，社会救助的信息化管理迈上了一个新台阶。与此同时，全区社会救助信息管理系统与扶贫部门的脱贫攻坚大数据管理平台实现了数据的联网共享，通过数据快速高效比对，市、县、乡三级民政、扶贫部门通过全区社会救助信息平台共享低保、特困和建档立卡人员、脱贫人员名单，及时掌握农村低保对象和建档立卡贫困对象重合情况，为实施精准救助和精准扶贫提供依据。

5. 低保审核审批实施情况

2015年，广西开始推行低保申请无纸化审批改革试点，改革要求将试点县区的低保数据上传至低保信息管理系统，通过低保信息管理系统实现低保的申请、审批和低保金的发放。2016 年，在 2015 年开展无纸化审批改革试点的基础上，分两批在所有县（市、区）全面推行低保无纸化网上审批改革，对所有新申请低保对象全部实行网上无纸化审批，年内通过无纸化方式受理审核审批城乡低保对象 21 万户 59 万人次，进一步减轻基层的工作负担，缓解基层社会救助人力不足的问题。低保申请无纸化审批流程如下图所示。

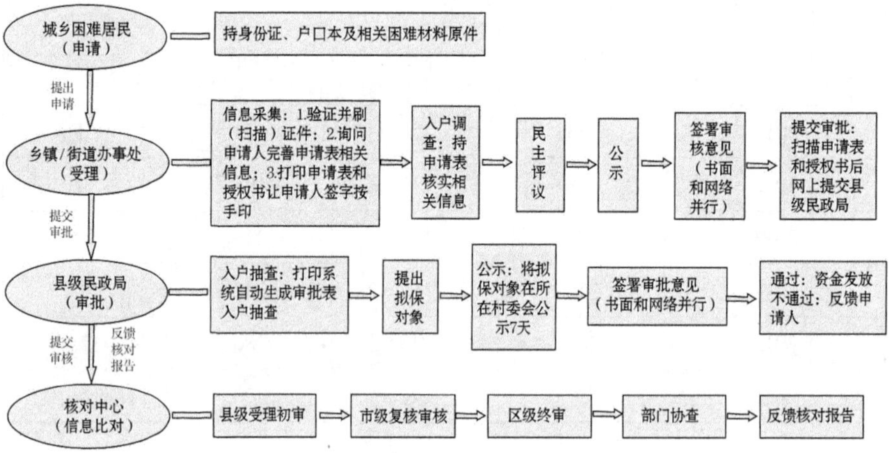

广西城乡低保对象网上审批流程图

乡镇政府（街道办）受理城乡低保申请后，组织有关人员进行 100% 入户核查（10 个工作日），内容包括申请人家庭人口、收入、财产状况等。组织包括村（居）干部、村民代表、驻村干部、党员代表等进行民主评议（5 个工作日）。评议后公示（7 个工作日），乡镇政府（街道办）进行审核（3 个工作日）后报县级民政部门。县级民政部门按不低于 30% 的比例抽查，并在审批前公示（7 个工作日），公示无异议，县级民政部门拟订低保资金方案报同级财政部门审核。同级财政部门审核后，民政部门将低保资金分配方案交付指定银行执行，拨付低保资金到低保对象的低保金存折或银行卡中。为方便群众监督，县级民政部门将享受低保对象情况放在当地电子屏或政府网站长期公开。

广西不断通过完善监管制度、强化业务培训和定期督查指导等手段，不断提高城乡低保的审核把关水平。各级民政部门在审核审批过程中，严把“五关两公示”环节，即严把群众申请关、入户调查关、民主评议关、公示监督关、审核确认关和强化审核结果公示以及审批结果公示工作。在这一基础上，县级民政部门按月或按季把城乡低保资金通过银行直接拨付到低保对象的存折或银行卡中，做到社会发放、专户领取。这些措施对防范克扣、截留、贪污城乡低保资金起到了积极作用。

6. 动态管理和专项整治情况

针对少数县乡存在“关系保”“人情保”“错保”“漏保”等问题，广西切实抓好两项工作：一是抓好动态管理。对无生活来源、无劳动能力又无法定赡养、抚养、扶养义务人的“三无”人员，每年核查1次；对家庭收入来源不固定、成员有劳动能力和劳动条件的低保家庭，每年核查两次。对不再符合条件的家庭，及时退出保障范围，形成保障对象有进有出、补助水平有升有降的动态管理机制。二是开展专项整治活动。2013年9月，开展全区低保政策落实情况专项督查；2014年6月，开展为期3个月的“人情保”“错保”专项整治，清退低保对象14.75万人，通过主动发现机制纳入低保范围1.02万人；2015年5—10月民政厅联合厅际社会救助联席会议部分成员单位开展全区社会救助专项治理活动，对低保对象进行全面拉网式排查，部分地方还采取先全部退保，再重新申请、重新审核、重新审批的办法进行“大洗牌”，确保低保对象“应保尽保”“应退尽退”。2016年全区通过社会救助专项治理和核对工作机制、动态管理机制共退出低保对象26.5万人，其中农村低保对象22万人、城市低保对象4.5万人。

7. 核对机构建设情况

（1）核对机构建设情况。为使最低生活保障工作更规范科学、更公平公正，2013年，广西在全国率先成立了自治区、市、县三级低收入居民家庭经济状况核对中心。目前，全区14个设区市、111个县（市、区）均成立了低收入居民家庭经济状况核对中心，其中贺州、桂林、来宾等市还把核对机构延伸到乡镇、街道。2013年5月24日，全国居民家庭经济状况核对工作推进会在南宁召开，民政部发文推广了广西的经验做法。

（2）核对信息平台建设情况。2014年6月，广西率先建成启用区、市、县三级联网的低收入居民家庭经济状况核对信息平台，并与公安、人社、工商、国税、地税、农机、渔政、房产、公积金、保监、银监11个部门签署信息数据共享协议，有力地推进广西社会救助对象准确、高效、公平认定。截至2016年12月底，广西核对信息平台共接受委托核对52.65万户，148.95万人次，其中，低保核对42.67万户，121.73万人。广西核对信息平台的建设使用走在了全国的前列，成为全国继上海之后省域范围最早全面推行核对信息平台建设的省份。全区核对信息平台启动以来，先后得到民政部领导的批示表扬和中央第一巡视组的肯定。2017年，核对信息平台实现了与广西农村信用联社的数据共享，这是核对信息平台继查询汽车、房产之后迈上的一个新台阶，进一步提高社会救助的精准度、科学性和规范性。

8. 社会监督检查平台建设情况

近年来，广西各地在加强惠民资金管理方面不断创新工作思路，积极探索监督新机制，确保党的惠民政策落实到点，监督到位。自治区制定出台《广西壮族自治区社会救助信访和投诉举报核查办法（试行）》，相继建成了低保资金“电子监管、定期督查、信访查处”三个平台，将各地享受低保人员名单和其家庭成员、发放金额予以公示。同时，各地普遍建立了低保经办人员或村（居）委会干部亲属享受低保备案制度，凡低保经办人员或村（居）委会干部近亲属申请低保的，当地县级民政部门必须100%入户复核，做到全方位、多途径接受社会监督。

（四）广西城乡最低生活保障立法存在的问题

广西的城乡低保制度建设与全国低保制度建设一样存在着一些共性问题。

1. 法律体系不健全

社会救助是我国社会保障法律体系的重要组成部分，是社会保障法律制度的基础。然而，当前我们国家社会救助的制度和体系建设以及社会救助制度的立法依然较为落后。其中，城市最低生活保障的法律体系建设不完善以及农村最低生活保障法律体系的缺失问题，都成为我国社会救助法律制度在实践中顺利运行的阻碍因素，也是导致其社会救助功能受限的最直接的原因，阻碍了社会公平和正义的实现。社会保障体系构建的法律缺失与不完善，首先表现在立法落后于现实发展的需要。

（1）城乡居民最低生活保障制度“碎片化”与结构失衡。转型期主要依靠地方性法规与行政法规对社会救助活动进行调整，使得社会救助规范体系呈现出非常鲜明的“碎片化”特征。缺乏统一的社会救助法，而过度依赖地方立法，使得各地各级法律规范矛盾重重。这种“碎片化”既不适用于中国国情，也不利于改革的发展和完善。

目前，我国最新的关于最低生活保障制度的审核审批办法为2012年民政部颁布的《最低生活保障制度审核审批办法（试行）》（民发〔2012〕220号），最新的关于社会救助方面的法令为2014年国务院颁布的《社会救助暂行办法》（国发〔2014〕649号）。然而，由于《最低生活保障制度审核审批办法（试行）》没有具体的实施细则，导致各地方政府的执行办法和救助方式不尽相同，进而导致在实施最低生活保障制度的过程中产生了诸多矛盾和问题。而从《社会救助暂行办法》来看，虽然在第二章中明确提出了对于实施最低生活保障制度的要求，但在各地方政府实行该办法的过程中不难发现，《社会救助暂行办法》在执行时存在着法律效率低下的情况，而且该办法与《最低生活保障制度审核审批办法（试行）》一样缺乏具体的实施细则。从我国目前的社会救助法律法规的发展现状来看，急需相关配套的法律、法规出台。随着我国社会救助事业在发展过程中不断遇到新问题，对有关社会救助方面的法律也自然提出了新的要求。因此，只有在不断完善已有的社会救助法律的基础上增加与之配套的法律法规，才能更有效地应对我国社会救助事业在发展中遇到的新问题、新挑战，从而使得我国社会救助事业的发展能够经受住时间和实践的考验，呈现出更加平稳健康的发展态势。

（2）最低生活保障制度顺利运行的法律监管保障机制尚不完善。目前，在我们国家已有的最低生活保障法规中仅有唯一的一条关于最低生活保障资金使用情况的监管主体的规定，由于这些部门工作范围覆盖面广且职能单一，在监管过程中不可避免地会出现以点概面的问题，使得监管力度大大减弱。此外，具体的实施办法的制定权被授予给各级地方政府。导致最低生活保障制度具体实施工作的法律规定位低且形式千差万别。通常之下，各地政府在起草地方条例时，缺少合理化的法律设计，因而不能制定出科学的规范化资金发放监管机制和救助申请的审核、退出机制，导致现实中大量违规、违法现象存在。而这些社会救助制度上的问题表明：一方面，需要政府部门相关人员进一步增进社会救助知识和提升工作的素养；

另一方面，监管低保资金发放和使用情况的监管体制和机构尚不健全，需要进一步增强法律监督管理力度。

（3）最低生活保障制度处罚体制不健全。具体而言，对违反最低生活保障工作的行为处罚条例不合理，主要有对违规责任人的责任大小、如何划分不够明确、处罚畸轻畸重、缺乏系统完整的刑法保障，政府执法人员在行政管理和处罚过程中的行为也缺少有效的法律监管机制和体制。

2. 城乡居民最低生活保障制度立法层次低

首先，法律强制力的强弱直接影响到政策的推行及政策目标的实现。城市低保和农村低保不仅建立时间存在差异，且相关的法律法规也有较大不同。1999 年颁布的《条例》是国务院颁布的一项行政法规，以立法的形式确立了城市低保制度，因此确保该制度在推行的过程中有较强的强制力。此后，为进一步规范和完善城市低保制度，国务院、民政部等机构先后颁布了多项政策法规及实施细则，为城市低保的推行和固定奠定了基础。

相比较而言，农村低保在法律规范方面发展相对滞后。2007 年国务院下发的《通知》是关于农村低保的最高级别的规范性文件，但该通知仅对农村低保做了原则性的规定，是从政策层面对农村低保的建立要求做出的回应，因此法律强制力较弱，在推行的过程中难免遇到阻碍。

广西也存在着类似的问题。2005 年出台的《广西壮族自治区实施〈城市居民最低生活保障条例〉办法》和 2009 年出台的《广西壮族自治区农村居民最低生活保障办法》都是政府性规章，没有上升到立法的层面。具体的实施细则都由各设区市和县级地方政府制定。而地方政府在农村低保制度的建设中有很大的自主权，农村低保主要根据地方政策法规调整和完善，具有浓厚的行政指导性，随意性较强，部分居民享受低保的权利无法得到有效保障。法律制度的不统一不仅影响制度的公平性，也阻碍了城乡低保制度的统筹发展。

其次，广西的城乡低保制度建设存在着特有的一些城乡居民最低生活保障制度立法滞后问题。

近年来，国家制定了一系列规章制度来规范低保工作，如《国务院关于进一步加强和改进最低生活保障工作的意见》（国发〔2012〕45 号）、《民政部关于印发〈最低生活保障审核审批办法（试行）〉的通知》（民发〔2012〕220 号）和国务院《社会救助暂行办法》（国务院令第 649 号）对低保审核审批程序做了较大调整，对认定低保对象除核实户籍状况和家庭收入外，同时需要核查家庭财产，在审核审批程序上个人有权直接向乡镇（街道）提出低保申请，强化了乡镇（街道）是受理审核的主体责任，民主评议改为由乡镇（街道）组织，等等。而广西城乡低保工作的政府规章一直沿用2005年出台的《广西壮族自治区实施〈城市居民最低生活保障条例〉办法》和2009年出台的《广西壮族自治区农村居民最低生活保障办法》，这两个规范性文件部分内容已严重滞后于实际操作。除了上述涉及的内容违背了现行低保政策外，一些相关条款也不再适应形势的发展，比如2009年出台的《广西壮族自治区农村居民最低生活保障办法》规定违法生育的夫妻不能享受低保，而目前全国的计划生育政策已做了较大调整，低保规范性文件的相关条款也应当相应调整。此外，在全国、全区上下开展脱贫攻坚战的大背景下，城乡低保发挥基本民生兜底保障的作用也越来越突出，规范城乡低保工作才能更好地助力脱贫攻坚。

立法滞后延缓了构建城乡一体化的居民低保法律制度的进程，影响和制约了农村经济发展及社会的稳定。城乡居民的最低生活保障水平差距大，会使城乡经济社会差距越来越大，农村经济落后于城市经济，会严重影响城乡社会经济一体化的进程，农村居民的心理落差也会随之增大，容易产生对社会不满的情绪，从而影响社会稳定。

二、广西城乡最低生活保障办法立法的必要性和可行性

（一）广西城乡最低生活保障办法立法的必要性

1. 保障公民人权

生存权是人权的首要权利，它是人与生俱来的平等的人权，任何人都不可以非法侵害和剥夺他人的生存权。生存权的实现需要制度保障尤其是最低生活保障制度的专门保障，否则，“适者生存”的进化论法则只能使强者的生存权会依靠自己的自然力量而得到短暂的维护，一旦一个人的自然力量变得弱小甚至消失，他的生存就岌岌可危，更谈不上生存权。为了平等地保障每个人的生存权，政府必须要以制度规范的形式保障弱者的生

存权。公平的最低生活保障制度的平等要求就是不管出生在农村还是城市、不管是农民还是居民都平等地享受保障或不享受保障，公平的最低生活保障制度的保障要求就是只要生活状况符合国家最低生活保障的条件，就有资格享受最低生活保障待遇。最低生活保障制度的目的是保障，保障人的生存权，公平保障的首要要求是平等，体现了人的平等权，平等的保障是人权体系中的生存权和平等权在最低生活保障制度中的体现，也是保障人生存权和平等权的基本途径。

世界人权宣言申明“人人有权享受为维持他本人和家属的健康和福利所需的生活水准”，如果不充分尊重人权，贫困就不会消除。而解决贫困问题最好的方法之一是建立最低生活保障制度。最低生活保障立法理念即生存权保障法理念的真正确立，对建立良好的法律制度具有关键的作用。广西最低生活保障制度问题解决的关键是制定法律，只有通过法律保障，制度才能有效地运行，才能保障困难家庭的基本生活。

2. 促进社会公平

城乡居民最低生活保障的公平是社会公平的基本内容，公平的低保制度对维护社会稳定、实现社会和谐具有重要的意义。最低生活保障的公平是公平的底线和基本内容，它是社会公平的基础；而且最低生活保障的公平也影响着社会公平其他内容的实现。没有最低生活保障的公平，社会公平永远也无法实现或无法彻底实现。但是，即使在文明程度高度发达的今天，观念上甚至制度上的地域歧视和身份歧视依然存在，依然是影响广西公平实现最低生活保障的一道障碍。城市和农村之间的地域差别、市民和村民之间不同的身份标签给最低生活保障的差别化提供了借口，而且也在事实上影响到国家在制度层面上对人们基本权利的公平兑现。就制度和现实而言，广西关于城市和农村在最低生活保障方面一直采用的是两套制度、两个标准。与城市相比，农村最低生活保障不仅起步晚，而且在现实中主要以家庭承担为主政府补助为辅，政府对农村的低保覆盖面小、补助标准低。这种地域和身份差别是历史遗留的产物，不可能在一朝一夕内得到彻底解决，但我们必须采取措施逐步缩小城乡最低生活保障间的差别和制度歧视。总之，打破城乡二元对立的地域差别和身份歧视，实现公平的一体化的城乡居民最低生活保障是社会公平的基本内容和实现社会公平的基本要求。

3. 完善社会救助法律制度

以城乡低保制度为核心的社会救助是广西社会保障体系的重要组成部分，在保障城乡困难群众的基本生活、维护社会和谐稳定、促进社会公平正义方面发挥着重要的作用。推进包括城乡低保立法在内的社会救助立法和法制完善，从而实现社会救助管理的法治化发展，成为社会救助事业发展的现实需要和发展方向，也是社会事业治理能力现代化的重要标志和体现。

综观广西城乡低保制度的变迁，可以看出，广西城乡低保制度的发展经历了从道义性扶贫到制度化救助、从临时性救济到规范化救助的管理转型，以及在反贫困事业上从被动应对到主动推进的社会救助发展方式的变革。其中，伴随社会救助理念的转变，在坚持公平和可持续发展的原则下，不断通过改革创新来解决由于城乡低保法律制度缺失所带来的制约城乡低保发展的现实问题，贯穿着城乡低保发展的全部历程。当前，广西的社会救助事业正处在加快法律制度建设和推进法治化管理的转型发展阶段，社会救助工作科学化、规范化和制度化的客观要求不断增长，社会救助制度正处在从过去的单一化、生存型，并以为经济体制改革配套和维护社会稳定为目标的“工具性”社会救助制度，向多元化、适度发展型并以改善民生和促进社会公平正义为目标指向的“人本性”社会救助制度的深刻变革之中，社会救助法治化发展的紧迫性和重要性日益增长。城乡低保作为社会救助的重要内容，在承继社会救助发展已有成果的基础上，广西的城乡低保工作需要在顶层设计、政策实施、管理能力和制度完善等方面全面提升和整体推进。但是，由于历史和现实等诸多方面的原因，广西的城乡低保法治建设滞后，城乡低保管理法治缺失，部分地区基层低保工作中曾经出现诸如“人情保”“关系保”和“骗保”等某些损害低保公平正义的失范行为，表现为不同程度存在着主观随意性、规范管理不足等现实问题，其本质上是社会救助管理法治化发展滞后的体现，要求广西的城乡低保工作必须结合社会救助发展的普遍规律和全国经验，根据社会救助改革创新的要求和大势，推进城乡低保的管理法治化。

4. 适应当前社会发展形势

作为社会救助体系的重要组成部分，城乡低保是以改善民生为重点的社会建设的重要方面，受到全社会的高度重视和关注。党的十八届三中全会通过的《中共中央关于全面深化改革若干重大问题的决定》中提出："推进城乡最低生活保障制度统筹发展。"城市居民最低生活保障和农村居民最低生活保障统筹发展和整合的最终目标是建立公平、统一、规范的城乡居民最低生活保障制度。

党的十八大报告提出，要统筹推进城乡社会保障体系建设，要坚持全覆盖、保基本、多层次、可持续方针，以增强公平性、适应流动性、保证可持续性为重点，全面建成覆盖城乡居民的社会保障体系。最低生活保障制度是社会保障体系中专门针对贫困群体的一项最重要的制度安排，也是社会救助制度的核心项目。城乡居民最低生活保障制度一体化是指在保障城乡居民公平权益的基础上，统一制度，逐步实现制度管理、资金使用、申领程序和待遇发放的一体化，向不能满足自身或家庭基本生活需求的城乡居民提供最低生活保障。实现城乡居民最低生活保障制度一体化是由社会保障体系建设的目标任务所决定的，也是适应广西城乡经济社会一体化加快发展的需要。因此，城乡居民最低生活保障制度一体化是最低生活保障制度的发展趋势，也是由广西社会发展的方向所决定的。

建立城乡一体化的居民最低生活保障法律制度符合全国和国际发展惯例。在工业化初期，农业要为工业发展提供积累，所以很难实现农村居民与城市居民一体化的低保制度。进入工业化中期以后，开始了工业反哺农业阶段，应转而支持农业发展。世界上的工业化国家的社会保障制度都是城乡衔接的，目前世界上大多数工业化国家的社会救助法律制度基本都实行城乡一体化的制度，对促进农业现代化和推进工业化发展也起到重要作用。浙江、安徽、山东、天津等省份出台了城乡统筹的最低生活保障办法或社会救助条例，也可以为广西制定城乡统筹的最低生活保障办法提供借鉴和参考。

5. 维护法制统一，解决现实问题

广西分别于2005年和2009年出台《广西壮族自治区实施〈城市居民最低生活保障条例〉办法》和《广西壮族自治区农村居民最低生活保障办法》，与2014年5月国务院出台的《社会救助暂行办法》在一些重要条款上不尽一致。为维护法制统一，有必要制定《广西城乡居民最低生活保障办法》。

此外，广西城乡最低生活保障工作总体推进有序，但城乡低保制度存在一些急需解决的问题，如法律体系不健全导致的城乡低保制度“碎片化”、监管机制不完善、处罚体制不健全，立法滞后导致低保制度与实际操作不符，立法层次低导致法律执行效力弱。这些问题的有效解决，都需要通过立法予以保障。

（二）广西城乡最低生活保障办法立法的可行性

1. 立法依据

广西城乡低保立法有很多政策依据，如国务院《社会救助暂行办法》（国务院令第649号）、《国务院关于进一步加强和改进最低生活保障工作的意见》（国发〔2012〕45号）、《民政部关于印发〈最低生活保障审核审批办法（试行）〉的通知》（民发〔2012〕220号）、《广西壮族自治区人民政府关于加强和改进城乡居民最低生活保障工作的实施意见》（桂政发〔2013〕49号）、《广西壮族自治区人民政府关于贯彻实施〈社会救助暂行办法〉的意见》（桂政发〔2014〕54号）等有关规章制度文件。

2. 深入基层开展立法调研工作

为制定《广西壮族自治区城乡居民最低生活保障办法》，自治区民政厅社会救助局于2017年1月起，派出调研组分别深入全区各地，对基层开展城乡低保工作情况进行广泛调研。通过听取汇报、查阅资料、入户走访、举行座谈会等方式，汲取各方面好的意见及建议，深入研究广西基层开展城乡低保工作的情况、存在问题及建议措施，为《广西壮族自治区城乡居民最低生活保障办法》立法提供充分的论证依据。

3. 借鉴其他省份城乡低保立法的成功经验

2008年7月，重庆市三届人大常委会通过《重庆市城乡居民最低生活保障条例》，提出建立城乡统一的居民最低生活保障制度，实行城乡有别的保障标准，并逐步缩小城乡保障标准的差距。苏州市分别于1996年和1998年建立城市居民、农村居民最低生活保障制度，从1998年起着力推进城乡一体的最低生活保障制度，不断缩小低保标准之间的差距。2005年，苏州工业园区在江苏省率先实现低保标准城乡并轨，2008年昆山市，2010年吴江市、吴中区、相城区、高新区先后实现低保标准城乡并轨。从2011年7月起，苏州市城乡最低生活保障标准统一提高到每月500元，这标志着苏州市城乡最低生活保障制度实现了并轨。从2012年7月1日开始，苏州市区城乡低保标准由原来的每月500元提高到每月570元。可见，我国发达地区在统筹推进城乡统一的居民最低生活保障制度的道路上已遥遥领先。

近年来，越来越多的省份出台城乡居民最低生活保障办法。2014年12月，山东省出台的《最低生活保障管理办法》推动了城乡低保在制度、管理、资金、标准、政策五个方面实现统筹和衔接。一是制度一体。打破城乡二元结构带来的制度设计限制，建立城乡一体的最低生活保障制度，统一管理方式、资金筹集、机构队伍、监督监察等，从制度上加快推进城乡低保统筹发展，为民生保障城乡一体化奠定制度基础。二是管理统一。统一城市和农村低保对象的认定条件、家庭收入核算、家庭经济状况核查及评议、申请审批程序、日常管理、资金使用发放等管理方式，取消按属别省、市、县分级管理模式，由县级统一负责本行政区域内的城乡低保管理工作。三是资金合并。将城市和农村低保资金合并，实行县级统筹，统一资金筹集管理、捆绑使用，打破条块限制，通过一般转移支付收入下达至县级，在县级建立低保资金“蓄水池”，由县级根据发放情况据实列支，提高资金整体使用效益。四是标准统筹。注重低保标准区域和城乡平衡，低保标准由省或设区的市制定调整，逐步统一区域低保标准，缩小区域差距；进一步缩小城乡低保标准差距，到2019年城市和农村低保标准之比达到1.5∶1以内，实现在合理差距区间内统筹发展。五是政策衔接。推进低保与其他救助福利政策统筹衔接，以保障基本生活为目的的各类补助政策，原则上不重复享受；低保对象中同时具备多项分类施保条件的，已享受其他福利保障政策的成员，不再列入分类施保范围，减少因群体细分造成制度碎片化，提高整体保障能力。尝试与户籍改革相适应，逐步打破户籍限制，实行属地化管理，允许外来常住人口在居住地申请救助。将低保与劳动就业关联起来，为法定劳动年龄段内有劳动能力的低保对象提供技能培训和职业介绍服务，对连续3次拒绝接受公共就业服务机构提供职业介绍的低保对象，减发或者停发低保金，积极倡导劳动自立，避免养“懒汉”。

2016年5月，安徽省出台的《最低生活保障管理办法》对城乡低保对象的界定、保障标准的调整、申请和审批的程序、动态管理、工作人员及申请对象的法律责任等方面作出明确规定，在制度上实现了城乡低保的统一管理。

三、广西城乡最低生活保障立法的总体构想

出台适应目前形势发展需要的、符合现行政策要求的全区统一规范的城乡居民最低生活保障办法是十分必要的，也是十分迫切的。

（一）以统筹城乡二元结构的立法模式制定《广西壮族自治区城乡居民最低生活保障办法》

作为社会救助制度主要内容的城乡居民最低生活保障制度，国家层面仅针对城市居民于1999年颁布了《城市居民最低生活保障条例》，而农村居民最低生活保障立法严重滞后，到现在仍然没有一部全国性的法律规范，这显然不利于社会公平公正的实现，这种差异的根源就在于城乡二元格局。城乡二元户籍制度直接影响着城乡二元的居民最低生活保障制度的形成。

要消除居民最低生活保障城乡分割的局面，及时推进居民最低生活保障城乡一体化，是当前中国居民低保法律制度发展的主要目标和任务。因此，以统筹城乡一体化的立法模式制定《广西壮族自治区城乡居民最低生活保障办法》。

（二）在地方政府规章的立法层级制定《广西壮族自治区城乡居民最低生活保障办法》

由于目前我国没有一部能够在全国范围实施的农村居民最低生活保障的法律规范，各地区都是根据自己对政策的理解制定相应的政策性文件。制定的其他相关制度立法层级低，法律效力不够强。因此，《广西壮族自治区城乡居民最低生活保障办法》以地方政府规章的形式制定，提高立法层级。

提高立法层级将使得现有的农村居民最低生活保障工作中出现的问题获得有效解决。例如，保障范围很窄，不能做到应保尽保；保障标准过低，贫困地区甚至基本无保障。所以，没有相关的立法，就无法追究相关责任人的法律责任；没有法律的规制，就无法起到法律的威慑和制约作用，无法保证城乡低保工作的有序进行。

（三）在立法文体结构上规范《广西壮族自治区城乡居民最低生活保障办法》

1. 加强城乡居民最低生活保障办法的规范性

《广西壮族自治区城乡居民最低生活保障办法》从保障对象、保障标准、申请与审核审批程序、保障管理等方面加强低保工作的规范性、科学性。

一是对最低生活保障对象要准确界定。科学合理地界定最低生活保障对象是最低生活保障制度能否发挥作用的保证。二是对最低生活保障标准要科学制定。最低生活保障制度能否发挥其应有的功能，关键在于能否科学地制定最低生活保障标准。三是管理机制运行要科学规范。在低保工作实施过程中，要在完善机制、规范管理方面实现评审程序化、公示规范化、发放社会化、监督多元化、管理动态化、建档标准化。四是低保配套措施要逐步完善。首先，加强最低生活保障制度的法制建设，实现最低生活保障法制化、规范化管理。其次，制定与最低生活保障制度配套的优惠政策。最后，推进劳动就业制度改革，构建劳动力转移支持和保障体系，使其合法权益得到保护。

2. 明确城乡居民最低生活保障办法的基本框架和主要内容

第一部分明确立法的目的、使用范围、原则。城乡最低生活保障工作应当遵循政府救助与社会帮扶、生产自救相结合，应保尽保与引导就业相结合的原则，实行属地管理、政府负责制、专款专用、乡镇政府负主体责任的原则。

第二部分明确保障标准及调整标准，准确界定最低生活保障对象。城乡居民最低生活保障标准由设区市人民政府按照当地上年度城乡居民年人均生活消费支出乘以原城乡最低生活保障标准占其上年度城乡居民年人均生活消费支出的比例来确定。城乡居民最低生活保障标准应当随着当地经济社会发展和基本生活必需品价格变化适时进行调整，并对低保对象、共同生活家庭成员和家庭收入作出明确规定。

第三部分明确城乡最低生活保障申请和审批的实施程序。对低保的申请—入户调查—民主评议—公示—审核—审批等重要环节的操作作出了严格的规定。

第四部分规定城乡最低生活保障的动态管理。乡镇人民政府、街道办事处应当根据低保家庭成员和其家庭经济状况的变化情况进行分类复核，并根据复核情况及时报请县级民政部门办理低保金增发、减发或者终止低保手续。低保家庭应当向乡镇人民政府、街道办事处定期报告家庭人口、收入和财产状况的变化情况。

第五部分是明确低保相关工作人员及低保申请对象的法律责任。尤其是规定了对骗保的惩罚措施，对采取虚报、隐瞒、伪造等手段骗取最低生活保障金的，由县级人民政府民政部门决定停止发放最低生活保障金，追回非法获取的最低生活保障金，并处以非法获取最低生活保障金 1 倍以上 3 倍以下的罚款；构成违反治安管理行为的，依法给予治安管理处罚。

四、广西城乡最低生活保障立法解决的主要问题及措施

最低生活保障措施是最低生活保障立法的重要内容。目的决定手段，合理的手段能够有效地促进目的实现。最低生活保障措施作为特定目的或价值的承载只有以救助目的为导向，才能实现对最低生活保障管理活动的合理规范与调整。

（一）规范城乡居民最低生活保障对象

目前大多数地区的城乡低保分属两个独立的体系，在保障对象、保障标准等方面存在较大差异。统筹城乡低保的首要工作就是在制度上对城乡低保进行整合，尤其是保障对象及保障标准的确定。在低保对象上，城市低保针对收入低于一定水平的贫困人员，不考虑有无劳动能力；而农村低保侧重于无劳动能力的贫困人员，而有劳动能力的贫困群体则无法惠及。同时，在确定城市低保标准时考虑了居民的住房及子女受教育的费用支出，因此标准高于农村低保。

针对上述问题，我们的措施是：

一是扩大农村低保保障范围，对城乡低保的保障内容和保障标准进行统一，适当考虑农村贫困家庭子女的教育支出。

二是理顺城乡低保的转接关系，这主要针对数量庞大的农民工，其进

城务工后也面临着贫困问题。加强城乡低保内部衔接，促进劳动力自由流动。

三是城乡低保与相关制度的有效衔接，进一步精准认定低保保障对象。充分运用其他社会救助的共享信息，结合其他社会救助情况进一步精准认定低保保障对象，实现“应保尽保，应退尽退”目标。结合目前正在开展的精准识别贫困户工作，制定相关政策措施，推动农村低保制度和扶贫开发政策有效衔接；推动医疗、住房、教育等专项救助制度向低收入人群延伸；加强低保与就业等政策的衔接，建立健全低保对象就业渐退制度，鼓励有劳动能力的困难家庭通过就业和扶贫政策增加收入，不断提高农村困难群众基本生活水平。

（二）科学制定城乡居民最低生活保障标准

目前广西城乡居民最低生活保障标准不科学，表现为：

一是保障标准偏低。维持居民最低生活水平是广西现行城乡“低保”标准的制定依据，但现实生活中，我国物价上涨的速度远远超过了最低生活保障标准的增长速度，所以总体上保障标准仍然偏低。事实上居民获得的“低保”补助金并不能维持其最基本的生活费用支出。

二是标准制定不合理。“低保”制度的核心内容是制定“低保”标准，但目前广西却一直缺乏一个科学的“低保”标准的计算方法，从而造成目前一些地方存在多种计算方法的现象。而这些具有较大的主观随意性的制定方法，虽然能“瞄准”“低保”对象，但是距离保障所有困难群众的基本生活的目标还有很大空间。

三是“低保”资金投入少。对于城镇居民的“低保”资金，是由中央和政府共同承担的，所以城镇“低保”资金能得到很好的保障。但是农村就没有如此乐观了，因为对于农村“低保”资金的供给主要以地方为主，而且法律尚未强制在总的财政支出中用于“低保”的资金应占多大的比重，这就造成了地方政府“以钱定标”的局面，使得“低保”制度得不到有效的发挥。

针对上述保障标准问题，我们的建议措施是：

按照城乡低保统筹发展的要求，根据当地经济社会发展水平和物价变动情况适时调整最低生活保障标准。完善低保标准调整机制包括：

一是根据经济发展和物价变动情况及时调整，调整幅度应适中。

二是对调整时间、幅度、频率等进行规范，保证低保金的购买力不因物价上涨而下降。

三是同步调整城乡低保标准，并适当考虑缩小城乡低保标准的差距。

（三）规范城乡最低生活保障审核审批实施程序

当前广西在最低生活保障审核审批工作方面还存在以下问题：

一是此前沿用的《广西壮族自治区实施〈城市居民最低生活保障条例〉办法》和《广西壮族自治区农村居民最低生活保障办法》仍规定村（居）民委员会受乡镇人民政府、街道办事处的委托，承办最低生活保障申请的受理和初审工作。

二是户籍制度改革后，城市户口与农村户口没有明确区分，各地对部分户籍不明确的困难居民申请城市低保还是农村低保把握不准。

三是各地对低保审核审批各个环节的时限不统一。

针对上述问题，我们提出的主要措施是：

一是规定申请低保应当以家庭为单位，由户主或其家庭成员向户籍所在地乡镇人民政府（街道办事处）提出申请。

二是关于户籍条件方面明确提出："依据统计部门确定的城乡标识，常住户口登记在城镇范围的居民，申请城市低保；常住户口登记在乡村范围的居民，申请农村低保。"

三是明确了低保审核审批各个环节的时限要求。

（四）对城乡居民家庭收入和财产认定作出规定

1. 城乡居民家庭收入和财产认定问题

居民收入项目和来源较杂，政府很难准确把握、计量和核定。例如在核算农村居民的粮食收入时，因为农作物收成具有季节性，还会受到自然灾害的影响，所以在将农作物兑换成货币时就存在很大的不确定性。又如对有劳动能力的保障对象外出的劳务收入和临时性收入等隐性收入进行确定时，虽然可以通过入户调查、邻里走访等各种途径获取，但事实上政府是无法获知其真实情况的。具体表现为：

（1）各地对家庭收入的计算期限不统一。申请城市低保的家庭全部可支配收入计算方法，不同市县分别按当月前连续3个月、6个月、12个月不等。

（2）基层工作人员反映居民外出务工收入难以计算，部分申请对象存在故意隐瞒务工收入或填报务工收入明显低于实际收入的情况。

（3）一些有劳动能力的对象不参与就业要求申请低保。

（4）基层工作人员反映赡养（抚养、扶养）费难以计算。

（5）各地对申请低保“一票否决”的条件不明确或不统一。

2. 城乡居民家庭收入和财产认定措施

根据国务院办公厅转发民政部等6部门《关于做好农村最低生活保障制度与扶贫开发政策有效衔接的指导意见》（国办发〔2016〕70号）精神，进一步完善细化农村低保家庭贫困状况综合评估指标操作办法，以家庭收入、财产作为主要指标，适当考虑家庭成员因残疾、患重病等增加的刚性支出因素，综合评估家庭贫困程度，改变过去那种按照家庭人均收入和财产认定低保对象，只考虑了收入型贫困，而没有考虑支出型贫困，把一部分虽然家庭收入超过低保标准，但“教育、医疗、住房等三保障”并没有完全实现，实际生活非常困难的低保边缘户纳入低保范围，具体措施如下：

（1）规定申请城市低保的按当月前连续3个月内全部可支配收入计算；申请农村低保的，按当月前连续12个月内全部可支配收入计算。

（2）规定务工收入按申请人提供的由用人单位出具工资收入及相关证明计算；无法查实的，稳定就业或长期在外务工人员按其户籍所在地最低工资标准计算。

（3）规定无正当理由连续3次拒绝接受介绍的与其健康状况、劳动能力等相适应的工作的，按当地职工月最低工资标准计算家庭收入。

（4）规定被赡养（抚养、扶养）人不与赡养（抚养、扶养）人共同生活的，其赡养（抚养、扶养）费收入，按赡养（抚养、扶养）协议或有关法律文书所规定的数额计算；无协议或法律文书规定的，或协议规定数额明显偏低的，按不低于赡养（抚养、扶养）义务人所在地的最低生活保障平均补助水平计算。

（5）明确不能认定为最低生活保障家庭的八种情形，便于各地规范操作。

（五）建立城乡居民最低生活保障监管机制

1. 低保监管机制问题

尽管广西出台了《最低生活保障家庭经济状况定期报告核查办法（试行）》，要求乡镇政府（街道办）对低保家庭人口、收入、财产变化情况定期复核，同时要求低保对象定期报告。而在实际工作中，低保对象定期报告家庭情况、主动退保的约束措施和机制尚未形成；乡镇政府（街道办）在落实城乡低保受理、审核主体责任上不明确、不落实；上级民政主管部门对基层低保工作在指导、监督上仍存在不到位、不全面的现象。低保监管机制问题具体表现如下：

（1）受理措施难以有效落实。《社会救助暂行办法》和《国务院关于进一步加强和改进最低生活保障工作的意见》（国发〔2012〕45号）等系列文件均要求各地将原由村（居）民委员会受理低保申请改为乡镇（街道）直接受理，强化乡镇（街道）职责。调查中，我们发现一些地方仍然存在两级受理现象，即低保申请家庭先向所在村（居）民委员会提交申请，村（居）民委员会展开调查、民主评议、公示后再提交乡镇（街道）调查、审核，这就为一些政策水平不高，甚至存有私心的村（居）民委员会干部制造“错保”“关系保”埋下隐患。

（2）少数基层经办人员缺乏担当精神。有的基层社会救助经办人员怕被追责，存在“宁愿漏保，也不愿多保”的思想，在实际操作过程中将低保对象清理出去的多，进来的少，宁愿“漏保”，生怕“多保”导致“错保”被追究责任，不敢担当，导致低保对象减少速度过快。

（3）低保对象的责任难以追究。广西制定出台了《最低生活保障家庭经济状况定期报告核查办法（试行）》，对低保家庭根据经济状况分三类管理，要求乡镇（街道）对低保家庭人口、收入、财产变化情况定期复核，同时要求低保对象定期报告。而在实际工作中，低保对象定期报告家庭情况、主动退保的约束措施和机制尚未形成。

（4）事多人少的矛盾依然突出。尽管广西早在2009年就在《自治区人民政府关于进一步加强民政工作的意见》（桂政发〔2009〕13号）中对充实基层民政干部作出明确规定，要求各乡（镇）至少配备3名民政工作人员，但实际工作中很难落实到位。比如北海市合浦县廉州镇面积229平方公里，辖14个社区16个村（居）民委员会，人口20万，低保对象数约8000人，镇里有200—300户需要核查，唯一的民政助理员没有时间核查在保的低保对象家庭经济状况，更何况民政助理员还要负责救灾、优抚、福利、文明创建等其他民政和乡镇工作，如果没有村（居）民委员会先行受理把关，每年会有为数更多的新申请低保家庭需要审核，这是仍然依赖村（居）民委员会受理低保申请的一个重要原因；合浦县民政局社会救助股共有5人，其中4人系从其他事业单位抽调，负责低保、五保、临时救助、医疗救助等相关救助工作，很难完成对新申请低保家庭30%进行抽查的工作要求。

2. 低保监管机制措施

针对上述问题，我们将继续认真贯彻落实《社会救助暂行办法》等中央和自治区有关文件精神，切实采取有效措施，强化城乡低保资金监管，进一步提高广西城乡居民最低生活保障整体水平，保障和改善城乡困难群众的基本生活，促进和谐社会建设，具体措施如下：

（1）强化落实各级政府社会救助的主体责任。在《广西城乡居民最低生活保障办法》明确低保工作中各级政府的职责。县级以上人民政府民政部门负责本行政区域内城乡居民最低生活保障管理工作；有关部门依照各自职责协助做好城乡居民最低生活保障工作；乡镇人民政府、街道办事处具体负责本辖区内城乡居民最低生活保障申请的受理、调查、审核工作。通过立法进一步落实市、县、乡（镇、街道）各级政府社会救助的主体责任，严格责任追究，落实“谁调查、谁负责，谁签字、谁负责，谁审批、谁负责”，切实将县、乡人民政府实施困难群众最低生活保障制度情况纳入年度绩效考评指标体系，确保这一重点民生工作有人领导、有人担责。

（2）加大动态管理力度。拟在《广西城乡居民最低生活保障办法》明确规定：

一是村民委员会、居民委员会发现最低生活保障家庭的成员状况、收入状况、财产状况发生变化的，应当及时向乡镇人民政府、街道办事处报告。接到报告的乡镇人民政府、街道办事处应当及时核查。最低生活保障家庭应当主动向乡镇人民政府、街道办事处或者村民委员会、居民委员会报告成员状况、收入状况、财产状况变化情况。

二是县级人民政府民政部门、乡镇人民政府、街道办事处，应当按照国家和省份有关最低生活保障家庭分类管理服务的要求，定期核查最低生活保障家庭成员状况、收入状况、财产状况。

三是县级人民政府民政部门应当按照国家规定，对最低生活保障家庭成员状况、收入状况、财产状况进行公示。

四是县级人民政府民政部门、乡镇人民政府、街道办事处接到最低生活保障家庭不符合保障条件举报的，应当及时调查核实。县级人民政府民政部门、乡镇人民政府、街道办事处，应当向社会公开最低生活保障监督电话。

各县级人民政府切实负起农村困难群众最低生活保障动态管理的工作职责，要组织协调当地乡镇政府（街道办）和民政部门切实按照《社会救助暂行办法》（国务院令第 649 号）规定，对已经纳入最低生活保障范围的救助对象，要采取多种方式加强管理服务，定期跟踪核查保障对象家庭财产、经济收入变化情况，及时精准增发、减发或停发低保金。对无生活来源、无劳动能力又无法定赡养、抚养、扶养义务人的“三无”人员，可每年核查 1 次；对收入来源不固定、成员有劳动能力和劳动条件的最低生活保障家庭，每年核查 2 次。对不再符合条件的家庭，要及时退出保障范围，形成保障对象有进有出、补助水平有升有降的动态管理机制。

（3）健全投诉举报和责任追究机制。在推行社会救助信息公开的基础上，建立投诉举报制度，公布投诉举报电话和联系方式，对骗取城乡低保资金、物资或者服务的，由有关部门停止城乡低保待遇，责令退回非法所得并给予相应处罚。在《广西城乡居民最低生活保障办法》中明确骗保申请人的法律责任，对采取虚报、隐瞒、伪造等手段骗取最低生活保障金的，由县级人民政府民政部门决定停止发放最低生活保障金，追回非法获取的最低生活保障金，并处以非法获取最低生活保障金 1 倍以上 3 倍以下的罚款；构成违反治安管理行为的，依法给予治安管理处罚。

五、结　论

要加快修订完善广西城乡低保制度，尽快出台《广西壮族自治区城乡居民最低生活保障办法》，通过这些法规，明确广西各级政府有关部门的工作职责，规范城乡低保工作的管理和操作规程，加强对低保资金的管理，并对各级政府加强民政能力建设的责任予以明确。各市县政府也要结合本地实际，制定与之相配套的、操作性较强的实施意见或实施细则，在全区范围内形成比较完备的法规体系，从而进一步加强对城乡低保工作的管理，进一步健全城乡低保审核审批制度，强化监督机制，严格低保金申请、审核、评议、张榜公示、审批和发放程序，定期向社会公布保障对象名单、保障金数额、保障政策等，接受社会监督，杜绝各类违法违纪现象发生。

农村留守儿童关爱服务研究

——以广西为例

何棣华　黄启成　韦　征

摘要：农村留守儿童问题是我国新时期经济社会发展特殊阶段的社会现象，农村留守儿童和其他儿童一样是祖国的未来和希望，做好农村留守儿童关爱保护工作关系到未成年人的健康成长，关系到儿童整体素质的提高。农村留守儿童关爱服务是新的社会服务工作。农村留守儿童产生的根源是多方面的，对其关爱服务也应当从多方面着手：包括建立健全农村留守儿童信息共享和动态监测机制；建立农村留守儿童关爱服务保障机制，充分发挥各职能部门的作用，发挥群团组织的关爱服务优势，推动社会力量积极参与关爱行动；落实农村留守儿童县乡村三级监护主体责任；引导扶持农民工返乡创业就业。

关键词：农村；留守儿童；社区照顾；对策及反思

农村留守儿童问题是我国新时期经济社会发展特殊阶段的社会现象，对农村留守儿童进行关爱服务属于新的社会服务内涵。随着我国农村经济体制改革和城市工商业产业结构调整，农村外出务工人员有逐年增加之势，越来越多的青壮年农民走出家乡进城务工，寻求更好发展，但受工作不稳定和居住、教育、照料等客观条件限制，他们不得不将未成年子女留在家乡交由老人或他人监护照料，导致在广大农村出现了一个特殊的未成年人群体——农村留守儿童。从概念上说，农村留守儿童是指父母双方外出务工或一方外出务工另一方无监护能力、不满16周岁的未成年人。留守的少年儿童正处于成长发育的关键时期，他们缺乏父母的陪伴，在成长过程中缺乏父母在思想认识及价值观念上的引导和帮助，缺少父母情感上的关心呵护和有效监管，极易产生认识、价值上的偏离和个性、心理发展的异常，出现安全、心理、学习等诸多问题。这不仅关系到儿童权益保护和素质提高，影响社会和谐稳定，也事关民族未来和社会和谐。农村留守儿童问题已成为不可忽视的社会问题。

长期以来，因经济和社会发展水平所限，政府对留守儿童的关注主要集中于留守儿童的吃穿等基本生存需求，对留守儿童心理需求、安全保护等重视不够。直到2015年6月9日，贵州省毕节市七星关区田坎乡茨竹村发生了4名儿童服农药中毒死亡的令人痛心事件后，才引起社会广泛关注，也引起了党中央和国务院的高度重视。2016年1月27日李克强总理主持召开的国务院常务会议部署全面加强农村留守儿童关爱保护工作，提出“决不能让留守儿童成为家庭之痛、社会之殇”。2016年2月4日，国务院印发《关于加强农村留守儿童关爱保护工作的意见》（国发〔2016〕13号，以下简称《意见》）。《意见》提出：“依法强化家庭监护主体责任，父母要依法履行对未成年子女的监护职责和抚养义务；落实县、乡镇人民政府和村（居）民委员会职责。县级人民政府要加强统筹协调和督促检查责任，乡镇人民政府（街道办事处）和村（居）民委员会及时掌握农村留守儿童基本情况，加强对监护人的监督、指导，确保农村留守儿童得到妥善照料；加大教育部门和学校关爱保护力度；各级工会、共青团、妇联等群团组织要发挥自身优势，为农村留守儿童及其家庭提供关爱服务；通过政府购买服务等方式，支持社会工作服务机构、志愿服务组织等开展农村留守儿童监护指导、心理疏导、行为矫治、社会融入和家庭关系调适等专业服务。”《意见》抓住了农村留守儿童关爱保护工作中的突出问题和薄弱环节，针对建立完善家庭、政府、学校、社会齐抓共管的农村留守儿童关爱服务体系这个重点，提出了有针对性的政策安排和系统性的顶层制度设计。本文试图考察当前留守儿童关爱服务工作的不足，提出有针对性和可行性的措施，为构建完善的农村留守儿童关爱服务体系提供参考。

一、农村留守儿童面临的困境与危害

要认真贯彻落实党中央、国务院关爱困境儿童、贫困儿童的决策部署，推动留守儿童关爱服务工作深入开展，首先要提高对农村留守儿童问题严重性的认识，并且开展对农村留守儿童数量、生存状况、面临的主要困难和危险等实际情况的调研排查工作，只有掌握实情，才能做到有的放矢。

（一）监护不到位，人身安全系数低

留守儿童一般由祖父母或外祖父母或其他亲属监管。由于年幼无知，农村留守儿童大多安全防范意识淡薄，缺乏安全知识常识，遭受意外伤害突出。根据 2014 年 5 月中国青少年研究中心组织实施的“全国农村留守儿童状况调查”，有 49.2% 的农村留守儿童遭遇过意外伤害，比非留守儿童高 7.9 个百分点。遭遇意外伤害最多的是割伤、烧伤、烫伤、被猫狗抓伤咬伤、坠落摔伤和蛇虫咬伤、车祸、溺水、触电、中毒、火灾、自杀和自然灾害等。另外，由祖辈接送留守儿童上下学发生的交通事故也比非留守儿童增多。农村留守儿童属于脆弱人群中的底层，最容易遭受意外伤害和遭受不法侵害。如，广西梧州市 2013 年发生一起沼气池中毒事件，当地一户村民一家 4 口中毒身亡，其中两名是 60 多岁的老年夫妇，两名是 10 多岁的留守儿童。广西兴业县一名 13 岁留守女童于 2011 年，从 11 岁开始，至少遭到 16 人摧残，被性侵至少 50 次。农村留守儿童这些极端事件的发生，严重冲击着社会道德底线，刺痛着人们的神经。

（二）缺失关爱，人格发展不健全

幼儿与少年时期是人格养成的关键时期，是需要父母陪伴关怀和帮助的重要时期。留守儿童的父母长期外出打工，不能陪在其身边守护，特别是母亲作为儿童成长特别重要的陪伴角色，她在儿童感情培养和教育中具有不可替代的作用，对安慰孩子的情绪，引导和规劝，其效果往往比父亲或其他人的教育效果更好。母亲在外务工，使子女失去了那份最好的教育和引导。调查发现，大多数儿童具有攀比心理，有父母在身边的孩子具有强烈的自豪感；而父母不在身边的孩子就好像失去了坚强的依靠和保护，很多留守儿童觉得自己与别的同学不一样，容易遭受歧视，许多留守儿童承受着各种压力，变得自卑自闭，缺乏自信，容易产生内向、怯弱、消极、任性、暴躁的人格倾向；在学习上丧失信心、不求上进；对人冷漠、对事缺少热情、情绪消极、不愿或很少参加集体活动，人际交往存在障碍。他们的神经会变得很敏感，朋友、同学和伙伴们无意间说出的一句话都有可能伤害到他，他总觉得别人会取笑他，因此总爱斤斤计较，与老师、同学还有临时监护人等的沟通也存在问题，对周围的人充满了警惕甚至敌意。

（三）管教不严，养成不良习惯

农村留守儿童大多数由爷爷奶奶或外公外婆隔代抚养和监护，缺少父母的言传身教，祖辈对农村留守儿童偏重物质生活，给予农村留守儿童更多的是物质和生活上的宽容与放任。老人的思想观念与农村留守儿童的思想观念差异大，缺乏现代的教育管教理念，而且大多数祖辈对孙子女都比较溺爱，让孩子过着饭来张口、衣来伸手的生活，导致孩子的生活自理能力、自控能力差，怕苦怕累的生活习惯。同时，农村留守儿童的父母由于与子女长期分离，会产生负疚感，存在补偿心理，大多采取在金钱上进行补偿，祖辈也是这样，如果手中有钱的话，会随便给孩子零花钱，造成很多留守儿童存在乱吃零食、打游戏等坏习惯。有的留守儿童养成了自私自利、好逸恶劳、自由散漫等陋习，有的染上吸烟、赌博、酗酒、打架斗殴等不良嗜好，甚至走上违法犯罪道路。

（四）缺乏帮助，在校学习困难

农村留守儿童大多数与祖父母、外祖父母一起生活，监护人大多由于体力、精力、知识等原因，只能照顾孩子的日常生活，确保他们温饱，没时间和能力顾及他们的学习。因此，留守儿童普遍存在监护人因年迈体弱无力管教、因文化程度低不会管教、因怕管出问题不敢管教、因孩子不听话没法管教的问题。通过入户访谈调查，发现大部分留守儿童和文化水平较低的爷爷奶奶一起生活，他们思想观念差异大，由于监护人文化程度不高，无法辅导孩子们的学习，也不能及时解决孩子们生活中的疑惑，造成大多数农村留守儿童学习上存在学习态度不端正，学习缺乏自觉性、主动性、积极性和吃苦精神，厌学情绪日趋严重。因为没有父母的陪伴与关爱，并且陪伴的爷爷、奶奶、外公、外婆或亲戚等也没有多少文化，还需要做家务和农活，没有时间关注孩子的学习。农村的经济相对落后，教育设施和教师资源也较为匮乏，学校与留守儿童的父母沟通较少，家长对孩子的学习情况掌握不够，家庭监督不到位，缺乏管教引发行为失范导致农村留守儿童受教育的一系列问题，成绩上不去，升学也成为问题，无法继续深造对其一生影响更大。

（五）缺乏榜样，性别角色不健全

青春期的农村留守女童，由于缺少母亲的关爱，对青春期生理健康知识不了解，遇到生理问题不知如何处理。由于性教育滞后与自我防护意识缺乏，更容易受到性侵害。遭性侵后，又不懂如何保存证据和惩罚施害者。遭受性侵后有的无法继续学业，有的出现精神问题，有的辍学远赴外地打工，有的小小年纪就草率嫁人。有的家庭为了替女儿讨还公道而花费了大量金钱和精力。青春期不良经历严重影响着她们的性别角色认同。父亲角色对男童影响很大。父亲角色缺失使农村留守男童缺少父亲的勇敢和坚强的形象，导致农村留守男童胆小怯弱，怕苦怕累，对学习不感兴趣，缺乏责任和担当，难以养成坚毅果敢的精神品格。

（六）缺乏约束，违法犯罪率高

农村留守儿童长期缺乏家长教育，处于成长发育关键时期，会有逆反心理，他们容易与爷爷奶奶等监护人发生矛盾。由于父母不在身边，有的留守儿童被同学欺负无人帮助，由于青少年性格容易冲动，而且尚未树立法制观念，为了保护自己，他们会拉帮结派、以牙还牙、聚众打架斗殴，还会小偷小摸、寻衅滋事、沉迷网络、抽烟吸毒，甚至违法犯罪等。根据我国各级法院判决生效的未成年人犯罪统计，未成年人犯罪平均每年上升13%左右，其中留守儿童犯罪率约占未成年人犯罪的70%，比非留守儿童犯罪率高，且有逐年上升之势。

二、农村留守儿童问题的原因分析

农村留守儿童问题是我国当前不平衡发展阶段的产物。这些问题的产生与农村家庭、学校、社会、经济发展方式等多方面因素有关。

（一）监护人素质和教育方式问题

农村留守儿童的监护人大多是老年人，年纪较大，身体健康状况不佳，有的甚至自己都已经需要别人照顾了，他们对农村留守儿童的监护是心有余而力不足。一方面，大多数农村留守儿童监护人的文化素质不高，基本上是文盲或半文盲，他们只能照顾农村留守儿童的吃饭穿衣，没有能力辅导孩子们的学习，更谈不上心理关怀，有的监护人从来没有与老师联系、沟通，不了解留守儿童在学校的表现情况。而且，老人容易对孙辈溺爱迁就，认为孩子的父母不在身边，对他们要求不能太严格，对孩子大都采取“只要不犯错就行”的放任态度。另一方面则是教育方式简单粗暴，不知道从心理上引导、从情感上疏导留守儿童，又不能在学习上给予帮助和指导，对留守儿童轻则训斥，重则打骂、体罚，导致留守儿童产生“学好无人夸，学坏无人管”的消极情绪和无所谓思想，从此自暴自弃，不仅不听管教，反而跟监护人对着干。

（二）农村经济社会发展滞后

农村经济社会发展滞后是引发农村留守儿童问题的根本原因。当前我国社会经济发展不平衡，农村经济社会发展滞后，年轻父母为了改善家庭经济生活条件，让自己的孩子能有钱上学，摆脱这种祖祖辈辈无法摆脱的困境，只能进城务工赚钱；而由于城市生活成本高、农民工子女入学难等原因，使他们不得不把子女留在老家让年老的父母代为照顾，随之产生了农村留守儿童。据调查，大多数留守儿童的父母外出务工在3年以上，孩子与父母之间缺乏沟通交流。

（三）攀比和快富心理

大多农村家庭虽然经济不富裕，但也不至于贫困潦倒、无处安身，他们大多是可以在家乡通过辛勤劳动来维护家庭正常生活的。但是在农村中普遍存在着攀比心理，看到同村同屯外出打工的都能快速改善家庭生活条件，最明显的是大多外出打工的都能在老家盖起新房，有的还能在县城买商品房，又能给孩子成长提供充实的经济支持。于是，年轻夫妇也不惜抛家弃子，离乡背井进城打工。他们追求的是眼前利益，而失去的却是家庭的亲情，牺牲的是子女的前途，造成的是越来越多的、越来越严重的社会问题。

（四）学校设施和教育条件不足

农村学校作为直接面对“留守儿童”的教育单位，是他们生活的重要场所。但农村许多学校由于校舍、宿舍等基础设施严重不足，无法提供食宿，无法在生活和学习上给予更多关爱。受应试教育影响 ，学习成绩是评价一个学校和老师的唯一标准，使学校和教师更关注考试成绩，而忽略学生身心健康。

（五）不良社会因素影响

由于家庭管教不到位，农村留守儿童往往很早就涉足社会。由于还没有树立正确的人生观和社会价值观，他们极易受到社会不良现象的影响，尤其是容易受到社会上相同年龄青少年的影响。他们会把一些稀奇古怪的东西当成时髦去追求，把一些不良人物当作偶像去崇拜并效仿；他们会把抽烟酗酒当作豪爽，把奇装异服、怪异发型当作耍酷；他们热衷于结拜江湖兄弟，认为有哥们儿义气就要敢于拔刀相助。不良社会因素很容易把农村留守儿童引向歧途。

三、当前广西农村留守儿童关爱服务的基本情况

近年来，广西认真贯彻落实党中央、国务院关爱困境儿童、贫困儿童的决策部署和自治区党委主要领导关于做好农村留守儿童关爱工作的批示精神，推动留守儿童关爱工作深入开展，逐步形成“党委领导、政府主导、部门联动、社会参与、家庭尽责”的良好格局，保障留守儿童健康快乐成长。

（一）广西农村留守儿童基本数据

根据“广西壮族自治区三留守系统”数据显示，目前全区共有留守儿童 448577 名。其中 95. 36% 的留守儿童已登记户籍，仍有 4. 63% 的留守儿童未登记户籍。男性留守儿童占 52. 79% ，女性占 47. 21% ，男女性别比例为 1. 19 : 1；0—5 周岁留守儿童占留守儿童总人数的 17. 92% ，6（含）—13 周岁的占 71. 7% ，14（含）—16 周岁的占 10. 38% 。所有农村留守儿童

中，未入园儿童占9.06%，幼儿园在读儿童占21.16%，小学在读儿童占60.69%，初中在读占8.8%，高中在读和中职在读各占0.74%和0.14%，辍学儿童占所有留守儿童的0.071%，不在学儿童占0.13%，辍学儿童与不在学儿童共计919人。留守儿童寄宿生占15.19%，非寄宿生占84.81%。从健康情况来看，排查的留守儿童中99.65%的身体健康，0.11%的儿童患病，0.24%的儿童残疾。从监护情况看，95.24%的留守儿童由祖父母或外祖父母照顾，3.93%的儿童由父母的亲戚朋友监护，0.83%的儿童处于无人监护状态。通过对监护情况的评估发现，94.55%的留守儿童监护情况良好，4.58%的儿童监护情况一般，0.87%的儿童监护情况差。从收入来源看，85.09%的留守儿童家庭的主要经济来源是打工，8.53%通过种养殖业，1.3%通过政府救助，0.89%通过亲朋接济，4.21%通过其他方式。

（二）关爱保护留守儿童的主要措施

1. 高度重视，强化组织领导

2015年11月印发的《广西壮族自治区人民政府办公厅关于印发建立广西农村留守儿童和空巢老人关爱服务体系工作方案的通知》（桂政办发〔2015〕114号），对农村留守儿童工作提出了要求，要以明确落实关爱服务责任为主题，以建立健全服务体系为重点，以逐一落实帮扶措施为抓手，全面跟踪掌握全区农村留守儿童和空巢老人状况，动员社会力量共同参与关爱服务，构建属地管理、基层为主、政府监督、社会帮扶的农村留守儿童和空巢老人关爱服务工作体制机制。自治区民政厅及时下发《关于做好农村留守儿童空巢老人关爱工作的通知》（桂民电〔2015〕16号），加强对全区留守儿童关爱服务工作进行指导。2016年10月又出台《广西壮族自治区人民政府关于加强农村留守儿童关爱保护工作的实施意见》（桂政发〔2016〕49号），对完善农村留守儿童关爱服务体系、完善农村留守儿童关爱保护机制等提出了更加具体的要求，要求从源头上逐步减少农村儿童留守现象，并强化农村留守儿童关爱保护工作保障措施。全区各市县高度重视，加强组织领导，采取多种措施，切实开展农村留守儿童基本生存状况排查和关爱服务工作。

2. 突出重点，开展摸底排查

广西积极布置开展摸底排查行动，严格按照民政部等三部委的部署，联合自治区教育厅、公安厅、自治区妇联等下发了《开展农村留守儿童和留守妇女摸底排查工作的通知》，对农村留守儿童摸底排查工作进行具体布置，要求各地从2016年5月20日至7月底，按照农村留守儿童定义和全国摸底排查工作要求，在全区范围内再次开展农村留守儿童、留守老人和留守妇女摸底排查工作，并将年龄层次按照0—5周岁、6（含）—13周岁、14（含）—16周岁三个阶段划分。全区各地迅速行动，按时完成了对辖区内所有农村“三留守”人员进行一次集中、全面、深入、细致的“拉网式”排查。工作中，各地实行县级分片包乡，乡镇分片包村，村委和村民小组干部包屯到户的方式落实责任，基本查清了农村“三留守”人员的数量、构成、特点、家庭状况等基本情况，重点排查贫困地区、边远山区的义务教育阶段辍学、家庭生活困难、监护人缺失、事实上无人抚养、残疾等留守儿童，以及生活难以自理、经济状况差的留守老人，做到不漏一户、不少一人、不留死角。同时，推动“三留守”人员实现数字化动态管理。在开展摸底排查的同时，广西民政厅牵头建立和完善了“广西壮族自治区‘三留守’管理系统”，该系统共有留守儿童、留守老人、留守妇女三大工作模块，分别采集和管理农村“三留守”人员数据信息。系统具有登记、核销、删除、数据统计和汇总、导入和导出等功能，使用主体涵盖各级民政、教育、妇联、公安等单位，并与各单位的数据系统进行对接，实现数据共享。乡镇民政、教育和妇联使用该系统进行数据采集，县级公安机关、民政部门和妇联等单位通过该系统对各地信息数据进行审核、汇总、上报。通过“广西壮族自治区‘三留守’管理系统”，能适时掌握全区各地农村“三留守”人员的总量、分布、教育、监护等情况，为进一步落实工作责任，细化政策措施，引导基层自治组织和社会力量实行精准关爱保护奠定了坚实基础。

3. 部门联动，形成合力

全区各市县有关部门积极整合各方资源，充分努力发挥合力优势，夯实留守儿童关爱服务的基础。如来宾市依托“三求”文化惠农工程，开展“乡村少年宫”建设工作，将“儿童家园”建设纳入全市“乡村少年宫”建设，整合各部门资源，制定工作机制，促进关爱留守儿童工作常态化、制度化，以学校老师、大学生志愿者、民间艺人等作为校外辅导员，定期到少年宫指导儿童学习舞蹈、书法、绘画等各种技能，打造未成年人思想道德建设阵地。来宾市已建成“乡村少年宫”837所，建成“儿童家园”600所，投入151.2万元在学校建立了74个禁毒宣传教育基地，构筑青少年识毒、防毒、拒毒的牢固防线。来宾市所有学校都建立了“家长学校”，并依托村级公共服务中心将“家长学校”覆盖到村（社区）一级；打造“立德树人”家庭教育大讲堂，举办家庭教育报告会、讲座等，邀请全国、全区和本土家教专家传授科学教子的知识和方法。积极发动各级“巾帼文明岗”“女性人才四支队伍”“五老人员”等组建志愿者队伍，招募“代理家长”“爱心妈妈”“爱心爸爸”，开展结对帮扶“一对一”活动，从生活、学习、教育等方面全方位关心关爱留守儿童；广泛发放《关爱留守儿童，争做爱心妈妈倡议书》，发动社会力量和社会爱心人士参与关心关爱留守儿童工作。

（三）农村留守儿童关爱服务工作存在的困难

1. 农村留守儿童数量庞大，地域分散，情况复杂

目前全区农村留守儿童主要集中于贵港、玉林、南宁、百色、钦州、河池、梧州7个地市，约占全区留守儿童的75.44%。其中，留守儿童规模最大的是贵港市，留守儿童总人数为73658人，占全区留守儿童总数的16.42%，其次是玉林市、南宁市、百色市、钦州市、河池市、梧州市，留守儿童总人数分别为54853人、53606人、42962人、45611人、38520人、32729人，占全区留守儿童总数的比例分别为12.23%、11.83%、9.58%、9.50%、8.59%、7.30%。同时，农村留守儿童年龄普遍偏小。全区0—5周岁留守儿童占17.92%，6（含）—13周岁占71.7%，14（含）—16周岁占10.38%。其中，在0—5周岁年龄段，南宁、贵港、河池、百色、钦州、玉林6个地市的人数最多，分别为：11524人，占比14.34%；11422人，占比14.21%；7900人，占比9.83%；7760人，占比9.66%；7002人，占比8.71%；6922人，占比8.61%。这6个地市0—5周岁留守儿童占全区0—5周岁留守儿童的比例约为65.36%。在6—13周岁年龄段，贵港、玉林、南宁、钦州、百色、河池6个地市的人数最多，分别为：53227人，占比16.55%；41931人，占比13.04%；36763人，占比11.43%；

31987 人，占比 9.94%；30117 人，占比 9.36%；26886 人，占比 8.36%。6 个地市的 6—13 周岁留守儿童占全区 6—13 周岁留守儿童的比例约为 68.68%。在 14—16 周岁年龄段，贵港、玉林、百色、南宁、梧州、河池 6 个地市的人数最多，分别为：9009 人，占比 19.35%；6000 人，占比 12.88%；5085 人，占比 10.92%；4773 人，占比 10.25%；4031 人，占比 8.66%；3734 人，占比 8.02%。6 个地市的 14—16 周岁留守儿童占全区 14—16 周岁留守儿童的比例约为 70.08%。农村留守儿童未上户籍人数较多，仍有 2 万余名儿童目前处于无户籍状态。其中，未登记留守儿童人数最多的地区是钦州市、梧州市、百色市、河池市、南宁市，未登记人数分别为 6905 人、1775 人、1745 人、1712 人、1636 人。

2. 社会救助不够到位，留守儿童生活艰难

留守儿童家庭因为家庭经济困难，孩子正处于成长时期，对于其余食品的营养也很需要，临时监护人对于其仅关注的主要是温饱问题，对于孩子的生病治疗也是一切从易的节俭之风，很不利于孩子的健康成长。临时监护人皆为祖父母等，大多数都体质较差，对于一些繁重家务有时候还得依靠留守儿童帮忙，他们生活的艰辛和环境实在让人担忧。目前，从政府角度看，受财政力量影响，导致“儿童家园”等阵地建设不够完善、管理人员福利待遇低、中小学校专业心理辅导教师配备少等问题。同时，由于留守儿童的教育、监管体系尚未健全，导致教育改革进程相对滞后。一是由于留守儿童缺乏防护能力，监护人缺乏防范意识，学校和家庭联系链出现“断层”，导致不安全因素大大增加，留守儿童遭受性侵害、溺水死亡、交通事故等不安全事故时有发生。二是由于关爱留守儿童的长效机制尚未完善，上下级联动和各部门之间相互配合力度不足，引导鼓励社会各界参与联系帮扶留守儿童的机制尚未健全等因素，导致一些留守儿童没有得到及时有效的帮助，或仅得到阶段性的帮助，帮扶效果不明显。从社会组织的视角看，社会组织介入农村留守儿童关爱服务的方式和资源有限。比如，有广西的壹基金会——由李连杰发起的立足于中国并在广西设点的国际性公益组织，致力于在贫困落后的地区传播公益文化事业，搭建公益善心平台，推动公益事业的发展，为受自然灾难的人提供人道援助，促进广西公益事业的发展。广西壹基金会在广西开展有广西山区农村公益幼儿教育项目、成长家园——驻校社工

项目、关爱脑瘫儿童项目、聋哑儿童康复融合救助项目，对广西的农村留守儿童问题是种有效的解决途径。

四、加强农村留守儿童关爱保护工作的思路和对策建议

当前，对农村留守儿童关爱服务工作的客观物质基础和社会条件已经十分成熟，急需从国家层面加强顶层设计、政策支持和项目支撑。为此，各级党委、政府应高度重视，各相关部门应找准工作切入点，积极采取举措，制定出台相关政策措施，完善工作机制，积极开展关爱保护活动，确保农村留守儿童得到妥善监护照料和更好的关爱保护。我们认为，当前做好农村留守儿童的关爱服务工作，首先要知己知彼，要调查找准导致农村留守儿童产生的根源，要摸准留守儿童的需求，摸准政府应当提供怎样的关爱服务，找准工作难点，把握工作重点，多方并举，合力推进。

（一）做好农村留守儿童关爱服务工作的主要思路

从基本思路上说，破解留守儿童问题需要从两个方面着手：一是从源头上减少留守儿童的产生；二是对事实上的留守儿童开展各方面的关爱服务。

1. 弄清留守儿童产生的根源

农村留守儿童产生的根源有两个方面：一是农村青壮年劳动力外出务工或经商，二是年轻父母无法把子女带到身边。后者的原因又有多个方面，包括在城里上学难、当地学校不接收农民工子女、学费太高农民工家庭接受不了、忙于工作无法照顾子女等，总之，是因为农村群众异地谋生而产生的问题。而导致农村群众异地谋生的根源又有多个方面，其中主要的是他们在农村缺乏发展门路，缺乏技术指导，农产品缺乏销路、生产成本高、缺乏市场竞争力等所致。而这又涉及国家发展战略、产业政策、国际贸易政策等因素影响。所以说，农村留守儿童产生的根源是多方面的，是十分复杂的。因此，解决农村留守儿童问题也不可能是单方面能够做到的。

2. 弄清农村留守儿童的需求

农村留守儿童的需求有以下几个方面：

（1）生活照料。留守儿童的监护人大多数是爷爷奶奶，这些老人有的已经体弱多病，自身难保，对于这部分农村留守儿童特别是年龄较小的儿童需要在生活上、饮食起居上给予照顾。

（2）物质支持。农村留守儿童家庭经济状况通常都比较贫困，父母外出务工并不能保证每月都有钱寄回来，有的留守儿童在家的基本生活费用、购买学习用品等都成问题，因此，在物质上政府和社会要给予一定的支持和帮助，以保障他们的基本生活和受教育权利。

（3）心理关爱。留守儿童作为儿童的一个特殊群体，他们具有普通家庭儿童的一般需求，还存在着一些特殊需要，其中对父母亲情关怀的需要比较强烈。

（4）对学习的帮助。每个孩子都想做好学生不想做差学生，但他们在学习中遇到困难需要得到大人的帮助，不然学习跟不上去，难以成长为对祖国的有用之才。

（5）对尊重的需要。他们跟正常家庭的孩子都是一样的，如果因为父母不在身边而被歧视，心灵会受到打击，势必影响其正常的心理成长。因此，他们是更需要被尊重的群体。

3. 把握关爱留守儿童的特殊要求

“留守儿童”在缺乏父爱母爱的环境中成长，在这个年龄段，身体迅速发育，而认知能力跟不上，容易产生心理问题，如厌世自闭、社会逆反、空虚、自卑、没有精神寄托等，一遇到挫折往往自暴自弃，甚至酿成悲剧。因此，对留守儿童关爱服务时，要掌握他们的特点，运用恰当的方式方法，满腔热情地关怀和无微不至地爱护，努力使他们克服自卑心理，培养自尊、自爱的良好心理素质。

（1）做留守儿童的倾听者。长期的单亲监护或隔代监护，甚至是他人监护或无人监护，这种亲情的缺失使孩子变得孤僻、任性、抑郁，甚至有一种被遗弃的感觉，严重地影响了孩子心理的健康发展，应根据儿童的年龄特征，正视并尊重孩子的心理特征，和他们坦诚相见，创造和谐的人际交往环境，营造温馨、团结的氛围，让他们体会到同学之间的友情、家庭以外的温暖。

（2）做留守儿童的赏识者。当留守儿童面对挫折时会感到手足无措，我们要做他们真诚的赏识者。既要赏识他们对知识的掌握和能力的提高，又要赏识他们的优良行为，还要赏识他们在情感、态度、价值观等方面的积极表现。在各种活动中要让他们体验到成功的成就感，好孩子是夸出来的。

（3）做留守儿童的楷模。道德、勇气、责任等不是通过“教”就能起作用的，而是通过榜样的力量才能达到。我们要对留守儿童起到示范作用，在教育这些孩子时，我们应注重言传身教，要用实际行动来感化，培养他们成为积极向上的新一代人。

（4）做留守儿童的引路人。有的留守儿童受到爷爷奶奶的宠爱，过着衣来伸手、饭来张口的生活；有的留守儿童父母出于愧疚，会用金钱来弥补对孩子关爱的缺失。而留守儿童很容易受到外界不良现象的影响，手里过多的零花钱往往助长了他们的不良习气。这种监护权的缺失和畸形补偿对孩子的人格发展、社会化和道德发展都带来负面影响。因此，要带领留守儿童步入人类精神的殿堂，做他们精神殿堂的引路人。

（二）做好农村留守儿童关爱服务工作的对策措施

留守儿童的健康成长，关系到下一代的幸福和社会的稳定，是家庭、学校、政府义不容辞的责任。农村留守儿童的重要特征是父母监护职能的缺失，因此，对农村留守儿童的关爱服务工作的核心任务是调动政府和社会的各种资源，弥补（或者说替代）这种监护职能。只有社会各界共同关注，多方位、多角度地采取相应措施，并建立起一套行之有效的机制，才能使“留守儿童”受到正常、健全、完善的教育。依据社会支持理论的观点，一个人所拥有的社会支持网络越强大，就能够越好地应对各种来自环境的挑战。因此，我们应当多管齐下，从多个方面努力，为他们提供社会网络资源支持，提高其利用社会网络的能力。

1. 落实县、乡、村三级主体责任

关爱保护农村留守儿童工作重心在县、乡、村三级，关键在各县（区）党委、政府。要强化农村留守儿童家庭监护主体责任和政府各部门工作职责，健全“家庭、政府、社会”三位一体的留守儿童关爱保护体系和工作机制。各县（区）党委、政府要切实加强统筹协调和督促检查关爱保护农村留守儿童工作，不仅要在纵向上自上而下建立健全关爱保护农村留守儿童工作责任机制，也要对各方工作进行统筹协调。乡镇人民政府和村民委员会是履行关爱保护农村留守儿童的直接责任主体，要定期走访、全面排查，及时掌握农村留守儿童的家庭情况、监护情况、就学情况等基本信息，建立翔实完备的农村留守儿童信息台账，实行动态管理、精准施策，为有关部门和社会力量参与农村留守儿童关爱保护工作提供支持。要通过党员干部上门家访等方式，确保农村留守儿童得到妥善照料。

2. 充分发挥各职能部门的作用

关爱保护农村留守儿童是党和政府的重要职责，也是全社会的共同责任，各级各职能部门要从各自职能出发，发挥自身优势，找准工作切入点，制定并落实相关工作措施，求真务实，切实把农村留守儿童关爱保护工作落到实处。比如，县（区）组织部门要注重发挥基层党组织和广大党员在推进农村留守儿童关爱保护工作中的积极作用，广泛动员广大党员热情关心帮助农村留守儿童，组织开展“手拉手”“结对子”活动。各级宣传部门要在农村宣传关注留守儿童，让村民共同为自家的或者他家的留守儿童能够得到更好的生活照顾。各级民政部门要切实发挥好关爱保护农村留守儿童的牵头部门作用，定期组织召开关爱保护农村留守儿童联席会议，统筹协调推进关爱保护农村留守儿童工作；抓好农村留守儿童的社会救助工作，保障农村贫困留守儿童享受应有的社会救助。各级财政部门要安排资金资助改善办学条件，加强农村中小学校寄宿设施建设。将农村留守儿童相关工作经费纳入同级财政预算，确保关爱保护农村留守儿童工作持续有效开展。各级工会、共青团、妇联、残联、机关工委等群团组织要发挥自身优势，广泛动员广大职工、团员青年、少先队员等开展多种形式的农村留守儿童关爱服务活动，积极为农村留守儿童提供假期日间照料、课后辅导、心理疏导等服务。

3. 落实农村留守儿童家庭监护主体责任

儿童教育监护的主体在家庭。要落实农村留守儿童家庭监护主体责任，明确留守儿童父母为留守儿童第一监护人，承担监护职责和抚养义务，鼓励外出务工人员尽量携带未成年子女共同生活或父母一方留家照料。对父母或受委托监护人不履行监护职责的，由当地村民委员会、公安机关和有关部门及时予以劝诫、制止；对情节严重或造成严重后果的，由司法机关依法追究其责任。建立“代理家长”制度，由各级团组织、村干部、党员及社会爱心人士作为留守儿童的“代理家长”，为留守儿童提供亲子活动、心理辅导、安全管护、家教指导等服务。通过向社会组织购买公共服务等方式，聘请专业社工，为留守儿童提供支持服务。

4. 加强县乡村寄宿制中小学建设

首先，城市公办义务教育学校要对农民工未成年子女开放，无条件接收农民工子女在父母工作地就学，无条件支持农民工未成年子女接受义务教育，免收其借读费，落实农民工子女在输入地参加中考、高考政策，让这些孩子能够得到均等的受教育机会。其次，要加大对农村教育经费投入力度，大力改善农村办学条件，建立农村寄宿制学校，解决留守儿童生活、教育、心理和安全等方面的问题。增加寄宿制学校的生活辅导、心理辅导老师，为留守儿童提供更加切实的关爱服务。实施教师联系帮扶农村留守儿童制度，建立留守儿童家校联系卡、设立亲情热线电话、开通与留守儿童学生家长联系的视频“亲情网”，加强教师、班主任、校外辅导员与监护人和家长的联系。

5. 引导扶持农民工返乡创业就业

各级政府要落实好国务院关于支持农民工返乡创业就业的系列政策，扶持外出务工人员返乡创业就业，从源头上减少农村留守儿童。一是制定优惠政策。各级政府要制定鼓励外出务工人员返乡创业就业优惠政策，通过放宽投资领域、降低登记门槛、制定税费减免政策等方式，扶持外出务工人员返乡创业就业。二是积极宣传引导。各级政府及各相关部门要充分借助电视、报纸、广播、网站等媒体，通过悬挂横幅、张贴标语、发放致返乡农民工的一封信等方式，广泛宣传外出务工人员返乡创业优惠政策，使外出务工人员了解家乡创业的环境，吸引返乡农民工回乡就业创业，实现家门口创业，掀起返乡创业热潮。三是搭建服务平台，帮助返乡农民工找准“门路”就业创业。四是加强技能培训，增强农民工返乡就业创业的本领，提升就业质量。

6. 建立健全农村留守儿童信息共享和动态监测机制

建立农村留守儿童动态监测机制，建立农村留守儿童数据信息库，健全关爱留守儿童电子档案信息共享平台，实现教育部门的学生信息、公安部门的户籍信息、人社部门的劳务输出信息等联网互通、信息共享。建立农村留守儿童电子档案，包括每个农村留守儿童基本情况、家长姓名、家庭详细地址、联系电话、家长务工单位地址及其法定监护人详细地址和电话等内容的专门档案，对农村留守儿童的成长进程及变化情况进行详细记录，及时掌握、分析农村留守儿童学习生活情况，有针对性地开展帮扶活动。运用政府采购服务的方式，利用“互联网+”做好留守儿童社会保护工作，探索建立“监测预防、发现报告、调查评估、帮扶干预”工作机制，构建覆盖城乡的留守儿童保护网络，形成“家庭、社会、政府”三位一体的留守儿童关爱服务工作格局，促进留守儿童全面健康成长。各级党委、政府要对农村留守儿童进行动态化监测，并委托第三方机构对农村留守儿童关爱服务工作进行评估。

7. 建立责任追究和问责机制

（1）建立责任追究机制。各级党委、政府要自上而下建立关爱保护农村留守儿童责任追究机制。凡发现农村留守儿童单独居住生活的，由其所在地党委、政府责令其父母立即返回或确定受委托监护人，并对父母进行训诫。对属于监护人丧失监护能力或不履行监护责任的，由其所在地党委、政府联系农村留守儿童父母立即返回或另委托其他亲属监护照料。对联系不上农村留守儿童父母的，由其所在地党委、政府就近护送至其他近亲属、村民委员会或救助管理机构、福利机构临时监护照料。对属于失踪的农村留守儿童，由其所在地相关部门按照儿童失踪快速查找机制及时开展调查。对属于遭受其他不法侵害、意外伤害的，由司法部门依法制止侵害行为、实施保护，按照有关规定调查取证，协助其就医、鉴定伤情，依法追究相关法律责任。对实施家庭暴力、虐待或遗弃农村留守儿童的父母或受委托监护人，由公安机关给予批评教育，必要时予以治安管理处罚，情节恶劣构成犯罪的，依法立案侦查。对于监护人将农村留守儿童置于无人监管和照看状态导致其面临危险且经教育不改的，或者拒不履行监护职责导致农村留守儿童生活无着的，或者实施家庭暴力、虐待或遗弃农村留守儿童导致其身心健康严重受损的，其近亲属、村（居）民委员会、县级民政部门等有关人员或者单位要依法向人民法院申请撤销监护人资格，另行指定监护人。对负有关爱保护农村留守儿童责任的单位和人员未履行义务的，由其上级机关和有关部门严肃追责。

（2）强化问责机制。各级党委、政府都要建立和完善关爱保护农村留守儿童工作考核和问责机制。编制关爱保护农村留守儿童工作责任清单，明确各级党委、政府和相关部门的责任事项、履职主体、程序、时限、方式、责任追究途径等。对工作不力、措施不实、造成严重后果的，追究有关领导和人员的责任。对认真履责、工作落实到位、成效明显的，要按照国家有关规定予以表扬和奖励；对贡献突出的社会组织和个人，也要适当给予奖励。

引导社会力量参与优抚安置保障机制研究
——以河池市为例

课题组*

摘要： 优抚安置工作是一项关系国家建设、经济发展、社会稳定的重要工作。近年来，河池市根据社会改革深入发展现状，围绕有效满足优抚对象日益增长的社会需求，立足河池市情，通过强化政府统筹引导，整合多领域力量，推动多行业融合，开展全程介入服务，探索社会力量保障人才建设模式，建立鼓励社会力量参与机制等举措，推进在社会转型背景下以社会组织介入优抚安置服务领域为载体，引导和规范社会力量参与优抚安置服务工作，积极探索发展途径和模式，努力开创优抚安置保障机制工作新局面。

关键词： 优抚安置；社会力量；保障机制

一、选题的背景、意义和概念

（一）选题的背景

河池市是革命老区，各级各部门优抚安置对象多、分布广、人群差异性大。所以河池优抚事业的投资力度比较大，尤其是东、巴、凤三县基础设施建设大会战后，新建、改建、扩建了一批优抚事业机构。全市现有光荣

---

* 课题组成员：韦立汉、唐秀勇、杨爱艳、卢成耀、韦国、卢华云、罗荣锦、蓝日、韦仕海、黄汉顶、卢晓琳。

院9所，烈士纪念设施97处，总建筑面积9797.3平方米，总投资1859万元；市级退伍军人医院1所，总建筑面积18320.7平方米，总投资5366.4万元；养老服务设施的兴建和投入使用，为优抚安置工作提供了基础平台。随着社会改革进程深化，由政府统包统管的优抚安置传统工作模式在社会转型期不断出现新的问题：一方面，随着市场经济的发展，政府在公共权力领域呈现收缩状态，在资源配置中的绝对优势地位逐渐削弱，同时，随着政府职能的转移及人员的精简，传统优抚工作运行机制面临着新的挑战。另一方面，优抚安置对象分散在社会的各行业和基层中，面对优抚对象的特殊化、个性化、多元化、专业化的需求，难免会出现“政府失灵”现象。如退役军人安置难，随军家属就业难，优抚政策落实难，高素质兵员征集难，优抚对象多样化的需求满足难，等等。这些问题直接影响社会的稳定。如何有效地解决以上系列问题，迫切需要对优抚安置服务保障工作的体制机制创新进行探索。

（二）选题的意义

党的十八届三中全会从完善和发展中国特色社会主义制度的高度，确立了推进国家治理体系和治理能力现代化的目标。优抚工作作为社会管理和服务体系的一项重要内容，必须紧跟新时期社会建设发展和社会治理创新的步伐，必须纳入整个社会治理体系创新中谋划思考。积极引导社会力量参与优抚服务，是创新社会治理体制在优抚工作的具体体现，也是治理体系和治理能力现代化在优抚工作中的具体实现。引导社会组织、企事业单位、社区、个人等社会力量多方参与，将政府、市场、社会结合起来，促进优抚工作体制创新，具有重要的现实意义。同时，引导社会力量参与优抚安置服务促进体制转变，也是政府职能转变的重要内容。近年来，上级对进一步转变政府职能、改善公共服务作出重大部署，明确要求在公共服务领域更多利用社会力量，加大政府购买服务力度。推行政府向社会力量购买优抚安置服务，对于深化社会领域改革，推动政府职能转变，整合利用社会资源，增强公众参与意识，提高优抚服务水平和效率，都具有重要意义。

（三）相关概念

社会力量概念：社会力量是政府重要的社会治理主体，是政府和市场的重要补充。它包括三种类型：一是各种所有性质的企业，如公有制企业、混合所有制企业、集体企业、个体企业等；二是不包括政府在内的，不以营利为目的的社会组织，如慈善机构、青年团体、社会团体、工会、宗教组织等；三是其他公益单位或个人。

优抚安置是指国家对从事特殊工作的人员及其家庭，如军人及其亲属予以优待、抚恤、安置的一项社会保障制度。优抚安置对象是为国家独立、人民解放和社会主义现代化建设作出过特殊贡献的群体。优抚安置不仅是一种物质帮助，也是一种精神抚慰。对现役或退役军人、烈士家属或残疾军人进行优抚安置，不仅体现国家对他们的工作、生活的关心，也体现国家对巩固国防、稳定社会秩序的重视。

社会力量的供给主体一般包括政府、社会团体、公益性组织、企业、公众和个人，其中，处于核心地位的是政府行政部门。政府部门既是社会力量的组织者，也是监督者，政府可以通过组织生产或购买社会力量来满足优抚安置对象的个性化需求；企事业单位和社会团体承担着生产及提供服务的职责；公益性组织不以营利为目的，其主要职能是提供物资或服务以体现其社会责任。

二、河池市优抚对象和社会组织基本状况

（一）河池市优抚安置对象基本情况

据统计，河池市共有优抚对象约 10 万人，享受国家抚恤优待和定期补助的约 1.7 万人。其中，“三属”（烈士遗属、因公牺牲军人遗属、病故军人遗属）837 人，残疾军人 1094 人，红军失散人员 606 人，在乡复员军人 5609 人，带病回乡退伍军人 536 人，参战退伍军人 5714 人，60 周岁农村籍退伍军人 5275 人，烈士子女 625 人，新中国成立前优抚对象 75 人，现役军人家属 3500 户，享受义务兵优待金 3500 人。全市每年征集新兵 1200 人左右，接收退役士兵 1000 人左右，需政府安置工作的退役士兵 40—60 名，自谋职业退役人员 950 人，军休干部 12 人，无军籍职工 18 人，现役官兵随军家属 230 多名。在享受国家抚恤定补优抚对象中，年龄在 60 岁以上的占 80%，河池市的重点优抚对象大多数已步入老年。当前在退伍军人

中，享受定期补助优抚对象1.69万人，残疾军人920人。河池市有优抚安置事业单位36个，其中复退军人医院1个、军供站1个，军队退休管理所1个，烈士纪念设施92处，光荣院9个；优抚事业单位中集中供养人数352人，有管理人员96人，专职管理人员20人，兼职管理人员26人。

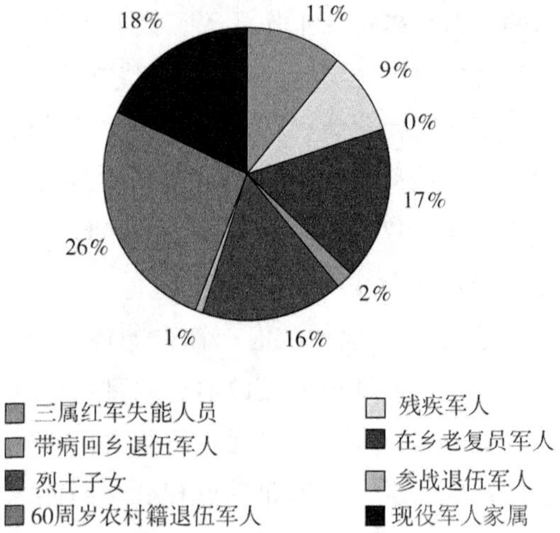

图2－1　服务对象的类别分布图

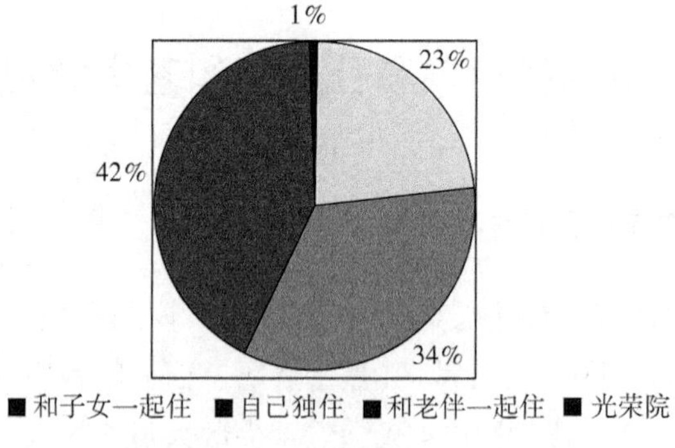

图2－2　服务对象居住状况分布图

（二）河池市社会组织基本情况

当前，河池市依法登记的社会组织1502个，其中社会团体1049个、民办非企业单位453个。行业协会商会80多个，直接登记社会组织39个。2016年全市直接登记的社会组织共28个，其中行业协会商会类22个、慈善类6个，从业人员有2600人。建立党组织有330个，党员1770名。目前，全市区全部选派有党建指导员，党员覆盖率达到100%，市本级直接登记的社会组织及市民政局作为业务主管单位的社会组织共有30个，建有党组织5个，党员130名。河池市民政系统从事社会工作人员600多人，平均1人要为1000名以上重点民政对象提供服务。

三、河池市社会力量参与优抚安置服务工作的调查需求分析

对优抚保障工作需求调查情况分析。本课题组对金城江、都安等5个县（区）800名优抚对象开展了服务保障需求调查，通过面对面的个案访谈以及问卷调查，共发放800份问卷，收回800份，有效问卷800份，获取包括生活状况、心理状况、健康状况、维护权益需求、生活照料需求、精神安抚需求、获得荣誉需求以及对优抚安置工作的建议八方面信息。调查发现，当前河池市优抚安置对象需求主要有以下几个方面。

（一）维护权益需求

一是要求提高抚恤补助标准。在访谈和问卷调查中，发现几乎所有的优抚对象都认为抚恤补助标准过低，如认为“城乡自主就业退役义务兵按照每服役一年4500元的标准计发；自主就业退役士官，除按以上标准发放外，从服满义务兵年限后的第一年算起，按照服役一年1000元的标准计发”的规定标准偏低；认为对年满60周岁农村籍老兵，应实行“每月按军龄补助25元，平均每人每月70—100元”的标准。二是要求提高医疗保障水平。被调查对象普遍认为，住院费用报销比例偏低，自付部分负担过重；一至六级伤残军人认为医药报销限制有失公平；旧病复发应实报实销。如，李荣，73岁，男，年满60周岁农村籍退伍军人，1969年入伍，1972年退伍，生育3个小孩，患慢性气管炎，妻子已病故，生活困难，享受军龄补贴每月75元。优抚标准仍难以解决医疗困难。三是要求提高住房保障水平。居住在农村的优抚对象部分由于家庭经济条件差、自身能力不强等，导致住房条件差。四是希望得到社会的尊重与认可。

表3－1　服务保障期望情况

服务保障期望项目	选择频率	百分比（%）	排序
1. 提高抚恤补助待遇	620	78	2
2. 纳入社会各项保障体系	697	87	1
3. 烈士子女，一至五级残疾军人（子女就业特殊照顾）	421	53	7
4. 加大解决优抚对象购买住房优惠政策	563	70	4
5. 加大力度对优抚安置对象历史功绩认可，获得荣誉感	373	47	8
6. 实行孤老优抚安置对象集中供养	271	34	10
7. 注重社会尊重落实政策，如伤残军人、现役军人免费乘坐公交车等	611	76	3
8. 服务部门多走访，听呼声，解决困难	475	59	6
9. 建立优抚安置对象保障基金，生活、医疗、住房，提高服务保障水平	353	44	9
10. 利用社会组织参与优抚安置对象服务保障，经常组织各种活动	491	61	5

表3－2　优抚安置对象生活质量情况（单位：人）

对象	2014 年	2015 年	2016 年
生活比较差	6300	5812	5633
生活一般	8540	7657	7422
生活比较好	4160	3931	3845
合计	19000	17400	16900

数据由各县（区）民政局提供。

表3－3　优抚对象抚恤补助金存折基本生活总支出情况

80%以上	样本人数	支出频率（%）	排序
60%—80%	30	93	2
40%—60%	50	69.3	3
20%—40%	50	61	4
20%以下	30	97	1

表3－1、表3－2、表3－3的调查统计中发现，认为自己生活水平较

差的频率有17745人次，约占总人数的30%；认为自己生活水平一般的频率有23619人次，占总人数一半以上；大部分优抚对象对自己的生活水平不满意；优抚对象使用抚恤补助金支出生活费用频率高，大部分人员用抚恤补助金为生活费的支出点是80%以上。

（二）生活照料需求

从表3－4中数据可以看出，在调查优抚对象300人中，256人渴望在生活照料方面得到帮助，占85%；27人由于年纪不算老，能够自理，不需要生活照料，占9%；17人表示无所谓（依靠子女，生活比较富裕，占6%），这说明大部分对象有生活照料方面的需求。

表3－4　优抚安置对象在生活照料方面得到帮助调查表

项目	人数	百分比（%）	排序
需求	256	85	1
无需求	27	9	2
无所谓	17	6	3
合计	300		

在访谈中，需要生活照料主要在以下几方面：

第一，日常生活照料。目前大部分优抚对象已步入老龄阶段，年老力衰，基本丧失了劳动能力，有的儿女赡养意识差，有的条件恶劣，有的疾病缠身。因此，他们的日常生活非常需要照顾，譬如做饭、洗衣、取水、买药等。

第二，心理照料。优抚对象中空巢老人不少，孤独、寂寞，需要亲情关怀和人文关怀，需要心理调节。

第三，住院照料。较多的优抚对象居住在农村，年老体弱，患病比例高，需住院治疗数量较大，他们当中大部分子女外出打工，因此对住院照料需求较强烈。

（三）精神慰藉需求

访谈中，一位83岁的老复退军人谈到，他们以前当兵是为了报效祖国、保卫祖国，没有希望得到太多的回报，唯一的诉求是希望国家和人民能够记得他们的功劳，多给予一点精神上的安慰，多组织一些拥军优属活动。表3－5中，渴望服务管理部门经常走访的有231人，占77％；不渴望的53人，只占18％。当被问到“若有机会，您是否愿意参加有关优抚对象的活动”时，回答愿意的280人，占83.3％；回答不愿意的26人，占7.8％；回答无所谓的10人，占6.9％。可见，绝大多数优抚对象对精神慰藉都有强烈的需求。

表3－5　是否渴望服务管理部门经常走访慰问

	样本人数	百分比（％）	累计百分比（％）
渴望	231	77	83
不渴望	53	18	10
无所谓	16	5	7
合计	300	100	100

（四）获得荣誉需求

访谈调查中荣誉需求集中表现如下：一是为优抚对象制作优待证，方便优抚对象出行以及获得相应的尊重和优惠待遇。二是定期开展“军地联谊”“优秀复员退伍军人评选、表彰”“关爱优抚安置对象”等系列活动。三是组织优抚安置对象走进军营活动，组织走访高龄的优抚安置对象慰问活动。四是实行优抚对象医疗优惠优抚政策，让优抚对象能够更好更方便地接受医疗服务。五是提高优抚安置对象的政治地位。六是走访慰问，张贴“光荣人家牌匾”。

表3－6　获得尊重和获得荣誉的期望情况

	人数	百分比（％）	排序
渴望	176	59	1
不渴望	81	37	2
无所谓	43	14	3
合计	300	100	

表 3－7　对加强英模人物、英雄事迹宣传力度的看法

	人数	百分比（%）	累计百分比（%）
应该	276	92	80
不应该	0	0	0
无所谓	24	8	20
合计	300	100	100

四、河池市社会力量参与优抚安置服务的实践探索

（一）河池市引导社会力量参与优抚安置工作保障机制的路径

2016 年，河池市民政系统会同全市社工行业组织及多家社工机构启动了社会力量介入优抚安置保障机制，计划成立社区级“优抚安置服务中心”和“基层优抚安置服务站”以及“退伍军人之家”、社区服务中心等，采用政府购买服务、委托等方式，引入社工机构承接运营，实现优抚服务全覆盖。建立“专职工作人员＋专业社会工作者”的社会工作队伍，开展需求评估、服务需求、资源链接，实现服务需求主动发现、精准帮扶因人施策，比如在街道社区干部牵头建立优抚社工、志愿者、联络员队伍为优抚安置对象，特别是烈士遗属、残疾军人等重点优抚对象提供政策宣传、精神抚慰和部分生活辅助等服务支持等方面进行了介入，实现优抚安置服务的常态化、规范化、专业化，提升优抚安置对象的荣誉感和满足感。

1. 强化政府统筹引导，确保有序参与

一是根据优抚安置服务对象需求，以河池市社会组织志愿服务队为骨干，统筹相关社工机构开展专业社工服务，如市义工联合协会，以社区义工、基层老年协会、社区优抚安置互助服务协会为主体，统筹全市义工组织开展优抚安置互助服务志愿服务。政府主导和社会力量分类统筹的有效结合，保证社会力量有序、规范地参与优抚安置互助服务工作。二是制订工作方案和购买服务制度。建立“一项制度”一个“工作专班”，即引导社会力量参与优抚保障服务工作联席会议制度；搭建“三个平台”，即“优

抚安置服务中心”和“基层优抚安置服务站”以及“ 退伍军人之家”三个平台；建立“三项机制”的社会组织参与优抚安置服务工作机制，即“社会组织项目推动、志愿服务、两新党建引领”三项机制。三是建立监督和评估制度。加强工作监督指导，及时发现问题、解决问题，同时引入第三方评估，对社会组织开展的优抚安置服务项目进行监测和评估，确保资金使用能够合理有效。四是建立激励体系化。对社会力量参与优抚服务的先进典型，优抚对象反响好的社会组织给予奖励。以 2017 年开展激励试点工作，2018 年全面建立健全激励体系。五是实现多元化联动。政府对在河池市不断拓展基层资助从“买人头、买岗位”转为“购服务、评项目”。①街社联动。社区减负后，全面推行社区服务外包，将适合社会组织承接的社区公共服务打包成为项目，通过购买服务方式交由专业社会组织承接。②机构联动。比如金城江区、罗城县、巴马县光荣院等一批具备公共服务职能的直属优抚事业单位也尝试购买服务，共拿出 500 张床位，向社会招标，“引进来”，择优引进专业服务类社会组织，实行公办民营。大化县、都安县光荣院将 100 张床位作为机构医养结合专业力量下沉到社会组织社区，实现城乡社区综合服务中心联手打造特色社区康复医疗站。③部门联动。近年来政法委、卫计委、司法局、妇联等多个单位与民政局合作通过购买服务方式，在优抚安置、医养融合、留守关爱等领域专项培育扶持一批专业类社会组织。比如 2017 年 3 月，军休所、复退军人医院、光荣院、烈士纪念设施的优抚安置事业单位拿出 200 多万元调解治理类购买服务清单，吸引了 23 家社会组织参与竞标。

2. 整合多个领域力量，做好优抚服务体系

课题研究成果为决策提供了理论支撑，河池市不仅将社会化服务优抚安置保障纳入全市“十三五”规划，还出台《河池市关于政府购买公共服务的实施方案》《河池市支持社会组织发展与参与优抚安置服务试点项目实施方案》《河池市社会组织管理改革实施方案》《关于成立行业协会商会与行政机关脱钩联合工作组的通知》和《河池市行业协会商会与行政机关脱钩实施方案的通知》等一系列相关制度文件。河池市人大提出了《关于进一步提高城乡优抚安置服务水平的议案》，市政协提出了发展优抚事业的多项提案，全市初步形成整合资源抓优抚安置事业的发展态势。据统计，全市通过政府主导，充分调动社会资源与市场资源，建成各类优抚安置

事业机构33个、床位3000张，每千名优抚对象拥有床位数达80张，目前正在完善优抚对象服务供给体系、保障体系、政策支撑体系、需求评估体系、行业监管体系的“五位一体”社会组织服务体系，就是要让更多社会工作满足不同优抚安置对象的内在需求，进而实现优抚安置服务的供需平衡。

3. 推动多个行业深度融合，参与常态化

河池市充分发挥政府购买服务对服务业的有效拉动作用，满足优抚安置群体日益增加的服务需求。随着购买服务试点深入，购买服务机制在河池优抚安置对象服务保障领域得以拓展。一是高位设计，建立制度。先后出台了购买服务实施办法、项目管理流程、绩效评估暂行办法等配套制度文件。二是规范流程，细化标准分类。目前将购买服务项目公开化，提升社会组织参与竞争的积极性。三是委托第三方运作，推动直属转型鼓励社会组织参与竞争承接服务。河池市第四人民医院（市复退军人医院）2016年购买服务竞标工作全面委托给具备政府采购资质的第三方专业机构运作；同时创新总结出一套符合民政特点的自主采购模式，有效结合了政府采购的规范性与社会服务的灵活性，获得了财政部门的肯定和推广，也取得了很好的社会反响。

4. 全过程介入服务，跟进特殊服务对象的个案服务

根据对象的需求，2016年，全市引入对优抚家庭的基本信息进行核实评估，共为1.69万户优抚对象建立“一户一策一台账”，梳理出优抚对象困难家庭急需解决的住房、医疗、教育、就业、生活照料及抚恤补助六大需求。对这些需求进行细化，为他们提供能力提升、社会融入、资源链接和急难情形处理等多种形式的精准帮扶服务，为全市优抚困境家庭和优抚服务对象提供精准保障水平。一是制订“远亲近邻”优抚安置服务工作计划，依托社区开展工作，为适合对象开展快捷有效的社区服务功能。二是搭建协调服务平台。成立社区级“优抚安置服务中心”和“基层优抚安置服务站”以及“退伍军人之家”、社区服务中心，开展优抚安置服务社工和志愿者招募、培训、备案、调配、考核等工作，制定优抚安置服务社会工作服务标准和优抚安置服务现场社工工作、医务社工工作、社区热线工作优抚安置服务家属个案管理工作等工作流程，遵照“精准化”及“需求匹配”的原则，统筹优抚安置对象需要，科学调配社会工作服务资源，实现了资源、服务与对象的需求之间的供需匹配。三是开展针对性服务。按

照“分点服务、专业疏导、精准救助、需求匹配”的工作原则，通过调查摸底、建立信息档案和需求评估，运用个案、小组、社区专业手法和“一家一组、一组一策”方法，开展针对特定优抚安置家属的各类服务，构建了“政府统筹指导、专业社工服务、志愿者参与、社会支持”的优抚安置服务新模式。据统计，此次启动社会力量介入工作中，社会力量累计参与介入服务达3038人次，服务优抚安置对象及家属20141人次，跟进6000多户优抚安置家庭，开启了158个个案服务。为优抚安置工作顺利开展提供了有力保障，在缓和社会矛盾、营造正面氛围等方面发挥了重要作用，得到了政府部门、优抚安置对象及家属的肯定。

5. 探索引导社会力量参与优抚安置服务保障人才建设模式

2016年河池市以市委办、市政府办的名义，联合印发了《关于促进社会组织健康发展的意见》（以下简称《意见》）、印发《社会组织承接政府职能转移和购买服务的资质认定办法（试行）》《关于推进社会组织承接政府职能转移工作有关问题的通知》等文件，从社会组织的登记管理、培育扶持、依法自治、管理监督等方面作出规定，积极培育和发展社会组织，推动社会组织成为政府职能转移的主要承接者。一是建好组织框架。倡导和鼓励退伍转业军人创办优抚类社会组织，为确保优抚安置类社会组织服务优质的需要，不同类别的社会组织可以提供不同的社会服务，也需要不同类别的专门人才。由真正了解优抚安置对象实际需求的他们创办优抚类社会组织，可以确保提供更加优质的服务。二是明确社会组织可介入的优抚安置服务领域。《国务院关于第六批取消和调整行政审批项目的决定》就优待抚恤、烈士褒扬、军队离退休干部安置、退役士兵和复员干部接收安置、军供及双拥等优抚安置的具体工作，依法依规进行认真的分析评估，强调职能部门在承担起政府部门应该承担的服务职责的同时，也要下级取消一批职权，为各类社会组织特别是优抚类社会组织的介入提供足够的空间，如相当一部分为退伍转业军人提供就业服务等职能，是完全可交由社会组织承接的。三是通过多种方式引导和规范优抚类社会组织的发展。政府与社会组织之间的关系既可以是补充模式，又可以是合作模式。依据新公共管理理论“通过顾客介入，保证公共服务的提供机制符合顾客的偏好，并能产出高效的公共服务”的要求，探索创建以优抚类社会组织为载体的优抚安置对象服务机制，可以作为优抚安置制度创新的一种尝试。四是形成制度体系。出台河池市《关于加强社会工作队伍建设的意见》，将社工列入专业技术人才，探索建立社工的职业资格制度；出台河池市《社会工作者职业资格认证暂行办法》，规定每年组织一次社会工作师和助理社会工作师的资格认证考试，形成一支具有本市特点的职业资格的社会工作者队伍；设立社会工作义务服务基地将社会工作（社工）和志愿者（义工）联动发展，社工和志愿者都是开展社会服务的主力军，最大不同在于社工是职业从事社会服务，而志愿者则主要是业余兼职，社工需要发挥主导作用，由社工发展、指导、联系和服务志愿者，更专业、更深入地推进社会服务活动。推动全市11个县市区各选择3—5个光荣院机构、老年活动中心、群众健身点等，作为“义务服务基地”，在社工协会的统筹下积极倡导在册志愿者进入基地，开展经常性的义务服务工作。

6. 建立一套鼓励社会力量参与优抚安置服务保障的机制

重点构建保障机制，确保社会力量参与优抚安置服务正常、有序进行。一是进一步转变政府职能，规范政府购买服务，构建和完善多层次多方式的政府购买服务体系，提高政府服务水平和效率，比如政府向社会力量购买优抚安置服务，通过发挥市场机制作用，政府直接向社会公众提供一部分优抚安置服务事项，按照一定的方式和程序，交由具备条件的社会组织承担，并由政府根据服务数量和质量向其支付费用的服务供给方式。二是鼓励志愿者成为社会力量参与优抚安置服务保障的重要组成部分，并切实发挥作用。三是搭建一批社会力量有效参与优抚安置服务的平台载体。推进社会力量参与优抚服务工作的责任主体部门建立社区对社会组织、社工和其他社会力量参与优抚服务工作的扶持激励机制，通过以奖代补、计件奖励和政府购买服务等方式，引导社会各界积极参与优抚服务工作。建立绩效评审办法，探索建立由购买主体、服务对象及第三方组成的综合性评审机制。在财政安排推进社会化优抚服务专项资金基础上，通过福彩公益金项目补助、社会慈善捐助等多渠道筹集资金，保障社会化优抚服务工作的相关经费落实到位，并逐年有所增加。民政、人武部、县委、财政局、人社局等主体部门，负责引入社会力量参与优抚服务工作的督导、协调和指导，并定期研究、会商和对相关问题的决策。四是制定一套社会力量可持续参与优抚安置服务的考评管理体系。首先，加强审计评估。优抚安置服务保障的经费无论来源于政府财政还是社会，相关文化理念机构一定要积极发挥自身职责，通过多种手段来监督资金的使用，保证这些资金能够被合理使用。对社会力量参与的优抚安置服务项目，要进行财务绩效审计和服务业绩评估，特别是对资金使用效率、资源利用效率、公众满意度等进行严格的绩效评估，可成立专门的评估工作小组或委托第三方机构，对优抚安置项目进行跟踪评估和量化方式进行评估。其次，实行优胜劣汰原则。对因经营不善、不符合考评目标的社会力量参与项目的情况，加强进行整改，保证优抚安置服务项目能够顺利运转。最后，构建良好的宣传机制。个人、企业或者其他社会组织如果参与优抚安置服务的积极性比较高，尤其是在优抚安置服务项目中具有典型意义的社会力量，加大在社会上的宣传力度，树立形象，从而在全社会形成良好的舆论氛围。

（二）河池市开展社会力量参与优抚安置工作试点探索

1. 宜州区、都安县试点项目

在河池市宜州区、都安县启动实践试点工作，出台《关于开展政府购买基层老年协会优抚安置互助服务试点工作的通知》文件。在优抚安置服务保障建设上如何引入社会组织参与方面，选择政府购买基层老年协会养老互助服务工作试点，出台了专项政策，取得了良好效果，并积累了以制度创新引导社会力量参与公共服务设施建设的宝贵经验。开展优抚安置互助服务试点，时间跨度为1年，主要做好以下几方面工作内容。

（1）注重安置对象家庭情况。一是定期家访。河池市优抚对象平均年龄超过76岁，多数优抚对象行动不便，子女因工作等原因长期不在家。针对这种情况，社区服务中心的社工要主动了解优抚对象的身体和精神状况，并且根据需要上门探访。在探访中，社工通过倾听和引导优抚对象的心理情绪，鼓励他们参加服务中心的活动。社工还为每位优抚对象建立了联系档案，详细备注其健康状况、性格、兴趣爱好、家庭成员和需求等方面的信息。二是建立个人档案提供服务。优抚安置对象曾长期在部队生活，有少数人在回归社会后不能很好地适应家庭生活和社会生活。另外，由于优抚安置对象的工作技能和文化水平相对较低，从事的多是技术门槛较低的工作，随着社会经济飞速发展，部分优抚安置对象被高技术含量的行业淘汰，家庭经济窘迫，生活陷入困境，因而产生自卑情绪，存在对家人尤其是对子女的亏欠心理和对社会的抱怨，为此社工采用心理社会治疗模式，与优抚安置对象建立专业关系，开展直接治疗和间接辅导。一方面，帮助优抚安置对象了解环境压力与个人的关系，鼓励优抚安置对象与社工、家庭成员互动，提升与他人沟通的能力；另一方面，对优抚安置对象面临的实际困难进行回应，例如帮助其子女提升就业能力，提高其家庭生活质量等。三是社区工作。社区服务中心的社工结合“红心闪闪”义工服务，通过庆“八一”和评功勋优抚安置对象探访活动，增强了社区居民与优抚安置对象的交流，增进居民之间相互了解，社区服务中心还长期开展慢友同行健康管理服务，以社区老年人（包含优抚安置对象）为服务对象群体，开展健康讲座、压力缓解、家庭照顾和社区融合等服务，促进不同职业、不同生活背景的居民相互支持和关爱。

（2）注重社区资源的整合。社工注重从优抚安置对象出发，整合社区资源，让优抚安置对象在社区内享受各类服务，特别是通过“优抚安置服务中心”“基层优抚安置服务站”“ 退伍军人之家”、社区服务中心等平台服务，满足其多样化的需求。一是协助政府正确解读政策，促进优抚安置对象和政府之间的交流。国家在优抚安置工作方面制定了相关政策法规，但不同地区的经济发展情况不同，执行政策的实际情况也不同，由于信息渠道多元，部分优抚安置对象在获得信息不完整的情况下，感觉自己所在地区、街道或社区在执行政策方面不如其他地区好，误以为是标准降低导致享受的待遇不如其他地区，对政府产生了误解，对此，社工配合民政、信访部门，为优抚安置对象讲解相关政策，促进政府和优抚安置对象之间通过对话和沟通来解决问题。二是链接社会资源提供服务。针对优抚安置对象因行动不便而产生的就医难问题，社工一方面引入健康小屋社区健康管理顾问，定期上门为优抚安置对象测量血压、血脂、心率等基本身体健康指数，提供健康照顾建议；另一方面，链接关爱大篷车、爱心的士车队等资源，让社会资源负责陪同及接送伤残或高龄优抚安置对象到医院就诊或接受康复治疗，通过迎进来和送出去，有效地解决了优抚安置对象就医的问题，缓解了其家庭的照顾压力，提升了优抚安置对象的健康管理水平。三是社工统筹，五工联动，共助优抚安置对象安心生活。社工组织社区挂钩武警、少年义工、工作站政工和医务护工，共同构建优抚安置对象社区支持网络，通过谈心，帮助优抚安置对象适应家庭生活等，从经济、心理和社区融合方面完善服务网络，协助优抚安置对象在社区安置生活，对参与服务的年轻人也有教育意义，提升了居民的社区参与度，促进了居民之间的相互交流与支持。

（3）注重社区服务拓展和研究。优抚安置对象步入中老年之后，其生命整合的需求凸显。有的优抚安置对象对自己的人生加以肯定，有的则认为生活不如意，自己的付出并未得到国家足够的重视和补偿。这个时候如果社工能够积极地与他们沟通交流对他们的贡献加以肯定，他们的自信将进一步提升，为此社工运用个案管理模式，以服务中心为平台，联动政府信访部门与社会组织共同参与优抚安置对象诉求的满足。优抚安置对象的诉求，一方面是对整个社会宏观层面泛化的期望，如获得社会承认等，另一方面也有对个人家庭生活改善的具体要求。社工对优抚安置对象的诉求进行分流，将他们对个人生活改善的诉求纳入社工的服务范畴，深入其家庭，详细了解真实情况，协调资源满足其诉求，促进其问题的解决。

2. 河池市复退军人医院优抚之家社会工作服务项目

河池市复退军人医院优抚之家社会工作服务项目的项目时间从2015年12月至2017年2月（其中2017年1—2月是项目延期时间，下列服务数据统计时间段是从2015年12月至2017年2月24日）。

（1）项目的主要目标是：搭建沟通平台，促进优抚对象的交流；扩大优抚对象的社会支持网络，丰富优抚对象的休养生活；以个案、小组为服务手法，为有需要的优抚对象开展心理辅导、团体支持等服务，提升优抚对象应对困难的能力。

（2）项目服务内容：一是优抚对象探访。每月固定对优抚对象进行探访，为其建立个人动态档案，以掌握服务对象的健康、生活动态及需求。二是个案服务。A. 专业个案内容。根据优抚对象的实际需要，主要是对对象存在的低落情绪及抵触情绪、法律维权、心理困扰问题、心结未解而产生的胸闷、对自身疾病认识错误、对未来生活迷茫问题开展个案。B. 咨询个案咨询内容。在个案服务过程中社工主要发挥了同行者、支持者、教育者、使能者、联系者、协调者、信息提供者的角色作用。三是小组及活动。活动内容包括节庆活动、集体生日会、探访活动、社工日宣传、爱国宣教活动，共5个，开展小组59节，服务人次460人次；活动16个，服务人次达1598人次以上。在开展的服务如集体生日会受到优抚对象的热烈欢迎，优抚对象十分喜欢参与本项目开展的相关服务。社工根据全院病友的需求的分布及迫切情况，首先开展了常规的看电影服务活动，接下来组织开展相应的小组（结对帮扶、社交、健康自我管理、音乐小组等）及有关健康知识、法律知识、书画类知识、厨艺知识、文化教育知识普及等方面学习班，社工部按上述的计划继续实施。

（3）工作介入方法及流程：一是探访方法及流程。A. 探访方法：与服务对象面谈；与服务对象家属联系沟通（面谈或电访）；了解服务对象需求。B. 探访流程：制作探访提纲（参照探访表所要收集的信息制作）及准备探访物资、实施探访（预约探访或随机探访）、探访记录、探访分析、跟进计划。二是个案工作方法及流程。A. 心念要求：真诚、平等、尊重、接纳、不批判、包容、关爱、负责。B. 具体工作技巧：同理心、无条件关怀、支持鼓励、澄清、聚焦、对质、小结等。C. 流程：接案（接案来源包括主动接触服务对象挖潜、服务对象主动寻求社工帮助、转介，在接案的过程社工要就社工本人、服务单位及服务领域、工作时间、工作地点等方面进行介绍）、初步面谈评估、同意书（书面或口头形式）、服务计划、家庭图绘制（贯穿整个服务过程，根据案主家庭动态信息变化而变化）、个案服务面谈及相应个案记录（个案面谈包括人物、时间、面谈方式、面谈目的、面谈内容、社工分析及处理、跟进计划、社工签名、督导审批及签名）、结案报告。三是小组工作方法及流程。A. 小组类型：发展性、治疗性等。B. 制订小组计划书，计划书要素：主题、对象、名额、地点、时间、负责人；服务背景；目的和目标；工作筹备（工作沟通、计划制订、宣传及招募方式、分工、物资购置）；小组内容及各节详细流程；预计困难及应对；评估方式；审核及审核人。C. 小组实施及各节记录（内容、参与情况、社工主要运用的工作技巧、突发事件及应对）。D. 小组总结报告（目标完成情况、筹备情况、参与情况、社工主要运用的工作技巧、突发事件及应对；过程评估及成效评估、经费实际开支）。四是社区工作方法及流程。A. 工作模式：主要是地区发展模式、社区倡导模式、社会行动模式。B. 活动计划要素：主题、对象、名额、地点、时间、负责人；服务背景；目的和目标；工作筹备（工作沟通、计划制订、宣传及招募方式、分工、物资购置）；活动内容及详细流程；预计困难及应对；评估方式；审核及审核人。C. 活动实施。D. 总结报告（目标完成情况、筹备情况、参与情况、社工主要运用的工作技巧、突发事件及应对；过程评估及成效评估、经费实际开支）。

（4）项目进度与内容。

表4－1　项目进度与内容

时间	具体内容	备注
2015 年 12 月	1. 社工到河池市复退军人医院进行调研 2. 了解医院和病患者的基本情况 3. 与医院相关负责人及医务人员交流，参观医院设施和病房 4. 与医院的医务人员达成工作上的共识，共同策划活动	一份调查报告；一份需求评估
2016 年 1 月	1. 在医院与医务人员一起建立、完善病患者活动场地 2. 完善原有的活动场地，向医务人员或周边学校募捐图书、运动器材 3. 建立具备运动、阅读、散步的活动场地 4. 筹备春节游园活动和联欢晚会，向医务人员以及患者收集节目	物资清单；募捐方案；游园活动方案
2016 年 2 月	1. 进入复退军人活动场地和复退军人一起活动 2. 举行春节游园活动和联欢晚会，与复退军人共度佳节	小组主题及流程方案
2016 年 3 月	1. 招募小组组员，开展四期小组活动，每周一次 2. 第一周开展第一期小组活动，带动组员相互认识熟悉 3. 第二周开展第二期小组活动，引导组员之间进行初步的交流 4. 第三周开展第三期小组活动，帮助组员进行互助活动，比如在病房区建立互助“1＋1”结对子小组，互助鼓励和监督 5. 第四周开展第四期小组活动，带领组员分享参与小组的感受和收获	
2016 年 4 月	1. 启动“图书角”活动，每月四次，每周一次活动读书会或分享讨论会 2. 组织心理辅导课的开展，每月四次，每周一次；4 月份在复退军人病房区举办一次生日会，在生日的复退军人都作为寿星	心理疏导课程方案；志愿者招募方案

续表

时间	具体内容	备注
2016 年 5 月	1. 开展歌唱比赛、娱乐性运动会等活动 2. 针对将出院的社会病人开展 4—6 期社会适应小组，每周一次 3. 面向高校招募志愿者，定时组织志愿者到医院开展康乐性活动	
2016 年 6—7 月	1. 组织举办端午节游园活动 2. 开展 4—6 期针对年轻复退军人的社会技能培训小组活动，每周一次	端午节游园活动
2016 年 8—9 月	1. 复核 4 月份建立起来的“1＋1”结对小组的效果，并组织结对子的患者制作成长树 2. 组织志愿者开展康乐性活动 3. 开展 4—6 期针对年老复退军人的心理辅导小组活动，每周一次 4. 帮助他们在中秋与家人朋友见面交流	成长树制作；心理疏导小组方案
2016 年 10—11 月	1. 开展国庆联欢晚会以及歌唱比赛 2. 组织“我和中国一起生日”的复退军人生日会	
2016 年 12 月	组织开展项目评估	

特别说明：项目延期至 2017 年 2 月，该阶段进度及计划未列入上表。
表格来源：工作者自制。

（5）志愿者建设。针对项目需求，拟定志愿者服务从如下切入口进行：一方面是理发方面的志愿服务。目前整个医院理发工作人员有限，理发工作量大。针对此需求，项目社工拟整合社会上的爱心理发资源来医院帮忙，以更好地给服务对象提供更到位的理发服务。另一方面，则是拟订志愿队伍探访服务。在志愿者进行探望前需对志愿者事前进行培训，以更好地达到对探访服务对象送关爱送温暖的目的。

（6）介入系统。①服务对象个人系统；②服务对象院内系统（医院系统）；③服务对象家庭系统；④服务对象村落（社区）系统；⑤服务对象所在的卫生系统［市、县、乡镇（街道）、村（社区）四级］；⑥服务对象所在辖区的行政、司法、公安系统；⑦服务对象社会系统。

（7）合作资源。①医院内医护工作人员，院外县（区）、乡镇（街道）社区精防医生；②乡镇或街道民政、妇联工作人员；③县（区）、乡镇（街道）残联及工疗站；④村委会（居委会）；⑤专门康复中心（非工疗站）；⑥就业指导中心；⑦社会劳动保障中心；⑧市县卫生局；⑨司法局、司法所及县（区）法律援助中心、公安局及派出所；⑩消费者权益保护协会；⑪社会公益组织及爱心企业。

（8）社会工作介入优抚之家的评估。①需求评估。A. 目的：界定服务对象的需求，为案主提供服务打下基础。B. 内容：服务对象需求。C. 方法：（a）利用问卷调查获得服务对象的观点，总结其需求；（b）查阅书籍或网上的相关统计资料，把握服务对象的需要。②方案评估。A. 目的：通过对比选取最适合的方案。B. 内容：方案的合理性、财务、时间、职业操守等内容。C. 方法：（a）确定方案的核心需要和目标；（b）把握方案实施时的可能工作模式，预测其各自的可能效果；（c）针对工作目标形成专门性计划，配套制定不同层面的操作目标。③过程评估。A. 目的：在服务中直接观察过程进展，随时了解方案施行所产生的变化，及时滚动地修订工作计划，保证服务计划的顺利进行。B. 内容：服务对象的回应、相关人员的态度、各类资源的变动状况、执行效果、目标与工作方法的接受程度等。C. 方法：（a）在服务过程中安排专职的观察员，观察计划的实施情况和变化；（b）每次活动结束后通过满意度评估表等了解服务对象对活动的满意度和活动效果；（c）工作预案实施过程中不定时进行抽检，检验服务对象接受服务程度。④成效评估。A. 目的：了解计划工作人员是否按照计划流程标准严格执行，计划结果是否达到预期目标。B. 内容：服务内容的形式、服务的效果、计划流程的执行、资料管理、团队协作、计划成效等。C. 方法：（a）每次活动后，策划者都应做好活动效果的总结评估，为下次活动进程改进提供依据，为项目的总结、推广提供依据；（b）抽样访谈，了解参与服务对象的满意度。

（9）项目取得的成效及影响力。①促进服务对象与院方的沟通更加顺畅。为了使优抚对象得到更好的治疗及日常生活问题得到更好的解决，社工在工作的过程中发挥了信息传递者、教育者、协调者、使能者的角色作用，搭建互动平台，协助服务对象更好地与医院进行互动。②探访方面。为优抚对象及部分非优抚对象建立动态档案，每月进行探访了解需求，将中期评估之前访谈的219人资料通过统计分析，形成需求调研报告，为接下来的服务提供依据。后期仍然进行持续的探访，以动态式地了解服务对象需求，同时在这一过程也有利于促进社工与病友之间的工作关系，有利于社会服务的进一步深化。③个案服务方面。主要向优抚对象提供信息咨询如经济问题、劳动维权、家庭关系处理、居住环境改善、个人健康、入院适应问题、出院条件问题、政策咨询、就医问题、情绪及心理问题等，及时为优抚对象排忧解难；通过专业个案服务使案主在人际冲突矛盾、忧虑（较重程度）、疾病医治方面的错误认识及抵触情绪、家庭关系不佳甚至矛盾、心理困扰和压抑（较重程度）甚至轻生念头、生命安全及临时生活困境（案主走失及连带产生的家人焦虑、食宿困境）、消沉及悲观心理等方面的困境得到部分或全部解决或缓解。④小组方面。通过小组有利于发展大家的文艺兴趣爱好，同时也有利于促进院内病友之间、病友与医护工作人员、社工之间的互动交流。在小组活动室安排出来后社工根据全院病友的需求的分布及迫切情况首先开展了常规的看电影服务活动，接下来组织开展相应的小组（结对帮扶、社交、健康自我管理、音乐小组等）及有关健康知识、法律知识、书画类知识、厨艺知识、文化教育知识普及等方面学习班，虽然目前项目即将接近尾声，但也会按上述计划继续实施。⑤活动方面。节庆活动主要是让优抚对象身心获得了放松，感受到了节日的欢乐和温暖，感受到了社会的关心及温暖，也促进了大家的互动交流；探访活动让服务对象感到社会的关心；社工日宣传活动则使很多住院的精神康复者对社工知识有了浅层次的认识；集体生日会（每季度定期举行）则是为大家创造了一个互动交流的机会和平台，促进了服务对象之间的交流，从而改善彼此之间的社交，增进感情，增强集体生活的凝聚力。⑥常规服务方面。通过常规服务使优抚对象日常较为单调的生活得到了丰富，身心也得到了放松，兴趣得到了培养，知识得到了增加，而且在参与服务的过程中也增加了优抚对象之间、优抚对象与非优抚对象之间的沟通交流。⑦志愿者资源链接方面。邀请美国临床心理学博士梁中宁博士针对院内医护工作人员开展了一次有关社会工作及心理治疗在精神康复介入的专业培训。

（三）河池市引导社会力量参与优抚安置服务保障的成效

1. 政府层面统筹成效

河池作为革命老区，有着拥军优属的丰厚底蕴和基础。尤其是近年来，军地各级认真贯彻习主席关于加强国防和军队建设一系列重要论述，积极推进军民融合深度发展，拥军优属工作在传承中创新、在创新中发展，取得了明显成效，主要体现在以下三个方面。

（1）体现在心系国防、情系武装的浓厚氛围上。各地把抓好全民国防教育作为拥军优属的基础工程，积极推进这一教育进机关、进校园、进企业、进农村、进社区，营造全社会爱军强武的浓厚氛围。①充分发挥红色资源的教育熏陶功能。全市共修建92个纪念设施、100个国防教育基地（馆室）和13所少年军校，韦拔群纪念馆、壮乡英雄文化园、河池革命纪念碑等一批国防教育基地功能完备、活动经常，年均接待23万多人次。东兰县积极打造“红色旅游”品牌，开辟3条“红色旅游专线”，已打造为国家AAAA级红色旅游区，组织干部群众在畅游秀山丽水中接受国防传统教育。②充分发挥英模典型的示范引导功能，大力宣扬营救空军飞行员的宜州市福龙乡“爱国拥军模范”兰绍金，都安瑶族自治县大兴乡丹江村弄蕉屯村民韦国寿一家6个男孩5个参军3个入党2个上军校1个士官的先进事迹，全社会关心支持国防和军队建设的氛围进一步浓厚。③人民群众自发拥军、真情爱兵，更多的民营企业家富而思源、产业报国。2016年，经报军区批准在非公有制企业南方有色集团设立武装部，建立民兵组织，该公司领导层全心关注、全力投入，取得了明显效果。2017年在金城江区、宜州市和南丹、巴马县推广组建一批，之后逐年逐批全面展开，充分体现了非公有制企业支持关心国防建设的拥军情怀浓厚。

（2）体现在关爱军属、关爱官兵的权益维护上。全市驻军单位46个，有现役官兵2100多人，目前全市共有优抚对象约10万人，享受国家抚恤优待和定期补助约1.7万人。全市每年征集新兵1000人左右，接收退役士兵900人左右，需安置的退役士兵40—60名，目前全市共有现役官兵随军家属230多名。各级始终把维护军人荣誉地位、支持部队建设作为分内职责，逐步完善形成军人维权保障、生活服务、就业安置、退役培训、重点优抚对象生活保障“五大体系”。近年来，在随军家属安置上，共安置53名，2016年又计划在全市拿出36个名额实行定向定岗招录，实现零待业的目标；在转业干部安置上，全市共接收安置军转干部61人，其中计划分配35人，自主择业26人，9名团职军转干部均安排在领导岗位，营以下均安置在参公以上单位，100%的有实职；在退役士兵安置上，及时发放优待金，对立功受奖人员实行优待奖励，符合政策的退役士兵全部有工作安排；在涉军维权工作上，成立了领导机构，明确职责分工，坚持定期或不定期地完善复退军人维稳工作预案，3 年来共接待各类优抚对象 1500 多人次，办理信访件 180 余件；在“两参”、残疾军人优抚上，通过开展爱心献功臣、关爱行动和农村危房改造等一系列帮扶活动，共发放 350 万元优抚帮扶经费，解决了 328 户 990 间住房困难的优抚对象；在优抚对象抚恤金上，落实重点优抚对象抚恤补助标准自然增长机制，及时调整和补发优抚对象的抚恤补助金，通过打卡形式按时足额发放定抚、定补和残疾抚恤金，确保优抚资金及时、安全、准确到位。

（3）体现在依法推进、有序运转的长效机制上。坚持依法推动拥军优属工作落实，形成了经常化规范化的运行机制。市委、市政府高度重视拥军优属工作法规建设，先后出台《关于做好随军家属就业安置和社会保障工作的意见》《优抚对象医疗保障办法》《关于进一步加强基层人民武装工作和专职人民武装干部队伍建设的意见》等法规文件，形成了上下结合、衔接配套的法规体系。依法抓好专武干部建设，从源头上严格把好入口关，切实理顺进出渠道，每年组织专武干部集中轮训，全市 284 名专武干部，当过兵或从人武学校毕业的占 98.6%，作用发挥明显。2016 年在组织专武干部集训时拉动 120 多名专武干部到军分区挂钩扶贫点宜州市福龙乡龙晓屯，开展助民劳动和生态乡村建设，既锻炼摔打了部队，又深化了参建援建活动，经验被军区转发。坚持走依法行政依法考核的路子，加强执法督导，把拥军优属工作列入党委政府绩效考评范围，作为“双拥模范城”和“平安县市”考评的重要内容，推动了拥军优属工作有效落实。

2. 协会互助服务成效

出台《关于开展政府购买基层老年协会养老互助服务试点工作的通知》，抓好试点基础上，组织实施了 9 个政府购买基层老年协会养老互助服务试点，组织落实《政府购买基层老年协会提供养老互助服务项目》，规范签订协议。对 109 个协会承接主体签订了《政府购买基层老年协会养老互助优抚安置服务项目协议书》，主要做法：一是明确购买服务的内容、要求以及服务期限、资金额度、拨付方式、违约责任等内容。政府购买基层老年协会养老互助服务项目期限为 2 年。二是明确聘请的服务人员职责。要求聘请的服务人员年龄在 65 岁以下。村级老年协会聘请不超过 5 人，屯级老年协会聘请不超过 2 人。服务人员每周进行 2 次以上巡访，负责活动室开门2天以上，搞好室内卫生，填写《老年协会活动记录簿》。如实填写《工作手册》，每周至少记录4次以上，每个月至少记录16次以上。三是指导协会开展活动。要求定期组织开展优抚对象及老人维权、文化体育娱乐活动，满足老年人养老服务需求等。目前，宜州市政府购买基层老年协会养老互助服务工作效果显著。

3. 社会组织运作成效

实行行业商（协）会承接政府职能转移，政府不该管、难管好的事务，委托给行业协会商会代理。近年来，河池市积极探索社会组织社会化保障路子，按市场运作方式，政府出资每人每年200元，由人寿保险协会承担优抚对象医疗保障。凡参与医疗保险的优抚对象，因病住院的每日可获得补助医疗费60元，因病去世，可获得保险公司赔偿医疗费最高3000元、丧葬费1500元，由此优抚对象的治病难问题得到了解决。同时，通过人寿保险行业商会协会开展单项试点，边试点、边铺开、边完善，转移办法逐步规范，形成了政府职能“转得出”、社会组织“接得住”、转出职能“用得好”的治理模式，为面上推广提供了经验和样板。全市11个县区级工商联在19个协会商会上开展“爱心献功臣”15项政府职能转移试点工作，市本级9个重点行业协会商会共承接了17项政府职能。优抚对象扩大到60岁以上农村籍老兵、参与铀矿开采军队退役人员、安置在岗退役人员、自谋职业退役人员、军休干部、无军籍职工共14类。

五、社会力量参与优抚安置工作中存在的问题及原因分析

（一）存在问题

1. 缺乏平台

维护权益需求缺乏可供社会力量多角度参与的平台，有时候是一些社会力量想参与而无法参与，有时候有需要参与的项目却无人参与。比如在获得荣誉感需求方面，部分优抚对象荣誉感缺失，整个社会的拥军优属氛围尚待提高，崇敬功臣、关爱功臣的社会氛围不浓，而双拥优抚工作仅靠行政力量实在是力不从心，有些优抚对象虽然拿到了抚恤补助，却仍感到

自己被社会遗忘了，于是“满意度”下降了。

2. 缺乏运行

调查中发现，当前引导社会力量参与优抚安置工作的政策制度中，缺乏引导社会力量参与的吸引力，即便是引导其参与之后，其发展的考核、监督、社会评价、社会荣誉等体系明显薄弱。政府主导、社会参与的拥军优属工作仍然存在一些问题和矛盾，在优惠政策表述中，多是“原则上”“优先”“应当”“可以”“一般情况下”等模糊概念，可操作性不强，给具体落实者留有可以打折扣、搞变通的空间。如，《广西壮族自治区随军家属安置和社会保障暂行办法（修订）》中的“应拿出不高于定向单位所处行政区域内年度招聘岗位总数5%的岗位，定向招聘随军前非事业单位在编人员的随军家属”之表达欠妥，不具可操作性。

3. 缺乏人才

目前，河池市大多数社会力量参与公共优抚保障服务时，没有固定的人才引进渠道，专业人才队伍匮乏，难以做好生活服务、心理康复、精神慰藉、维权、组织活动等优抚安置管理与服务，没有专业人才参与，难以满足服务对象日益增长的个性化、多样化、专业化的需求，难以提高服务质量、创新服务方式。

（二）原因分析

1. 国家政策滞后

许多政策和配套措施不完善、可操作性不强。随着改革开放的不断深入以及市场经济的日益发展，优抚对象利益需求出现了新情况、新问题，而这些新情况、新问题依靠“领导说话”“政府协调”的传统方式已经无法得到有效解决，必须依靠行政手段、经济手段、法律手段等各种手段的有机结合才能有效解决。

2. 社会保障滞后

随着社会主义市场经济的建立，建立起现代社会保障体系已经成为解决好优抚安置工作的必然要求，计划经济时代遗留下来的退役士兵的指令性行政安置使得“单位型”社会保障与现代社会保障体系的本质要求产生了冲突。

3. 社会因素不足

一是部分对象生活缺失。优抚对象中相当一部分是因战、因公牺牲的军人的亲属，亲人的过世使得他们处在“一人独居”或“老老共居”的状态，让他们遭受到心灵上的打击，他们常常将自己封闭起来，不愿向亲人和朋友倾诉，经常一个人面对着寂寞哀叹，他们常常心生对社会的不满情绪，他们对精神慰藉需求尤为强烈。二是拥军优属重物质轻精神。目前拥军优属主要是节假日慰问，象征性地走访一下。这种重物质、轻精神的拥军优属方式，使得优抚安置工作的层次限于资金和物质投入，不能给予优抚对象内心深处的精神慰藉。三是优抚对象需求层次上升。从生活照料需求到维权需求，再到荣誉需求和精神慰藉需求，优抚对象的需求层次不断提升，心理和精神满足日益重要，他们渴望获得精神上的抚慰和关爱。四是从“最可爱的人”到“最可怜的人”，社会拥军优属氛围淡化。优抚对象对获得荣誉的需求集中体现在他们渴望获得社会的尊重与认可上。优抚对象普遍怀有较强的自豪感，希望在社会中获得荣誉，受到尊重。然而，由于和平年代国防意识的淡薄以及整个社会拥军优属氛围的淡化，自豪感难以延续。他们认为，自己以前是“最可爱的人”，而现在却变成了“最可怜的人”。因此，国家、政府和社会应充分考虑到优抚对象获得荣誉感方面的需求，继续保持良好的拥军优属氛围，我们以调查问卷来诠释这个现象。

如表5－1所示，在调查的300多名对象中，觉得目前社会的拥军优属氛围很好的85人，占26.3%；认为一般的90人，占27.9%。如表5－2所示，当被问到“您在平时的生活和出行中是否获得过社会成员的尊重和优待”时，回答经常获得的有69人，占20.4%；回答很少获得或从未获得的169人，占50%，具体见表5－2。

表5－1　目前社会的拥军优属氛围

	频数	百分比（%）	累计百分比（%）
很好	85	26.3	26.3
一般	90	27.9	54.2
较差	123	38.1	92.3
很差		7.7	100
合计	323	100	

表5-2　平时的生活和出行中获得社会成员尊重和优待的情况

	频数	百分比（%）	累计百分比（%）
经常获得	69	20.4	20.4
偶尔获得	100	29.6	50.0
很少获得	123	36.4	86.4
从未获得	46	13.6	100
合计	338	100	

六、引导社会力量进一步参与并做好优抚安置服务工作的对策和建议

（一）加强服务创新

要围绕供给侧改革，针对差异化的服务需求，以加快转变政府职能相关政策法规为依据，以基本公共服务体系为依托，加快构建民政部门牵头组织、相关方面协同配合、社会力量有效介入、服务对象踊跃参与的新型优抚安置服务体系。通过健全优抚对象“三级服务网络”，加快推行政府购买服务，以弥补自身力量的不足。一要围绕统筹推进“五位一体”总体布局和协调推进“四个全面”战略布局，加快构建与经济社会发展水平相适应，与国防和军队改革相衔接，与服务对象贡献相匹配的优抚安置工作新格局，更好地服务广大优抚安置对象。二是建立政府购买服务长效机制。一方面多部门联动机制，顶层设计出台《关于社会组织承接政府职能转移和购买服务资质认定办法》向社会组织购买的民生服务和社会管理事项，推进优抚安置社会化进程。另一方面加大社会组织培育力度，社会组织是政府购买服务的承接主体，社会组织的发展水平直接关系到政府购买服务的质量。政府要通过多种手段不断加强社会组织能力建设与规模培养，促进社会组织发展壮大为己所用。同时，培育发展综合网络。重点培育行业协会商会、科技类、公益慈善类、城乡社区服务类社会组织，在能力、资金、人才方面给予专门的培育和扶持，加强社会组织孵化基地的建

设与管理。建成社会组织培育发展中心，并形成了市、区（县、市）、街道、社区四级社会组织孵化基地网络，使之成为为社会组织培育发展提供服务的综合平台。

（二）调整目标定位

优抚安置对象为国防和军队建设作出牺牲和贡献的特殊群体，理应得到国家、社会和群众的优待，随着我国社会福利政策从兜底向强化基础、适度普惠转变，优抚保障工作也应该从以体现政治上的关怀为主向既要注重政治上的关怀，又要注重经济上的优待转变，适当调整优抚保障政策，让优抚对象更多地分享到改革发展的成果。调整涉军保障制度的目标定位，必须遵循“你无我有、你有我优”的原则，制定相关优惠政策，同时，要着力解决“普惠与特惠”的矛盾与问题，善于从相关群体生活待遇的项目与层面中分析对比，切实做到“特殊群体，特别优待，优抚对象，优于别人”，协调财政部提高优抚对象抚恤补助标准，加大优抚医疗补助资金投入力度，将部分困难退役军人、部分农村籍退役士兵、烈士老年子女和铀矿开采退役人员纳入各项保障范围并列支退役军人专项经费。

（三）构建多元保障

一是进一步强化政府保障主体责任。国家财政应逐年按比例加大投入，特别是对抚恤对象和在乡复员军人国家应予全部保障，各级地方政府也应建立和完善重点优抚对象抚恤补助标准自然增长机制，不断提高重点优抚对象抚恤补助标准，保障其生活水平与国民经济社会同步增长。二是整合社会保障政策资源。各级民政部门要积极争取党委政府的支持，做好有关政策的协调和衔接，借助社会保险、社会福利、社会救助资源，用好用足政策，实现对优抚对象的多元化、多层次保障。三是积极培育、引导和发展社会中介组织参与优抚保障。要转变传统观念，拓展工作思维，动员包括非公有制经济组织和社会组织在内的社会各界帮助指导优抚对象发展生产，为优抚对象提供医疗、康复、保健、供养以及社会公益服务。

（四）建立分类模式

优抚工作是一项特殊的工作，因优抚对象较为复杂，优抚资金具有局限性，采取“分类优抚、重点保障”的工作机制能够将有限的资金运用到最需要的优抚对象上，更能实现优抚工作的深入性和保障性。一是针对不同的优抚对象，根据他们的实际生活情况，不同程度地提高抚恤补助标准，实行“分类优抚”。例如老复员军人、“三属”等重点优抚对象年老体弱，绝大部分丧失了劳动能力，有限的抚恤金仅够维持生活，有病只靠常规药物日常维持，不敢去医院系统治疗。对于这些重点优抚对象要加大优抚力度，增加优待资金，优先纳入社会救助体系，在医疗上实行一定程度的减免，增加医疗报销比例等。二是实行“重点保障”，建立“专项基金”。对那些患有疾病、家庭成员情况特殊（如残疾）、生活确无来源的重点优抚对象，确定重点保障人员及保障范围，建立重点保障档案，制订重点保障计划措施，在他们生病、建房等急需时拿出“基金”给予重点解决。重点保障使真正需要优抚的对象得到重点关怀，突出了优抚工作的重要意义，使资金投向合理化，使有限的资金得到最大限度的使用，更能突出优抚特点，最终实现优抚工作的最大效益。

（五）开拓精神慰藉需求

各级党委、政府要注意发挥党的思想政治工作优势，激发涉军对象的荣誉感。通过开展优抚关怀、节日慰问、制作优待证、开展军地联谊、宣传优秀事迹等方式不断满足优抚对象的精神需求。

（六）规范服务标准化

一是进一步明确现役军人在教育、医疗、住房、交通等方面的优惠待遇。二是进一步明确军人家属、烈士家属、因公牺牲和病故军人的家属及其子女，在就业、入学、医疗、住房等方面的优惠待遇。三是改进退役士兵安置方式。四是制定军人家庭救助制度，把特别困难的军人家庭纳入政府和社会救助范围，解除军人后顾之忧。五是建立军人培训制度，协调市有关部门拿出专项资金，帮助退役士兵培训实用技能。六是加强监管督查，设立专门执法监督机构，对军人优待政策落实情况进行检查督导，接待处理有关军人抚恤优待事项信访仲裁，按照权限对本级和下级民政部门实施奖惩。

（七）服务晋位争优

一是在提升工作标准中实现晋位争优。古人讲“取法其上，得乎其中；取法其中，得乎其下”。要推动拥军优抚安置工作高起点谋划、高质量推进、高标准落实，必须找准位置，提升位次。二是在勇于探索创新中实现晋位争优。结合本级党委、政府的评估意见，务必深入分析查找差距和不足，提出年度晋位争优的目标和措施，一步一个脚印实现工作位次前移。同时，对照中央和自治区出台的有关优抚安置政策落实情况，进行回顾盘点，找准工作的短板弱项，将短板补齐，将长项做强，让亮点更亮。三是在解决突出问题中实现晋位争优。围绕打通服务优抚对象的“最后一公里”，要实现政策在基层落实、工作在基层服务、效果在基层展现，必须以政策法规为依据，争取各级党委、政府的支持，同时加强与有关部门的协调配合，综合采取行政、法律等手段，一个一个单位督促落实，确保安置计划落到实处。

（八）加大荣誉制度

一是严格喜报发放程序。军地双方在进行立功喜报寄发接转过程中，建立情况反馈机制，确保喜报及时送达。收到喜报后，兵役机关和民政部门认真登记造册，建立电子档案，方便军属实时查询，同时向部队寄发回执；兵役机关和民政部门加强协调配合，自收到喜报之日起，7 个工作日之内县人武部和民政部门采取喜庆的方式，尽快将喜报和奖金送达军属手中。二是规范军人荣誉宣传。地方政府结合元旦、春节、建军节、中秋节、国庆节等重大节日，及时对立功受奖官兵的家人进行表彰奖励。在不泄露军事秘密的前提下，利用政府网站、当地电视台、广播电台、宣传公示栏等对获得军人荣誉进行宣传报道，二等功以上在市级、三等功在县级媒体上发布的形式，拓宽知晓范围，扩大正面影响。各人武部全程录拍送发喜报、优抚优待的过程，之后寄回部队作为教育素材，充分体现党和政府对军人荣誉的高度重视，不断激发现役军人奉献青春、献身国防的热情。三是实现荣誉就业对接。立功受奖官兵退出现役回到地方后，严格按照有关法律法规进行妥善安置。对那些立功受奖但无军地通用专长的官兵，地方政府提供相应的免费技能培训，之后优先予以安置；对立功受奖战士，尽可能实现推荐定向免试安置，保证这些为国防和军队建设作出重大贡献的官兵能够顺利就业。

（九）营造浓厚氛围

一是加强舆论引导。在市县电视台、党报、主要门户网站开设国防专版（栏），并利用各种节日开展国防教育，通过广播、电视、报刊、公开栏、标语等多种形式、多条渠道宣传，扩大国防教育的普及率、覆盖面，提高党政机关、企事业单位和广大人民群众的国防意识。同时，协调组织相关部门编印一本拥军优属宣传手册，每年组织一次以兵役法、国防法、国防教育法为主要内容的国防知识竞赛，举行一次反映拥军优属成果的宣传展，开展一次国防知识演讲比赛，编排一台以反映军民“同呼吸、共命运、心连心”的文艺晚会。二是彰显军属地位。光荣牌匾制作按照义务兵做成塑料材质、军官士官做成木质材质、烈属做成金属材质的，每年由人武部和民政部门统一组织悬挂，并定期维护，及时更新；规范慰问，“八一”、春节由县（市、区）统一组织慰问，其他重要节日由乡镇统一组织慰问，团级干部记入县志并每年由县一级发慰问信，师以上干部记入市地方志并由市统一发慰问信；荣立三等功的官兵在县级人武部荣誉室要统一记载姓名，荣立二等功的要记载照片及主要贡献，并分别载入地方志；组织“八一”军属慰问座谈会，通报优秀官兵事迹，集中解决军属重难点问题，切实维护军人军属合法权益。三是规范各类仪式庆典活动。每年均组织各类仪式庆典活动，归纳起来主要是“六个一”：市和县级均举行一次新兵入伍欢送仪式、组织一次集中悬挂军（烈）属光荣牌匾仪式、召开一次优秀退役军人表彰大会、组织一次立功受奖官兵家属庆祝活动、集中宣传一次立功受奖官兵、组织一次官兵退役还乡座谈会，使军属切实感受到“一人参军，全家光荣”的传统氛围。

农村留守老年人关爱服务体系建设研究
——以广西为例

石大建　赵艳春　王　静

摘要：目前农村留守老年人数量日益增多，如何更好关爱服务这些留守老年人，已经成为国家和社会关注的重要问题。本文通过问卷调查和访谈调查，对广西留守老年人的关爱服务体系建设问题进行了实证的研究。研究发现，广西留守老年人的关爱服务体系建设已经取得了一定的成效，体现在关爱服务设施不断增多、关爱主体由一元走向多元、关爱服务体制机构逐渐形成、关爱服务内容正在丰富化等方面。但是，研究也发现目前的关爱服务体系建设还存在不少问题，其中主要的问题有：关爱服务设施仍然单薄，社区、政府和社会的关爱程度及其及时程度不高，关爱内容和活动还比较有限。在此基础上，通过借鉴国内外一些国家和地区在进行老年人关爱服务体系建设方面的成功做法和经验，论文提出了进一步突出政府的作用、加大社会服务组织特别是社会工作机构的服务力度、进一步增强家庭关爱的功能等对策建议。

关键词：农村留守老年人；关爱服务体系；政府主导；多元关爱服务主体

一、前　言

（一）问题提出与研究意义

1. 问题提出

《礼记·礼运篇》就已经提出了“老有所终”的社会理想。一直以来，中国老年人以家庭养老模式为主，有儿养老、三代四代同堂其乐融融，是中国老年人幸福晚年的理想。

然而，在城乡二元体制和改革开放后农村青壮年劳动力大规模向城市流动的共同作用下，越来越多的农村老年人成为没有子女在身边照顾和关爱的留守老年人。根据《中国老龄事业发展报告（2013）》（中国社会科学院）调查显示，我国农村留守老年人达到5000万人之多。当前，大量留守老年人负担沉重、收入不足、生活照料和医疗保健问题长期得不到应有的家庭关爱，社区、政府和社会关爱服务也没有跟上。因此，如何构建农村留守老年人关爱服务体系成为国家和社会关注的重要话题。

2. 研究意义

（1）理论意义。2013年《中共中央关于全面深化改革若干重大问题的决定》指出："积极应对人口老龄化，加快建立社会养老服务体系和发展老年服务产业。健全农村留守儿童、妇女、老年人关爱服务体系。"近几年来，留守儿童社会关爱服务体系研究成果比较丰富，相比之下，农村留守老年人关爱服务体系研究就相当匮乏。因此本课题的研究有助于弥补农村留守老年人关爱服务研究的不足。

（2）现实意义。本课题旨在帮助相关政府部门进一步发现农村留守老年人关爱服务体系建设的现状，为政府部门建构和实行完善的农村留守老年人关爱服务体系决策提供参考。农村留守老年人关爱服务体系的进一步完善，将有利于农村留守老年人获得更好的关爱服务，从而安享晚年生活；也有助于减轻进城务工人员的压力，解决他们的后顾之忧；还可以促进政府、企业和社会形成联动，促进社会组织的发展。

（二）文献回顾

1. 国外研究

国外尤其是发达国家的学术界对于农村留守老年人关爱服务体系的研究并不多，主要是因为"农村留守老年人"群体是在中国比较独有的城乡二元体制和改革开放双重背景下出现的特殊群体。国外更多面临和研究的是移民后老年父母的适应性问题（Zachary Zimmer, et., 2008; John Knodel et., 2007; Mariano Sana, Douglas S. Massey, 2005），空巢老年人的经济供养、护理照料、心理状况和心理需求问题，以及城乡一体化背景下全体老年人的福利政策和社会化的服务体系健全等问题（Macnicol，2010；迈克尔·谢若登，2012）。

2. 国内研究

国内学术界对农村留守老年人的研究很少。学者们探讨了农村留守老年人的生活状况问题、养老问题和关爱问题等。

（1）关于农村留守老年人生活状况的研究。研究发现，农村留守老年人总体生存质量偏低（陈正英等，2010）；尤其是那些患慢性病、两周患病的留守老年人的生活质量较差（金锦珍、李彩福，2016）；不仅如此，由于慢性病造成的心理健康问题情况更为严重（刘梅等，2016）；研究还发现留守老年人所享受的社会保障及与子女的关系也差于非留守老年人（刘梅等，2016）。

（2）关于留守老年人的养老问题研究。研究认为，在养老方式的选择上，留守老年人更趋向于个人自养（刘梅等，2016）；留守老年人提供留守孙子、孙女的照料能够加强子女对老年父母的代际支持（宋璐、李树茁，2010）。

（3）关于留守老年人关爱的研究。这些研究主要是从生存与养老质量提升方面进行。研究认为在个人层面应进行自评健康干预（金锦珍、李彩福，2016）；在家庭层面要强调家庭内部和外部养老资源的充分利用，通过家庭内部养老资源的有效利用来满足留守老年人的经济供养、生活照料以及精神慰藉等养老需求，并通过家庭外部的养老资源来为核心供养者缺席的留守家庭提供补位性养老支撑（吴翠萍、罗丹，2015）；在政府层面要提高留守老年人生活水平和保障其身体健康（陈正英等，2010）。此外，还应加强家庭、社会、政府等对老年人的关注与支持（刘梅等，2016）。

（4）关于关爱服务体系问题的研究。对于关爱服务体系问题的研究，分别从留守儿童、留守妇女和留守老年人三个方面展开论述。

在留守儿童关爱服务体系建设方面，学界研究了留守儿童关爱服务体系的内涵、构成和责任主体等，从强化政府保障、强化学校教育、强化社会帮扶和强化亲情关护四个方面入手探讨了农村留守儿童关爱服务体系的对策建议（李红，2015）；也有学者从农村留守儿童的心理、情感、学习、生活等内容角度对农村留守儿童关爱服务体系的建设方面提出建议（潘锋，2014）；还有学者从关怀伦理理论出发，提出了建立由政府、学校、家庭、社区、其他社会力量共同组成的留守儿童关怀体系，培养被关怀者优秀品质，建立关怀行动常态化的体制机制（黄诚，2014）。

在留守妇女关爱服务体系建设方面，学界提出了凝聚多方力量形成关爱和服务留守妇女的合力的建议，指出建立由政府牵头，凝聚非政府组织、媒体、社区、家庭等广泛的力量积极参与的关爱服务体系（段成荣、秦敏、赖妙华，2017）。

在留守老年人关爱服务体系建设方面，最初的研究内含在“三留守”人员关爱服务体系建设总体研究中，这些总体研究提出了以下建议：建立健全“源头治理、动态管理、应急处置”相结合的农村社会管理机制，建立农村“三留守”人员关爱服务的体制，加快建设“三留守”人员关爱服务的阵地和服务队伍，大力开展关爱服务活动等（李乐，2014）。之后开始有了专门的研究：赵排风（2015a）进行了理论探讨，认为中国传统孝文化是该体系建立的思想基础，马克思主义人本理论则是其理论基础；此外，赵排风（2015b）还提出了健全城乡统筹的养老保障体系、提高农村医疗卫生水平、加快农村养老服务机构建设等完善关爱服务体系的措施。

3. 简要评论

国外发达国家由于缺乏“农村留守老年人”这一群体，因此很少有这方面的研究；但他们对空巢老年人的经济供养、护理照料、心理状况和心理需求问题的研究，以及对全体老年人的福利政策和社会化服务体系建构的研究，还是值得我们关注并从中获得启示的。

国内研究已经注意到农村留守老年人的生活、养老、精神慰藉等现状和问题并进行了原因分析，这些研究成果为进一步研究留守老年人关爱服务体系问题奠定了基础；相关研究也从个人、家庭、政府、多方联动等方面提出了关爱留守老年人的对策建议，但这些更多是针对留守老年人生存和养老等问题的单一性的对策，仍然不是系统地研究关爱服务体系问题；2013 年后“三留守”人员的关爱服务体系开始得到了正式的研究，但主要的研究集中在留守儿童和留守妇女关爱服务体系的研究上，虽然留守老年人是另外的特殊的群体，但无疑留守儿童和留守妇女关爱服务体系建设的经验和研究方法也给留守老年人关爱服务体系研究很大的启发；留守老年人的关爱服务体系问题开始笼统地内含在“三留守”人员关爱服务体系的探讨中，2015年后留守老年人关爱服务体系问题开始得到专门的研究，这些研究包括思想渊源和理论基础的研究，也有主要从保障系统和设施完善的角度对关爱服务体系的研究。然而这些专门性的留守老年人关爱服务体系的研究还有待进一步拓展，包括需要进一步强化理论研究和实证研究，需要对关爱主体及其联动机制、关爱体制、关爱服务活动等问题进一步研究。

（三）研究设计

1. 研究内容和研究思路

（1）研究内容。根据以上谈到的已有研究的不足，本课题尝试开展以下内容的调查和研究，主要是三个方面。

第一，目前农村留守老年人关爱服务体系建设的现状和问题。主要是了解自2013年国家倡导建立和完善农村留守老年人关爱服务体系以来至今，地方的农村留守老年人关爱服务体系建设情况如何，有哪些进展，又存在哪些不足。

第二，导致农村留守老年人关爱服务体系不完善问题的原因。主要是从关爱主体和被关爱对象两个方面了解当前留守老年人关爱服务体系不完善的原因。

第三，提出完善农村留守老年人关爱服务体系建议。在对原因分析的基础上，借鉴发达国家和地区的成功做法，提出促进农村留守老年人关爱服务体系的对策和建议。

（2）研究思路。以需求理论和系统理论为理论基础，以农村留守老年人大省的广西为例，通过实地的问卷调查和访谈调查，了解现有关爱服务体系建设的现状及存在的问题；在实证资料的基础上，通过定量分析和定性分析，探讨导致农村留守老年人关爱服务体系建设不足的原因；在明确原因的基础上，提出满足农村留守老年人群体迫切需求的可行性对策，进一步完善农村留守老年人关爱服务体系。

研究路线如图1所示：

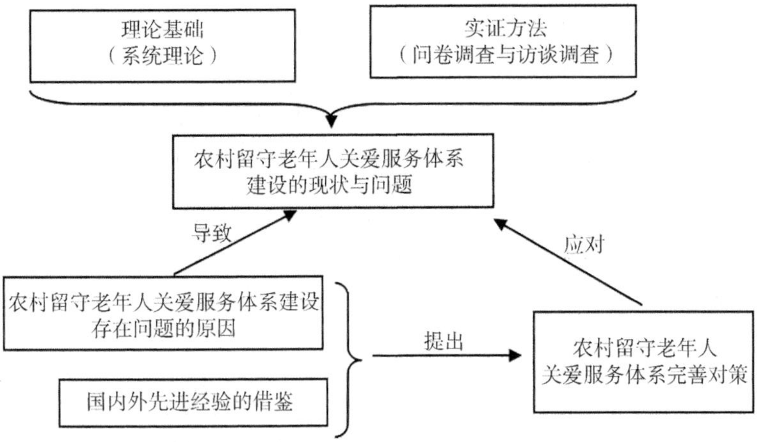

图1　研究路线

2. 基本概念和理论基础

（1）基本概念

一是农村留守老年人。关于农村留守老年人的定义，不同学者的解读差异不大。赵排风（2015）认为农村留守老年人是指常年居住在户籍所在地、年龄不低于60周岁且子女外出务工6个月以上的老人。肖亚洲（2010）认为农村留守老年人是指“年龄在60岁以上，有健存子（媳）女（婿），且所有子（媳）女（婿）外出至本乡镇外6个月以上，子（媳）女（婿）外出后不能履行正常的照料义务，因种种原因不能随子女一起居住而留守在原户籍地生活的农村老年人”。他们都强调农村留守老年人的特点是：60岁以上，全部子女外出务工且长达半年以上，生活在农村。而本课题认为农村留守老年人是指全部子女（含儿媳、女婿）长期（半年以上）离开农村户籍地到本乡以外务工、经商或者从事其他工作而留守在原籍生活的农村老年人。这一概念的含义体现在“农村”“留守”“老年人”三个方面：“农村”是指具有农村居民户籍并生活在农村中，“留守”是指由于子女且是全部子女外出务工、经商等并且时间超过一定时限（6个月以上）导致老年人长期独自生活，“老年人”是指女性达到55岁以上、男性达到60岁以上的人口——这个年龄段与上述两位学者不同，本课题主要是根据国家的退休年龄的规定进行界定。

二是农村留守老年人关爱服务。关爱服务是指为人提供各方面关爱、支持和生活护理，满足其特殊生活需求的服务。农村留守老人关爱服务是指为留守老人提供物质、生活、精神和心理、医疗、养老等全面的关爱、支持和服务（袁真，2015）。

三是农村留守老人关爱服务体系。农村留守老人关爱服务体系是指与经济社会发展相适应，以满足老年人服务需求 、提升老年人生活质量为目标，面向农村留守老人这一特殊群体所提供的生产帮助、生活照料 、康复护理 、精神慰藉 、紧急救援和社会参与等设施 、组织 、人才和技术要素形成的网络，以及相应的服务标准 、运行机制和监管制度（赵排风，2015）。

这一定义在广义意义上认为农村留守老年人关爱服务体系应该包括以下构成部分：关爱服务网络（设施、组织、相关管理和服务人才、技术要素）、服务标准、运行机制、监管制度（赵排风，2015）。在狭义意义上包括三个部分：养老院、医疗卫生和文化设施建设（赵排风，2015）。

本课题所研究的农村留守老年人关爱服务体系属于中义意义上的，只包括关爱服务主体、关爱服务设施、关爱服务体制机制、关爱服务内容等方面。

（2）理论基础。本课题研究以系统理论为理论指导。

系统理论是本研究最重要的理论基础，它为我们了解老年人关爱服务体系建设现状和问题提供了分析框架，同时也为我们解决关爱服务体系问题（提出对策建议）指明了建设方向。

系统理论最早由美籍奥地利人、理论生物学家 L. V. 贝塔朗菲（L. von Bertalanffy）提出和创立。系统理论认为，整体性、关联性、等级结构性、动态平衡性、时序性等是所有系统共同的基本特征。系统理论的思想也影响和指导了政治建设和社会建设的工作。系统理论对建立老年人关爱服务体系具有重要的指导和借鉴意义：整体性启发我们要从总体上考虑关爱服务体系的全面建设，等级结构性和关联性启发我们要强调政府、社区、企业和社会、家庭等各类关爱主体共同合作与促进关系协作，等级结构性还启发我们要完善关爱服务的体制和内容，而动态平衡性和时序性指导我们发挥各部分的功能并促进关爱服务机制的良好运行。

3. *研究方法*

在研究思路和理论基础的指导下，本课题主要采用了调查研究法和实地研究法两种研究方法进行研究。

一是调查研究法：2017 年上半年，课题团队组织近 20 名调研员奔赴广西各地市农村开展问卷调查。调查对象的抽样方法：以广西师范大学法学院、政治与公共管理学院全体广西农村籍学生为抽样框，在每个地市（广西共 14 个地市）籍学生中随机抽取 1—2 名学生（南宁、柳州、桂林抽取 2 名学生调研员），形成了 17 名学生调研员，学生调研员的抽样，也等于抽样了调研地（该学生所生活的农村及其周边农村）。至于具体的问卷调研对象的确定，则通过两种方式进行：一种是调研员的随意抽样，另一种是由村干部推荐。使用问卷调查的目的主要是用来了解留守老年人关爱服务需求和关爱服务体系建设的基本情况和存在问题，通过对问卷数据进行定量研究来了解其影响因素。

二是实地研究法：对抽样的调研员进行座谈，了解其所生活的农村留守老年人集中程度，遴选出那些留守老年人比较集中的村子，对相应的调研员进行访谈培训，由这些访谈员深入农村对留守老年人、非留守老年人和村干部等进行深度访谈，每位老人访谈时间不少于 40 分钟。共访谈 27 人，其中村干部 9 人，留守老年人 18 人。通过访谈弥补问卷调查可能存在的表面性，也是为了印证和深化问卷调查关于留守老年人关爱服务体系的现状、问题、原因及对策等这些内容，以使结论更科学。

二、农村留守老年人关爱服务体系建设的现状和问题

在问卷调查和实地访谈的基础上，课题团队对广西（课题团队还随机抽样了非广西籍农村的几名生源，以期在适当的地方进行一定的比较）农村留守老年人的关爱服务体系建设现状进行了了解，并剖析了其存在的主要问题。

（一）调查样本的基本情况

本次问卷调查共发出 420 份问卷，由于采取调研员上门调研的方式，收回了 416 份问卷，问卷的回收率为 99%；其中有效问卷为 390 份，问卷的有效率为 94%。

调查样本的基本情况为：全面分布在广西 14 个地市、性别结构均衡、

年龄以60岁和70岁年龄段为主、文化水平偏低。

1. 地域特征：分布在广西所有地市

这些有效问卷分布在广西所有14个地市（其中也有25个调查对象分布在湖南、云南等省份），基本上体现了调查对象地域上全面性的原则，对比较全面地了解广西农村留守老年人情况具有较好的代表性。调查对象的具体分布见表1。

表1　调查对象分布表（n=390）

地域	频率	有效百分比（%）
南宁	24	6.2
柳州	3	0.8
桂林	62	15.9
贺州	24	6.2
梧州	5	1.3
贵港	36	9.2
玉林	25	6.4
北海	30	7.7
钦州	32	8.2
防城港	22	5.6
崇左	11	2.8
百色	31	7.9
来宾	20	5.1
河池	40	10.3
广西合计	365	93.6
其他省份	25	6.4
合计	390	100.0

由于调研员在一些地域调查的困难性、问卷有效性和其他特殊情况，导致这些地市的问卷调查比较少，如柳州只获得3份有效问卷、梧州5份问卷、崇左11份。但是其他11个地市则都超过了20份问卷，且广西14个地市平均的调查对象为26个（原计划平均一个地市为30个左右），基本能够保证问卷调查样本对研究结果的科学性。

2. 性别结构：性别结构比较合理

开展问卷调查时，为了更好地了解到不同性别的农村留守老年人在关爱服务体系方面是否有差异性，我们要求调研员要大体按照性别相对平衡的原则进行调查，结果见表2。

表2 性别结构表

性别	频率	有效百分比（%）
男	193	49.5
女	197	50.5
合计	390	100.0

从这一结果显示，被调查的男性为193名，比例为49.5%；女性为197名，比例为50.5%。总体上看，男女性别比较均衡，这就为后面的关于关爱服务的性别差异比较打下了基础。

3. 年龄结构：符合老年社会总体实际情况

从调查样本的年龄结构来看，55岁以上的这些50岁年龄阶段的老年人比例相对不高（这一不高受到我们调查主观意志的影响，即认为关爱的老年人更多是年纪稍大的老年人，即60岁以上的老年人）；60岁年龄段老年人和70岁年龄段老年人的比例为主体（分别为44.3%和30.7%，两者合计达到75%）；80岁以上的老年人也达到了一定的比例（19.6%）。这一年龄结构的样本符合我们对主要被关爱服务群体进行研究的需要，这一年龄结构也符合当前我国老年社会的总体实际情况。

表3 年龄结构表

年龄段	频率	有效百分比（%）
50—59岁	23	5.4
60—69岁	172	44.3
70—79岁	119	30.7
80岁以上	76	19.6
合计	390	100.0

4. 文化结构：文化水平偏低

在被调查的对象中，总体上文化水平不高：小学以下及小学文化的老年人比例分别为43.6%和33.1%，两者合计达到76.7%；如果加上初中文化水平的17.9%，那么三者（低文化水平）合计比例达到94.6%。当然这种比例不只是由于这些老年人生活在农村的原因，也是历史的原因（60后及之前的国人接受的教育比较有限）。

表4 文化程度表

文化程度	频率	有效百分比（%）
小学以下	170	43.6
小学	129	33.1
初中	70	17.9
高中	18	4.6
大学及以上	3	0.8
合计	390	100.0

5. 留守比例：占比接近一半

为了进行留守老年人和非留守老年人的对比，我们也同样选取了非留守老年人进行调查。具体情况是：非留守老年人比例为56.1%（包括完全非留守老年人11.9%的比例，及半留守老年人44.2%的比例），完全留守的老年人（即留守老年人）比例为43.9%（见表5）。

表5 子女（含儿媳）是否外出务工表

外出务工情况	频率	有效百分比（%）
否	45	11.9
部分外出务工	167	44.2
全部外出务工	166	43.9
合计	378	100.0

6. 留守时间：多在3年以上

我们对子女外出时长分成四个选项：A. 1年以内；B. 满1年及以上至2年以内；C. 满2年及以上至3年以内；D. 满3年及以上。调查结果显示，外出务工满3年及以上的比例达到70.3%（见表6）。可见，大部分留守老年人的留守经历至少在3年以上。

表 6　子女外出务工时长表

外出务工时长	频率	有效百分比（%）
1 年以内	40	11.9
满 1 年及以上至 2 年以内	35	10.4
满 2 年及以上至 3 年以内	25	7.4
满 3 年及以上	237	70.3
合计	337	100.0

7. 生活来源：仍然是子女为主

调查结果显示，留守老年人的生活来源类型是多样的。但是由子女赡养的类型达到了 45.1%（见表 7），即接近一半的老年人的最重要的生活来源是来自子女赡养。需要注意的是，也有近 20% 的老年人其生活来源为过去自己积蓄。

表 7　最主要生活来源表

生活来源	频率	有效百分比（%）
过去积蓄	71	18.2
退休金	33	8.5
子女赡养	176	45.1
享受国家最低生活保障	46	11.8
亲属赡养	22	5.6
其他	42	10.8
合计	390	100.0

8. 主要活动：家务劳动

调查显示，留守老年人在一天中最主要的活动是进行家务劳动（74.1%），其次的主要活动为看电视（56.0%），而看书看报和听广播等活动进行得比较少（比例分别为 15.3% 和 14.5%）。这说明广西留守老年人平时主要是做工和看电视。

表8　一天内一般从事的主要活动

一天内一般从事的主要活动	相应		个案百分比（%）
	频率	百分比（%）	
从事家务劳动	266	46.3	74.1
看电视	201	35.0	56.0
看书看报	55	9.6	15.3
听广播	52	9.1	14.5
总计	574	100.0	159.9

（二）留守老年人关爱服务体系建设的基本现状

自从2013年以来，留守老年人关爱服务体系的建设情况如何，课题团队进行了了解。主要从关爱服务设施、关爱服务的主体、关爱服务机制、关爱服务内容等方面进行了解。

1. 关爱服务设施开始不断增多

关于关爱服务设施方面，课题团队主要是了解调查地点是否有养老院/敬老院和相关的健康、娱乐、活动设施。

在是否有养老院、敬老院选项上，有41.2%的调查对象表示他们村里已经开始有了关爱服务他们的敬老院或者养老院，而不像以前那样几乎没有这些养老服务机构。

表9　是否有养老院、敬老院

是否有养老院、敬老院	频率	有效百分比（%）
有	160	41.2
没有	228	58.8
合计	388	100.0

此外，课题团队通过访谈也了解到，一些地方已经开始新建服务老年人的体育设施、娱乐活动设施等。在贵港市镇南村的访谈中，受访者肖爷爷说：

我们近几年来不断地有了政府投入建设的服务设施。虽然并非我们周边所有的村子都拥有了很好的老年人服务的设施和场所，但是确实有一些村落已经建设有了完备的健身、娱乐设施以及专门的老年人活动场所。

百色市阁楼村的袁爷爷也说：

近几年村委会和政府开始陆续建设了一些老年人的娱乐场所，包括文化活动室的改建，同时还增设了养老院的设施和设备，此外还购置了象棋、跳棋、红扇、板凳、电视机、音响等用品。

由此可见，近来农村也开始不断地增加投入，不断新建和完善老年人关爱服务设施设备。

2. 关爱服务主体逐渐多元化

对于农村留守老年人来说，在家庭养老模式下，他们最初的关爱主体只有家人，尤其是儿女，而社区（主要是村委会）、政府和社会对他们的关爱是比较少的甚至是没有的：社区、政府和社会一般担任“三无”老人（缺乏家庭关爱）关爱服务的主体。由于外出务工甚至定居的青壮年越来越多，农村留守老年人获得子女的关爱日益减少。随着经济社会的发展，社区、政府及社会组织也开始成为留守老年人的关爱主体之一。调查显示，目前农村留守老年人的关爱主体虽然仍然以家人关爱为主，但家庭关爱已经不是唯一的关爱主体，社区、政府和社会已经开始成为其关爱服务的重要主体（见表10）。

表10　留守老年人感受到各类主体的关爱情况表

家人关爱	社区关爱	政府关爱	社会关爱
76.5%	33.1%	21.8%	15.1%

表10显示，来自家人的关爱仍然是主要的，但已经由原来几乎是100%下降为76.5%；而原来几乎为0的社区关爱、政府关爱和社会关爱分别上升为33.1%、21.8%和15.1%。也就是说，社区、政府和社会也开始成为留守老年人的关爱主体之一，体现了留守老年人关爱服务主体的多元化。

3. 关爱服务体制机制逐渐形成与完善

关爱服务体制机制主要体现在关爱服务相关机制体制的建立、健全和良性运转等方面。目前关于留守老年人关爱服务制度和体制开始逐步健全，主要有来自国家的相关法律和地方法规，如《中华人民共和国老年人权益保障法》（2015）、《社会救助暂行办法》（2014）、《广西壮族自治区实施〈中华人民共和国老年人权益保障法〉办法》（2017）、《建立广西农村留守儿童和空巢老人关爱服务体系工作方案》（2015）、《脱贫攻坚农村“三留守”人员和残疾人关爱工作实施方案》（2016）等。

在关爱服务机制方面，已经形成了一些申请低保、实施社会工作服务等方面的关爱服务流程。课题团队主要从留守老年人对家庭、社区、政府和社会的关爱及时程度这一侧面来了解关爱服务机制的效果。调查研究结果表明，留守老年人获得这四大关爱主体的关爱服务都有了一定的及时度：其中来自家庭关爱的及时度为73.5%，社区关爱及时度为39.0%，政府关爱及时度为26.3%，社会关爱及时度为19.4%。虽然社区、政府和社会的关爱服务及时度不高，但至少体现出已经形成了一定的关爱服务机制并发挥了一定的作用。

表11　留守老年人感受到各类主体的关爱及时程度（非常及时与比较及时度）

家人关爱及时度	社区关爱及时度	政府关爱及时度	社会关爱及时度
73.5%	39.0%	26.3%	19.4%

4. 关爱服务内容正在丰富化

关爱服务内容的丰富化主要体现在原有的低保得以保证的基础上，养老保障和医疗保障基本得到落实，甚至一些地方的社会福利有了发展；此外文体活动、义诊、干部探望、心理咨询等服务活动也在不断拓展，促进了老年人的经济、健康和精神生活。

（1）新农保和新医保制度正在得到落实和推进。

表12　政府对老年人的关爱内容与形式

政府对老年人的关爱内容与形式	频率	百分比（%）
经济支持	165	29.5
提高养老金	116	20.7
提高医疗保障	106	18.9
小计	387	69.1

（2）关爱服务活动逐渐增多。随着经济状况的不断改善，农村社区开始组织一些关爱老年人甚至直接关爱留守老年人的文体活动，以及一些体检和健康咨询活动。在问卷中，有15.8%的老年人表示村里开展了文娱活动。在一定意义上，由于样本分布在30多个村子，因此这一比例至少可以代表15.8%的村子开展了这些关爱老年人的服务活动。这个比例看起来还是比较低，但是，至少可以看出一部分农村已经开始开展了这些关爱农村留守老年人精神生活的服务活动。

表13　社区对老年人的关爱内容与形式

社区对老年人的关爱内容与形式	频率	百分比（%）
开展文娱活动	82	15.8
干部定期不定期来探望慰问	179	34.4
其他的村民委员会关爱内容与形式	107	20.6
总计	368	70.8

在进一步的访谈中，发现实际上社区开展的文体活动比问卷调查的结果还要多。谈起农村社区的文体活动，南宁市隆安县坛村卢阿姨显得很兴奋，她说：

现在我们农村的活动比以前多了许多，主要集中在春节期间。针对老年人的活动主要有下象棋比赛、乒乓球比赛，还有街舞（“哈哈哈！”），以及扭秧歌、唱刘三姐（歌）等。还有村里举行的篮球比赛，是村里活动的大戏，不只是年轻人，几乎能走动的老年人都去观看了！当然还有春节时大年初一、初二、初三连续开展的抽奖、猜谜、投乒乓球等活动，我们老年人都很喜欢参加！

社区除了开展这些文体活动之外，村委和村干部还定期不定期地探望留守老年人，为留守老年人解决一些与邻里、子女之间的摩擦和纠纷。

一些地方也开始有社会组织进入农村社区开展义诊、法律宣传、精神慰藉、心理咨询等服务活动。

表 14　社会对老年人的关爱内容与形式

社会对老年人的关爱内容与形式	频率	百分比（%）
开展社会服务活动	189	35.5
精神慰藉、心理咨询	59	11.1
其他的社会关爱内容与形式	122	22.9
总计	370	69.5

（三）存在的问题

从以上的调查中，课题团队发现广西农村留守老年人的关爱服务体系建设已经有了较大的进展，但是这一建设现状与中央提出的完善留守老年人关爱服务体系要求还有较大的距离。通过调查课题团队发现目前广西留守老年人关爱服务体系建设存在的主要问题如下。

1. 关爱服务设施仍然单薄

关爱服务设施单薄主要体现在老年活动中心、敬老院或养老院、相关设施等的匮乏上。

（1）专门的老年活动中心非常少。关于农村社区是否建立有老年活动中心问题，问卷调查中只有 12.1% 的人回答有，由此可见老年活动中心建立的比例是非常低的。当然，在课题团队所有调查的村委会中，都已经建有文化活动室，很多地方也已经建了儿童家园，但确实有许多地方尚未建立专门的老年活动中心。村委会尚且如此，更不用说自然村了。

表 15　社区建立老年活动中心

社区建立老年活动中心	频率	百分比（%）
有	47	12.1
无	343	87.9
总计	390	100.0

（2）敬老院或者养老院尚未普及。课题团队调查发现，有 41.2% 的被调查者表示他们村子是建有养老院或者敬老院的。从这点上看，可以弥补专门老年活动中心的不足，或者说未来的老年活动中心，应该是与养老

院、敬老院及文化活动室甚至与儿童家园相结合。

表 16　是否有养老院、敬老院

是否有养老院、敬老院	频率	有效百分比（%）
有	160	41.2
没有	228	58.8
合计	388	100.0

（3）其他相关设施匮乏及没有充分利用。在对防城港市那布村、百色市阁楼村等农村的调研中，发现许多农村的养老设施不完善，老年人娱乐场所及图书馆等缺乏，一些设施显得冷清，很少有人使用。

我们这里几乎没有什么养老设施，可以说养老设施非常地不完善，老年人也没有什么娱乐场所和娱乐休闲及健身设施。如果还能够有你们问的社工站和图书馆，那就更好了，可是这些都没有啊！

（时间：2017 年 4 月 6 日；地点：防城港市那布村；受访者：李爷爷）

我们村里没有什么娱乐场所，也缺少娱乐设施。虽然我们有一个养老院，养老院也有一些设施设备，村里的老年人都可以用这些设施进行锻炼，但这些设施并不好，老年人很少用这些设施。经常能够看到这些设施在那里，但显得很冷清，一些设施都开始生锈了。

（时间：2017 年 4 月 1 日；地点：百色市阁楼村；受访者：袁爷爷）

2. 社区、政府和社会对留守老年人的关爱有限

虽然留守老年人的关爱服务主体开始形成了多元化的格局，但是如果进一步分析，会发现留守老年人感受到来自家庭以外的其他主体的关爱仍然是不多的：被调查者只有 33.1% 感受到社区居民委员会的关爱，只有 21.8% 感受到政府的关爱，感受到社会关爱的只有 15.1% 。

表 17　留守老年人感受到各类主体的关爱程度

家庭关爱	社区关爱	政府关爱	社会关爱
76.5%	33.1%	21.8%	15.1%

在2017年4月7日访谈玉林市上乐村的二十八叔（化名）时，调查员与他的对话也表明了留守老年人感受到村委会、政府和社会的关爱也是较少的：

调研员：阿公您觉得当前留守老年人获得过哪些关爱服务？获得过谁的关爱服务？

二十八叔：我觉得老年人获得的关爱很少很少的，只有自己生养的子女会关爱了，都没有什么关爱。

调研员：那除了家人就没有其他人关爱吗？有村委会和政府这些关爱吗？

二十八叔：村委会和政府不关爱，这么多年我就记得好像就来慰问过一次，然后就没有过了。

调研员：那您得到过村委会或者政府的帮助吗？比如经济上的一些支持等等？

二十八叔：有老人钱。但是老人钱也不多，去年给过一年的低保，今年不知道为什么就不给了。我现在身体状况很差，血压高，年龄大了，儿女也长期在外打工，平常也没什么人来照顾，想不明白为什么突然就不给低保了。

调研员：也就是说还是得到过村委会和政府的关爱的，只是不多，对吧？

二十八叔：是的。

从这些数据和访谈来看，留守老年人的关爱服务更多来自家庭，虽然社区、政府和社会也有一些关爱，但总体上说还是不多，而且在社区、政府和社会三类主体中，社区的关爱服务稍多，政府较少，社会最少。

3. 社区、政府和社会关爱服务还不够及时

虽然留守老年人的关爱服务机制正在形成，但是相关关爱机制尚未很好地发挥作用，及时地服务于老年人。从表18我们可以看出，家庭关爱不及时度只有26.5%，而社区、政府、社会关爱的不及时度都超过60%，社会的不及时度更是达到了80.6%。这就说明目前的关爱服务机制仍然有待提升其效率。

表 18 留守老年人感受各类主体的关爱不及时情况（一般关爱及以下）

家庭	社区	政府	社会
26.5%	61.0%	73.7%	80.6%

4. 关爱服务的各项内容仍然不够充实

这些不充实包括生活压力仍然较大、养老和医疗保障还比较有限、相关关爱服务活动开展比较少等。

（1）生活压力大。生活压力大主要体现在经济压力和隔代照顾孩子上及照顾自己或者配偶上。

在问到“您现在的生活来源（收入）能够保证您的基本生活需要吗”这一问题时，回答“完全能够保证”和“基本能够保证”（课题视这两项为没有生活压力）的分别为 15.4% 和 24.1%，合计为 39.5%。也就是说有近 40% 的老年人几乎没有生活压力，但还有超过 60% 的老年人有生活上的压力，其中近 20% 的老年人生活压力较大。

表 19 生活来源能否保证基本生活需要

生活来源能否保证基本生活需要	频率	有效百分比（%）
完全能够保证	60	15.4
基本能够保证	94	24.1
一般能够保证	163	41.8
不大能够保证	55	14.1
完全不能保证	18	4.6
合计	390	100.0

家里的青壮年为了获得更多的收入外出务工，但是研究也表明，不少留守老年人并没有因此而比非留守老年人获得更多更好的生活收入来源：留守老年人感觉家庭经济困难的比例为 33.7%，比非留守老年人还高出 9.3 个百分点。这里的原因可能比较复杂，原因之一可能是经济较好的家庭其青壮年可能不再外出务工，当然这一原因只是推测，尚未通过收集实证资料加以证明。

表20　是否留守老年人的家庭经济困难情况

是否留守老年人的家庭经济困难情况	家庭经济困难
非留守老年人	24.4%
留守老年人	33.7%

另外，在关于留守老年人对“最需要的关爱内容”问题的回答情况也从一个侧面说明了留守老年人经济生活的压力程度。在该问题的回答中，经济支持在四类关爱服务主体调查数据中都是最需要的内容之一。其中家庭为28.9%，村委会为51.2%，政府25.3%，社会68.5%。留守老年人对这些关爱主体的渴求，也从一个侧面说明了留守老年人经济生活的压力。

表21　您最需要家人哪方面的关爱

定期经济支持	家人陪伴	经常打电话关心	其他
28.9%	53.6%	16.3%	1.2%

表22　您最需要村委会哪方面的关爱

经济支持	定期或不定期来探望	经常开展文娱活动	不需要	其他
51.2%	28.3%	10.2%	7.2%	3.0%

表23　您最需要政府哪方面的关爱

经济支持	提高养老金	提高医疗保障	不需要	其他
25.3%	46.4%	24.7%	2.4%	1.2%

表24　您最需要社会哪方面的关爱

生活上的经济支持	开展服务活动	精神慰藉、心理咨询	不需要	其他
68.5%	17.0%	7.9%	3.0%	3.6%

由于青壮年外出务工，除了形成大量的留守老年人外，也形成了大量的留守儿童，而留守儿童的照顾问题往往就只能落在老年人的身上，再加上老年人自己身体逐渐衰弱且没有子女关照，他们的生活压力更显得非

常大。

（2）相关保障仍然很有限。虽然农村实行了五保制度、低保制度、新农保和新农合，但是老年人的社会保障依然是不足的。

目前就是有一些老人享受低保，还有一些享受国家的扶贫政策，其他较为普及的就只有老人钱了。我们这里政府给的养老补助就是每个月的养老金，60 岁以上的老人 90 元，80 岁以上的老人 120 元，90 岁以上的老人 190 元，100 岁以上的老人 300 元。这样的保障确实为老年人解决了很实际的困难，但是在物价上升的背景下，这些钱就显得不够用了。

（时间：2017 年 4 月 9 日；地点：玉林市桥头村；受访者：吴支书）

每月 90 元的养老金还是难以维持生活的。还有，目前农村留守老年人遇到的最大的困难之一就是医疗报销太少，老年人生病花费高，一些慢性病应拿到的补助没有拿到。

（时间：2017 年 4 月 3 日；地点：北海市道石村；受访者：谢奶奶）

（3）关爱服务活动偏少，精神关爱不足

由于社区、政府和社会对农村社区重视程度的提高，加上村民的自组织，农村的文体活动不断地增加。但针对留守老年人的关爱服务活动数量还是比较少，这些活动数量少，在一定程度上也体现了对留守老年人精神关爱的不足。下列的几处调查说明了目前农村针对留守老年人的关爱服务活动还是很有限的。

问：对于农村留守老年人来说，除了有一些政策上的经济支持，当地还有没有其他的关爱服务，比如社工服务之类的？

答：没有，哪里会有这些。老年人的服务活动基本没有，偶尔村上会有一些晚会表演活动，但也是很少的。

（时间：2017 年 4 月 9 日；地点：玉林市桥头村；受访者：吴支书）

问：您认为当前农村留守老年人关爱服务存在哪些问题？有什么关爱服务活动？

答：子女忽视了老年人的精神需求，忙于工作，对老人，子女多以物质支持为主；老年人群体虽然也有一些娱乐活动，但是这些活动形式较单一，满足不了老年人的精神需求。村里有一些关爱服务的活动，主要集中在春节期间，也没有专门针对留守老年人。按我的想法，完全靠春节期间开展一些关爱服务活动，或者县里面偶尔来开展一些义诊啊、唱歌啊等活动是不够的，应该投资建立老年活动中心，丰富各种文体设施，使老年人每天或者只要有时间就能在活动中心参加活动才行。

（时间：2017 年 4 月 3 日；地点：贵港市罗明村；受访者：黎支书）

三、导致农村留守老年人关爱服务体系存在问题的原因

经过分析，课题团队发现导致农村留守老年人关爱服务体系建设不足的原因主要有以下几个方面。

（一）经济发展水平还不高

广西留守老年人的关爱服务体系仍然不够完善，问题还是不少。首先的原因是广西仍然属于经济欠发达地区，各级政府的财力还比较有限，农村社区自身的经济水平也不高。这里课题团队主要根据访谈，从乡镇政府和农村社区角度来了解经济发展状况及其对留守老年人关爱服务体系建立健全的影响。

问：您认为导致农村留守老人关爱服务体系建设存在问题的原因有哪些？

答：原因有很多，如山区偏僻使社会难了解情况，老年人文化水平不高等。但是农村经济不好、经济发展困难是最大的原因。如果政府和村里有钱，那么就可以建起娱乐场所，更新养老院的设施，开展更多的服务活动。（时间：2017 年 4 月 1 日；地点：百色市阁楼村；受访者：袁爷爷）

问：您认为导致农村留守老年人关爱服务存在问题的原因有哪些？

答：村里没有专业的心理学团队和社工站，很难组织疏导老人的心理活动。还有最主要的就是村子发展速度慢，经济增长慢，在发放救助力度上也就大不了多少，村子可能没有那么多钱发补助。

（时间：2017 年 4 月 3 日；地点：北海市周屋村；受访者：周主任）

问：您认为导致农村留守老年人关爱服务存在问题的原因有哪些？

答：主要有几个方面，一是政府在这方面的支出预算比较少，救助力度小；二是一户人要给两万左右才能建房，可能政府需要时间来缓冲一下，毕竟支出庞大；三是政府并没有养老体系的规划，得慢慢来吧！

（时间：2017 年 4 月 3 日；地点：北海市周屋村；受访者：孙爷爷）

由于财力有限，就很难在各个农村全面投资建立养老院、敬老院、老年人活动中心，很难增添更多的文化、娱乐、体育设施，很难组织更多的关爱服务活动，也难以更好地保障留守老年人的经济生活、医疗条件。可以说财力有限对留守老年人关爱服务体系的影响几乎是全方位的。

当然，经济发展水平不高，政府和村子财力有限，并不是导致留守老年人关爱服务体系建设不足的唯一原因。地方各级政府和村委会对留守老年人的重视程度，工作效率等也是重要的原因。

（二）机制不健全且工作效率不高

社区、政府和社会对农村留守老年人关爱服务的及时度不高，确实有政策、体制机制不健全的因素。

问：您如何看待农村留守老年人认为关爱服务缺乏、关爱及时度也不够这一问题？

答：主要是政策难以落实吧。像低保和贫困户，大家都说自己穷，谁都认为自己应该得到补助，但它的数量是有限的，在这个过程中很难做到给予公平。得到补助的老人可能就觉得政府关爱，得不到的老人就会觉得政府一点都不关爱，会有许多怨言。当个村干部也不容易，很多拿不到补助的人会投诉你骂你。我也希望人人都能享受低保，享受扶贫补助，但是国家政策不支持啊。至于关爱服务不及时问题，也不是我们说了算，是需要个过程的，这方面是有制度规定的，要核查清楚了才能给予相应的帮助的。

（时间：2017年4月9日；地点：玉林市桥头村；受访者：石支书）

社区、政府和社会对农村留守老年人关爱服务的及时度不高，还跟一些工作人员的工作效率有关。在对防城港NB村村委会主任访谈时，他认为现行留守老年人的关爱服务有着不少问题，除了关爱服务体系不完善、机制运转存在问题等原因外，还有就是相关工作人员态度消极、效率不高，技术水平低、工作做不到位等原因。

（三）社会组织力量仍然比较薄弱

广西已经有了超过2万家社会组织，但是对于数量众多的广阔农村来说，仍然是非常少的；这些社会组织的主要服务地域还是在城市，很少能够覆盖到农村；涉及老年人服务领域的社会组织数量也还不多，再加上社会组织自身的资产、资金、人员数量、专业化程度都比较有限，因此还是很难满足农村留守老年人的需求，因此社会组织对农村留守老年人的关爱程度和关爱及时度在各类关爱服务主体中都是最低的。

（四）子女长期外出务工

在我们随机调查的问卷中，其中有11.9%的老年人不是留守老年人；在我们对TP村的调查中，该村102户中，留守老年人的比例也高达78.4%。

由于子女不在家，也很难常回家，因此留守老年人的生活起居等得到子女们的关爱程度和关爱及时度要低于非留守老年人。

表25　留守类别与感受到家人关爱程度和关爱及时度交互表

留守类别	非常关爱（%）	非常及时（%）
留守老年人	24.1	20.5
非留守老年人	33.3	40.0

从表25来看，在“能够获得家人关爱及时度”问题上，部分留守和完全留守的老年人，比例都没有达到30%，而非留守老年人的比例达到40%。由此可见，是否有家人陪伴对老年人的关心关爱程度及其及时度，

都有着重要的影响。

此外，在实地访谈中，留守老年人也反映了孩子不在身边而导致的家人关爱的不足。在南宁市大丰镇的调查中，周爷爷叹了口气说：

我的几个孩子都去广东打工了，现在就我和我老伴在家里，只能是两个老人互相关照。当其中一个人生病时，另一个还可以帮点忙。但是我们都那么老了，我们还是很需要年轻人关心帮忙，但是他们都在外地打工，根本没有时间回来照看我们。我们最担心的是生病时没有人看。另外，由于孩子都在外面打工，平时心里觉得孤单时，也无处诉说。所幸我们现在是两个老人，还有个伴说说话。真不知将来一个人先走后，另一个怎么办。跟孩子到外地去生活也不现实。

来宾市武宣县 82 岁的留守老年人满公，老伴已经去世。在访谈中，他也一脸无奈：

孩子只有在逢年过节时才回家看望老人家，大概一年回家两次，平时几乎不打电话关心我这个老人家。我们这些老人家（注：指子女都外出）都没有人来关爱，如果死了也不知道。年轻人都外出了，我们这些很老的人，肚子饿了，也没有能力煮吃的；有时候头晕也没人送去医院，也没人接回家。

从这些调查中可以看到，由于子女在农村务工收入低，大都外出打工，工作很忙，和老年人离多聚少，而老年人身体状况日益衰弱、行动不便，尤其是生病时，很难有人较好地关心帮助他们，他们的生活质量受到很大的影响。

四、国内外留守老年人关爱服务体系建设的经验及启示

他山之石，可以攻玉。通过对国外先进国家和国内成功省份的成功做法的考察和了解，有助于我们更好地建立和健全农村留守老年人关爱服务体系。

（一）国外老年人关爱服务体系建设的经验

发达国家虽然几乎不存在农村留守老年人这一群体，但是这些国家的空巢老年人、普通老年人与中国的农村留守老年人群体情况有一定的类似，因此它们对老年人关爱服务体系建设的成功经验也是值得我们借鉴和学习的。我们主要以日本和瑞典为例考察国外老年人关爱服务体系建设的做法。

1. 日本的老年人关爱服务体系建设

日本老年人关爱服务体系建设主要特点是立法完备和强调属地原则。主要建设内容有：

（1）立法保障。1963 年日本颁布《老人福利法》，推进社会化养老方式；随后出台《老人保健法》，将老年福利政策的重心转向居家养老和看护照料；20 世纪 90 年代，开始实施“老年保健福利计划”，着力建立和实施社区综合护理系统，推进家庭护理；1999 年通过《护理保险法》，把护理服务纳入日本社会保障制度体系中，所实施的护理保险制度旨在提供居家服务和设施服务。

（2）完善居家养老的服务体系。日本居家养老的服务体系由管理员、专业工作人员和照顾员三类人员所组成，其中的工作人员和照顾员一般由志愿者组成。具体来说，日本提供居家养老服务有四类主体：一是政府和民政人员，他们是居家养老服务最主要的提供者；二是具有福利性质的民间组织，政府对它们会提供适当的资助；三是具有营利性质的养老服务企业，通过保险方式获取资金，之后为老年人提供低收费服务；四是志愿者队伍，主要来自大学生、家庭主妇及一些健康老年人。

（3）建立地区综合护理服务系统。日本建立了“30 分钟养老护理社区”。这一服务系统能够保证日本的每一个社区在 30 分钟的车程半径内都配备有小型养老护理服务设施，从而及时地护理到每一个社区的老年人；此外，日本还大力推广登门访问看护以及多功能居家养老护理等机制，实现养老护理“按需分配”。

2. 瑞典的老年人关爱服务体系

瑞典老年人关爱服务体系建设的主要特点是实现社区资源共享和提供无死角的服务。

（1）建立社区资源共享体系。充分利用学校、活动中心、医疗保健服务点等社区资源为老年人服务。如在饮食服务方面，利用学校资源为本地区的老人提供饮食服务：在读学生用餐后，学校再为老年人提供饮食服务，用餐费用仅为市场价格的一半；在文化娱乐方面，建有多功能活动中心，使老人在中心享受到就餐、理发、娱乐、聊天等活动，该服务资金由政府财政和接受服务的老年人各承担费用的一半；在医疗保健方面，在居住有5000—5万名居民的社区内，都建有一个医疗保健服务点，几个社区又构成一个医疗保健中心。

（2）开展市场化与社会化服务。瑞典建设有超过200家私人的老年护理服务机构，这些私人机构占整个瑞典老年护理服务机构总数的1/3；同时，瑞典还积极鼓励社会各种慈善组织、非营利组织以及志愿者团体提供护理服务。

（3）进行巡回服务。对于大城市和人口过疏的地区，为了方便关爱服务，瑞典还建立了巡回服务队，用轻型汽车装着各种工具来为老年人家庭提供巡回服务；此外，对人口过疏地区老年人的服务，瑞典社会部和邮电部还资助邮递员对独居老年人进行访问援助。

（二）国内留守老年人关爱服务体系建设的经验

由于留守老年人主要集中在西部地区，因此国内留守老年人关爱服务体系建设主要是在西部地区展开。目前西部地区各省份都已经开始建设农村留守老年人关爱服务体系。课题团队主要关注四川和贵州的留守老年人关爱服务体系建设的主要成功经验。

1. 四川省的农村留守老年人关爱服务体系建设

四川省农村留守老年人关爱服务体系建设的主要特点是在全国率先开展依托乡镇中心敬老院建立农村区域性养老服务中心试点工作。

（1）大力建设农村敬老院，维修改造公办养老机构床位6万张，并改善各类设施条件，进一步健全供养服务功能。

（2）建设“农村社区日间照料中心”。将这一建设工作纳入省委和省政府的民生工程和民生大事建设中，计划建成1600个农村社区日间照料中心；在此基础上，创建农村创建省级养老服务社会化示范社区54个，并以政府购买服务等方式为老年人提供各类更好的关爱服务。

（3）大力建设农村基层老年协会。鼓励农村基层老年协会积极参与农村老年人的居家养老服务，目前四川省的农村社区居家养老服务覆盖率已经达到了 50%。

（4）建立健全补贴制度。四川省还建立了 80 周岁以上低收入老年人高龄津贴制度和居家养老服务补贴制度，并积极探索建立老年人长期护理补贴制度。

2. 贵州省黔西南州农村留守老年人关爱服务体系建设

贵州省黔西南州农村留守老年人关爱服务体系建设的主要特点是充分发挥政府主导作用并强调司法、卫生、村（居）民委员会、社会组织等多元主体的合力服务作用。

（1）政府充分发挥关爱服务主导作用。一是建立健全农村留守老年人信息台账。2015 年 8—10 月州老龄办和州民政局联合对全州留守老人基本情况进行了调查摸底，全面摸清了农村留守老人的基本情况，并建立和健全了农村留守老人的信息台账。二是开展相应的救助和发放补贴工作。州民政局对纳入低保范围的农村留守老人应保尽保，还按年度标准增发了 20% 补助金；同时，及时对外出乞讨及患有严重精神疾病的留守老人开展关爱救助工作，并对因生病医治而导致家庭生活困难的留守老年人进行医疗救助；此外，州民政局、州财政局、州老龄办、州卫计委还联合转发《关于建立经济困难的高龄失能老人补贴制度的通知》，为及时发放符合条件的农村留守老年人补贴提供了依据。三是大力建设农村互助幸福院和居家养老服务站。截至目前，全州已建农村互助幸福院 292 个（实现了全州所有乡镇全覆盖），建有农村居家养老服务站 24 个。

（2）司法部门建立法律援助工作机构及工作站。各级司法部门建立了 174 个法律援助工作机构和工作站，为农村留守老人维护权益提供便捷服务打下了坚实的基础。

（3）卫生医疗部门开展健康关爱活动。从 2015 年 3 月起全州各县市人民医院、乡镇卫生院等各抽派部分医师，组成健康普查队，对农村留守老年人开展一次“白内障”普查，对确诊患者优先开展免费治疗。此外健康普查队还开展了其他的健康关爱活动。

（4）村（居）民委员会将关爱老人纳入村规民约。村（居）民委员会在各级政府的监督和指导下，开展完善村规民约工作，将赡养和孝敬老人列为村规民约的重要条款，进一步增强了赡养人关爱服务老人的责任，同时还积极倡导“互敬、互帮、互助”邻里新风气，积极鼓励邻里为农村留守老年人提供一定的生活照料及精神慰藉。

(5) 社会组织发挥应有的关爱服务作用。目前全州已成立975个农村老年协会，成立率达到90.02%；在此基础上，大力推行老年协会与农村幸福院结合的建设模式，并通过整合农村党建活动室、农家书屋、学校等资源的方式，促进了老年协会的多元化发展；同时，还在农村老年群体中培育出各类老年社会组织，组织动员农村留守老人参与社会活动和娱乐健身活动，让他们寻找到新的精神慰藉。

（三）国内外老年人关爱服务体系建设的启示

1. 政府发挥主导作用

政府发挥主导作用表现在多个方面：一是进一步加强立法、法律法规的完善化，可以使老年人关爱服务获得法制保障；二是建立健全保证留守老年人基本生活并适度提高其福利的补贴制度；三是政府在留守老年人关爱服务中要起到领航作用，推动其他组织开展留守老年人关爱服务工作；四是建立便民、应急机制，如巡回服务机制，使服务能够覆盖所有留守老年人。

2. 多元关爱服务主体合力开展服务

除政府主管部门外，各相关部门及企业、社会组织要形成合力关爱留守老年人。一是司法部门建立保护留守老年人权益的法律援助工作机构及工作站；二是卫生主管部门组织卫生医疗部门开展健康关爱活动；三是企业部门提供较高层次的适度营利性服务；四是通过政府购买服务等形式督促各类社会组织发挥其关爱服务作用；五是大力建设农村基层老年协会。

3. 大力进行基础设施建设

老年人关爱服务需要有比较完善的硬件基础。因此要通过政府、企业和社会进行投资，大力建设农村敬老院、社区日间照料中心、图书娱乐活动室等，充实各种健身和娱乐活动的设施设备，并建立地区综合护理服务系统，此外还要建立起社区资源共享体系。

五、进一步建设农村留守老年人关爱服务体系的建议

针对农村留守老年人关爱服务体系建设的现状和问题，根据对导致这些问题的原因的分析，课题组提出了相应的对策建议。

（一）进一步突出政府在关爱服务中的作用

一是政府以及村委会也要更加重视农村留守老年人关爱服务体系建设工作。留守老年人生活是民生问题，庞大的老年人群体也可能成为社会问题，因此留守老年人关爱服务工作必须要放在政府工作的议程上。

二是强调经济发展仍然是政府的重要工作。只有经济发展了，才可能有更多的财力投资建立和完善留守老年人关爱服务的基础设施，才能有更多资金购买服务来促进农村老年人生活和文体活动的开展。

三是政府牵头完善关爱服务体制和机制。虽然我国已经逐渐建立健全和出台了相关的法律、法规、条例和意见，但是留守老年人关爱服务体系建设的完善化，需要细化责任主体、明确责任及其追责规定、细化关爱服务流程、建立应急机制等。此外，在政府的牵头和指导下，要建立起社区资源共享体系。

四是充实并完善老年人生活的硬件条件。以政府为主，鼓励企业和社会对农村进行关爱服务基础设施投资，进一步建设好农村敬老院，并建立社区日间照料中心、图书娱乐活动室等。此外，针对留守老年人缺乏亲人照顾的特点，还要建立地区综合护理服务系统。

五是全面实施确保农村留守老年人基本生活的低保制度，并适度提高留守老年人福利的补贴制度，使他们能够过上比较体面的晚年生活。

（二）加大社会组织的关爱服务力度

虽然目前我国的社会组织的力量还比较薄弱，但是社会组织与居民具有天然的契合性，它们开展的关爱服务工作比政府更贴近老年居民。近几年社会组织在广西上林县、马山县、隆安县开展的长期为留守老年人关爱服务工作，获得了当地政府、村委会和留守老年人及其子女的热烈欢迎，

说明了社会组织对留守老年人关爱服务的重要性。

目前我国社会组织有社团、基金会和社会服务组织（民办非企业）。要继续发挥一些社团对农村留守老年人的支持和关爱工作，重视老年基金会等的作用，更要发挥社会服务组织对留守老年人关爱服务的积极作用，尤其是社会工作机构的作用。

加大社会工作机构关爱服务留守老年人的作用，一是政府更加重视社会工作组织的作用，采用政府购买服务和孵化培育的方式，使社会工作机构能够发展壮大并开展专业性强、内容丰富、形式多样的关爱服务活动，促进留守老年人生活质量的提升；二是社会工作机构要自强起来，不断提升关爱服务的专业化、机构治理的科学化等，并适当壮大自身的资产等，只有如此才能承接起政府购买的服务，也才能更好地主动地开展留守老年人关爱服务。

（三）进一步增强家庭关爱的功能

如同解决留守儿童问题一样，解决甚至消除留守老年人问题，最根本的途径就是消除“留守”，即子女返乡创业，或者留守老年人跟随子女进城生活。在家庭核心化、小型化的背景下，留守老年人进城与子女生活在一起，由于代沟等的现实存在，相处不容易，因此留守老年人进城与子女生活在一起，并不见得是好事。而创造条件，促使更多外出务工人员返乡创业，就成为留守老年人最大的愿望之一。

当然，即使不能返乡创业，也需要通过宣传或者修订乡规民约等方式倡导外出务工人员经常打电话回家关心老年人的起居生活，有空时经常回家看望老年父母。甚至制定具有强制性的规定，要求子女每年要回家看望父母一定天数，这样才能使留守老年人获得更多的幸福感。

六、结束语

农村留守老年人的生存状况是一个比较沉重的话题，需要子女、社区、政府和社会共同来关心这个问题。尽管目前留守老年人的关爱服务体系建设还有许多不足之处，但是由于中央日益重视这一问题，相信这一问题在不久的将来将会得到更好的解决，从而使留守老年人实现“老有所终”的最初社会理想。

养老机构公建民营模式探索与研究

——以广西百色市为例

封志武　黄小乐　黄　双*

摘要：公建民营模式作为激发公办养老机构活力和促进社会力量参与的重要途径，也是破解养老机构困境的举措之一，正不断受到国家及各级党委、政府的重视，各地区也积极探索养老机构公建民营发展的运作模式。本文以百色为例，通过对百色市右江区真情养老中心、右江区百城街道敬老院、百色市华宇乐安老院等公建民营养老机构的调查，指出当前公建民营养老机构存在的困难和问题，分析利与弊以及存在问题的成因，提出了加快推进公办养老机构开展公建民营管理模式的对策及建议，希望能够为相似地区提供借鉴和参考。

关键词：百色；养老机构；公建民营；政策建议

2017年2月28日国务院《关于印发“十三五”国家老龄事业发展和养老体系建设规划的通知》（国发〔2017〕13号）指出，“十三五”时期是我国全面建成小康社会决胜阶段，也是我国老龄事业改革发展和养老体系建设的重要战略窗口期。预计到2020年，全国60岁以上老年人口将增加到2.55亿人左右，占总人口比重提升到17.8%左右；高龄老年人将增加到2900万人左右，独居和空巢老年人将增加到1.18亿人左右，老年抚养比将提高到28%左右。同时，要求推动养老机构提质增效，特别是要加快公办养老机构改革，推进具备向社会提供养老服务条件的公办养老机构转制为企业或开展公建民营。为此，新形势下探索和研究如何加快推进公办养老机构开展公建民营管理模式具有重大的现实意义和指导意义。本文

---

* 课题组单位：百色市民政局。

试从对百色市养老机构和公建民营养老机构的运行状况以及发展前景进行深入调查，分析公建民营机构运行中存在的困难和问题，提出加快推进公办养老机构开展公建民营管理模式的对策及建议，希望能够为相似地区提供借鉴和参考。

一、百色市养老机构的现状及特点

（一）百色市养老机构的基本情况

百色市党委、政府历来高度重视养老机构建设工作。2002 年撤地设市以来，市、县两级政府新建和提升改造一批养老机构，并鼓励社会力量参与养老机构的创办和运营，通过给予床位补贴和设备支持等方式促进民办养老机构发展，养老机构基础设施得到前所未有的发展。

1. 机构个数较多，床位不少

目前，全市养老服务机构 1135 个，其中，社会福利院 9 个，养老院 12 个（民办养老院 6 个，公建民营养老院 6 个），光荣院 11 所，乡镇敬老院 145 个，五保村 691 个，农村幸福院 257 个，日间照料中心 2 个，居家养老服务站 7 个，总床位数 15465 张，每千名老年人拥有养老床位 25 张。其中，公建养老机构 1129 个，总床位数 14197 张；民建养老机构 6 个，总床位数 1268 张。全市初步形成了以公建养老机构为支撑、以民建养老机构为补充的养老服务机构基础设施体系。

2. 建设规模偏小，不上档次

全市大部分养老机构规模偏小，发展空间难以拓展。经调查，全市很多养老机构是 20 世纪 90 年代建设的，当时一些乡镇敬老院建设资金仅为 20 万元；2002—2004 年实施的五保村项目，每个项目建设资金仅为 5 万元；2009 年实施的桂西五县基础设施建设大会战期间建设的敬老院项目建设资金也仅是 50 万元。这些项目主体完工后，没有配套设施，功能不全，难以入住。2016 年底统计，全市养老机构床位数达到 100 张的仅有 4 个，即右江区龙景中心敬老院、右江区四塘镇敬老院、德保县福利中心、凌云县敬老院。目前全市 691 个五保村中已有 348 个五保村变成危房而无法投入使用。如平果县，尽管每个村都建有五保村，但很多五保村是 2002—

2004 年建设的，当时每个建设资金 5 万元，多是单个独立建设，规模小，每个五保村一般是5—8 间住房，没有管理人员，管理服务不上档次，全县 155 个五保村就有 100 个变成危房无法入住。

3. 设施配备落后，功能不全

全市不少的公办养老机构内仅提供床位，其他如医疗卫生设施、康复设施、活动场地、健身设施等严重缺乏。住房没有内配卫生间，卫生间没有紧急呼叫设备，没有设置医疗康复用房，甚至有些机构连基本的衣柜都没有，老年人最基本的养老服务需求都难以满足，难以接收老年人特别是半失能、失能老年人集中供养。安全条件差，一些机构连基本的灭火器等消防安全设备都没有，或是已使用多年没有及时更新，器材设备陈旧老化；一些机构如乡镇敬老院、五保村没有启用统一的食堂，入住老年人自行搭建炉灶，存在生产安全隐患。

4. 没有法人登记，定位困难

全市养老机构基本没有进行法人登记，很多机构没有办理养老许可，机构性质不明，不是企业，不属事业，也不是民办非企业，是典型的“三不像”，因而难以依法独立开展业务活动。

（二）百色市养老机构运营的特点

全市 1135 个养老服务机构中已投入运营 450 个，占养老机构总个数的 40%；未投入使用 685 个，占养老机构总个数的 60%。从整体上看，全市已投入运营的养老机构管理水平和服务质量普遍偏低，还处于低位运行阶段。

1. 管理体制“碎片化”，没有形成合力

目前，全市支撑养老服务业发展的机构主要有社会福利院、光荣院、敬老院、五保村、农村幸福院、日间照料中心和居家养老服务站等。在现阶段，社会福利院、农村幸福院、日间照料中心和居家养老服务站由社会福利部门管理；光荣院由优抚部门管理；敬老院、五保村由社会救助部门管理。养老机构资源管理的“碎片化”，势必政出多门，各自为政，难以从经济社会发展全局和加快养老服务业发展实际考虑与统筹养老机构资源，整体活力不强。

2. 机构责任主体不明

目前，全市养老机构大多采用公办形式，在投入运营450个养老机构中，属于公建公营438个，占97.3%；民建民营的6个，占1.3%；公建民营6个，占1.3%。公办养老机构只有1个进行法人登记，在运营中责任主体不明。如，乡镇敬老院基本由乡镇政府（街道办事处）管理，产权和管理权归当地所有，政府从建设到运营，一揽子承包下来，且全市敬老院基本没有进行法人登记，机构性质不明，不是企业，不属事业，也不是民办非企业，因而难以依法独立开展业务活动，责任不明确，责、权、利划分不清，致使管理水平和服务质量参差不齐，管理服务质量处于低位运行阶段。

3. 供给侧矛盾，公营养老机构床位使用率不高

全市机构养老仍然存在床位总体不足和床位使用率不高等资源闲置，以及社会力量直办直营偏贵和公办公营运营困难且管理服务水平低并存的现状。目前，全市公建民营养老机构1122个，总设计床位14834张，入住老人2701人，床位使用率仅为18.2%。由于床位使用率不高，造成养老机构资源严重浪费。

4. 管理活力不强，服务质量不上档次

一是内部管理制度落实不到位。已投入使用的养老机构中虽然都建立有内部管理制度，但大部分机构没有能够按照既定制度全面落实到位，内部管理制度有时形同虚设。如，已投入使用的敬老院都上墙公布管理制度，但很多敬老院财务管理仍然不规范，外人来访不登记，农村特困人员外出不请假等，甚至出现院民外出多天管理员仍然没有察觉的不良现象。机构管理没有标准化，精细化管理水平低，养老院内务管理不到位，甚至有的乡镇敬老院没有实行统一饮食制度，脏、乱、差现象比较严重。二是专业人才缺乏，管理服务水平偏低。养老服务队伍专业化程度不高，大部分养老护理员缺乏基本的护理知识、经验和技能。养老机构中的医生、护士、营养师、康复师、心理咨询师、社会工作师等专业人才缺乏，甚至一些机构如乡镇敬老院的管理服务人员多数属于照顾基层领导亲属而安排工作，或是为了降低成本聘用一些下岗职工、外来人员和农村妇女，普遍文化素质不高，年龄偏大，没有通过业务培训，缺乏专业护理知识和技能，管理方法简单粗暴，服务意识差，日常管理和服务工作缺乏精细化、专业

化、标准化和职业化。

5. 创新机制不足，需求难以满足

调查发现，随着年龄的增长，身体机能器官衰退，老年人对情感、受关注度、受他人认同度等心理需求也逐渐强烈。这个需求如果长期得不到满足，不仅会影响到家庭的正常生活，还有可能会带来免疫功能降低、衰老过程加快等。目前养老机构提供的服务基本上是以生活照料为主，服务内容主要包括喂饭、更衣、大小便失禁后清理、定期洗澡、翻身，只有个别养老机构会为入住老年人提供日常看病治疗、康复等服务。普遍存在内部机构设置不合理，服务项目不全面，老年人的多元养老需求难以得到有效满足。

6. 财政负担大，后续发展不足

从调查情况看，由于没有进行法人登记，单位定性不明确，加上没有建立后续发展经费保障机制，常年的基础设施维修经费、日常的管理经费主要靠财力薄弱的乡镇政府（街道办事处）承担，虽然每年上级也适当给予维修经费补助，但仍是杯水车薪，还不能满足现实需要，导致部分敬老院年久失修，设施陈旧，后续发展乏力。同时，财政需要承担较重的管理人员的工资待遇，地方财政负担重。从调查统计情况看，目前全市公办的乡镇敬老院普遍遇到后续发展资金不足、管理人力不足和服务能力不高等制约瓶颈，后续发展不足。

二、百色市公建民营养老机构的现状

（一）百色市公建民营养老机构的现状

为有效解决养老机构公办服务质量差、民营太贵，以及“一方面床位不足，一方面床位等资源闲置”的供给侧矛盾问题，近年来，百色市积极推动养老机构运营改革，在公办和民办之间积极探索第三条路径，对符合条件的公办养老机构实行市场化运营，推行公建民营模式，以达到有效利用资源、充分发挥养老机构功能的目的，并取得了初步的成效。目前，全市公建民营养老机构共有 7 家，即右江区百城街道敬老院、右江区真情养老中心（右江区龙景中心敬老院）、田阳县心之乐爱心护理院、田东县颐乐养老院、德保县福利中心和靖西市彩虹养老院（靖西市新靖镇敬老院）、百色市华宇乐安老院，通过访谈调查，入院老人及其亲属对所入住的公建民营养老机构管理服务质量满意度均达到90%以上。

（二）百色市公建民营养老机构的运营特点

通过近几年探索实践，百色市已在部分县（市、区）形成较为成熟的公建民营模式。

1. 按功能作用划分

（1）以右江区真情养老中心为代表的医养结合模式。右江区真情养老中心位于百色市龙景街道大同村（迎龙区E15地块）右江区民政福泽园内，园内规划设计共有三栋楼，分别为综合大楼（7层）、多功能活动中心（3层）、员工宿舍（2层），占地22亩，总建筑面积约7500平方米，设置床位300张。2015年9月，通过公开招标形式，与南宁市真情养老中心签订协议，同时挂牌真情康复医院，与百色市人民医院（老年科）合作康复养老，实行医养结合。本着“老人至上、诚信服务、争创一流”的服务宗旨，在优先接收有入住需求的五保老人和城市“三无”人员基础上，为不同阶层的社会老人特别是孤老、空巢、失独等生活自理有困难的老年人提供医疗保健、康复训练、精神慰藉，以及文化娱乐、临终关怀等便民、利民、亲民的社会化养老服务。

（2）以右江区百城街道敬老院为代表的偏重照料护理失能、半失能老人模式。右江区百城街道敬老院位于百色市中心城区建华路中段，占地面积4.5亩，2002年12月建成并投入使用，累计投资165万元，全院建筑面积983平方米，现有床位86张。院内功能齐全、设施完备，设计有统一的卫生间和符合卫生要求的集体食堂，安装有太阳能与电能互换热水器，设有集体娱乐活动室、医务卫生室等。院内各项管理制度健全，日常管理工作规范，院容院貌美观整洁，院民文明礼貌，团结互助，集体生活氛围好。该院是全市探索敬老院市场化运营模式较早的单位，主要为失能、半失能老人提供养老服务，服务项目有老年人日常生活照料、康复保健、临终关怀、娱乐休闲等多项服务。目前，集中供养五保供养对象及城市“三无”人员10人，有偿接收其他老年人52人，常年床位使用率达90%以上；配备有专职管理员及医护工作人员16人，入住对象与管理员比例达

3.8∶1；院民生活水平随着物价上涨不断调整提高，与当地农村居民人均消费支出同步增长，月人均生活标准达到550元，超过当地村民平均生活水平。通过几年来公建民营市场运营模式探索，右江区对百城街道的五保老人，只需负担每人每月400元的供养资金，不需再另行聘请管理人员，既减轻地方财政负担，而且极大提高五保老人、城市“三无”人员生活水平；并通过联系驻地的右江医学院，每周五学校都派来学生和入院老人开展各种娱乐活动，让入住老人在敬老院充分体会到友爱、温馨的集体生活氛围。

（3）以百色市华宇乐安老院为代表的偏重生活托养模式。该院是个体户租赁市社会福利综合大楼于2005年开始创建，设计床位210张。目前，入住老年人192人，常年床位入住使用率达到98%，主要是为不同阶层的社会老人，特别是孤老、空巢老人，以及家庭子女工作繁忙无法照料、生活自理有困难的老年人提供全托、日托生活护理，兼顾康复训练、精神慰藉、文化娱乐等便民、利民、亲民的社会化养老服务。

2. 从安排使用设施场地划分

从调查情况看，百色市主要通过盘活现有养老机构存量和利用闲置的福利基础设施推行公建民营。

（1）政府通过招标形式将新建成的福利设施直接交由社会力量运营模式，主要以右江区真情养老中心为代表。该中心是整合右江区社会福利院项目和龙景中心敬老院项目资金建设起来的养老机构，始建于2012年，2014年项目主体工程竣工，2015年9月，经右江区政府研究同意，由右江区民政局通过公开招标形式，与南宁市真情养老中心签订协议兴办，是全市规模最大的公建民营养老机构。

（2）政府拿出正在运行的公办养老机构交由社会力量运营管理的项目模式。以右江区百城街道敬老院、靖西市彩虹养老院（靖西市新靖镇敬老院）为代表。多年来，公办的百城街道敬老院、靖西市新靖镇敬老院由于管理不善，运营效果不高，服务质量较差。为了解决这些困难，右江区民政局和右江区百城街道办事处、靖西市民政局通过签订承包合同的方式，及时交由有经济实力和愿意为养老事业奉献的具备护理专业知识的个体老板进行经营管理，社会效益逐步显现。

（3）社会力量租赁政府闲置福利设施兴办模式。以百色市华宇乐安老院为代表。百色市社会福利综合大楼始建于1998年，2001年竣工，但多年来一直闲置，造成资源极大浪费。个体老板苏某经过考察，从2005年起租用该楼二至四层开办华宇乐安老院；2008年扩大到五楼，目前是百色市区域内规模较大、社会效益和经济效益较好的公建民营养老机构之一。

（三）百色市推行养老机构公建民营取得的初步成效

从调查统计情况看，百色市公建民营养老机构落实养老政策主要集中在为特困人员、低收入老年人、经济困难的失能半失能老年人提供无偿或低收费的供养、护理服务等方面。如，右江区真情养老中心与百色市人民医院共建，为院民提供的服务内容主要是养、护方面，院内娱乐活动室设有棋牌室、书画室、音乐室、手工制作室、乒乓球室、历史怀旧室等；华宇乐安老院主要是为工资阶层家庭无法护理老人和子女外出工作、务工而送空巢老人到机构养老的全日托养服务，院民活动有看电视、看报、打麻将和健身等；右江区百城街道敬老院在满足辖区内特困人员入住供养的基础上，向社会老年人提供养老和照料护理服务。

1. 盘活了国有资产

从调查情况看，推行养老机构公办民营模式，不仅没有出现国有资产流失，反而实现了保值增值。如，右江区百城街道敬老院、靖西市新靖镇敬老院通过公建民营，采取承包经营方式，有效利用敬老院中的剩余床位，将其充分应用到社会养老服务业中，充分发挥政府投入资源应有的社会效益。百色市华宇乐安老院是租用百色市社会福利综合大楼兴办的，有效解决国有资产闲置问题，切实改变了各级领导、相关部门经常反映、社会比较关注的福利机构设施资源闲置过多的问题。

2. 解决了现有养老机构床位使用率的问题

从调查情况看，实行公建民营后，床位利用率整体得到提高。如，百城街道敬老院、靖西县新靖镇敬老院推行公建民营后床位常年利用率由原来的不到10%普遍提高到80%以上，最高的时候达到100%，一床难求。百城街道敬老院有床位90张，现入住88人，其中特困供养人员10人；新靖镇敬老院有床位60张，现已入住33人，其中农村特困人员6人。两所敬老院已成为当地发展农村养老服务业的基础，不仅取得了良好的社会效益，也取得了较好的经济效益。

3. 减轻地方财政压力

通过公建民营方式，个人等社会资源进入养老服务业领域，对于弥补政府投入不足发挥了重要作用。一是有效解决了地方财政负担管理人员工资待遇重的问题。比如，百城街道敬老院目前有管理人员 23 人，月人均工资最低达到 1800 元以上，全年需付管理人员工资 49.68 万元，全部由承包经营者负担。二是有效解决集中供养老人因病住院陪护问题。比如，2016 年百城街道敬老院有 5 位老人因病住院，共住院 15 天，如按每天每人陪护费 150 元计算，共需 11250 元，全部由承包经营者负担。三是有效解决地方投入维修经费不足问题。如，百城街道敬老院、华宇乐安老院承包者每年各自都投入维修费达 8 万元、15 万元。

4. 提升管理服务质量

一是环境卫生明显好转。比如，百城街道敬老院公建民营后，功能设施设备逐步完善。目前，敬老院院容院貌美观整洁，有符合卫生要求的集体食堂，安装有太阳能与电能互换热水器等设施，有面积达 30 平方米的集体娱乐活动室 2 个且配有彩电、音响等娱乐设施，设有专门洗衣室、医务卫生室，建有老年人活动门球场一个。二是管理水平和服务质量逐步上档次。进一步规范内容管理制度，做到按制度规范管理，制定有《院长职责》《管理员岗位责任制》《卫生管理制度》《院长守则》《安全管理制度》等；新靖镇敬老院还制订有安全应急方案及其工作流程等。目前，百城街道敬老院有管理人员 21 人，新靖镇敬老院有管理人员 7 人，服务对象与管理人员比例均达到 4∶1，明显高于民政部规定的一星级敬老院标准，从根本上解决因管理人员不足而造成管理不到位的问题。三是调动管理人员工作积极性。目前，百城敬老院管理人员工资待遇达到每人每月 1800 元以上，新靖镇敬老院管理员月工资达到 1900 元（不含交养老保险金等），高于全市其他敬老院管理员工资 1 倍。同时，由于工资待遇比较高，也吸引了专业化、高水平年轻人参与农村敬老院的管理工作。如，百城街道敬老院院长具有医学护理专业知识和新靖镇敬老院管理人员中具有医学护理专业知识的均有 2 人以上，从而有效提升了敬老院管护服务水平。

5. 提高政府兜底对象综合生活水平

由于入住的特困人员和其他社会老人一起用餐，生活水平明显改善；五保老人和这些有子女的社会老人一起住、一起聊天、一起开展娱乐活动，消除了他们的自卑感，感到活得更有尊严。如，百城街道敬老院承包经营者积极联系驻地的右江民族医学院、百色学院、百色职业学院开展共建活动，积极探索医养结合等，右江民族医学院每周五都派护理等专业的学生到敬老院为老人按摩、护理、健康体检；院内设立简易卫生室，为入住的特困老人建立医疗卫生档案，定期对老人进行血压测量等，老人的基本医疗更有保障。同时，百城街道敬老院还探索开展老人临终关怀服务项目，让这些无儿无女的特困供养人员有一种归属感。百色学院、百色职业学院也常组织学生到百城街道敬老院开展活动，协助清洁卫生工作，陪老人聊天等。靖西县民政局通过政府购买服务方式，聘用 2 名监督员参与新靖镇敬老院管理，并兼职院民心理疏导、基本医疗保健、康复训练等，消除老人的孤独感、寂寞感。目前右江区农村特困人员供养标准是每人每月 313 元，但实行公建民营后，入住集中供养的特困供养对象和其他老人是一起生活、一起用餐的，每人每月供养标准达到 500 元，特困供养人员供养标准增加部分每年达到 2.5 万多元。

6. 解决了养老机构后续发展乏力问题

通过引入社会资源参与养老服务业，不仅弥补了地方政府对养老机构基础设施建设和维修改造投入不足问题，而且也解决了当前困扰养老机构运营过程中缺乏专业护理人才，管理服务质量偏低等瓶颈问题。目前，推行公建民营的 6 家养老机构都发展成为区域性养老服务中心，面貌焕然一新，管理服务质量得到明显提升，普遍成为养老服务业机构养老的示范单位。

（四）百色市公建民营养老机构存在的问题和困难

养老机构公建民营目前处于摸着石头过河阶段，没有成熟模式，在实际工作实践中仍然存在漏洞和风险。

1. 功能性质有待明确

社会主体中标后，其运营管理的机构应该是什么性质，承担什么样的职责并不十分明确，而且国家、自治区层面也还没有出台相应的政策，基本处于“一家一议”的状态。如，右江区龙景中心敬老院已登记为独立法人的事业单位，但公建民营合同是由真情养老中心与右江区民政局签订。

2. 管理体制问题

目前，由于上级政府对公建民营敬老院的资质认证、许可、评估、监督等方面没有制定相关政策法规，管理体制仍不完善，特别是对于承包经营等方式没有明确的规定或是规范的合同（协议）文本，政府从何角度既不影响承包经营活动，确保公建民营承包人员（组织）有微利空间，又能够有效参与管理，确保养老机构养老性质不变等都没有明确的规定。一些社会组织或企业，可能会把公建民营当成一种新的投资渠道，过度热衷于开展营利性服务，难免存在着公建民营变为“公建商营”的忧患。

3. 公建民营涉及的国有资产管理缺乏明确规范

公建民营中的国有资产管理不同于以往的国企改制，也不同于行政事业单位的房产设施租赁，是在产权不变前提下的经营主体的改变，公建民营项目既要体现公益性原则，又要兼顾养老机构自身发展特点，因此，无法简单套用国企改制或事业单位资产管理的有关规定。如果一味强调国有资产保值增值，结果使有意参与的社会组织或个人望而却步，影响了公建民营的发展。因而如何依据国有资产的价值及使用特点，形成有效的保全方法，确定合理的费用收取标准及使用范围等亟待规范。同时，将社会资源引入养老机构之后，面临的一个现实问题就是原有资产评估和后续投入改扩建之后，双方的资产权益划分缺乏细化的政策规定。如果签订协议周期不长，承包经营者由于担心政府朝令夕改，同时，对于运营期间改扩建产生的投资、权益归属等问题，目前也缺乏明确的政策规定，因而经营者不乐意甚至依赖政府投入资金对基础设施进行改扩建，如投入则需一事一议，需要双方协商解决。社会主体权益保护措施不足。社会主体中标后，其投入的资金和设施等资产的归属以及今后如何处置，尤其是收益如何分享等，都缺乏可操作的规定。

4. 公建民营运营期限问题

从目前实践看，公建民营的运营期限一般采用10年左右为一个周期，也有采用15—20年的。运营期限以多长为比较合理，还需要进一步研究，但是过短与过长均有一定弊端。比如，百城街道敬老院尽管面临最大的难题是床位不足、院民居住用床陈旧等，但合同期限仅为3年，年承包金10万元，承包者由于其追求盈利的内在冲动，往往缺乏长期规划，对于投入较大的基础设施部分，不愿也不敢投资维护和升级改造，从而对敬老院长远发展和运营带来不利影响。从调查了解，我们认为，从养老机构发展的一般过程看，给予不低于3年的扶持期，有利于经营机构的顺利起步与发展，也是政府对养老服务业政策支持的一种体现。

5. 养老服务质量的保证问题

养老机构公建民营后，政府在如何监督社会主体提供有效服务、保障入住老年人基本权益方面，缺乏规划。对于政府兜底保障对象，在政府财政经费转入机构后，如何保障这些对象真正享受应有的服务，措施不明确。甚至推行公建民营之后，相关部门便疏于监管，或是一些公建民营机构不乐意政府过多监管，导致老年人权益保护措施缺乏，难免存在养老服务质量问题的漏洞风险。

（五）百色市公建民营养老机构存在问题的成因分析

阻碍养老机构公建民营发展壮大的因素既有客观上的因素制约，也有主观上的因素造成。

1. 客观因素方面

主要是陈旧观念和既得利益形成改革阻力。在部分政府部门中，政府办养老等这些陈旧的管理理念和方式仍有市场，“不想改”“不敢改”和“不会改”的情况还比较突出。有的对推进公建民营模式的重要意义认识不足，不愿正视现行养老管理体制和运营机制方面存在的问题，习惯现有的管理模式，害怕推行公建民营模式后利益格局发生变化。同时，我国传统观念以居家养老为主，机构养老还没有形成浓厚的社会氛围，因而难以孵化养老机构公建民营市场。

2. 主观因素方面

一是政府缺乏对公建民营重要性的高度认识。一些政府领导简单地把公建民营理解为私有化、国有资产流失，因而对推动养老机构公建民营的专题研究少，出台的相关政策特别是优惠政策少。同时，一些公办养老机构出于种种原因，对公建民营改革表现“忧心忡忡”，因而“不愿改”。二是社会支持养老机构公建民营的氛围不浓。从目前情况看，社会各界关注和关心养老机构公建民营不多，培育养老机构公建民营的氛围没有形成，与公办养老机构相比，无论是财政资金补助，还是社会捐助，公建民营养老机构明显处于不公平竞争之中。同时，由于我国养老服务业目前处在起步阶段，具备承接实力的社会组织数量不多，制约了对经营机构的选择范围。三是国家扶持政策没有落实到位。尽管国家也陆续制定出台了一些扶持政策，但在实施中落实并没有完全到位。比如，《国务院关于加强发展养老服务业的若干意见》（国办发〔2013〕35号）规定“对社会力量兴办的老年服务机构，在建设用地、减免营业税、所得税、土地使用税、水、电、路等问题上，政府给予一定补助”“养老机构电、水、路等按居民生活类价格执行”，但基层没有落实好。如，《自治区物价局关于居民生活用电试行阶梯电价有关问题的补充通知》（桂价格〔2012〕104号）明确规定经县级以上民政部门认定的城乡低保户和农村五保户每月每用电户设置10千瓦时的免费电量，对于低保户、五保户集中聚居户，供电企业按照民政部门核定的有效人数所对应的免费电量，从集中聚居户的月用电量中予以扣减，但很多县（市、区）、乡镇均没有执行兑现。同时，由于一些优惠政策基本还停留在定性的层面上，没有明确的量化要求，部门壁垒难以打破。如，在养老机构内设医疗机构难，公建民营养老机构难以实行医养结合，造成“看病的地方养不了老，养老的地方难看病”，直接制约了医养融合发展。

（六）公建民营养老机构的发展前景

从调查情况看，可以从以下方面看出百色市养老机构公建民营模式的发展前景。

1. 政府财政日常负担得到减轻

推进养老机构公建民营改革的目的之一，就是在于改革政府对养老机构原来的管理体制和投入机制，把日常的管理和投入交由社会力量方来完成，从而达到减轻政府财政日常负担和人力投入。事实证明，养老机构公建民营改革可以使养老机构运行与市场经济接轨，实现社会效益与经济效益的双赢。

2. 养老机构服务质量整体水平得到有效提升

社会力量方在人力、物力、财力等方面的投入更趋于灵活，可以根据老年人的生活需求，提供生活护理、文化娱乐、饮食保健、康复医疗、心理慰藉等各项个性化的优质服务，从而提升养老机构服务质量整体水平。

3. 养老服务队伍结构更科学合理

通过政府招投标方式承接项目的社会力量方更具有专业养老服务管理经验，管理队伍更具有专业化。尤其是在选人用人上更为灵活，可以根据养老机构的实际需要，聘请所需方面的专业人才而不受多方面的限制，克服了公建公办在管理人才方面上的不足。由于养老队伍建设的加强，不仅确保了养老机构整体服务水平的提高，也为入院老年人的健康提供了保障。

4. 入院老人逐年稳步增长

从百色市华宇乐安老院、右江区百城街道敬老院等公建民营养老机构的调查来看，入住老人逐年稳步增长。主要原因是承接项目的社会力量方不断完善原有养老机构设施不足，努力建设一个集老人生活、娱乐、疗养、康复等多功能于一体的幸福家园，从而吸引了社会老人对入住养老机构的愿望。

5. "公"与"民"逐步实现对接，权责关系进一步理顺

实践证明，"公"与"民"如何实现无缝对接，是"公建民营"模式的关键环节。从百色市近几年来的探索与实践来看，要实现"公"与"民"无缝对接，要重点抓好三个方面：一是要明确政府的管理职责。养老机构的财产属于政府所有，那么就必须承担管理的责任，尤其是民政职能部门要履行职责。一方面，要统筹协调规划，掌握资金投入情况，加强日常监督管理；另一方面，要充分利用政策引导，制定行业管理规则，规范管理流程，依法依规制定合理科学的承包经营合同，认真负责当地公建民营的组织实施。二是要把好营运方准入关。一方面，要通过向社会公开招投标的方式，确定公建民营经营方；另一方面，要审核经营方的注册资金，了解经营方的资金实力，确保公建民营机构的正常运转和持续发展。三是要建立监督机制。要建立社会监督的有效机制，充分调动社会各界力量的监督，使公建民营机构更加公开、公正，健康、有序、协调发展。

显然，当前推行的养老机构公建民营模式，既解决了政府在投入和管理上的不足，又激发了民间资本介入的热情；既提高了养老机构的整体服务水平，又确保了养老机构的公益性。可以说，养老机构公建民营模式是解决当前养老困境的有效办法，前景十分广阔，也越来越深受社会老人的看好和选择。

三、加快推进公办养老机构开展公建民营管理模式的对策及建议

从调查情况看，百色市养老机构公建民营模式虽然处于起步和摸索阶段，部分公建民营养老机构尚处在试运行中，还存在这样那样的不足和困难。但是，总体来说，公建民营养老机构发展已经进入一个发展的关键期。不论从国家和地方层面的政策环境，还是部分县（市、区）探索实践所提供的经验来看，都已经为公建民营养老机构的全面发展奠定了良好的坚实基础。当前，需要我们进一步提高思想认识，切实转变观念，统筹规划和制定相关配套政策，明晰各方权责，优化发展环境，提升公建民营养老机构的整体服务水平，赢得社会的认同，加快推进养老机构公建民营工作的健康、协调和有序发展。笔者认为，百色市要加快推进公办养老机构开展公建民营管理模式，应从以下几方面作努力。

（一）提高思想认识，切实转变观念

《国务院关于加快发展养老服务业的若干意见》（国发〔2013〕35 号）和国务院《关于印发“十三五”国家老龄事业发展和养老体系建设规划的通知》（国发〔2017〕13 号）等国家宏观政策，为加快推进养老机构公建民营工作指明了方向，要求各级政府进一步提高思想认识，切实转变观念，明确工作思路，强化工作措施，全力推进养老机构公建民营发展。为此，从政府、社会和养老机构民政主管部门都要提高思想认识，切实转变观念，充分认识推进养老机构公建民营的必要性和重大现实意义，特别是要进一步明确推进养老机构公建民营是解决当前养老困境的必然选择。一是政府加快推进公办养老机构不断深化改革的需要。从百色市公办养老机构的现状而言，经过长期的建设公办养老机构的数量在不断增加，涉及的床位数不断加大，但入住率却十分低，床位空置率居高不下。加上公办养老机构被认为效率不高，服务质量欠佳。虽然，近几年来各级政府和民政主管部门采取了一系列积极的改革措施，但总体上效果并不明显。事实证明，公办机构改革必须另辟蹊径，建立新的经营管理机制，而公建民营模式正是顺应深化改革形势的需要出现的，也是养老机构破茧重生的成功

经验。二是鼓励引导民间资本和社会力量进入养老服务业的需要。随着经济社会的不断发展和人类的进步，民间资本和社会力量进入养老服务业的各种条件已逐步成熟。在各级政府投入养老机构不足的情况下，鼓励引导民间资本和社会力量进入养老服务业显得更为重要。一方面，减轻政府的负担；另一方面，政府将公办养老机构交付有一定实力的社会力量代管，可以减少管理和服务环节，可以说是双赢的好事。三是创新养老服务机构供给模式的需要。经过多年的实践和摸索，推行养老机构公建民营模式也是在经济新常态下政府应对不断加快的人口老龄化采取的多元主体混合供给养老服务新模式的尝试。在理顺产权关系的前提下，也是符合养老机构走市场化运作的规律。应该说，对我国养老服务供给模式的创新具有重要意义。四是政府转变职能的需要。党的十八届三中、四中、五中和六中全会进一步就政府职能转变提出了新的更高的要求，明确指出了要建设服务型政府必须加强宏观调控、公共服务、市场监管、社会管理、环境保护等职责。各级政府逐步将公办养老机构推向市场，通过社会力量来市场化运作正是实现养老机构管理方式的转变。

（二）制定激励机制，为开展养老机构公建民营工作提供有力支撑

在国家宏观政策指引下，广西壮族自治区政府和民政厅先后出台了《2016年广西养老服务业综合改革试验区建设工作要点》（桂政办电〔2016〕75号）、《推动广西养老服务业快速发展的15项重点工作方案》（桂民函〔2016〕210号），百色市出台了《百色市人民政府关于加快发展养老服务业的实施意见》（百政发〔2015〕29号），这些规范性文件的出台，为下一步全市整合各方力量，促进全市养老服务业加快发展奠定了坚实基础。同时，也为推动公建民营机构的发展提供了保障。当然，仅靠当前国家和自治区现有的政策远远不足以推动公建民营机构的发展。当地各政府和有关部门必须创新工作思路，制定切实有效的积极措施和优惠政策，充分调动和鼓励社会力量参与创新工作思路，制定切实有效的积极措施和优惠政策，让公建民营机构经营者认识到从事养老事业的光荣感和责任感，并从中享受到地方政府给予的优惠政策。

在政府层面，各级政府要在《国务院关于加强发展养老服务业的若干意见》（国办发〔2013〕35号）和《国务院关于印发“十三五”国家老龄

事业发展和养老体系建设规划的通知》（国发〔2017〕13 号）以及《民政部关于开展公办养老机构改革试点工作的通知》（民函〔2013〕369 号）的框架下，借鉴外地先进经验，在不断总结公建民营取得的经验基础上，继续努力探索和大力推进养老机构的公建民营工作，进一步创新工作思路，制定有利于公建民营机构发展的优惠政策。第一，进一步优化发展环境。要稳步推进公办养老机构转制转型，把专门面向社会提供经营性服务的公办养老机构转制成为企业或社会组织，完善法人治理结构，积极鼓励民间资本通过委托管理等方式运营公有产权的养老服务设施，大力优化养老服务发展环境。比如，执行统一养老机构补助标准。统一公办和其他所有制性质、以护理型床位为主的养老机构补助标准，对符合条件的自有产权和租赁房产的护理型养老机构分别给予每张床位一定补助。同时，鼓励市内外企业和个人在当地设立养老服务机构，在政策优惠方面享受同等待遇。此外，实行市场化定价。除由政府主办且经营的养老机构实行政府定价和政府指导价外，其余的实行市场定价。第二，进一步创新公建民营机构发展模式。各级政府要借鉴外地的先进经验，针对公办养老机构的活力不足和体制僵化等问题，探索公建民营的路线图，进一步创新公建民营机构发展模式。比如公办民营、公租民营、公建民营、PPP 模式、公助民营等模式，采取的方式有将正在运行的公办养老机构交社会力量运营管理；或通过公开招投标，免费移交给社会组织管理；或将新建成的公办养老机构设施直接交由社会力量运营；或采取“政府和社会资本合作（PPP）”运营养老机构；或由政府通过划拨土地，提供部分资金资助，由社会资本建设并运营管理。第三，各级政府要强化服务监管，确保公建民营机构良性发展。在实施公办民营过程中，要严格界定产权关系，明确转让经营权、转变运营方式，所有权仍归国家或集体所有；实行公开招投标方式，明晰双方责任，确保国有资产不流失。在签订合同时，一是要明确承租方不得改变养老用途等相关规定，确保养老方向不改变；二是要明确优先满足“三无”老人等民政服务对象的入住需求，不得以任何理由拒收，供养经费并由当地政府从购买服务经费中支出；三是要明确保证服务质量不降低。此外，要建立养老服务机构信用体系，制定信息披露制度，对服务质量和运营情况定期开展监督检查。

在民政主管部门层面，要切实履行部门职责，牵头协调政府各有关部门加强对公建民营养老机构日常监管。重点抓好以下方面：一是要牵头制定公办民营养老机构管理办法以及相应的评估标准。公办民营养老机构必须依法取得《养老机构设立许可证》，并严格按照《养老机构管理办法》（民政部令第49号）有关规定执行。要加强对公建民营养老服务机构日常运行的管理，比如组织开展民营机构的资质评估、综合评价和综合调研，并向社会公示；牵头组织政府有关部门、行风监督员、新闻媒体等多方参与、随时抽查，促进全市民办养老机构的规范运作。二是要明确公建民营养老机构的职能定位。公建民营养老机构应当优先保障“三无”人员，五保、优抚对象，经济困难的孤寡、失能、失独、高龄等老年人的服务需求，充分发挥托底作用。三是要建立健全养老评估制度。要开展以老年人经济状况和身体状况评估为重点，以增加入住养老机构的公开透明性为重点，逐步建立健全社会评议和公示制度，确保公建民营养老机构职能落实到位。四是要制定增强公建民营养老机构服务功能的管理办法。公建民营养老机构应当加大基础设施改造，拓展服务功能，拓宽服务范围，提高护理性床位的数量和比重。开展服务项目和设施安全标准化建设，丰富信息化服务手段，提高人员队伍素质。如百色市根据《广西养老机构星级评定管理暂行办法》和《广西养老机构星级评定细则》，在全市范围内开展养老机构星级评定工作，进一步加强了养老机构的规范化和标准化管理，推动养老机构转型升级，全面提升养老机构管理水平和服务能力，发挥星级养老机构的示范引领作用。

（三）加强统筹规划，通过试点引领带动推进养老机构公建民营工作

百色市针对当前养老服务业发展水平不高，与旅游、医疗等相关产业结合度亟待加强；现有的养老机构规模偏小，服务功能简单，服务水平有待提高；社会力量对养老产业投入还不足等问题。结合本市实际，提出了全市“十三五”养老服务业发展目标：全面建成以居家养老为基础、社区养老为依托、机构养老为支撑的养老服务体系。到2020年，全市建成2所500床规模、综合性、示范型市级养老服务机构，各县（市、区）建有1所200床以上社会福利院。基本实现每个乡镇（街道）有1所以上区域性养老服务中心。日间照料中心、老年活动中心等服务设施覆盖所有城市社区。每千名老人拥有社会化养老床位数35张以上。“候鸟式”养生养老长

寿产业得以发展，健康养老特色区域初步形成。探索和实践公建民营养老机构，实现每个县有1所以上公建民营养老机构。养老护理人员岗前培训率达到100%，持证上岗率达到90%以上。

要实现上述目标，加快推进养老机构公建民营工作，应当从以下方面来考虑：

一是编制全市推进公建民营养老机构发展规划。根据《广西壮族自治区人民政府关于建设养老服务业综合改革试验区的意见》和《广西养老服务业综合改革试验区规划（2016—2020）》，借助全市打造养生养老长寿产业长廊（右江、田阳、凌云、乐业、田林、隆林、西林）和边关休闲旅游养生养老长廊（德保、靖西、那坡）的契机，研究编制全市推进公建民营养老机构发展规划。将发展公建民营养老机构纳入全市国民经济和社会发展总体规划和相关专项规划，纳入政府重要议事日程，抓好政策扶持，加大人、财、物的保障力度，进一步完善工作协调机制，不断推进公建民营养老机构有序、健康发展。各县（市、区）政府要根据当地实际，出台具体的实施方案，成立养老服务业部门联席会议制度，督促相关单位梳理出台部门配套政策，研究制定优惠政策措施，为促进公建民营养老机构发展创造良好的环境。

二是通过试点带动推进公建民营养老机构发展。要向全市推广现有7家公建民营养老机构的成功经验，通过试点带动推进公建民营养老机构发展。各县（市、区）要循序渐进开展公办养老机构改革试点工作，选择1个以上条件成熟的公办养老机构做试点。同时，要制订年度工作计划，建立部门协作、经费保障和人员保障机制，加强管理，确保试点取得积极进展，收到良好社会效果。

三是加强督导推进养老机构公建民营工作。各县（市、区）要积极探索地方推进公建民营养老机构发展的不同模式，协调组织有关部门适时开展督导工作，指导公建民营养老机构按照指定的方向发展，并积极协调解决存在的困难和问题，确保养老机构公建民营工作取得实实在在的成效。

（四）理顺权责关系，进一步明确公建民营养老机构的职能定位

要进一步明确政府、社会和民政部门的权责。在政府层面，要坚持“政府主导、社会主体”的指导思想，进一步明确公建民营的公益性、养

老用途不改变和国有资产不流失等职能的前提下，确保托底功能、立足服务本地，以满足经济困难的孤寡、失能、高龄老年人需求为重点，坚持盘活存量与发展增量并重，规范管理与改革创新并举，统筹推进各类养老服务机构建设，努力满足不同层次养老服务需求，真正让老年人老有所养、颐养天年。同时，要建立政府对公建民营机构市场价格指导机制，明确补助政策，让公建民营机构享受到应有的政策支持。在社会层面，要充分利用当地报刊、电视广播和新闻媒体，大力宣传推进公建民营养老机构发展的典型个案、先进经验和经营者的典型事迹，以赢得社会对推进公建民营养老机构发展的认知和认同，提升公建民营养老机构的影响力。在民政主管部门层面，要认真履行部门职责，统筹协调规划，制定公建民营工作管理机制，规范工作流程，落实监管制度，确保公建民营机构的正常运转和持续发展。

要进一步建立健全社会监督机制。要建立社会监督的有效机制，充分调动社会各界力量的监督，使公建民营机构在阳光下运行。通过各级政务和民政网站以及新兴媒体将本地公建民营机构的基本情况、规模和功能、管理方式、队伍建设、经营者和联系方式等信息进行公开，自觉接受社会各界的监督，让社会逐步了解公建民营机构，确保公建民营机构运行更加公开、公正、透明，促使公建民营机构健康、有序、协调发展。

（五）强化服务功能和内部管理，着力提高公建民营养老机构整体服务水平

公建民营养老机构经营者，要立足自身，进一步创新工作思路，加大投入完善服务功能，强化内部管理，加强队伍建设，着力提高公建民营养老机构整体服务水平。

一是要创新工作思路，积极探索公建民营养老机构医养结合发展路子。2016 年 9 月，百色市被国家卫生计生委、民政部确定为第二批国家级医养结合试点单位。公建民营养老机构要认真贯彻落实《国务院办公厅转发卫生计生委等部门关于推进医疗卫生与养老服务相结合指导意见的通知》（国办发〔2015〕84 号）和《广西壮族自治区人民政府办公厅关于推进医疗卫生与养老服务相结合指导意见》（桂政办发〔2016〕82 号）精神，抓住机遇，创新工作思路，积极探索公建民营养老机构医养结合发展

路子，通过与当地医疗机构合作等方式，把公建民营养老机构打造成集生活照料、医疗康复、老年人托管护理等多功能于一体的大型综合性养老项目。如2016年6月，百色市卫生计生委和市民政局联合组成考察工作组，先后到重庆市九龙区、四川省成都市和攀枝花市等地考察学习借鉴当地在围绕城市转型、产业升级和经济结构调整，把握“健康+养老”核心理念，大力发展特色医养结合服务等方面的先进经验和做法，选择在公建民营养老机构——百色市华宇乐安老院开展医养结合试点工作。具体由市民政局将原有的房屋出租给百色市中医院开办医疗综合医务室，日常除了给华宇乐安老院入院老人检查身体和看病外，也对外营业。既给入院老人提供医疗方便，提高老年人健康服务水平，又使医院增加收入。

二是要加大投入，完善公建民营养老机构服务功能。要在政府前期投入的基础上，因地制宜，合理规划，加大投入，逐步完善服务功能，提升服务档次，从而不断提高入住率和老人满意率。诸如，本着人性化理念，可设立单人间、双人间、套间等不同房间，满足老年人多元化、多层次的需求；科学合理布局入住房间，可参照医院的做法，除了安装电视、电话、宽带网线外，增加安装叫醒或提示设备，以备老人出现意外之需；在走廊、楼道安装扶手，张贴温馨提示牌，引导老人安全出行。逐步建立健全医疗保险机制。积极主动对接当地医疗机构进驻养老机构内设医务室，对符合城镇职工（居民）基本医疗保险和新型农村合作医疗定点条件的，可申请纳入定点范围。完善老年人意外伤害保险制度。积极探索建立老年护理保险制度，建立养老机构综合责任保险，增强老年人接受护理照料的支付能力。

三是要建立以质量和效益为导向的养老机构服务发展机制。按照以人为本、安全为先、诚信守法、以质取胜的工作原则，着力解决影响养老院服务质量的突出问题，建立以质量和效益为导向的养老院服务发展机制，塑造养老院“安全、诚信、优质”的服务品质，打造人民群众住得起、住得好的养老院，让养老院每一位老年人生活安心、静心、舒心，健康长寿、安享幸福晚年。首先，要加强养老机构安全管理。树立全员风险防范意识，加强安全设施改造和设施配备，按照《广西壮族自治区民政厅、公安厅关于印发〈全区社会福利机构消防安全专项治理实施方案〉的通知》要求，适时开展养老机构消防安全隐患整改和创建达标工作。完善安全应急机制，提升风险防范能力，把养老机构服务质量建立在牢固的安全管理基础上。其次，要积极创建星级养老机构。按照广西壮族自治区民政厅关于印发《广西养老机构星级评定管理暂行办法》和《广西养老机构星级评定细则（试行）》（桂民发〔2016〕43 号）要求，积极开展创建星级养老机构活动，主动参加养老机构星级评定，推进养老机构的规范化和标准化管理，全面提升养老机构规范化建设水平。此外，完善养老机构服务质量纠纷调解机制，加强老年人合法权益维护工作，防止欺老、虐老现象发生。

四是要不断加强人才队伍建设，提高养老专业化服务水平。要完善专业人员保障和激励政策措施，不断加强人才队伍建设，提高养老专业化服务水平。要加强技能培训。加大对养老服务管理人才的职业技能培训力度，提高养老机构护理人员持证上岗率和中高级以上职称护理员的比重，尤其是要不断提高养老护理员持有国家养老护理员职业证书的比例。要适时提高人才待遇。落实好持证护工的岗位补贴，提高岗位补贴标准，对取得中高级以上职称和护理工龄较长的护理员加大岗位补贴力度。不断强化护理人员职业道德教育，增强主人翁意识和责任意识，妥善处理护理人员之间以及护理人员与老人之间的矛盾，同时加强对老人的精神关爱，不断丰富老人的日间生活，创造和谐养护环境。通过开展优秀护理员或“最美护工”等评比活动，提升护理员的专业化水平。

（六）加强宣传，营造良好舆论氛围，促进养老机构公建持续健康发展

从调查情况看，对于养老机构公建民营机制，由于宣传不够，连主管此项工作的民政系统上下对这项工作的认识都不统一，了解不多，社会各界更是对这项工作知之甚少。因此，必须要加强宣传，营造良好的舆论氛围，才能促进养老机构公建持续健康发展。

一是要将公建民营工作纳入推进养老服务业发展范畴作重点宣传。要把推动公建民营工作列入发展养老服务业的重点内容，为加强养老机构公建民营宣传工作提供政策、文件遵循。同时，要争取各级人大和政协关心、支持养老机构公建民营工作，争取从参政议政层面上得到支持。如，主动联系邀请人大代表、政协委员调研、考察养老机构公建民营工作推进情况，争取以人大代表建议或政协委员提案的方式解决落实一些激励机制

和激励政策，努力为推动养老机构公建民营发展创造有利条件。

二是要充分利用各种新闻媒体宣传公建民营的正能量。特别是要加强正面宣传，主动找到相关新闻媒体及时宣传公建民营主流的工作，特别是一些正向典型的案例，不要等到出问题而进行负面宣传，树立养老机构公建民营良好的社会风尚。

三是要积极主动做好公建民营推介工作。各级民政部门要主动出击，创新推进养老机构公建民营发展思路。如，可以借鉴推广南宁市的做法，搭建社会力量投入养老服务业与公办养老机构意向壮大发展的桥梁，把具有推行公建民营潜力的公办养老机构打包设计好，及时向社会进行推介，主动向企业、个人宣传养老机构公建民营，主动把我们的“产品”向外推销，让社会了解还有可以用于开展公建民营而“待字闺中”的养老机构。

参考文献

[1] 南通市民政局.《关于我市养老机构建设发展情况的调研报告》（发布日期：2015-06-12）.

[2]《养老院“公建民营”的可行性》—docin 豆丁 www. docin. com.

[3]《养老机构公建民营的思考——记江滨湖区社区福利中心公建民营探索试点》（网址：www. 03964. com）.

[4]《国务院关于印发“十三五”国家老龄事业发展和养老体系建设规划的通知》（国发〔2017〕13 号）.

[5]《国务院关于加快发展养老服务业的若干意见》.

[6] 董红亚. 养老机构公建民营：发展、问题及规制［J］. 中州学刊，2016（5）：71-73.

[7] 王雪辉. 养老机构公建民营运作模式探析［J］. 行政管理改革，2016（8）：38-43.

[8]《养老机构公建民营面临的问题及对策建议》——岛城井底蛙的博客（新浪网：blog. sina. com. cn）.

[9] 闫青春. 养老机构的“公办民营”与“公建民营”［M］. 北京：中国社会出版社，1994 年.

[10] 代居升、董莉萍、胡耀惠、周红. 积极推行公建民营、助力供给侧改革——荆州市养老机构公建民营动作模式的实践探索［J］. 中国民政，2018（12）.

[11]《关于黄冈市公办养老机构公建民营改革的若干思考》.

广西医养融合模式及其发展政策研究

刘洪光　陈　宇　杨礼忠　韦　俊

摘要：广西医养融合的发展正处在起步阶段，在政府的推动下，社会力量积极参与养老服务业的发展，逐渐形成了以公建民营为主，多种模式并存的发展局面。在这个过程中，政府、医院、养老机构、学校等各方面有机结合，初步展现出“政、医、养、教”四位一体对于医养融合发展的重要特征。但与上海、北京等发达省份相比，广西的医养融合发展程度相对较低，尚处在起步阶段，还有很大的发展空间。政府要“有所为”，应该全面介入，积极为医养融合的发展搭建平台，协调原有政策中不一致的地方，整合医、养、产、教四个方面的资源，做到“政、医、养、产、教”五位一体医养融合建设，为医养融合的发展打下坚实的基础，凡是通过市场能够顺利自动完成的，政府应该让市场机制起作用，减少不必要的行政干预，不与民争利。建议关注老年人医疗、养老消费需求的多样性，基于养老需求的多样化，构建医养融合的层级体系建设，通过不同层次的机构提供不同层次的服务。

关键词：医养；结合；政策；研究

广西于1996年进入人口老龄化社会，是全国较早进入人口老龄化社会的省份之一。在广西2016年常住人口中，60周岁及以上人口716万，占总人口的14.8%（其中65周岁及以上人口为481.4万，占总人口的10%），已进入快速老龄化阶段。随着人口老龄化的日趋严峻，高龄化和失能化老年人口不断增长，这些老年人的生活照料、康复护理和医疗保健问题日益突出，加快广西社会养老服务医养一体化建设已刻不容缓。2013年国务院发布《关于加快养老服务业发展的若干意见》（国发〔2013〕35号），指出要积极应对人口老龄化，加快发展养老服务业，不断满足老年人持续增长的养老服务需求，是全面建成小康社会的一项紧迫任务，明确要求“积极推进医疗卫生与养老服务相结合”。2015 年 11 月，国务院办公厅转发了卫计委《关于推进医疗卫生与养老服务相结合的指导意见》；2016 年 4 月，民政部、卫计委又印发了《医养融合重点任务分工方案》。在国家政策的引领下，广西壮族自治区政府也加快推进养老服务体系的建设。2013 年广西壮族自治区人民政府办公厅发布《广西社会养老服务体系建设规划（2011—2015）》，2014 年发布《广西壮族自治区关于促进养老服务业加快发展的实施意见》（桂政发〔2014〕58 号），2015 年发布《广西壮族自治区关于建设养老服务业综合改革试验区的意见》（桂政发〔2015〕33 号），2016 年发布《广西壮族自治区关于推进医疗卫生与养老服务相结合的实施意见》（桂政办发〔2016〕82 号）。这些政策出台都明确鼓励加强医疗卫生和养老服务相互融合发展，力求缓解老年人“养老院看不了病”“医院养不了老”“千万家庭为护理老人发愁”这一难题。但从现实来看，老年人群体获取医养一体化养老服务还存在诸多困境，其中最为突出的问题是大部分养老机构采用“医养分离”的照料模式以及居家老人享受不到上门医疗服务。

如何转变养老机构医养分离的照料模式、改变居家老人享受不到上门医疗服务的难题，实现广大老年人老有所养、病有所医，成了急迫需要解决的问题，而医疗卫生和养老服务的融合发展是积极应对人口老龄化的重要举措。近年来，广西在发展医养融合养老服务的过程中作出了许多努力和探索，特别是南宁、桂林、北海、柳州等地的实践探索取得了一定的成效，形成了形式多样、各具特色的医养融合养老服务模式。为深入了解各种医养融合养老服务模式的运作方式、取得的成果，以及目前各模式遇到的政策性、技术性、制度性困难等，课题组在南宁、桂林、北海、柳州等地展开了现场调研，以期为广西养老服务发展的顶层设计提供政策参考依据。

本次调查以了解广西医养融合养老服务的模式、探索医养融合的发展政策为研究目标，达到促进广西医疗卫生和养老服务融合发展、提高老年人的健康状态和提升养老服务的质量为主要目的。主要调查了解医养融合型养老机构的基本情况、服务能力、运营情况和医养融合现状，调查了解各种医养融合养老服务模式的运作方式及取得的成果，以及目前各模式所遇到的政策性、技术性、制度性困难等。课题组采用典型调查的方法，通过前期的资料收集及查阅对比广西社会福利服务中心掌握的全区养老基本数据，选取了南宁、桂林、北海、柳州作为项目调研地区，每市选取3—4家具有代表性的养老机构作为调研对象，共调查9家养老机构。综合运用政策性文件分析、深度访谈、现场调查等方法进行研究，本次调查采用定性和定量相结合、主要以定性研究为主的研究方法，课题组自行设计了3份结构性访谈提纲，分别是《广西养老机构情况调查问卷》《民政管理部门负责人访谈提纲》和《养老机构负责人访谈提纲》，并通过专家咨询法和预调查等方式对问卷的科学性和合理性进行了检验。分析方法主要运用定性分析的方法，通过对访谈获取的录音资料和收集到的政策性文件资料、文献等，进行梳理、概括、提炼，形成客观的调查资料，作进一步的定性分析。

一、广西医养融合的基本模式及其功能特征

根据养老信息网统计的数据，全国目前在养老信息网登记的养老机构一共有24034家，其中注册地为广西的养老机构383家，占全国养老机构的1.59%。在广西的383家养老机构中，340家是公办机构，43家是民营机构，公办机构占广西养老机构总数的88.77%。北京和上海的公办机构占该地市的养老机构比例分别为70.2%、71.2%。从机构的类别看，广西的养老机构中，养老院36家，敬老院195家，社会福利院92家，疗养院3家，老年公寓23家，其他类型的机构34家。养老机构的数量跟地市的经济发展水平相关，其中南宁、柳州、桂林、梧州4个地市的养老机构总数为191家，几乎占到总数的50%。南宁作为首府共有养老机构71家，占全区总数的18.5%。从养老机构拥有的床位数量多少来看，88.7%的机构拥有的床位数在50—100张。从诸多养老机构中选择有特色的若干开展医养融合服务的机构进行分析，对它们的建立过程、运营模式、发展状况、存在问题等方面进行深入的考察，有助于我们进一步认识广西医养融合的发展特点。

（一）广西6家典型医养融合机构简介

根据文献资料以及广西社会福利中心掌握的全区数据，课题组选择4市9家典型的养老机构进行调研，包括南宁市的广西重阳老年公寓、南宁市社会福利院、南宁金太阳老年公寓、广西一通居家养老服务中心、南宁滴滴响护理服务有限公司、桂林市的桂林夕阳红养老中心，柳州市的柳北胜利老年公寓、重阳老年人公寓，北海市的海合老年公寓。其中，广西重阳老年公寓和南宁市社会福利院都是养老机构内设医疗部门，此篇只介绍广西重阳老年公寓；南宁金太阳老年公寓、柳州市的柳北胜利老年公寓、重阳老年人公寓、北海海合老年公寓都是采取协作形式提供医疗及养老服务，此篇只介绍南宁金太阳老年公寓和北海市海合老年公寓进行对比研究。

1. 广西重阳老年公寓

广西重阳老年公寓成立于2003年12月，是广西民政部门利用社会福利彩票公益资金投资5000万元并提供场所和政策的基础上，由广西中医药大学护理学院（广西中医药大学附属中医学校、广西中医学校）投资近1000万元组建的护理型养老机构。重阳老年公寓占地面积30亩，建筑面积2.38万平方米，绿化面积1.35万平方米，内设600张床位。公寓每年向广西民政厅缴纳场地租金230万元，并实行每隔两年按比例提高租金。广西重阳老年公寓运行初期，为了缓解老年人的看病就医问题，公寓设置了专门的医务室，并配备了10多名保健医师。保健医师能采用中西医结合的治疗方法，医治老年人常见病、多发病，解决亚健康问题；识别或排除少见但可能会威胁老人健康的疾病或问题；能够正确地进行院前急救，及时地转诊处理等，让老年人在老年公寓里得到预防、医疗、保健、康复、健康教育及临终关怀“六位一体”的健康管理服务。但随着入住老人的增加以及老年人医护需求的增长，广西重阳老年公寓原有的医务室难以满足老年人的医护需求，为解决医疗资源紧张的局面，广西重阳老年公寓逐步探索新的养老服务模式，开始走医养融合的改革道路，具体做法是在原有广西重阳老年公寓的基础上成立了一家医疗机构——南宁重阳护理医院，并于2014年9月25日正式挂牌营业。广西重阳老年公寓在医养融合的道路上迈出了重要一步，开启了广西在养老机构中创办“医疗机构”医养融合模式的先河。目前公寓有医生 30 名，护士 100 多人，护理员 30 人，后勤保障等其他工作人员 70 人。公寓另设有社工部，目前招收了 4 名社工专业的学生开展社工活动。

2. 桂林夕阳红养老中心

桂林夕阳红养老中心是 1998 年经桂林市民政局批准设立的养老机构，隶属、建设在桂林冶金疗养院内，床位 500 多张。创建于 1958 年的桂林冶金疗养院是广西壮族自治区工业和信息化委员会直属事业单位，也是广西最早的疗休养基地，成立之初主要以健康疗养、健康体检、职业病疗养等为主要业务，是桂林市城镇职工基本医疗保险定点医疗机构。与国内大多数疗养院的发展情况相似，在计划经济年代，桂林冶金疗养院发展基本依计划运行，主要负责承担具有国家福利性质的广西各厂矿企业职工的健康疗养、健康体检及职业病疗养服务，依靠政府、工会等拨款运转，疗养指标由有关部门计划分配，疗养院建设、设备引进、职工工资均由上级主管部门负责。随着市场经济体制的建立，各厂矿企业有了自主权，上级不再安排指令性疗养指标，疗养服务社会化了，疗养指标转向市场，因此，桂林冶金疗养院就失去了运营发展的社会条件。当时由于多种原因国内疗养市场普遍非常不景气，疗养院的经济效益严重下滑，桂林冶金疗养院几乎到了破产的边缘，急需产业调整和转型升级。而我国在 1999 年迈入了人口老龄化社会，养老问题日益突出。桂林冶金疗养院看准这个形势、抓住这个机遇，在疗养院得天独厚环境资源的基础上整合医疗资源和设施设备，创办了夕阳红养老中心，以实现转型发展。养老中心根据老年人的需求和支付能力，设置了高、中、低三个档次的养老公寓服务，分别设有套间、单人间、双人间、三人间和医疗护理房（适合生活不能自理的老人）。中心同时配备有按摩理疗室、针灸室、室内外健身器材等康体设施，建立阅览室、棋牌室、麻将室、歌舞厅、门球场等娱乐设施，还开办有老年大学，融老人休养、医疗护理和文化娱乐为一体。事实上，桂林夕阳红养老中心、广西桂林冶金疗养院、柳钢集团桂林疗养院是“三合一”的机构，该机构主要是由职业病疗养、健康疗养和养生养老三大产业组成完整的养老与疗养服务体系。2014 年 12 月，柳钢集团在广西桂林冶金疗养院的基础上，投资成立了桂林仙源健康产业股份有限公司，预计在“十三五”期间在全国投资数十亿元成立 10 多个养生养老基地，总床位达到 10000 张，并在全国成立100多个社区养老服务机构，同时建设一所达到国家二级以上的养老康复医院。

3. 南宁金太阳老年公寓

金太阳老年公寓是一家成立于2010年的民办养老机构，总建筑面积20000平方米，主体建筑为四栋四层楼的养老公寓以及一栋老年活动中心，分布在面积为10亩左右的花园里。目前公寓有专科医生1名，护士长1名，护士6名，护工32名。金太阳老年公寓在发展过程中经历四个阶段：一是公寓自身开展单一的养老服务；二是与同济医院合作，同济医院开设绿色通道，优先给金太阳老年公寓的老人看病治疗，并在老年公寓开设医疗门诊部；三是2012年老年公寓自己成立医务室，以康复为重点开展自己的医疗服务，但是无法解决老年病人的医保报销问题；四是与第四人民医院合作，由第四人民医院派出医生和护士长各一名进驻公寓，并与第四人民医院实行“双向转诊”。

4. 北海市海合老年公寓

北海市海合老年公寓是由广西北海市海城区民政局出资建设的一所社会福利养老服务机构，采取公建民营的管理模式运营，主要提供老年养护、医疗保健、疗养康复、临终关怀等一体化服务，内设床位200张，有专业医护管理人员30多名。海合老年公寓负责政府兜底的20名五保户，每年向民政局交纳租金12万元。从收住对象上来看，海合老年公寓主要收住自理、半自理和完全不能自理三类老人，其中半自理和完全不能自理的老年人达70%以上，自理老年人仅占入住老人的30%左右。在医养融合方面，除了老年公寓内设有医务室外，2013年北海市海合老年公寓还与北海博铧医院通过签订协议的方式建立了协作关系，具体体现在医和养的两种形式的结合上：一方面，北海博铧医院派医生及护士长期入驻老年公寓提供医疗及巡诊服务，重病、急病、大病等需要住院治疗的老年人，可以通过绿色通道转至北海博铧医院进行及时的治疗，进入康复期的老年人则转回老年公寓进行康复治疗，双向转接非常有序、便捷；另一方面，北海市海合老年公寓派专业护理团队入驻北海博铧医院提供老年护理服务，医院免费提供床位，由海合老年公寓按照养老服务标准收取老年人的护理费，医院只收取入住老年人的医疗费用，并将其中的10%返还给老年公寓，以补贴老年公寓在病房装修上所花费的成本。但博铧医院作为一家民办医院，偏爱的是经济收益大、利润高、风险小的治疗服务，而与海合老年公寓合作达不到预期的经济效益，因此2015年底博铧医院主动选择中断合作。2015年，出于经济效益和社会效益的考虑，北海市海合老年公寓承包了博铧医院。院长在访谈时表示，承包了医院之后，医院为公寓的老年人提供医疗服务就会通过指令完成，但院长表示，博铧医院还是继续对外营业。公寓院长承包博铧医院之后，设立了临终关怀科室，并作为特色科室，希望给公寓老年人提供更多关怀，但是老百姓不喜欢到这种医院就医，感觉这种医院是为临终病人服务的，因此博铧医院的经济效益不好，在经营了半年之后，院长不得不把医院承包出去。目前，公寓考虑建设护理院，但是建设护理院需要大量的资金投入，而且目前护理院也没有医保定点资格，公寓的发展陷入了困境。

5. 广西一通居家养老服务中心

广西一通居家养老服务中心是通过搭建广西12349社区服务信息平台为支撑，实现对老年人各类需求的快速响应、专业服务的一所虚拟养老院。市民通过12349热线提出自己的要求即可获得各种社区服务，包括家政服务、水电维修、信息中介、紧急救援、代购送货、医疗保健、教育培训等共20大类100多个项目。主要依托“华龄健康365工程”（华龄健康365工程，是在全国老龄办的指导下，在全国统一实施的一套养老健康+互联网的惠民工程）平台和“12349健康小屋”配备的医疗监护级的体检仪器，通过专职健康服务人士驻场为社区居民进行血压、血氧、心率及心电图等重要基础健康指标的检测，经电脑上传到“智慧健康”网络平台，北上广等地的全国知名医疗专家团队根据综合健康数据在线上对居民健康状况进行评估，并给出指导措施。6年多来，广西一通居家养老服务中心同时依托广西区内27个社区的日间照料服务中心和118家离退休老干局为服务网点，以12349信息网络技术平台为支撑，为全区约50万的居家老人提供社区服务。目前加盟商家、企业已达500多家。中心医养融合服务对象主要面向慢性病老人、易复发病老人、大病恢复期老人、残障老人以及绝症晚期老人和为社区内60岁以上的老人和16岁以上的残疾人，通过12349信息平台，把需求方（老年人）和供给方（医疗服务人员）连接起来，可以上门为老年人提供生活护理服务、精神慰藉服务为基础，健康咨询、健康检查、医疗诊治服务、大病康复服务以及临终关怀服务等服务项目。

一通居家养老服务中心通过日间照料中心，定期或不定期开展相关公益活动，由指定的加盟康复医院根据不同的主题，委派相应的专家和医护人员配合，为社区老人做免费针灸、推拿、拔火罐、量血压、测血糖等医疗康复体验和营养保健等课程培训。为体弱及伤残的老人、成年残疾人提供生活照顾、康复训练及日间护理服务，以提高他们的活动能力和减低其退化过程。中心为老人、成年残疾人家人提供支援服务和指导，以减轻因照顾老人、成年残疾人而引致的压力，使他们能更妥善及持续地照顾老人、成年残疾人。12349 工作人员将上门为空巢老人开展生命体征监测，进行健康评估，为老年人制订个性化的康复护理计划，并进行专业康复护理。康复医院适时向社区老年人以低于市场价格的标准推广相关的康复治疗及其产品，使广大老年人享受优惠、便捷的功能康复治疗。加盟康复医院每周轮流到社区日间照料中心开展无偿或诊疗服务，逐步推进各试点社区建设医养融合居家养老服务进程，把医疗和养老结合在一起，有效实现有病及时治疗，无病康复养老。让老人、成年残疾人享受群体生活，保持与社会接触，增强他们的身心健康。目前加盟的医养融合商家主要是具有相关资质的康复医院和中医理疗院，现此类商家已达 9 家。对于行动不便需要提供上门诊疗服务的老人，一通居家养老服务中心提供高效、及时的免费上门服务（此时可为有需要的老人安装“一键式”呼叫终端，寻求呼叫诊疗，实现即时就医），老人需要诊疗时，平台会派加盟商家上门服务，目前是免费服务。

6. 南宁滴滴响护理服务有限公司

南宁滴滴响护理服务有限公司是一家虚拟养老服务平台，成立于 2016 年 7 月，顺应国家老龄化社会的大背景，专注于养老服务。公司致力开发的核心产品——滴滴响护理 App，是我国首个专注养老护理服务及家政护理服务一体的 O2O 平台。平台运用互联网 + 护理 + 养老 + 家政的模式，实现供需双方线上发布、在线撮合预约、在线订单形成、线下服务、在线支付、在线评价等功能。App 主要分成三大模块：找护理、找家政、紧急呼叫。找护理模块提供医院陪诊、上门护理（居家陪护、疼痛护理、伤口护理、管道护理、中医理疗、临终关怀）等数十项专业护理服务。找家政模块提供月嫂、保姆、医院陪护、上门维修、代办事务、上门洗头、上门保洁等服务。紧急呼叫模块为有紧急医疗救助的人提供呼叫就近医护人员现场施救的服务。用户根据自身需求可实现在线下单，即时发布，迅速调动周边医护人员、家政服务人员资源上门或到现场提供及时服务。在我国以居家为主的养老模式下，滴滴响护理 App 的创立，大大弥补了老年患者治疗后期家庭照护资源的缺失，更为护士、护理员、家政服务人员等提供了提升自身价值的新途径，可以解决护理这一养老服务的核心需求，更是目前医养融合最紧密的项目，完全符合医改和养老产业发展的方向。该企业希望以此为契机，打造护理领先的养老服务平台。

（二）广西医养融合的三种基本模式

1. 延伸模式

延伸模式是以已有的养老机构或医疗机构为主体，在此基础上将医疗服务或养老服务作为一个新的因素“延伸”到养老服务中，使对老年人提供的医疗服务或养老服务成为机构自身的组成部分，达到医疗服务和养老服务的无缝对接和真正融合。广西重阳老年公寓和桂林夕阳红养老中心是通过延伸服务功能实现医养融合的典型代表。

（1）广西重阳老年公寓。首先，早在 2003 年广西民政部门就利用福利彩票的基金建立起养老机构并开展养老服务，这构成了重阳老年公寓的主体。随着养老服务的发展，重阳老年公寓不断尝试将医疗服务引入养老服务中。然而，这种功能延伸是循序进行的，是在广西中医学院护理学院多年负责运营老年公寓的基础上，将医疗功能不断融入老年公寓的养老服务中。2014 年广西重阳护理医院的成立，实质上是广西中医学院护理学院对广西重阳老年公寓多年精心培育后的结晶。广西重阳护理院的成立意味着老年公寓的“医疗—养老”融合模式达到了一个新的发展水平。

广西重阳老年公寓与广西中医学院护理学院之所以能够成功嫁接与融合，其原因有以下几个方面：

第一，广西民政部门利用社会福利彩票基金进行的基础建设投资，为老年公寓的建设奠定了基础。养老服务是投资大、风险大、收益小的服务业，需要相当长的时间才能回本或盈利，如果没有政府的财力支持，社会资本不能或者不愿投资，老年公寓建设就无从谈起。

第二，广西重阳老年公寓采取公建民营的思路，由具备开展医疗和养老服务能力的广西中医药大学护理学院一手负责运营，减少了“嫁接”工作的排异性。由于广西重阳老年公寓与广西中医药大学护理学院具有共同的愿景和利益一致，两者从一开始就向着相互融合的方向发展。

第三，广西重阳老年公寓在资金、技术、服务、人才等几个方面都得到了足够的保障，是医养融合得以实现的客观条件。除了民政厅在基础设施建设上的投入，广西中医药大学护理学院的资金投入、医疗技术、服务水平以及医学、护理人才培养，是重阳老年公寓得以顺利发展的重要支撑。

（2）桂林夕阳红养老中心。桂林夕阳红养老中心是广西冶金疗养院在原有的综合疗养服务基础上，将包括老年人医疗服务在内的综合养老服务进行分离，并在原来的基础上加以延伸，促进老年养老服务业的横向和纵向发展的成果。桂林冶金疗养院能够将养老服务从原有的综合疗养功能中分离和延伸出来，重新构建现代的医养融合服务体系，其原因有以下几个方面：

第一，桂林冶金疗养院是国有单位，凭借着柳钢集团的雄厚资金和实力，保证了夕阳红养老中心能够按照现代养老的理念建设，能够对养老中心的基础设施建设给予足够的财力支持。尤其是2014年桂林仙源健康产业股份有限公司成立后，决定以养老中心为模板，在未来几年内投资10亿元在全国10多个省份建立具有特色的养老中心和疗养基地。

第二，桂林冶金疗养院曾经经历了几十年的发展，在养老、疗养服务领域积累了丰富的服务经验，这些经验使得业务向“养老+医疗”延伸时能够对原有的养老服务进行升级、优化，推出更多符合现代人养老观念的新项目。

第三，夕阳红养老中心发展了将近20年，按照市场运作的模式运营，对于养老服务市场和老年医疗服务市场的变化都具有比较全面和客观的认识，有利于根据市场实际情况的变化不断调整发展战略。

2. 协作模式

协作模式是养老机构与医疗机构之间根据双方签订的合作协议开展老年人医养融合的服务合作。在协同合作过程中，养老机构发挥自身养老、照料、护理的功能，医院发挥自身抢救、治疗的功能，养老机构与医院之间实行双向转诊，把日常照料、护理与医疗紧密连接起来，确保生病老人得到及时的救治与护理。目前南宁金太阳老年公寓、北海市海合老年公寓都采用养老机构与专科医院协作的模式运作。养老机构与医疗机构的协作管理模式有以下几个显著的特点。

第一，养老机构与医疗机构均是独立的法人，双方没有隶属关系，彼此之间的合作建立在协商一致的基础上，以合作协议作为依据开展的。

南宁金太阳老年公寓最早与同济医院开展合作，同济医院负责在老年公寓开设门诊部为入住公寓的老人看病，同时同济医院为老年公寓开通绿色通道，优先让金太阳老年公寓的病人看病、住院。在与同济医院的合作结束后，金太阳老年公寓开设了自己的医疗室，因为无法与医保挂钩，医疗室难以经营，因而选择与南宁市第四人民医院合作，与第四人民医院开展双向转诊，第四人民医院向公寓派驻医生和护士长各一名。

北海市海合老年公寓在2010年与民办博铧医院开展养老合作，博铧医院提供两层楼用于该公寓生病的老人进行治疗。在合作过程当中，由于经济效益达不到预期需求，博铧医院终止了与老年公寓的合作关系。

第二，养老机构与医疗机构之间具有互补关系，通过实行双向转诊，双方都能扬长避短，达到利益共赢与利益最大化。

金太阳老年公寓、海合老年公寓没有足够的医疗设备、技术、医护人员对公寓生病的老年人进行诊治，因此迫切需要与有住院资格的医院开展合作，将生病的老人及时送到医院进行救治。而同济医院、南宁市第四人民医院、博铧医院等医院由于就诊病人数量有限，空余的床位和设备没有得到有效的利用。双方在公寓老人养老与医疗的问题上进行密切合作、有效衔接，能够使双方达到利益共赢。

第三，由于受到外在市场环境、机构发展思路、成本收益、领导层决策等因素影响，养老机构与医疗机构之间的协作模式常常显得不够稳定。

金太阳老年公寓与医疗机构的合作过程经历了几次变化。首先与同济医院合作，同济医院在老年公寓开设门诊部，由于病人较少合作无法进行。结束与同济医院的合作后，2012年老年公寓自行开设医务室，最终由于经营成本过高，无法独力承担，于是只好在2014年转向与南宁市第四人民医院进行合作。目前由于金太阳老年公寓与市第四人民医院不在同一个行政区域，不符合现行医院服务行政区划的管辖要求，因此让未来的合作前景充满了不确定性。

北海市海合老年公寓也有类似的经历。在我国现在的医院机构服务中，公办医院因为获得国家财政的支持，医院的实力和医疗水平整体上要比民办医院高一些，所以当老年人生病时，病人家属多数会首选到公办医院进行救治。因此海合老年公寓期望与公办医院进行合作，实行双向转诊，但是公办医院从自身的情况出发，往往不愿意与老年公寓进行合作。于是海合老年公寓就只能选择与民办的博铧医院进行合作。由于民办医院面临着成本的压力，在合作过程中不能达到预期的效益，民办医院也多会主动选择中断合作。

3. 供给模式

供给模式指根据老年人的需求，及时提供医疗服务和养老服务的一种虚拟养老。该模式的主要特点是利用互联网信息服务平台，把需要医疗或养老服务的需方和提供服务的供方连接起来，当老年人有服务需要时，拨打电话或发信息给信息服务平台，信息服务平台就会按照老年人的要求，派服务企业员工上门为老年人提供服务，同时对服务质量进行监督。通过虚拟平台，老年人能够享受更优质的医疗和养老服务，也能更好地为医护人员及养老服务人员创造更多的就业机会，大大缓解了我国医疗资源和养老资源不足的困境，这是未来养老的一个新趋势。广西一通居家养老服务中心和南宁滴滴响护理服务有限公司对这种模式展开了探索，其中一通已经取得了一定的成效，滴滴响刚刚处于起步阶段。

与传统养老方式相比，虚拟养老摆脱了实体养老院在场所、设施以及设备等方面的束缚，它能够为每一位老年人制订个性化的服务计划，通过信息系统和服务网点，实现对老年人各类需求的快速响应、专业服务，老人在家中就可以享受专业的服务。这种新型的养老服务模式，既减轻了政府负担，又能帮助加盟企业拓展老年服务市场。“虚拟养老”是一座“没有围墙的养老院”，投资资金少、服务范围大、见效较快。由于虚拟养老院的规模化运作大大降低了运营成本，它必将成为今后老年人养老的一种新的趋势。通过虚拟养老院的运作模式的探索，最终能够实现降低政府养老成本、减轻子女养老负担、提高老人生活质量、促进养老产业发展的效果。据测算，投资建设实体机构养老院，每张床位根据地区不同可能需要10万—25万元，这也就意味着1000万元的投资仅能满足最多100位老人的养老需求。相比之下，同样规模的投入就可以覆盖超过6000位老人，满足他们常态化的居家生活照料需求，且服务不受地区限制，覆盖范围更广。这种虚拟养老模式，综合了传统养老院和居家养老的优势，容量大，投资少，可以满足多种养老需求，可以将政府、社区和社会的力量集中在一起，是应对老龄化社会问题的一大突破。

（三）三种医养融合基本模式功能异同分析

总体来说，上述6家养老机构提供的医养融合服务体现了三种基本的运作模式，通过对这三种基本模式的功能异同性进行分析，可以对它们的运作过程有更加直观的认识。

1. 三种模式功能一致性分析

延伸模式、协作模式和供给模式这三种模式在实际的运作中虽然各有差异，但是它们从功能上都直接指向了现代养老的核心问题：老年人的养老与医疗如何同时获得？传统的养老机构不能看病，医疗机构不能养老，家庭护理不堪重负，这是长期以来养老服务与医疗服务分属不同模块的结果。因此，无论是养老机构、医疗机构还是家庭，在应付老龄化过程中都出现了功能上的缺失。

对于功能缺失的弥补，不管是以养老机构为主体的、在养老功能基础上开发医疗的功能，还是以医疗机构为主体的、在医疗功能基础上发展养老的功能，或者家庭养老，目标都指向了医疗融合。因此，以上三种基本运作模式在功能上都体现了某种一致性，都致力于发展现代具有医疗功能的养老模式。三种基本模式在一定程度上体现了对现有养老资源和医疗资源的有机整合与优化。

2. 三种模式功能差异性分析

三种基本模式不仅在功能上具有一致性，还具有差异性。功能的一致性主要体现了它们发展目标的一致性，分析功能的差异性能够让我们对它们发展过程的差异性有更加清楚的认识。

延伸模式在促成养老与医疗的融合上，体现出更强的主动性与拓展性。这种模式都是从原有机构内部建构着手，通过彻底改变机构原有的功能模块，对自身潜在的综合养老功能进行大力的开发和拓展。因此延伸模式需要有实力较强的主体作为基础，以保证延伸的机构能够尽快融入主体，确保延伸出来的功能不至于变成虎头蛇尾或强弩之末。在延伸模式中，我们看到广西重阳老年公寓从一开始就由广西中医药大学护理学院负责经营管理，诊断、治疗、护理、照料等过程都按照专业医疗机构的标准来进行。不仅如此，重阳老年公寓作为广西中医药大学护理学院的重要实习基地，培养专业的护理人员。而作为延伸模式代表的夕阳红养老中心则是依托桂林冶金疗养院建立起来的，桂林冶金疗养院在数十年发展过程中建设了较为完善的医疗设施，同时积累了一系列科学的疗养方案和治疗方法，保证养老中心的服务水平和服务质量。

采用协作模式开展医养融合服务的机构在开展医疗服务时面临的情况相比之下显得更复杂。采用协作模式的养老机构表面上是主动与医疗机构开展合作的，实质上这种协作具有“被动性”。在现有行业资源配置政策下，医院获得的补助和支持要远远大于养老机构，很多养老机构只能维持收益与成本大致持平或者微利的状况，没有更多的资金投入医疗设施和聘请专业的医护人员。因为养老机构不能解决入住生病老人的医疗问题，这在很大程度上影响到养老机构床位的入住率；相反，由于床位入住率低，养老机构经营成本就大，制约了机构进一步去改善医疗条件。

供给模式是一种新型的养老模式，在一些试点地区已经取得了很好的成效。首先这种模式需要信息系统的建设，需要很大的经费支持；其次供给方的服务监管以及质量的提升是一个难点。目前在广西试水的两家虚拟养老机构有一通居家养老服务中心和一家民办虚拟养老机构，已经运营了6年多，虽然影响很大，也获得广大老百姓的好评，但是政府支持极少，因此业务的拓展非常慢，而且医养服务的内容也是非常有限的。由于缺乏服务质量的评估标准，对加盟商家的质量评估也没有开展。而滴滴响护理仅仅是做好了硬件建设，软件内容（如提供服务的医生、护理员等）还在探索。

二、广西医养融合模式的主要特点

广西医养融合的发展正处在起步阶段，在政府的推动下，社会力量积极参与养老服务业的发展，逐渐形成了以公建民营为主、多种模式并存的发展局面。通过把传统养老服务业推向产业化发展的道路，效益优先与兼顾公平的市场经济导向更加突出。此外，在医养融合发展过程中，政府、医院、养老机构、学校等各方面有机结合，初步展现出“政、医、养、教”四位一体对于医养融合发展的重要意义。

（一）广西医养融合发展尚处在起步阶段

与上海、北京等发达省份相比，广西的医养融合发展程度相对较低，尚处在起步阶段，还有很大的发展空间。广西的医养融合之所以起步晚，可以归结为以下几个方面原因。

1. 传统的养老观念还有待改变

广西人大多注重家庭养老，很多人在观念上认为把老人送到养老机构是不孝、不道德的行为，更多会选择把老人留在家里。由于年轻人迫于生计，往往不能全力照料老人，等到老人得了重病才会送到医院救治。在考察的7家医养融合实体机构中，民办养老机构入住率都不高，从而间接提高了机构经营成本。因此要改变养老观念，一切从有利于老人身心健康的前提出发，应该让有需要的老年人（如失能老年人）及时得到机构的照料。

2. 广西应对老龄化的经验有限

广西老龄化程度约为16%，相比之下，上海老龄化程度为30.2%，属于重度老龄化社会，北京老龄化程度约为23.3%，为深度老龄化社会。上海自1979年开始就进入了老龄化社会，广西进入老龄化社会的时间比上海、北京等地要短得多，养老问题没有上海、北京等地区突出，因此在社会养老服务体系建设方面的经验相对有限。

3. 广西的社会经济发展相对滞后

国家统计局公布的《中国统计年鉴2015》数据显示，截至2014年底，广西人均国内生产总值约为3.3万元，排在全国倒数第5位，上海、北京人均国内生产总值接近10万元。由于经济社会相对不发达，政府不得不把主要精力放在发展社会经济、解决人们的温饱问题上，从而使养老等社会福利事业发展相对滞后。

（二）以公建民营为主的多种模式并存

养老服务业属于政府兜底的民生工程，具有社会福利的性质，为了确保养老的普惠性，政府主要通过财政直接拨款、社会福利基金等方式投入资金开展养老服务。由于养老服务业投入大、收效小、风险高，对社会资金没有太大的吸引力。广西在过去几十年中，家庭养老一直是社会养老的主要途径。随着老龄化社会的不断发展，单一依靠政府财政难以解决越来越突出的养老问题，因此国务院和地方政府近年来出台了一系列促进养老服务业发展的政策和措施，对促进养老业的发展起到重要的推动作用。近年来，广西也把加快发展医养融合作为推动现代养老服务业发展的关键举措，把社会资本作为推动养老服务业发展的主要力量纳入养老服务发展战略中。医养融合逐渐形成了以公建民营为主，多种模式并存的发展局面。“公建”是政府以财政拨款或福利基金的方式直接投资建设养老服务机构，完善养老服务设施，为医养融合发展打下坚实的基础。“公建”既是政府主动承担社会责任的表现，也是吸引社会力量投资养老服务业的手段。政府直接投资可以使参与养老服务的社会资本降低风险。“民营”是由社会独立法人经营管理医养融合服务机构，按照市场经济的原则，把养老机构变成市场主体，真正实现自负盈亏、优胜劣汰的发展。公建民营是进一步转变政府职能，促进养老服务业“管办分离”的重要手段。由于公建民营经营模式切合了养老服务业的特点，在政府和社会力量之间找到了平衡点，达到了双方的共赢，相比之下比公建公营、公私合营、民建民营等模式具有更大优势。

（三）医养融合模式的各种运行机制有待完善

由于牵涉到社会的方方面面，医养融合的发展需要建立包括保障机制、动力机制、整合机制以及评价机制在内的一系列运行机制。广西医养融合发展中初步建立了相应的运行机制，但是运行机制还需要进一步完善。以保障机制为例，政策、资金、制度构成了促进医养融合的“三驾马车”。医养融合政策最终要落实在资金的投入与具体制度的实施上。目前的政策仅限于对国务院文件的政策解读，还没有形成一整套行之有效的措施和对策。广西提出了促进养老服务业发展的长远目标，明确把医养融合作为发展养老服务业的抓手，目前还缺少对目标分解为各个项目和具体任务的时间进度表。资金是医养融合发展的现实基础，在增加资金投入量或促进现有资源的整合度上还缺乏明确的指标。现代养老制度是医养融合可持续发展的保证，当前迫切要求改变传统的养老制度，但是对于新的养老制度还处在探索阶段。此外，医养融合的动力机制、整合机制、评价机制都有待进一步完善。

（四）“政、医、养、产、教”有机结合

虽然医疗机构与养老机构是推进医养融合建设的主体，但是医养融合并不等于简单的“医疗机构 + 养老机构”。医养融合是一项系统的工程，政府部门、医疗机构、养老机构、产业、教育等社会众多领域都是这个系统的有机组成部分。

从广西发展医养融合的经验来看，政、医、养、产、教结合得越紧密，社会各方的利益渗透得越深，越能促进医养融合的发展。广西重阳老年公寓是“政、医、养、产、教”五位一体的典型，它的具体构架如下：政府投资建设基本设施，社会产业资本投资运营，养老机构和医疗机构负责开展养老、医疗活动，专科医学校负责培养医养融合人才队伍。重阳老年公寓投入运营后，民政部门通过收取场地租金的形式将进行基础建设投资的资金逐年回收，公寓作为学校的教学实习基地，为培养专业的医护人员提供实践平台，同时接收护理专业毕业生就业。社会产业资本通过注入流动资金确保公寓正常运转，并从经营中获得合理收益。医院与养老机构之间实现双向转诊，从医院的角度看，有充足的病人就诊，使医疗资源能够得到充分利用；从老年公寓的角度看，入住的老人生病了能够得到及时的诊治，解决了入住公寓老人的后顾之忧。

三、广西医养融合模式的运行困境

（一）医养融合缺乏顶层设计

2013 年国务院下发《关于加快发展养老服务业的若干意见》，明确指出：“推动医养融合发展，各地要促进医疗卫生资源进入养老机构、社区和居民家庭，要探索医疗机构与养老机构合作新模式。”但是目前国家层面医养结合养老服务在制度设计上主要存在两个问题。一是医养结合养老服务模式缺乏独立的法规条例，二是医养结合养老服务模式涉及领域广，存在资源协调问题。医养结合养老服务模式工作涉及民政、卫生、社保等多

个部门，养老机构由民政部门管理，医疗机构由卫生计生部门管理，医保政策由人力社保部门管理，分而治之的格局造成医疗和养老资源不能有效融合。

（二）医养融合相关部门协调配合难

按照我国现行的行政管理体制，医养结合养老服务的提供，涉及民政部门、卫生部门、社保部门、住房和城乡建设部门、国土资源部门等多个部门。其中，养老机构的审批和管理由民政部门负责，社区居家养老服务由老龄办组织实施，医疗卫生资源的调配、医疗卫生服务机构资质的审核归卫生部门管理，医保报销的准入和报销标准归社保部门管理，土地使用政策归国土资源部管理。这些部门在各自职能范围内分管部分医养结合养老服务，但存在职能重叠交叉，部门间政策、标准不统一，沟通协调机制不顺畅等问题难以做到协调一致，阻碍医养结合养老服务的健康有序发展。

（三）医养结合发展受现行政策限制

一是受医保制度限制。一方面，随着老龄化加剧，老年群体对医疗、护理、康复的依赖将越来越大。但康复和护理项目不予医保报销或比例过低，大大加重了个人及家庭负担。另一方面，医疗保险的几种结算类型相对滞后。如医养机构门诊结算尚未实现全覆盖，这大大限制了在机构实施医养结合养老服务模式的发展。此外，医保总额预付制度间接限制着老年人的看病问题，很多医养机构的医疗住院老年人比例较高，导致医保指标严重不足。受医保总额包干指标和住院时间的限制，康复期较长的老年患者不得不连续出院转院。目前，广西除了由医院转型而来的桂林夕阳红养老中心以外，全区尚无一家养老机构成功申请成为医保定点单位。可见，政府虽鼓励发展医养融合机构，但在具体政策的制定上与养老机构的需求还存在一定的距离，养老机构亟待政府出台相应具体支持政策，特别是落实医疗保险报销制度。

二是资质准入门槛过高。2014 年国家卫生计生委网站上公布了《养老机构医务室基本标准（试行）》和《养老机构护理站基本标准（试行）》，根据该标准，医务室建筑面积不少于 40 平方米，至少设有诊室、治疗室、处置室，至少配备1名执业医师和1名注册护士，每增加100张床位，至少增加1名注册护士。对于规模不大的养老机构，建立医务室、护理站很不现实。即使招到医护人员并建成了医务室，其成本也不是一个小数目。

三是医疗机构审批标准过旧。2008年卫生部制定的《医疗机构管理条例》对医疗机构审批标准已不适应当今的老龄化情况。医疗机构需要有新的准入标准和审批程序。尤其是针对养老机构设立医疗机构，政府部门可考虑设置有针对性的一套独立的审批程序，简化医养结合养老服务机构审批程序。

四是医师执业受限。现行的医师执业资格制度不能完全适应新形势的要求，出现了许多与实际相冲突的情况。根据《中华人民共和国执业医师法》和《护士管理条例》，医护人员在提供入户医疗服务时存在行医限制，医护人员无法上门为老人提供相应的医疗服务，妨碍了行动不变的居家老人在家接受医疗服务。

（四）医养融合供需结构性矛盾突出

广西养老床位总量不足并存在供需结构性矛盾。一方面，总量不足导致无法满足市场需要，从广西民政部门了解到，截至2013年底，广西共有养老服务机构1303个，然而每千名65岁以上老年人口养老服务机构床位数仅为8.9张，低于全国平均水平。另一方面，部分公办养老机构“一床难求”，而一些民办养老机构床位空置率居高不下，存在供需结构性矛盾。本次调查走访发现，公办养老机构价格比同等水平的民营养老院低，而且老人对公办的养老机构更加信任，所以“一床难求”问题比较突出。而部分民营养老机构由于解决不了编制和其他福利待遇的问题，难以吸纳优秀的医疗和护理人员，导致机构医疗支撑不够，入住老人的医疗护理需求得不到满足，成为制约其发展的一大短板，出现床位空置率居高不下。

此外，民营资本进入养老服务行业的积极性表现也不高。一方面，目前国家政策虽然已出台鼓励民营资本进入养老市场的文件，但关于土地、税收、融资、医保报销等配套措施的落实情况还不到位，一些想进入民营养老市场的投资者还处于观望状态，等待政策的进一步落实；另一方面，一些民办养老机构由于服务项目偏少、养老服务设施不完善、管理制度落后、服务能力低下，导致入住率低，床位利用率不高，出现微利甚至亏本的局面，严重打击了其他民营资本进入养老市场的积极性。

（五）缺少规范统一的养老机构管理标准和养老服务行业标准

当前不同的主管部门分别对提供老年人医疗和养老服务的机构作出职能界定，但分类过于繁复且职能存在交叉重叠。已有的养老服务的行业标准和服务标准也过于笼统粗糙，可操作性差。对于老年人需要护理的程度分类也很简单，没有全面规范、专业的老年人身体状况的评估标准。医养结合的养老服务内容突破了原有的传统护理照顾的范围，加入了医疗服务的内容，需要对老年人的身体状况进行全面系统评估，以此确定其需要的服务内容和程度。

（六）医养结合人才队伍建设滞后

养老行业的本质是养老服务，一个养老机构的优劣，取决于养老机构所提供的服务质量高低，而决定一个养老机构服务质量和服务水平的高低便是该养老机构的服务人员和服务队伍的专业水平和技能的高低。因此，拥有一支高质量的专业服务人才队伍，对养老机构的发展至关重要。入住医养结合机构的老年人，对医疗和护理服务的要求更加严格，没有受过专业训练的养老服务从业人员通常不能达到医养结合养老服务的要求，更不用说令老年人满意了。然而，培养一个具有专业水平的养老服务人员，是短时间内无法实现的。一是由于我国老龄化社会形成时间短，而且发展速度快，没有提供足够的时间来培养一批专业水平高、职业技能强的养老服务人才。二是由于传统观念对于养老从业人员的偏见和误解，使得从事老年人服务这一职业被看为不太好的职业。三是我国的教育体系中，养老服务教育刚刚萌芽，既没有建立完整的教育体系，也还没有普及。四是养老从业人员的待遇普遍较低，无法与普通的服务业从业人员区别开来。因此，目前为老年人提供服务的绝大多数是没有受过任何专业训练的中年从业人员，而且以女性居多，掌握专业的医疗和护理技能的从业人员少之又少。在被调查的养老机构人员中以高中及以下学历为主，其次是大专学历较多，本科学历者最高占 11.2%，硕士及以上学历者最高仅占 2.0%，94.4%的护理员（护工）是高中及以下学历，平均年龄 45 岁左右，且没有接受专门的、正规化的培训，一些护士也并未取得相应的资格证书，只是通过机构内部的培训合格后即可上岗。这在一定程度上会影响养老机构提供优质的服务，甚至还会由于缺乏专业知识，导致一些差错事故发生。因此医养结合养老机构招聘任何一名护理人员，均要花费大量的时间对其进行养老医疗和护理培训，以确保其能够达到老年人的基本需求，这不仅在一定程度上增加了企业的运营成本，降低了企业的利润率，还大大降低了人才的使用率，延长了企业的用人周期。

四、推动广西医养融合发展的政策建议

（一）构建现代医养融合服务产业制度

1. 坚持效益优先、兼顾公平的市场经济导向

广西的社会经济发展水平落后于全国大多数省份，区政府对于养老服务财政补贴的压力也会更大。因此，发展现代的医养融合制度单靠政府的投入是远远不够的，必须要采取有效的措施大力引进社会资本一起推动养老服务业的发展。推进养老服务业的改革和发展逐渐采取效益优先、兼顾公平的市场经济导向，为促进养老服务产业链的发展创造了有利的社会环境。社会经济的发展、人们生活水平的提高使养老服务业的特点发生了改变，养老逐渐从“生存”养老向“幸福”养老过渡，养老不仅仅是解决老年人的生存问题，而是如何在解决生存问题的基础上进一步增进老年人的生活幸福指数。

所谓效益优先，就是在发展医养融合的过程中，首先要根据老年人的不同需求开展服务项目，采取高质量服务高收费、大资本投入高收益的办法，利用市场价格来调节养老资本的流动和养老资源的分配。唯有坚持效益优先，保护社会资本投资养老服务业的合法收益，才能激发社会资本投资养老服务业的热情。在坚持效益优先的同时要兼顾公平，不能背离发展养老服务业的最终目的，发展养老服务业的最终目的是让社会老有所养、病有所医，以社会的力量照顾、扶持丧失了劳动能力的老年人。

2. 构建现代医养融合的产业管理制度

广西医养融合的发展应该走产业发展的道路，通过建立现代养老服务产业管理制度，把养老服务的产业链延伸到其他社会服务行业，为养老服

务业的发展构筑一个良好的行业支撑环境。构建现代医养融合的产业管理制度，首先要明确市场主体，突出医养融合机构的市场主体地位和独立自主经营权、收益权。政府、医疗机构、养老机构之间对于医养融合机构的归属权、经营管理权、收益权等权利都要厘清。

构筑现代医养融合产业管理制度的关键在于政府部门进一步加快职能转变，加大简政放权的力度。在我国的医疗、医药、卫生、养老等体系中，因监管的需要，政府部门往往以不同形式参与经营管理活动，容易导致市场主体地位不清晰，责任不明确。为了保证公平、公正与高效率，政府在现代医养融合产业管理制度中应该起到引导、监督、规范的作用，政府只充当医养融合的“裁判”和“教练员”，而不是充当“运动员”，更不能身兼运动员与裁判员的双重角色。构建现代医养融合产业管理制度，要对产业链进行有效的分析与设计，对于与养老服务业有关的行业如餐饮、服装、老年人生活用品、老年娱乐、清洁卫生等行业要加大扶持力度，以医养融合为枢纽，围绕“养老”与“医疗”服务的中心主题，实现上游产业与下游产业的无缝对接，丰富老年服务的内涵和形式，促进老年服务业的发展。

（二）打造广西“候鸟式”医养融合龙头品牌

由于广西经济社会不发达，在发展医养融合服务业过程中会受到很多限制，例如养老观念、养老资金以及养老体制等。北京、上海、天津等发达城市医养融合建设经验对我们虽然有一定的借鉴意义，但是广西发展医养融合还是要切合自身的条件，从广西经济社会的发展现状及广西特有的自然地理环境出发发展有广西特色的医养融合服务业。

1. 广西发展特色医养融合的社会自然条件

广西地处亚热带季风湿润气候，四季分明，空气湿润清新，动植物资源丰富，适合人们居住和老人养老。广西山多水长，森林覆盖率高，拥有桂林、北海等以旅游资源出名的城市，有巴马、凌云、东兴、凤山等自然生态长寿之乡，有世界上最大跨国瀑布德天瀑布等稀缺资源，这些自然资源对于广西发展养老服务业有得天独厚的优势。广西处在东盟自由贸易区的中心地带，是我国与东盟建立自由贸易区的窗口，也是国家西部大开发战略中最接近东部地区的省份，拥有便捷的海路、陆路交通枢纽，近年来社会经济取得了快速发展。首府南宁是中国—东盟博览会永久的举办地，以南宁为中心形成了房地产、金融、物流、信息等产业带，吸引了越来越多的中外投资者。

此外，广西是全国五个少数民族自治区之一，全区除汉族外，有11个少数民族，民族文化特色鲜明。广西发展医养融合服务业应该充分利用本区域在自然、社会、政治和民族文化方面的有利地位，形成适合广西社会发展、具有广西特色的医养融合发展模式。

2. 建立覆盖广西各地的“候鸟式”医养融合品牌

任何新产业的发展都要有一批龙头企业，通过龙头企业示范和辐射作用，带动产业的中小型企业发展，然后才能使产业不断繁荣发展。广西医养融合服务要以发展产业为导向，首先建设若干医养融合的龙头品牌企业，形成覆盖广西各地的“候鸟式”医养融合连锁品牌。建设“候鸟式”医养融合品牌的目的是将分布在广西各地的社会、自然资源整合起来，优先发展与休闲、旅游、疗养相关的医养融合服务。建设北起桂柳（包括龙胜、阳朔、融水）、东到贺州（以姑婆山国家森林公园为中心）、南至钦北防（北海为中心）、西至百色（包括德天瀑布景区）的医养融合服务连锁基地，充分发挥广西各地的旅游资源优势，优先发展适合现代人养老消费观念的养老服务项目。

“候鸟式”医养融合品牌可以参照汽车4S店的经营理念，在整体购买、单项服务、全程跟踪、信息反馈等方面实行统一标准的服务，引入医疗保险、养老保险、旅游保险等服务内容，建立“养老—医疗—旅游—保险”一站式服务，赋予医养融合发展的“新4S”概念以更丰富的内容。“候鸟式”医养融合服务品牌有利于突破医养融合的地域限制，实现资源的优化配置，提升养老服务行业的整体水平。“候鸟式”医养融合可以有效整合城市的医疗资源和乡村的养老资源，将城市的医疗、养老服务与乡村的自然资源进行有机整合。同时，“候鸟式”医养融合可以极大解决年轻人工作地与老人居住地不同形成的矛盾，老人可以选择与儿女工作单位最近的养老机构进行养老，减少老人适应不同机构与服务标准的心理压力，解决异地养老、迁徙式养老带来的实际困难。

（三）“政、医、养、产、教”五位一体医养融合建设

广西医养融合究竟采用什么样的发展模式，一切都要根据参与医养融合各方的具体情况而定，不能一概而论。但是每一种模式都有一些共通的地方，总结起来就是朝着“政、医、养、产、教”五位一体的方向发展。政府、医疗机构、养老机构、产业资本、教育机构五个不同领域彼此之间的合作紧密程度，以及合作的广度和深度，对于医养融合的发展具有决定性的影响。在课题组所分析的养老机构的三种基本运行方式中，它们在某种程度上说都是在以上五个领域中进行的合作。

1. 政府方面：有所为，有所不为

一直以来政府都是社会养老的主体，养老的方式是通过兴办养老机构和医疗机构，政府直接参与机构的运营，或者从财政上对机构的经营进行补贴。在当前加速老龄化社会进程中，政府承担着在上层设计上解决传统医疗和养老体系过度划界，从而导致老年人医疗、养老之间矛盾冲突的问题。因此，政府起到医养融合的“发动机”作用，从政策、资金、制度等方面对医养融合的发展提供必要的保障。医养融合涉及相当一部分政府管理部门的审批、监管、服务，因此从根本上说也是政府职能的一次大转变。总而言之，对于医养融合的发展，政府的职能应该是“有所为，有所不为”。在医养融合的起步阶段和发展初期，政府要“有所为”，应该全面介入，积极为医养融合的发展搭建平台，协调原有政策中不一致的地方，整合医、养、产、教四个方面的资源，为医养融合的发展打下坚实的基础；到了医养融合发展的中后期，政府要“有所不为”，凡是通过市场能够顺利自动完成的，政府应该让市场机制起作用，减少不必要的行政干预，不与民争利。

当前从国务院到地方政府出台的一系列推进医养融合发展的政策和措施来看，政府已经充分意识到调动一切社会力量发展医养融合的必要性和紧迫性。但是从社会力量的角度来看，政府才是真正的“主力”，因此政府在关键时刻“有所为”以及适时的“有所不为”至关重要。

2. 医疗机构、养老机构：医养融合的基本主体

医疗机构和养老机构作为医养融合的主体，是构建医养融合的现实基础，从形式上说是医疗和养老两类既有联系又相互区别的机构融合，从本

质上说是医疗机构和养老机构职能的转变和拓展，结束医疗机构和养老机构对老年人的养老问题顾此失彼或鞭长莫及的割裂状态。

探讨医养融合首先要着眼于现有医疗资源和养老资源之间的整合。但是并不是所有的合作都能产生共赢，也并不是所有的资源都能够有效整合。只有建立在利益一致、互补性强、位置对等等基础上的合作才能产生共赢；只有在保证资源配置、运用更加科学高效基础上进行整合才有意义。

医疗机构和养老机构的融合，应该考虑地域环境、综合实力、发展思路等多方面因素，可以采用多种方式进行。例如，实力较强、地域较近的医疗机构和养老机构可以倡导采用产业合作的方式，进行“强强”联合，在双向转诊、护理疗养等方面建立起功能互补的协作关系。实力悬殊的机构之间可以采用并购、嫁接等方式，把一方作为“接芽”进行嫁接移植。

3. 产业资本与教育机构：独辟蹊径参与医养融合

当前医养融合发展遇到的最大困难之一就是缺乏专业医护人员，尤其是缺少经过专业培训的护工，护工服务质量的高低影响到整个行业发展的水平高低。医养融合机构的医生、护士、护工的服务对象是老人尤其是患病在身的老人，服务意识和服务水平都要求比较高，需要经过长期的专业培训教育，在责任感、服务意识、专业技能等方面都具备过硬的条件。

引导和鼓励产业资本投资兴办护理学校，专门培训从事医养融合服务的专业技术人员，可以为医养融合的长远发展夯实基础。由于国家把主要的医院和养老机构定位为非营利性机构，并在财政上给予补助，产业资本进入医院和养老机构受到很多条件限制，存在着投入大、风险高、收益小的特点，规模较小的产业资本难以进入这些领域。但是产业资本可以通过投资兴办医养融合专业技术人员教育培训机构，通过培养医护人员参与医养融合发展。此外，政府应该出台政策鼓励学校教育大力开展护理专业的人员培养，把社会产业资本作为促进教育的重要力量加以吸收。

产业资本和教育机构按照医养融合机构的要求开展订单式的医护人员培养培训，加强与医养融合机构的联系和合作，把医养融合机构作为学校教育的实训平台和就业渠道，在医养融合机构与产业资本、学校直接构建起产业供应链。

（四）基于养老需求多样化的医养融合层级体系建设

发展医养融合服务要关注老年人医疗、养老消费需求的多样性，基于养老需求的多样化构建医养融合的层级体系建设，通过不同层次的机构来提供不同层次的服务。老年人医疗和养老消费的需求多样性决定于身体状况、收入水平、养老观念、家庭等因素，应该进行深入的调查研究，将相关的需求信息进行科学分析，然后根据不同的需求层次设置相应标准的服务，达到养老服务供求的平衡。根据老年人对医疗、养老需求层次的高低，以及满足需求能力的高低把医养融合机构及其开展的服务项目分成高、中、低等三个层次，按照市场经济的原则向不同老年群体提供相应等级的服务，在保证效益优先的同时保障养老的基本公平。对于最低层次的养老医疗服务，应该发挥政府的托底、兜底功能，向这些群体的老人提供最基本的医疗、养老服务，以此体现社会养老的普惠性。对于中等层次的养老、医疗服务，应该根据市场规则开展套餐式的有偿服务，以保证医养融合机构的经营性收入能够满足机构的日常运转。对于高层次的医疗、养老服务需求，应该集中优势医疗、养老资源，根据老年消费者的需求和特点提供相应的服务。同时，根据医养融合机构达到的服务能力和服务水平，将医养融合机构分为不同的级别，并制定相应的评估标准和评估体系，增强医养融合服务机构的透明度，让不同级别的医养融合能够满足特定人群的需求。

基于养老需求多样化的医养融合层级体系建设，可以使政府对医养融合服务的补贴具有更强的针对性，减轻政府财政的负担，让机构通过市场价格调节来提供高效的养老服务。

关于互联网 + 社区居家养老服务的实践和问题及对策

林桂良　王　勇　陈炜然

摘要：积极应对人口老龄化成为我国的基本国策。老年人口的快速增长导致了养老需求的井喷式发展，传统的机构养老模式不尽适合我国大部分老年人的养老需求，97%的老年人将选择社区居家养老，如何构建便捷、低成本、资源丰富的社区居家养老体系？“互联网 +”技术的快速发展为破解这一难题带来了解决方案。梧州市民政局通过政府公开采购，确定运营机构，利用物联网、云计算、大数据、移动互联网、智能终端等新一代信息技术与社区居家养老服务深度融合，构建互联网 + 社区居家养老服务平台系统，汇集养老服务需求、供应商和服务项目，调动各类社会资源提供线上线下养老服务。政府还通过政策支持、建设资助、服务购买以公建民营的形式，搭建互联网 + 社区居家养老服务体系，构建没有围墙的养老院，从而快速满足社区老人既经济又方便的居家养老现实需求。

关键词：互联网 + 社区居家养老服务；实践；问题；对策

一、互联网 + 社区居家养老服务产生的必然性

“十二五”时期，随着第一个老年人口增长高峰到来，我国人口老龄化进程将进一步加快。从2011年到2015年，全国60岁以上老年人由1.78亿增加到2.21亿，平均每年增加老年人860万；老年人口比重将由13.3%增加到16%，平均每年递增0.54个百分点。我国人口老龄化程度的急剧膨胀导致养老需求的巨大增长，老龄化进程与家庭小型化、空巢化相伴随，与经济社会转型期的矛盾相交织，社会养老保障和养老服务的需

求将急剧增加。

梧州市自1999年起进入老龄化社会，是全区最早进入老龄化社会的地级市之一。截至2015年底，全市60岁以上老人48.6万人，占总人口数的14.2%。其中，80周岁以上高龄老年人8万多人，占老年人总数的17.6%；空巢家庭的老年人1.9万多人，占老年人总数的4%；失能、半失能老年人9万多人，占老年人总数的19%。梧州市的人口老龄化程度较高，高龄化、空巢化趋势明显，老年人急需多种形式的为老服务。

老龄人口的快速递增导致养老需求的急剧膨胀，按照我国传统的养老习惯，97%的老年人选择社区居家养老服务，只有3%的老年人选择机构养老。该市民政局于2013年委托梧州学院可行性研究中心，随机对5000位老年人进行养老服务调查，结果显示，选择社区居家养老服务的老年人比例接近我国传统养老习惯。而且，占这部分老年人总数48.5%的老年人居住商品房，25.6%居住房改房，9.1%居住廉租房，6.6%租房居住；这部分老年人居住面积50平方米以下的占38.3%，50—100平方米的占43.3%，100平方米以上的占15.4%。为此，构建“居家养老为基础、社区养老为依托、机构养老为补充”的养老服务体系是我国养老服务的主要模式，社区居家养老服务在梧州市有很好的基础条件。

面对老年人口急剧增长及庞大的养老服务需求，如何破局解决养老服务问题？各地普遍的做法是拓展机构养老增加养老床位、建设日间照料中心构建社区养老、整合资源开展居家养老服务。笔者认为，这有其必然性。从政府层面来看，受限于财力，单一通过民政部门开展养老服务远不能满足老年人的多种养老需求，因而客观上需要探索新的养老模式与新的业态模式，寻求缓解养老压力、整合社会资源的新型养老模式的多种服务渠道；从社会层面来看，机构养老受限于床位、服务能力及传统养老观念影响，发展空间及资金投入、服务能力有限。于是，一方要转嫁养老压力，拓宽养老渠道；一方要参与社会管理，拓展发展空间；双方产生交集，达成了高度共识，政府支持下的互联网+社区居家养老服务就应运而生了。一般地说，民间力量很难推动互联网+社区居家养老的规模发展，很难引导老年人加入服务网络，这就需要政府作为推动者，以经济补助投入、购买服务及相关的政策扶持，来换取老年人积极参与及民营企业极大的经营热情，担负起养老服务的主要角色，为政府缓解养老压力，减轻老年人及其家庭负担，进而推动社区居家养老服务发展，提高政府养老服务水平，促进养老服务业的健康蓬勃发展。

在互联网高速发展的今天，利用先进的“互联网+”技术，构建互联网+社区居家养老服务体系成为可能，以现代通信、智能呼叫、云计算、大数据、移动互联网、健康物联网及移动电子商务为技术依托，以“建设健康居家信息化、位置监护智能化、便民服务呼叫社区化、商家服务搜索订购精准化、健康管理社交化”为核心，以“建立家庭信息数据库”为基础，以提供“紧急救援、日常求助、位置监护、健康管理、生活照料、便民服务、精神慰藉、儿女关爱、服务订购”为主要服务内容，有效“整合社会服务资源”为服务主体，构建“城区、街道、社区、家庭”四级服务体系，以“社工、义工、商家、子女”为基础建立立体服务机制，通过移动互联网技术建立完善的健康社区居家养老服务体系，从而打造真正意义上的“没有围墙的养老院”。

二、梧州市的实践及成效

2008 年，国家十部委联合下文，要求推进居家养老服务体系建设，要求有条件的地区都要建设信息化养老服务平台，提供一键通救助服务。

《国务院关于加快发展养老服务业的若干意见》（国发〔2013〕35 号）指出，“地方政府要支持企业和机构运用互联网、物联网等技术手段创新居家养老服务模式，发展老年电子商务，建设居家服务网络平台，提供紧急呼叫、家政预约、健康咨询、物品代购、服务缴费等适合老年人的服务项目”和“建立健全经济困难的高龄、失能等老年人补贴制度。可根据养老服务的实际需要，推进民办公助，选择通过补助投资、贷款贴息、运营补贴、购买服务等方式，支持社会力量举办养老服务机构，开展养老服务”。

《自治区政府关于促进养老服务业加快发展的实施意见》（桂政发〔2014〕58 号）指出，“要支持企业和机构运用互联网、物联网等技术手段创新居家养老服务模式，发展老年电子商务，建立居家服务网络平台，提供紧急呼叫、家政预约、健康咨询、物品代购、服务缴费等适合老年人的服务项目，在政府、市场和居家老人之间，搭建一个良好的功能互动的养老服务平台，打造‘没有围墙’的养老院”和“各地要加快建立养老服务评估机制，建立健全经济困难的高龄、失能等老年人补贴制度。根据养老服务的实际需要，推进民办公助，通过补助投资、贷款贴息、运营补贴、购买服务等方式，支持社会力量举办养老服务机构，开展养老服务”。

笔者所在的梧州市认真贯彻国务院及自治区政府的相关文件精神，努力探索以“互联网+”为技术手段的智能化、信息化社区居家养老服务模式建设。自2014年7月起，在梧州市、各城区（县）政府领导组织下，建立梧州市云家庭服务中心，设置城区（县）分中心，从各级财政资金上给予支持，通过政策扶持、建设补助、购买线上线下服务的模式，开展互联网+社区居家养老服务体系建设，率先在广西开展互联网+社区居家养老服务。建设服务实践上呈现六个方面的成效特点。

第一，政府主导，政策扶持。从2015年起连续列入市、县两级政府为民办实事项目，明确政府对社区居家养老服务信息化建设的主导权，统一部署，加大政策支持，提供资金保障。出台《梧州市人民政府关于加快推进发展养老服务业的实施意见》，明确提出大力发展居家养老服务组织，开展养老信息化建设，在政府、市场和居家老人之间搭建一个良好的功能互动的养老平台；市政府为云家庭服务中心无偿提供800多平方米的互联网+社区居家养老服务业务用房，2014年以来，市、城区（县）投入资金近1300万元，用于补助中心建设运营，为经济困难高龄老人、失能老人和老复退军人购买上门服务，充分体现了政策扶持和普惠于民的理念。吸纳包括梧州学院心理咨询服务中心、福利康复医院、万众医疗投资管理有限公司和蓝天幸福颐养院、广西粮油超市等商家参与，推进公建民营，支持社会力量开展养老服务业。

第二，机制创新，管理有效。经过探索实践，梧州市建立健全了政府引导扶持、动员多方参与、主管部门负责监督评估的三大建设运营机制，保障互联网+社区居家养老服务健康快速发展。确立了政府投入建设固定资产属于国有资产，通过合法的政府采购方式确定运营方，市政府对机构运营给予补助，城区财政为辖区困难老人和老复退军人购买基本服务的政府引导扶持机制。健全了依托社区人员力量和公共资源开展建设，社会工作者提供社会服务和志愿者（义工）共同参与服务的多方参与机制。形成完善的绩效评估机制。梧州市民政局充分发挥业务主管部门的监管职能，与运营方签订合作协议，于每年底组织民政、老龄、财政等部门对互联网+社区居家养老服务运营方开展综合评估，引入第三方审计机构专项审计，有效监督其服务质量，不断提高为老年人提供服务的科学性和适用性。

第三，两个平台，实现O2O。打造“平安键”居家养老服务平台和“智慧微家”社区养老服务平台，线上线下形式服务老人20.1万多次。“平安键”居家养老服务平台以线上的话务服务为主，设立全市统一的服务热线电话，建立完善的梧州市老年人信息数据库，为老年人提供紧急救援、生活求助、位置监护、贴心关怀、精神慰藉等服务，定期向用户提供主动关怀服务，并根据老年人需要安排上门提供养老服务，一个电话即可实现“养老在家、服务进门”的愿望。“智慧微家”服务平台以订购线下养老服务为主，通过在手机等移动终端下载“智慧微家”App，直接获取社区服务信息更新并下单选购服务，将家政服务、医疗保健等服务以及社会保障在内的社区生活圈紧紧地联结在一起。老年人的子女也可通过手机App，远程实时查看父母情况，为父母预约相关养老服务。该市服务中心还创新应用物联网理念，使用智能传感设备新增以用户家庭为单位的健康监测，通过云计算、大数据实现健康状况智能分析和评估。

第四，设计科学，全面覆盖。通过移动互联网、云计算、大数据、物联网等技术手段，建立全市互联网+社区居家养老服务网络，构建“城区、街道、社区、家庭”四级服务体系，整合周边商家服务资源，以“互联网+”为载体，建立起周围500米服务圈，全面服务于社区老年人。梧州市互联网+社区居家养老服务还通过一个中心、多个分中心的设计模式，全面覆盖全市各个城区、街道、社区，同时延伸到县，建立起覆盖全市的服务网络。梧州市云家庭服务中心2017年初还在长洲分中心和藤县分中心，组织建立和完善农村留守老人、留守儿童、留守妇女（简称“三留守”人员）数据库，以移动互联网、云计算、大数据、物联网等技术手段作为“三留守”人员关爱活动抓手，试点构建分中心主动关怀与基层组织一对一帮扶责任人、亲属朋友的“三位一体”关爱体系。互联网+社区居家养老服务作为政府养老的一种新模式，在广西范围内属首创。

第五，少量投入，放大效应。梧州市互联网+社区居家养老服务系统采用与武汉大学广东研究院合作的模式，系统根据需求定制开发，建立本地化开发团队，线下服务采用整合周边服务资源的模式，甄选优质服务资源提供优质服务，无论从资金投入、技术开发还是服务资源投入均较少，通过建立市中心、城区（县）分中心、社区服务工作站放大社会效应。

第六，积累经验，成效明显。梧州市互联网 + 社区居家养老服务自 2014 年 7 月开办至 2017 年 3 月底，已入网 5 万老年人，加盟服务商家 1000 家，通过最初的“平安键”呼叫平台到“智慧微家”“互联网 + ”社区居家上门服务网络构建，形成了与政府养老服务的联动，使政府社区民生服务工作更加科学有序地开展。2014 年以来，梧州市云家庭服务中心通过“互联网 + ”技术整合“平安键”“智慧微家”两个平台，线上服务达 24. 4 万多次（包括接听用户呼入），主动关怀 15. 9 万多次，线下实体服务 4. 7 万多次；仅 2016 年线上服务 13. 2 万多次（包括接听用户呼入），主动关怀 8. 8 万多次，线下实体服务 2. 4 万多次，实现社区居家养老服务信息化、智能化，达到“老人和家务交给我，你们快乐去上班”的服务目标，取得很好成效。

梧州市互联网 + 社区居家养老服务走在全区的前列，3 年多运营不但积累了宝贵经验，而且从技术架构、运营模式、业务开展、服务购买、监督执行等多个方面累积形成了一套完整的互联网 + 社区居家养老服务模式。

三、当前互联网 + 社区居家养老服务实践中的问题

互联网 + 社区居家养老服务模式是未来社区居家养老服务的主要模式，通过建立互联网 + 社区居家养老服务网络，可以快速建立以社区为网络单元的养老服务体系，整合社区周边资源，快速提供辖区老人的服务需求。梧州市通过政府主导、落实扶持政策、持续财力投入、逐年扩大覆盖范围，互联网 + 社区居家养老服务取得了很好的社会效益，得到群众充分认可和高度赞誉。无论如何互联网 + 社区居家养老服务模式都是一个新生事物，在实践过程中难免会遇到各种困难和问题，而在实践中遇到或面临的问题也值得我们认真思考。

一是保障养老事业发展的政策体系已经比较健全，相对而言，推动互联网 + 养老业发展的政策相对滞后，可操作性不强，这是制约互联网 + 养

老业发展的瓶颈。最为突出的就是规定养老服务机构应设有生活起居、餐饮膳食、文化娱乐、清洁卫生、康复训练、医疗保健等多项服务设施，而作为从事互联网+社区居家养老服务的组织或企业，其服务设施是分布在覆盖区域的加盟服务商家，由此则无缘享受补助投资、贷款贴息、运营补贴、购买服务及减免税收等多项优惠政策。但是，这些组织或企业的运营收入，不仅需要开发多种创收方式，还需要有能达到维持正常运转的服务购买量。而创业起步的相当阶段内，它们仅仅依靠用户每月缴纳线上服务费20元的运营收入，作为一种新兴养老服务模式其盈利方式单一，远远解决不了运营支出。所以，互联网+社区居家养老服务起步阶段很需要政府通过多项优惠政策扶持发展，这种扶持需要有可持续性。同时，它们也尚未能够享受机构养老减免税政策，其后果就是税负沉重，如果再加上保底服务购买量少，盈利无从谈起，维持正常运转举步维艰，可持续发展受到严重影响。

二是优质服务资源参与程度不够，老年人缺乏养老服务消费观念。养老服务的最终落地需要有良好的服务资源，正因为当前养老服务是一种微利业务，商业机构就很难积极介入，没有优质的服务，何来大量的用户？如果要吸引优质实体加入互联网+社区居家养老服务中，必须要有大量业务吸引企业加入，否则这些服务实体很难全力加入服务网络中。从我国几千年的传统观念来看，人们受传统思想影响还没有形成养老服务消费理念。老年人更是普遍受养儿防老的传统思想影响，习惯于生活上特别是经济利益上围着儿女子孙转，很少有为自己着想通过购买服务实现养老，就算领了政府的高龄津贴，而自己掏钱购买养老服务的老年人也极少；而从接受新鲜事物程度方面来看，由于互联网+社区居家养老服务是一种全新的养老服务模式，人们的接受度有一个过程，需要进行大量的宣传推广培育工作，培育用户使用习惯和使用黏性，只有培育好用户的使用习惯，形成消费观念，才有更多的人购买养老服务。因此，优质的服务、人们的接受、大量的用户三大要素相互促进，这种养老模式才能可持续发展。

三是没有形成资源共享，平台系统功能发挥不全。目前，互联网+社区居家养老服务还处于起步阶段，平台系统的强大功能没有充分发挥出来，致使整体服务水平较低，服务覆盖范围小，仅仅依靠民政、老龄部门势单力薄。互联网+社区居家养老服务体系包含着许多服务功能，这些服务功能内容分属于不同的部门，但却没有一个部门能承担全面协调互联网+社区居家养老服务的职责。现阶段，广西全区有医疗健康服务、养老保险和医疗保险等多个网络在同时运作，但各网络之间从部门管理规定上缺乏衔接制度，均封闭运行。

四、完善互联网+社区居家养老服务的对策

笔者认为，为解决目前存在的问题，更好地推进互联网+社区居家养老服务，使之发挥更大的作用，应该着眼从政府法律法规、财税政策、社会组织等多个方面加以完善。

（一）互联网+社区居家养老建设要纳入养老服务体系，享受财政资金补助和减免税政策

互联网+社区居家养老服务是利用物联网、云计算、大数据、移动互联网、智能终端等新一代信息技术与社区居家养老服务深度融合，构建互联网+社区居家养老服务平台系统，汇集养老服务需求、供应商和服务项目，调动各类社会资源提供线上线下养老服务，比现有意义上的养老机构具有更宽阔广泛的养老服务功能，政府应从法律法规上确定互联网+社区居家养老服务的养老服务机构属性，要制定相关法律法规，将互联网+社区居家养老纳入养老服务体系，使互联网+社区居家养老服务合法合规。自治区财政厅、发改委、民政厅、老龄办《关于做好政府购买养老服务工作的通知》（桂财社〔2015〕186号）仅提出购买“养老服务网络信息建设”，并没有明确规定购买互联网+社区居家养老服务的内涵定义。因此，需要将互联网+社区居家养老服务真正明确地列入政府购买服务目录中来，对通过政府采购方式确定的互联网+社区居家养老服务组织或企业进行补助投资、贷款贴息、运营补贴、购买服务等政策支持。当前，政府对养老机构有床位补贴、享受减免税政策，相比之下，互联网+社区居家养老服务不需要床位，是一种节约土地、人力和成本的全新服务模式，国家层面要及时酝酿将互联网+社区居家养老服务视同养老机构服务，也应该享受减免税政策，这样才能使互联网+社区居家养老服务可持续发展。

（二）刚性规定实施经济困难高龄、失能老年人补贴制度，建立老年人补贴用于养老服务管理机制

自治区财政厅、民政厅、老龄办《关于建立健全经济困难的高龄 失能等老年人补贴制度的通知》（桂财社〔2015〕110号）只是提到“各地要结合当地实际，制定经济困难的高龄、失能等老年人补贴制度的实施方案”，由于没有刚性规定制度的实施时间限度，加之经济欠发达地区和经济后发达地区的各级地方财政力量不足，特别是像广西这样的西部地区，很难从财政资金中切块划出老年人服务补贴经费，开展工作难度大。既要确保制度能建立起来，又要保证资金落实，首先，自治区要下文明确刚性规定经济困难的高龄、失能等老年人补贴制度实施时间限定，避免实施时间无限期地拖延。其次，应建立老年人补贴用于购买养老服务的监督机制。民政部门要发挥业务主管监管职能，组织本级财政、老龄、基层民政等部门对养老服务开展考核综合评估，进行专项审计，强化监督服务质量，提高资金运行效益，有效地开展养老服务。

（三）调整高龄津贴发放方式，把现金发放改革为电子账户消费

高龄津贴是为改善老年人生活环境实行的一种补助津贴。各地政府都在调整支出结构，安排高龄津贴资金。广西是西部地区，各级都在地方财政力量不足的情况下，千方百计抓落实发放80岁以上老年人高龄津贴。可是，随着我国经济社会快速发展，经济实力不断得到增强，近年来更是连续上调养老金标准，老年人生活环境有了很大改善，现在已经到了提出养老服务改善问题的时候，做到生活和养老服务并举，即高龄津贴的功能应该调整为改善老年人生活和养老服务环境的补助津贴。如，梧州市万秀区政府每年安排高龄津贴资金700万元，如果老年人用来购买养老服务产品，改善养老生活服务质量，对拉动养老服务业发展将产生很大推力。为了改变老年人的传统养老理念，政府通过高龄津贴制度增强老年人养老消费能力，引导老年人为自己购买养老服务，减轻下一代的养老负担，使老年人从被动消费者转变为主动消费者，提高高龄津贴对养老服务业的贡献率。梧州市互联网+社区居家养老服务系统入网5万老年人，每人都能在系统上自动生成唯一的二维码，可以把高龄津贴现金发放改革为进入老年人电

子账户，老年人使用智能终端在社区居家养老服务项目中选择消费，系统自动形成流水账，轻松方便快捷，减少老年人出门和消费记账的麻烦，提高服务群体的满意度，可持续推进互联网＋社区居家养老服务发展。

（四）加大制度供给，实行政府政策兜底

梧州市政府在建立社区居家养老服务之时，就通过为民办实事项目为低保、失能、纯老户购买互联网＋社区居家养老服务，实行政府政策兜底，取得了很好的社会效益。在养老产业变革的过程中，有一个需求和供给平衡发展的过程，供给需要不断适应新的消费模式，新的供给也在不断创造新的消费模式。从供给侧来看，既然需求变了，消费理念变了，养老市场方式变了，养老供给就应该进行改革，政府应将为民办实事项目购买服务资金每年列入财政专项预算，落实到位，将购买服务制度化、例行化。

（五）基层政府组织、街道引导、社区参与，配合发展

在商业模式与盈利问题还没有很好解决时，需要基层政府组织开展社区居家养老服务，街道引导树立良好的养老消费观念，社区配合开展服务宣传，才能使社区居家养老服务健康有序发展。市场经济催生了丰富的经济社会活动，群众对名目繁多的推销见怪不怪，如果互联网＋社区居家养老服务没有基层政府组织、街道引导、社区参与，很难取得群众和商家信任。虽然互联网＋社区居家养老服务模式市场前景广阔，服务需求量大，但商业模式尚未完全建立起来时，需要经过长期的不断培育才能见到盈利，故此政府购买服务后，基层政府、街道、社区还需与互联网＋社区居家养老服务组织或企业共同开发，配合发展才能建立起良好的运营模式。

（六）以社会组织孵化基地，发展优质社区居家养老服务

建立互联网＋社区居家养老服务体系除了线上平台以外，更需要线下优质服务资源的支持，为互联网＋社区居家养老服务体系提供良好发展支撑。政府要通过提供资金、场地和政策支持方式，以孵化基地培育发展优质社区居家养老服务组织。为了使社会组织孵化基地能持续进行，能正常运转，要将社会组织孵化基地列入政府购买服务目录，将购买服务资金列

入年度财政预算，落实到位，保障社会组织孵化基地正常开展活动，孵化培育优质养老服务组织加快成长，推动养老服务业发展。

（七）建立医养结合制度，将养老服务医疗项目纳入医保卡消费范围

社区居家养老服务体系的建立与落地，需要为辖区老年人提供真正有效的养老服务，满足居家老年人的社区居家养老需求。梧州市互联网 + 社区居家养老服务平台系统实现了线上线下养老服务，线下社区居家养老服务提供了生活照料、康复护理、精神慰藉三个服务包，其中康复护理、精神慰藉服务完全符合医疗和养老的结合。如果能够通过医保卡刷卡消费就能为居家老人提供上门医疗康复护理服务，提高老年人社区居家养老参与度，可以解决很大一部分老年人的健康养老需求，同时通过这种低成本的医疗康复护理服务，可以减少老人上医院看病需求，降低患大病重病概率，为医保减少医疗支出，达到全民大健康的目的。

（八）建立互联网 + 社区居家养老服务标准，实行资源共享制度

发挥互联网的高效、便捷优势，提高资源利用效率，降低服务消费成本，建立互联网 + 社区居家养老服务标准规范，各管理服务网络要设置养老服务资源共享接口，统一标准规范接入代码。政府部门、全社会共同发力，才能充分发挥互联网 + 社区居家养老服务优势，全面提高养老服务质量和水平，实现老有所养。

参考文献

[1] 国务院关于加快发展养老服务业的若干意见（国发〔2013〕35 号）.

[2] 广西壮族自治区人民政府关于促进养老服务业加快发展的实施意见（桂政发〔2014〕58 号）.

[3] 梧州学院可行性研究中心．梧州市养老服务业发展研究报告，2013.

[4] 魏文广．广西梧州打造没有围墙的虚拟养老院［N］．中国社会报，2016 - 11 - 9.

农村低保与扶贫开发衔接政策研究

安忠芳

摘要：广西农村低保和扶贫开发两项政策总体上是相互衔接的，并发挥了积极作用，为实现精准扶贫目标奠定了基础。但在执行过程中，由于基层干部群众对这两项制度的理解有偏差，导致政策重叠和政策漏洞并存，目标人群受益不均。究其原因，一是政策制度不完善，具体操作措施和方法不够严密；二是基层能力薄弱，导致工作质量难以保证；三是两项政策对象家庭经济收入的调查方法不同，统计口径不一样。建议：全面理解扶贫开发和低保政策，科学设计衔接政策，细化实施方案；合理使用财政资金；把贫困对象进行合理分类，有效帮扶；加大对农村贫困人口的技能培训；社会救助兜底，加大临时救助的力度。

关键词：低保；扶贫；政策；衔接

一、引　言

（一）贫困的定义

由于受政治、经济、文化等因素的影响，以及每个人成长的背景和社会经历，人们对贫困的认识也是各不相同。国内外学者对贫困的定义也是众说纷纭。有学者提出："历经近20年的政府努力，中国的扶贫开发战略取得了举世瞩目的成效。中国农村贫困的性质也随之发生了转变：贫困分布由区域的、整体性的贫困逐渐过渡到个体性贫困，贫困人口的构成也以边缘化人口为主要组成部分。"因此，诺贝尔经济学奖获得者阿玛蒂亚·森认为："应该把贫困从概念上定义为能力不足而不是收入低下。贫困是他们获取收入的能力受到剥夺，以及机会的丧失，而不仅仅是低收入；能力是获得收入的重要手段，能力的提高会使个人获得更多的收入；良好的教育和健康的身体不仅能直接地提高生活质量，而且还能提高个人获得更多收入及摆脱贫困的能力，疾病、人力资本的不足，社会保障系统的软弱无力，社会歧视等都是造成人们收入能力丧失的不可忽视的因素；提出用人们能够取得某种基本生活内容和人们能够得到的自由来理解贫困和剥夺。因此把贫困划分为收入贫困、人类贫困和知识贫困。所谓的收入贫困是指缺乏最低水平的、足够的收入或者支出。所谓的人类贫困是指缺乏基本的人的能力，如文盲、营养不良、缺乏卫生条件、平均寿命短等。所谓的知识贫困是指人们缺乏获取、应用知识与信息的能力，以及缺乏权利、机会与途径获得这一能力。”由阿玛蒂亚·森的能力贫困理论可知，机会的缺失、疾病、教育水平不高、社会保障系统的不足等是造成人们收入能力丧失并陷入贫困的不可忽视的因素，这也比较能说明现阶段我国贫困的现象。

（二）反贫困策略

20 世纪 90 年代以来，以阿玛蒂亚·森为代表的一批发展经济学家提出了一个围绕能力、权利和福利的发展理论体系，构建了一个新的基于能力的发展观。阿玛蒂亚·森的能力贫困理论的落脚点在于通过重建个人能力来避免和消除贫困。因此联合国开发计划署在 1997 年《人类发展报告》中提出一个度量贫困的新指标，即能力贫困指标，它主要包括三方面的内容：基本生存的能力，即获取营养和健康的能力，健康生育的能力，接受教育和获取知识的能力。所以就目前解决我国农村贫困问题的重点也在这三个方面加以重视，不仅仅通过社会保障制度解决农村贫困人口的温饱问题和扶贫开发政策提高他们的收入，还更应通过各种途径提高他们的生存能力和激励他们生活的积极性，让他们能在社会中自力更生，生活得更加自信。

二、农村最低生活保障与扶贫开发政策衔接现状

（一）农村最低生活保障发展现状

近些年广西根据国家关于农村最低生活保障政策法律精神，紧密结合广西农村低保的实际情况，出台了系列政策文件，制定了许多制度措施。如《广西壮族自治区农村居民最低生活保障办法》（2009）、《广西壮族自治区民政厅关于进一步规范城乡低保家庭认定工作的通知》（2011）。这些办法对广西农村低保的组织机构、保障资金、低保标准、操作规程、法律责任等方面，以及农村低收入家庭认定的具体办法作出了明确规定，从省级政府规章层面为农村低保工作奠定了良好的法律基础。2013 年广西又根据《国务院关于进一步加强和改进最低生活保障工作的意见》（国发〔2012〕45 号）出台了《广西壮族自治区人民政府关于加强和改进城乡居民最低生活保障工作的实施意见》（桂政发〔2013〕49 号），这个实施意见主要是针对近些年城乡低保工作出现的诸如对最低生活保障工作重视不够、责任不落实、管理不规范、监督不到位、工作保障不力、工作机制不健全等问题，以及“骗保”“错保”“人情保”“关系保”等现象，对城乡低保的审核审批程序、动态管理、低保与其他社会救助制度的有效衔接、监管机制，特别是建立健全低收入居民家庭经济状况核对机制等方面进行了进一步的规范，对推进城乡低保工作规范化具有现实指导性。自 2013 年开始，城乡低保操作层面的规章制度建设明显加快。先后制定了《城乡低保有关常用文件和表格样式的通知》（桂民发〔2013〕20 号）、《关于加强城乡最低生活保障和医疗救助资金管理的通知》（桂财社〔2013〕78 号）、《关于规范我区农村低收入家庭认定工作的通知》（桂民发〔2013〕49 号）、《广西壮族自治区城乡居民最低生活保障档案管理办法（试行）》（桂民发〔2013〕84 号）、《广西壮族自治区居民家庭经济状况核对操作规程（试行）》等。2016 年广西民政厅印发了《关于同意开展低保无纸化网上审批改革（第二批）的通知》，进一步方便困难对象申请低保救助，简化低保审核审批流程，减轻乡镇低保经办人员的工作负担。另外广西民政厅与高级人民法院、公安、人社、税务、工商等 11 个部门，签署了数据共

享联网交换协议，区内部分地区已和房产部门实现数据对接。核对信息平台会不断完善，实现更多功能：增加经济状况动态跟踪模块、绩效管理模块、大数据分析模块等，为精准识别、精准确定社会救助对象提供更为全面、客观、真实的依据。总体来说，这几年广西为推进和规范农村低保工作制定了系列政策措施，从宏观原则性办法到微观操作性规定，从低保前台工作到后台保障措施，政策制定主体涉及自治区政府、市级政府以及县级政府等多个层面。农村低保政策措施日益完善，多个层面政府部门的积极性越发高涨，为广西的农村低保管理的规范化奠定了坚实的基础。

截至 2016 年底，广西农村低保对象为 290 万人。2016 年全区农村低保平均保障标准和补助水平均有提高，低保平均保障标准由年初的 2556 元提高到 2982 元，其中有些贫困县超过 3100 元，补助水平由年初每人每月 125 元提高到每人每月 140 元。

（二）扶贫开发政策的发展现状

广西现有国家扶贫开发重点县 28 个、自治区扶贫开发重点县 21 个，2016 年建档立卡的农村贫困人口达 452 万，贫困人口占全区总人口的 10.61%。这些贫困地区和贫困人口集中分布在百色市和河池市，两个地区有国家重点贫困县分别为 9 个和 7 个，占全区重点贫困县的 57%。其中百色市的贫困人口为 172542 户 681668 人，占全区贫困人口的 15%；河池市的贫困人口为 161058 户 637567 人，占全区贫困人口的 14.9%。截至 2016 年 9 月末，广西各级财政共筹措落实扶贫资金 178.68 亿元，是 2015 年自治区统筹安排扶贫资金投入的 4 倍，重点把扶贫资金投入产业、基础项目建设、易地搬迁、转移就业及农民培训等方面，确保到 2020 年完成全区脱贫攻坚的任务。

1. 产业扶持项目情况

广西广泛开展产业扶贫，进一步夯实贫困县脱贫摘帽和贫困户脱贫致富的基础。据统计，截至 2016 年底，全区 54 个贫困县引进市级以上龙头企业 188 家，创建现代特色农业（核心）示范区 444 个；2016 年预脱贫的 1000 个贫困村组建完善农民合作社 1381 个，其中新增 603 个。为使产业扶贫能够取得实效，2016 年广西积极开展以“五帮五送”为主题的“广西产业脱贫 2016 春季大行动”，为贫困村、贫困户送苗木、果苗、桑苗 42

万株；实施“产业脱贫2016秋冬季大培训”，共培训1120期8.2万人次。另外，广西积极探索建立资产收益扶贫模式，引导贫困户以扶贫小额贷款、土地等资产与经营主体合作经营或委托经营，增加贫困户收入来源。同时，积极推广“空中农贸市场”电商扶贫模式，该模式已覆盖10个县156个贫困村；新增30个农村淘宝合作县、9个电商扶贫示范县和10个智慧县域；建设农产品网店2300家，鲜活农产品电子交易额50亿元。

2. 基础设施建设情况

广西按照年度脱贫计划，做好今后5年贫困村基础设施建设计划，有序推进全区农村基础设施建设。2016年，共筹集59.2亿元新建成屯级道路2万多公里，解决13.43万户贫困户饮用水问题，将贫困户危房改造补助标准提高到每户2.3万元，完成贫困户危房改造6.8万户，完成5个贫困县电网升级改造1450个项目任务，预脱贫1000个贫困村全部通宽带网络。

3. 金融扶贫情况

银监部门在制定印发的《广西银行业金融扶贫工作指导意见》中，明确了广西银行业助推脱贫攻坚的信贷支持重点、服务网络布局、金融创新路径和监管激励措施。在此引导下，广西银行业精准对接建档立卡贫困户，对接贫困地区基础设施项目以及易地扶贫搬迁的融资需求；坚持产业造血、定点帮扶和教育扶贫；突出因地制宜精准服务少数民族地区特色产业；优化贫困地区金融生态环境，银政联动形成扶贫合力。2016年上半年广西的银行业金融机构持续加大对贫困地区、贫困农户的扶贫信贷投放，加大对金融扶贫融资融智力度，全区各银行业金融机构累计完成102万户建档立卡贫困户的授信评级，发放贫困户小额贷款43亿元，惠及建档立卡贫困户近11万户。

4. 易地扶贫搬迁情况

截至2016年12月底，广西易地扶贫搬迁项目建设计划用地2532公顷已全部落实，组建了广西农村投资集团及79个项目县投融资主体。开工建设41个安置点，开工率100%，完成投资129.78亿元，完成率58.2%。搬迁入住8.1万人，入住率24.4%，为部分建档立卡贫困人口解决住房问题。

5. 转移就业情况

2016 年广西实施农民工创业培训行动，共完成职业技能培训 21.4 万人次。开展“春风行动”，举办 617 场农民工专场招聘会，本地企业吸纳就业 10.3 万人，跨地区劳务输出 5.2 万人。

（三）最低生活保障与扶贫开发政策的衔接进展

2007 年，国务院以国发〔2007〕19 号文件下发了《关于在全国建立农村最低生活保障制度的通知》，从此，我国农村扶贫工作进入了农村最低生活保障和开发式扶贫“两轮驱动”的新阶段。2008 年党的十七届三中全会通过的《中共中央关于推进农村改革发展若干重大问题的决定》强调：“完善国家扶贫战略和政策体系，坚持开发式扶贫方针，实现农村最低生活保障制度和扶贫开发政策有效衔接。实行新的扶贫标准，对农村低收入人口全面实施扶贫政策。”2009 年，国务院发布了扶贫办、民政部《关于开展农村最低生活保障制度与扶贫开发政策有效衔接试点工作的通知》，在全国 11 个省份的 20 个县开展了农村扶贫开发与农村最低生活保障制度的衔接试点工作，旨在调查贫困人口底数，科学识别农村贫困群体，做到对贫困家庭的应扶尽扶、应保尽保。随着 2010 年中央一号文件关于“逐步扩大扶贫开发和农村低保制度有效衔接试点，对农村低收入人口全面实施扶贫政策”的提出，农村扶贫开发与农村最低生活保障制度的衔接工作开始各地试点推行。同年国务院办公厅转发扶贫办等部门《关于做好农村最低生活保障制度和扶贫开发政策有效衔接扩大试点工作意见的通知》，提出要把反贫困战略与农村最低生活保障制度有效结合起来。2016 年国务院办公厅转发民政部等部门《关于做好农村最低生活保障制度与扶贫开发政策有效衔接的指导意见》，要求切实做好农村最低生活保障制度与扶贫开发政策有效衔接工作，确保到 2020 年现行扶贫标准下农村贫困人口实现脱贫。党中央和国务院出台一系列关于两项制度的有效衔接的政策文件，为完善农村社会救济制度，缩小城乡差距，从根本上解决农村贫困问题提供了制度上的保障。

2016 年，自治区党委《关于贯彻落实中央扶贫开发工作重大决策部署坚决打赢“十三五”脱贫攻坚战的决定》和《关于做好农村最低生活保障制度与扶贫开发政策有效衔接的指导意见》的精神，要求进一步推进广西的农村低保与扶贫开发政策有效衔接工作，对无法依靠产业扶持和就业帮助脱贫的家庭实行政策性兜底保障。因此在2016年自治区政府办公厅下发了《广西壮族自治区人民政府办公厅关于加快推进农村低保制度与扶贫开发政策有效衔接的实施意见》，强调将符合条件的建档立卡贫困户全部纳入农村低保范围，将符合条件的农村低保家庭统筹纳入产业扶持、易地搬迁、生态保护、教育扶持、医疗保障、资产收益以及社会扶贫等政策覆盖范围。同时，通过逐年提高全区农村低保平均标准和补助水平，提高农村低保制度对扶贫攻坚的贡献率，确保到2019年农村低保标准与扶贫标准"两线合一"。另外，文件从制度衔接、对象衔接、保障标准衔接、补助水平衔接、管理衔接、工作机制衔接、信息数据衔接、社会力量衔接八个方面开展衔接工作。这是在中央工作要求的基础上，把两项制度的衔接工作做细、做实，确保广西农村低保制度与扶贫开发政策的有效衔接。

（四）广西最低生活保障与扶贫开发政策的衔接取得的成绩

1. 农村贫困人口与低保对象的有效衔接

2016年广西大力推进农村低保制度与扶贫开发政策有效衔接，截至2016年底全区现有建档立卡贫困人口452万人和农村低保对象290万人，其中属于建档立卡的贫困人口从年初的103万提高到155万，农村低保对象与贫困人口的重合率从年初的35.28%提高到53.45%，这表明两项政策的衔接开始发挥作用，农村低保政策在脱贫攻坚中的兜底保障作用进一步巩固提升，扶贫开发制度也进一步惠及农村低保对象，为加快实现广西的精准脱贫攻坚目标计划奠定了基础。

2. 农村低保保障标准进一步提高

截至2016年12月20日，广西农村低保平均保障标准由年初的2556元提高到2982元。从2016年7月1日起，广西农村低保平均补助水平由平均每人每月125元提高到140元，增加了困难群众尤其是建档立卡贫困户的保障性收入。

3. 实现农村低保与建档立卡信息数据共享

目前，广西已实现全区低保信息系统与建档立卡贫困人口信息管理系统信息数据交换和共享，可及时掌握建档立卡贫困人口纳入低保范围的进展情况、获得补助情况。同时，实行动态管理，定期进行对象数据信息比对，对不符合低保条件的及时予以清退，符合标准的及时纳入，确保应进则进、应保尽保。

4. 统筹推进两项政策管理衔接工作

广西通过建立健全“一门受理、协同办理”机制，及时把符合条件的建档立卡贫困户纳入相应的社会救助范围，为困难群众提供“一站式”服务，畅通救助政策“最后一公里”。目前，广西1243个乡镇政府（街道办事处）建立健全了“一门受理、协同办理”平台，设立了统一受理社会救助申请的窗口，明确有关部门职责，制定部门转接办理程序，明确办理时限。

三、最低生活保障与扶贫开发政策衔接过程中存在的问题

第一，在核实过程中对低保户家庭经常性收入、隐性收入、金融性收入核查，发现部分低保户家庭实际收入的真实性、可靠性比较差，出现有少部分的家庭虽然收入高于低保标准，但仍然被列入低保范围。或是有些家庭的成年子女独立户口，把没有劳动能力的老人单独立户，推卸赡养老人的责任，让老人自己去申请低保救助。

第二，有些村屯群众对低保政策与扶贫制度两项制度衔接理解有偏差，对把已是建档立卡的扶贫对象纳入低保范围，在群众民主评议时持反对意见，存在低保政策与扶贫制度不能同时享受的思想。

第三，政策重叠和政策漏洞并存，目标人群瞄准偏差导致受益不均。如有些精准扶贫户，虽然在50分以下，但是家庭实际并不困难，只是因家庭成员里有上学扣分而导致贫困分数低的现象，他们家庭人均纯收入并不低于低保线，但是也能享受扶贫的优惠政策。如贫困户分数低的原因是家中有重度残疾人，或者是家庭成员中患有大病，但对农村低保来说，他们家庭又有正常收入，有足够的劳动能力，因年人均纯收入高于低保线而不能享受低保。有些家庭家里经济支柱突然遭遇意外，同时家里还有几个正在读书的小孩，家庭经济一下陷入困境享受低保救助，但是因为家里有房在扶贫打分的时候分数不低，不能达到扶贫的分数，而不能享受扶贫政策。

第四，对象衔接难度大。民政部门与扶贫部门对接，发现各级部门提供的扶贫名单数据不准确；扶贫对象信息不完全或有错误；市、县两级民政部门都无法通过技术手段对扶贫和低保两大数据库进行有效对比，人工对比工作难度大，准确率无法保证。以上困难极大制约了对象衔接工作进度。

第五，扶贫资金未能完全发挥作用。至 2016 年 9 月末，全区各级财政共筹措落实扶贫资金 178.68 亿元，是 2015 年自治区统筹安排扶贫资金投入的 4 倍。2016 年 1—9 月，市本级的财政扶贫资金实际支出总额为 9.6 亿元，平均支出进度为 37.8%，比当时进度落后 37.2 个百分点。其中，仅有 2 个市支出进度均超过 50%，4 个市支出进度最慢，不足 30%。另外，全区 106 个县（市、区）1—9 月财政扶贫资金实际支出额 56.5 亿元，平均支出进度为 40.2%，仅有 11 个县支出进度在 60% 以上、3 个县支出进度在 70% 以上。有 58 个县的支出进度低于平均水平、26 个县进度低于 20%、5 个县（区）支出进度低于 10%，严重影响了扶贫工作的正常开展，也使财政资金未能完全发挥其作用。

第六，在低保制度实施过程中保人不保户的现象仍然存在。低保户家庭中有些家庭成员能享受低保政策，有些家庭成员则不能享受低保政策，不符合低保政策以户为单位的保障原则。

第七，在扶贫的方式上以奖励和补助的方式鼓励贫困户的积极性，但是对依靠低保救助生活的低保户来说无疑有一定的难度。要获得奖励或是补助，首先他们需要有一些资金来购买原料发展生产，低保户每个月的生活都是通过低保金来保障，如果他们要发展生产必须想办法借钱，而且生产也面临着一定的失败风险，这制约了他们靠投入生产脱贫的积极性。

四、两项政策衔接不好的原因分析

（一）政策制度的不足

首先，自农村最低生活保障制度颁布与实施以来，中国就一直是在制度上予以确认，缺乏相关的法律保障，导致存在的问题得不到法律上的实质性解决。国务院 2007 年颁布的《关于在全国建立农村最低生活保障制度的通知》为农村低保对象框定了一个大致的范围，即“农村最低生活保障对象是家庭年人均纯收入低于当地最低生活保障标准的农村居民，主要是因病残、年老体弱、丧失劳动能力以及生存条件恶劣等原因造成生活常年困难的农村居民”。这样一个较为模糊的遴选标准导致了基层单位在执行过程中出现了错保、漏保现象。其次，虽然从中央到地方政府出台了促进“两项政策”衔接的相关指导意见和实施意见，但是缺乏一些具体的操作措施和方法，使得各地在实施过程中缺乏统一的指导措施。

（二）基层能力薄弱

在管理上，基层工作人员较少，难以实现有效管理，导致相关问题的存在。据不完全统计，目前乡镇民政办一般为2—3人，身兼数职，任务本来就重，还要驻村承担突击性工作，肩负的工作任务繁重。近年来，政府关爱困难群众力度加大，社会救助相关工作不断增加，但救助工作只有配套救助资金，没有开展相关工作的经费。特别是扶贫开发与农村低保对接工作时间紧、任务重，在人员和经费无法保障的情况下，工作质量难以保证。此外，有些地方基层工作人员呈现年龄老化现象，不会电脑操作，工作人员与工作量不相匹配，造成入户调查及核对工作出现纰漏。

（三）对两项政策对象收入调查的方法上不一致

农村低保对象与扶贫建档立卡贫困对象认定标准不统一造成信息不对称。由于低保制度与精准扶贫的计算口径不一致，低保对象和精准扶贫对象在衔接过程中存在一定的误差。在精准识别时，断定扶贫户主要以打分的方式，对贫困户的认定只限制在已有的十几项家庭情况进行评分，而没有测算家庭年人均纯收入。而享受低保条件主要依据是户籍状况、家庭收入和家庭财产三个基本要件，低保的唯一条件是家庭年人均纯收入必须低于当地平均水平，且统计部门的人均纯收入测算并不包含生病、上学的开支，只算收入，难免有因病、因灾、因学而导致贫困的家庭，无法享受低保政策扶持。因此统计口径不一样，这给两项工作的衔接设置了障碍。农村低保对象与扶贫建档立卡贫困对象认定标准不统一。

（四）扶贫资金管理能力不足

财政扶贫资金支出难、进度慢，主要跟一些地方思想认识不到位、存在“重资金争取、轻分配使用”观念有关：部分项目推进不及时，致使资金在支付环节积压；扶贫项目库普遍建设不足，部分市县面临“无项目可选”或“钱等项目”的尴尬局面；部分地区组织机构不健全，拖延工作进度；预算编制不科学，资金分配方案不合理，影响资金分配拨付；对政策把握不准，资金整合效果不理想等，都导致财政扶贫资金整体支出进度缓慢。

五、促进最低生活保障与扶贫开发政策衔接的路径

我国农村贫困性质发生转变，贫困分布由区域的、整体性的贫困逐渐过渡到个体性贫困，贫困人口显示的构成也有文化程度不高，缺乏技能，导致其自身发展不足等特征，因此，扶贫政策和低保制度的衔接要重点发挥低保兜底的作用。但是由于我国贫困人口基数大，低保资金有限，低保政策重点保障孤儿、孤老及家庭成员全部因残、因智、因病、年老体弱等丧失劳动能力的贫困人口外，其他的贫困人口可以视其贫困原因先由社会临时救助加上扶贫政策或是扶贫政策分批给予扶持，扶持资金的投入在教育、卫生医疗方面可适当提高比例。

（一）科学设计衔接政策，细化实施方案

首先，努力制定与完善相关法律法规，明确政策要求。自农村最低生活保障制度与扶贫开发制度实施以来，均缺乏相关法律法规的保障。因此，要想两项政策能够有效实施与衔接，努力制定与完善相关的法律法规是必然要求。另外在两项政策对扶助对象的认定标准的制定上尽量统一，达到对象的认定标准的衔接。就目前对扶贫户的识别过程中，以打分的形式对贫困户进行识别，但是其中一些打分标准不甚合理，如单纯以是否有房子来判断贫困户的家庭状况，而没有以房子的质量和价值去综合判断，使标准过于简单，不够科学。对此扶贫部门和民政部门需要共同协商，完善对贫困人口和低保户的识别方法。其次，在制定政策的基础上，可由地方的管理部门在原政策的基础上细化实施方案，成为具有可操作性的措施。

（二）瞄准贫困对象，合理分类，有效帮扶

目前，由于我国贫困人口基数还比较大，贫困地区的财政资金有限，很多地方低保制度的保障对象大部分是低于地区贫困线的缺乏劳动能力的人口。而扶贫开发政策的目标群体是低于贫困线的普通农户，其目的是引进项目为贫困人群扩展增收渠道以帮助其脱离贫困，但是对于已经享受低保补助的有发展要求和有劳动能力的低保户也没能享受扶贫政策带来的实惠使他们脱贫。综上，两项政策要实现衔接，必须重新考虑目标人群问题。坚持按照开发扶贫与生活救助“两轮驱动”的原则，分类进行帮扶。A 类：一般贫困户，家庭人均收入低于当地贫困线且家庭财产符合有关规定的，有发展要求、有劳动能力的贫困户，分批分类实施扶贫扶持。B 类：临时救助户，因其他原因造成家庭人均收入低于当地低保标准且家庭财产符合有关规定的，有发展要求、有劳动能力的贫困户，给予临时救助帮助其度过困难并实施扶贫扶持。C 类：部分保障户，家庭成员患重、特大疾病或长期慢性病等原因，部分丧失劳动能力或生活自理能力，家庭人均收入低于当地低保标准且家庭财产符合有关规定的比较困难家庭，实施差额低保救助并对有劳动能力的实施扶贫扶持。D 类：完全保障户，孤儿、孤老及家庭成员全部因残、因智、因病、年老体弱等丧失劳动能力的贫困户，列入民政部门最低生活保障范围，实行全额常年补助，并逐年提高低保人均补助水平。建议对 B 类临时救助户和 C 类部分保障户中的有劳动能力的人口全部纳入扶贫开发范围进行扶持，对所有纳入扶贫范围的贫困户，在积极探索互助资金发展模式和与农民专业合作社合作模式的基础上，结合整村推进工作，根据本人申请要求，结合各扶贫对象实际，根据不同情况，“一户一策”，从扶贫小额贷款贴息、产业扶贫项目、劳动力转移培训、科技扶贫等方面因贫施策，分批给予适当扶持，帮助脱贫致富。

（三）多方协作核查低收入家庭经济状况，针对性给予人文关怀

为了准确地瞄准贫困对象，有效地分类帮扶，因此核查农村低收入家庭和低保家庭经济状况这一环节尤为重要，在健全政策措施、规范操作程序和强化监督管理的前提下，充分利用居民家庭经济状况核对平台进行收入、财产核对，避免出现“错保”“骗保”“人情保”“关系保”

等违规现象。

对于基层民政组织人手短缺的情况，可以通过购买服务的方式，利用第三方机构组织入户调查评估。第三方机构可以以专业的方法和中立的态度调查低收入家庭的经济状况，会得出可信度较高的调查结果。另外第三方机构可以以适当的方式从心理上干预和从需求上关心低收入群体的问题。有些贫困人口受自身文化水平和贫困文化等方面的影响，不仅身体上存在惰性，有时候思想上也存在惰性，对于扶贫制度和社会救助政策他们不会主动去了解，更不会主动去申请，由第三方机构去宣传相关政策，帮助他们主动了解政策、享受政策对自身的帮助，从而能有针对性地帮扶他们。

在综合信息的基础上建立省级或者国家层面的信息管理系统，实现信息的共享，保证贫困人口与低保户的信息能够互通互用，并能针对性地开展帮扶。如果第三方机构能及时监控和更新信息管理系统中的数据，那么扶贫部门和民政部门便可以利用此信息系统对建档立卡的贫困人口和低保户进行动态管理，准确地把帮扶对象纳入保障范围。

（四）加大对农村人口教育的扶持和贫困人口的技能培训，改变贫困文化

第一，加大对农村教育资源的投入，改善农村人口的教育质量，提高农村的人口素质，改变目前农村人口文化水平不高的现象，使农村的人力资源水平得到提升。在扶贫开发资金中，对教育扶持项目要优先支持和放宽审批程序，引入更多的优秀资源投入农村，提高其初等教育的教学质量，使农村人口改变“读书无用论”和“等待救助”的观念，让家中小孩至少能掌握一技之长，激励他们主动投入生产劳动，通过自己的努力自力更生，避免产生“吃低保”靠政府救助兜底的思想，避免贫困文化长期影响农村人口的思想，造成贫困的长期性和持续性。

第二，加大对贫困人口的技能培训。对于目前的贫困人口普遍文化水平不高的情况，提高贫困人口的技能存在一定的难度，主要表现在他们的文化水平有限，可能一下难以掌握一些技术技能，或者他们对技能培训的兴趣不高。因此各地政府针对各地的实际情况，通过一些通俗易懂的技能培训来吸引当地的贫困人口，增加他们的创业和就业优势。另外当地政府

对培训过关的贫困人口优先介绍就业岗位或者提供创业机会，让其自力更生，早日脱贫。

（五）社会保障救助兜底，加大社会临时救助的力度

目前社会发展和自然环境的不确定性的存在，有些家庭遭受天灾人祸，使家庭一下陷入经济困境，社会临时救助可以帮助其渡过难关，扶贫资金接着扶持，使其家庭能够脱贫。因此社会临时救助可以代替因天灾人祸给予的低保保障，不会让人们长期对社会保障形成依赖。另外教育问题和疾病问题是制约农村家庭发展的两大因素，农村地区教育资源的匮乏和卫生医疗资源的落后，让不少的农村家庭徘徊在贫困边缘。另外农村人口养老保险的参保积极性也不高，养老压力也让家庭经济陷入贫困，老有所养是每个老人必须获得的尊严。因此社会保障和社会救助要在教育、医疗和养老方面加大资金的投入，社会做好兜底工作，让每个贫困家庭都能获得一份应有的保障。

（六）全面理解扶贫开发和低保政策，合理使用财政资金

目前存在对两项制度的机械理解的问题，如扶贫开发只是项目开发，低保的目标群体就是老弱病残。实际上，低保要实现“应保尽保”，就不仅是老弱病残的问题，需要加大低保的资金投入。要积极转变现有的扶贫资金使用方式，为农村社会保障融资。将一部分扶贫资金转变为社会保障资金，就有可能通过不增加总量供给、重新配置资源的方式产生更大的社会效益，增进贫困群体的福利。

到 2020 年，我国的扶贫事业将会完成既定的目标，在现行扶贫标准下全国农村贫困人口实现脱贫。但贫富是相对的，随着我国社会经济的发展，人们的生活将越来越好，但总会有一些人因各种原因遭遇困难，生活处于需要帮扶的状态。消除贫困既是政府的责任，也需要社会的协作，更需要个人的努力奋斗。